사회복지 실천론

이미숙 · 장우심 · 김준환 · 서재욱
김용미 · 명정희 · 박혜진 · 심의보

Theories of Social Work Practice

어가 語歌

머리말

사회복지실천론은 사회복지의 실천현장에서 클라이언트를 안내하고 개입하며 적용하는 데 필요한 이론적 체계입니다. 사회복지사는 사회복지실천론을 이해함으로써 도움이 필요한 클라이언트에게 다양한 문제와 환경 속에서 클라이언트 스스로 문제와 욕구를 극복하고 해결해 나가도록 돕습니다. 사회복지사는 사회복지 현장에서 이론을 실천에 통합하면서 문제에 대한 비판적 분석을 수행하고, 클라이언트에 대한 맞춤형 개입을 개발하고, 사회정의를 옹호할 수 있습니다. 그리고 인간 행동과 사회 시스템을 이해하고 현장에서 효과적인 실천을 안내해야 하며, 다양한 사회직·문화적·경세적·정치적 맥락에서 개인, 가족, 그룹 및 커뮤니티 기능의 역할을 설명할 수 있어야 합니다.

사회복지사는 이론을 사용하여 고객의 요구를 분석하고 맞춤형 개입을 개발해야 합니다. 궁극적으로 사회복지실천이론은 복잡한 인간 경험과 사회 시스템을 탐색하기 위한 로드맵입니다. 인간 행동, 사회 시스템 및 사회 구조에 대한 통찰력을 제공하여 맞춤형 개입을 가능하게 하기 때문입니다. 또한 사회정의와 형평성을 위한 옹호 활동에도 정보를 제공합니다. 사회복지실천이론은 사회복지사가 긍정적인 변화를 일으키고 개인과 커뮤니티가 잠재력을 최대한 발휘하도록 돕습니다.

이 책은 사회복지실천을 위한 기본 지식과 가치, 방법을 다루고 있습니다. 한국사회복지교육협의회 교과목 지침서를 참고하여 사회복지실천을 위한 기본적 핵심 내용을 다루고자 하였습니다.

이 책은 모두 4부 13장으로 구성되어 있습니다.

제1부 사회복지실천의 기초는 총론으로서, 제1장은 사회복지실천의 개념으로 사회복지실천의 정의와 목적, 사회복지실천의 이념과 철학, 사회복지와 사회복지실천을 기술하였습니다. 제2장은 사회복지실천의 가치와 윤리로서, 사회복지실천의 철학과 윤리, 사회복지실천에서의 가치와 의사결정, 사회복지실천현장의 가치갈등과 윤리강령을 제시하였습니다. 제3장

은 사회복지실천의 발달 과정으로서, 서구 사회복지실천의 역사적 발달 과정과 한국사회복지실천의 역사적 발달 과정, 그리고 사회복지실천 현장에 대한 이해를 역사적 관점에서 고찰하였습니다.

제2부 사회복지실천의 대상과 접근은 통합적 실천으로서, 제4장 사회복지실천의 대상에 따른 문제를 살폈습니다. 제5장은 사회복지실천의 접근으로, 사회복지실천 관점(통합적 접근), 통합적 접근의 주요 이론 및 관점, 통합적 접근의 실천 모델을 살폈습니다.

제3부 사회복지실천의 방법은 관계 형성과 면접으로서, 제6장 관계 형성은 관계 형성에 대한 이해, 사회복지실천관계의 기본 요소, 관계 형성의 방해요인을 제시하였고, 제7장 면접에서는 면접의 이해와 종류, 면접기술, 면접기록을 설명하였습니다.

제4부 사회복지실천과정에서는 제8장 접수 및 자료수집으로서 접수의 개념과 특성, 접수 양식, 자료수집의 개념과 특성, 그리고 자료수집의 방법을 모색하였습니다. 제9장 사정에서는 사정의 개념과 특성, 사정 영역, 사정도구를 체계적으로 찾아 기술하였습니다. 제10장 계약에서 계약의 개념과 중요성, 계약의 내용과 형식, 계약의 요소, 계약 단계에서의 사회복지사와 클라이언트의 역할에 대해 실제적이고 구체적으로 접근하였습니다. 제11장 개입에서는 개입의 특징과 과제, 직접적 개입과 간접적 개입을 다루었습니다. 사회복지실천과정의 마지막 단계인 제12장 종결과 평가에서는 종결과 평가를, 제13장 사례관리에서는 사례관리의 등장 배경, 사례관리의 개념과 구성요소, 사례관리의 과정, 그리고 사례관리자의 역할에 대해 살펴보았습니다.

'우문현답'이라는 말이 있듯 "우리의 문제들은 현장에 답이 있다."는 자세로 심혈을 기울였습니다. 이 책을 기획·발간하는 데 수고하신 서재욱 박사님께 감사드립니다. 특별히 흔쾌히 원고를 받아 출판해 주신 도서출판 어가의 어진용 대표님께 감사드립니다. 더불어 도서를 곱게 편찬하는 데 애쓰신 편집부 모든 분들께도 깊이 감사드립니다. 아무쪼록 이 책이 사회복지학과 관련 학문을 전공하는 학생들에게 필독서가 되며, 연구자, 관리자 및 전문 사회복지사에게도 도움이 되기를 기대합니다.

2024년 8월 15일

필자들을 대표하여 이미숙 씀

차례

머리말 | 3

Part 01

사회복지실천의 기초: 총론

Chapter 01 사회복지실천의 개념 11

1. 사회복지실천의 정의와 목적 | 11
2. 사회복지실천의 이념과 철학 | 25
3. 사회복지와 사회복지실천 | 28

Chapter 02 사회복지실천의 가치와 윤리 39

1. 사회복지실천의 철학과 윤리 | 39
2. 사회복지실천에서의 가치와 의사결정 | 48
3. 사회복지실천현장의 가치갈등과 윤리강령 | 63

Chapter 03 사회복지실천의 발달 과정 72

1. 서구 사회복지실천의 역사적 발달 과정 | 72
2. 한국사회복지실천의 역사적 발달 과정 | 85
3. 사회복지실천 현장에 대한 이해 | 89

Part 02

사회복지실천의 대상과 접근: 통합적 실천

Chapter 04 사회복지실천의 대상 103

1. 사회복지실천 대상과 문제 | 103
2. 가족(체계)과 문제 | 107
3. 집단(체계)과 문제 | 109

Chapter 05 사회복지실천의 접근 118

1. 사회복지실천 관점: 통합적 접근 | 118
2. 통합적 접근의 주요 이론 및 관점 | 124
3. 통합적 접근의 실천 모델 | 134

Part 03

사회복지실천의 방법: 관계 형성과 면접

Chapter 06 관계 형성 143

1. 관계 형성에 대한 이해 | 143
2. 사회복지실천관계의 기본 요소 | 144
3. 관계 형성의 방해요인 | 163

Chapter 07 면접 172

1. 면접의 이해와 종류 | 172
2. 면접기술 | 183
3. 면접기록 | 211

Part 04

사회복지실천과정

Chapter 08 접수 및 자료수집 221

1. 접수의 개념과 특성 | 223
2. 접수양식 | 233
3. 자료수집의 개념과 특성 | 239
4. 자료수집의 방법 | 241

Chapter 09 사정 248

1. 사정의 개념과 특성 | 248
2. 사정 영역 | 254
3. 사정도구 | 258

Chapter 10 계약 273

1. 계약의 개념과 중요성 | 273

2. 계약의 내용과 형식 | 274
3. 계약의 요소 | 276
4. 계약 단계에서 사회복지사와 클라이언트의 역할 | 277

Chapter 11 개입 280

1. 개입의 특징 및 과제 | 280
2. 직접적 개입 | 284
3. 간접적 개입 | 304

Chapter 12 종결과 평가 311

1. 종결 | 311
2. 평가 | 320

Chapter 13 사례관리 327

1. 사례관리의 등장 배경 | 328
2. 사례관리의 개념과 구성요소 | 332
3. 사례관리의 과정 | 338
4. 사례관리자의 역할 | 341

참고문헌 | 347
찾아보기 | 351

Part 01

사회복지실천의 기초: 총론

사회복지실천론
Theories of Social Work Practice

chapter 01

사회복지실천의 개념

학습목표

1. 사회복지실천의 정의와 목적을 이해한다.
2. 사회복지실천의 이념과 철학을 이해한다.
3. 사회복지와 사회복지실천의 개념을 이해한다.
4. 사회복지실천의 전문적 기반을 이해한다.
5. 사회복지실천방법의 분류를 이해한다.

01 사회복지실천의 정의와 목적

1) 사회복지실천의 정의

사회복지실천은 개인, 가족, 집단, 지역사회의 복지를 증진하고 사회적 문제를 해결하는 전문적인 활동을 말한다. 사회복지실천은 사람과 그들의 사회환경 사이의 상호작용을 조정하고 개선함으로써 이루어진다. 사회복지사는 클라이언트의 문제를 이해하고 개입하여 해결책을 모색한다.

사회복지실천은 개인과 사회 사이의 긍정적인 상호작용을 촉진하고, 사회적 공정성과 평등을 실현하는 데 기여하는 학문이자 전문직이라고 정의할 수 있다. 사회복지사는 고도의 전문 지식과 기술, 윤리적 판단을 필요로 하는 직업군으로, 복지 증진을 위한 중요한 역할을 담당한다. 사회복지사는 클라이언트의 욕구 해소와 문제해결을 지원하기 위하여 일정한 개입 목표와 과정을 가지고 활동하며, 각각 개인, 집단, 지역사회 대상으로 현장에서 서비스를 제공하여 욕구와 문제를 해결한다. 그리하여 궁극적으로 사회적 안녕 상태를 이루는 데 기여한다.

2) 사회복지실천의 목적

(1) 개인의 복지 증진

사회복지실천의 첫 번째 목적은 개인의 복지를 증진시키는 것이다. 이는 개인의 기본적인 욕구를 충족시키고, 생활의 질을 향상시키며, 다양한 사회적 문제들로부터 개인을 보호하고 지원하는 것을 포함한다.

매슬로우(Maslow)의 욕구계층 이론에 따르면, 개인의 기본적 욕구 충족은 보다 고차원의 욕구 충족으로 이어진다(Maslow, 1943). 이 이론은 개인의 복지를 증진시키기 위한 사회복지의 개입이 어떻게 구성되어야 하는지를 설명한다. 인간의 욕구를 계층적으로 배열하며, 각 계층의 욕구가 충족될 때 다음 계층의 욕구가 동기부여 역할을 한다고 설명한다. 욕구계층은 다음과 같이 아래에서부터 상위로 구성된다.

- 생리적 욕구: 식량, 물, 수면 등 생존에 필수적인 요소
- 안전의 욕구: 신체적·경제적 안정감 및 질서와 보호의 필요성
- 소속감과 사랑의 욕구: 가족, 친구, 동료 등과의 관계에서 오는 소속감과 정서적 연결감
- 존경의 욕구: 자신감, 성취감, 다른 사람들로부터의 인정 및 존중
- 자아실현의 욕구: 자신의 잠재력을 최대한 발휘하고, 개인적인 성장과 자아실현 추구

(2) 가족의 안정성 강화

가족 단위의 안정성을 강화하고, 가족 구성원 간의 건강한 관계를 촉진하는 것도 사회복지실천의 중요한 목적 중 하나이다. 가족 간의 갈등 해결, 부모교육, 가족 지원 프로그램을 통해 가족 구성원 모두가 사회적으로 기능할 수 있도록 돕는다.

브론펜브레너(Bronfenbrenner)의 생태학적 체계이론은 가족이 개인의 발달에 미치는 영향을 강조하며, 가족 안정성이 개인의 사회적 기능에 필수적임을 밝혔다(Bronfenbrenner, 1979). 이 이론은 가족 지원 프로그램의 중요성과 그 효과를 학술적으로 뒷받침한다. 또한 브론펜

브레너의 생태학적 체계이론은 인간 발달을 이해하는 데 중요한 틀을 제공한다. 이 이론은 개인이 살아가는 다양한 환경적 맥락을 여러 겹의 상호 연결된 체계로 보고, 이 체계들이 어떻게 상호작용하며 개인의 발달에 영향을 미치는지 설명한다. 생태학적 체계이론의 핵심 구성 요소는 다음과 같다.

- 미시체계(microsystem): 개인이 직접적으로 상호작용하는 환경
  - 예 가족, 학교, 직장 등
- 메조체계(mesosystem): 두 개 이상의 미시체계 간의 상호작용
  - 예 가족과 학교, 가족과 직장
- 외체계(exosystem): 개인이 직접적으로 참여하지 않지만 그의 발달에 영향을 미치는 더 넓은 사회적 환경
  - 예 부모의 직장, 지역사회 서비스
- 거시체계(macrosystem): 문화·경제·사회적 조건 등 개인의 발달에 영향을 미치는 가장 넓은 맥락
- 시간체계(chronosystem): 시간을 통한 변화와 사건들
  - 예 이주, 전쟁, 기술 변화

(3) 집단과 공동체의 통합 및 개발

사회복지는 집단과 공동체 차원에서 사회적 통합과 공동체 개발을 촉진한다. 이를 통해 사회적 연대감을 강화하고, 공동체의 자원을 효율적으로 활용하여 모든 구성원의 복지를 개선한다.

퍼트넘(Putnam)의 사회적 자본 이론은 사회적 네트워크와 상호 신뢰가 공동체의 복지와 발전에 기여한다고 설명한다(Putnam, 2000). 이는 사회복지실천이 집단과 지역사회의 사회적 자본을 구축하고, 이를 통해 개인과 공동체의 복지를 증진시키는 데 중요한 역할을 한다는 것을 뒷받침한다.

사회적 자본 이론의 핵심 요소는 다음과 같다.

- 네트워크: 개인과 집단이 형성하는 사회적 네트워크는 정보의 흐름, 상호 지원 및 자원

공유를 가능하게 한다.

- 신뢰: 사회적 신뢰는 협력을 촉진하고 공동체 내의 관계를 강화한다.
- 규범: 공동체 내에서 공유되는 사회적 규범은 개인의 행동을 조정하고 타인의 행동을 예측할 수 있게 만든다.

(4) 사회적 공정성과 평등의 촉진

사회복지실천은 사회적 공정성과 평등을 촉진하는 데 중요한 역할을 한다. 이는 소외된 집단이나 개인에게 필요한 서비스와 자원을 제공하고, 사회적 차별과 불평등을 줄이는 정책과 프로그램을 개발하고 실행하는 것을 포함한다.

롤즈(Rawls)의 『정의론(*A theory of justice*)』은 사회적 공정성과 평등을 촉진하기 위한 이론적 기반을 제공하며, 모든 사회 구성원이 공정하게 대우받고 필요한 자원에 접근할 수 있어야 한다는 점을 강조한다(Rawls, 1971). 이는 사회복지실천이 사회적 불평등을 줄이는 데 중심적인 역할을 할 수 있음을 학술적으로 지지한다.

정의론의 핵심 원칙은 다음과 같다.

- 각자에게 평등한 자유를 보장: 롤즈의 첫 번째 원칙은 모든 사람이 최대한의 기본 자유를 누릴 수 있는 체계를 구축해야 한다고 명시한다. 이 자유는 표현의 자유, 생각의 자유, 집회의 자유 등을 포함한다.
- 차등 원칙(difference principle): 롤즈는 사회적·경제적 불평등이 허용될 수 있지만, 그러한 불평등이 사회에서 가장 불리한 위치에 있는 사람들에게 최대의 이득을 가져다 줘야 한다고 주장한다. 이 원칙은 불평등이 존재할 수 있으나 그로 인해 가장 취약한 집단이 혜택을 받아야 한다는 것을 의미한다.
- 무지의 베일(veil of ignorance): 롤즈는 정의로운 사회를 구상할 때, 사람들이 자신의 사회적·경제적 상황을 모르는 상태(무지의 베일)에서 결정을 내려야 한다고 제안한다. 이것은 개인의 이해관계나 사회적 위치가 공정한 결정을 왜곡하지 않도록 해야 한다는 것을 의미한다.

(5) 자립 지원

개인이 사회에서 자립할 수 있도록 지원하는 것도 사회복지실천의 중요한 목적이다. 이는 직업 훈련, 교육 프로그램, 경제적 지원 등을 제공하여 개인이 자신의 힘으로 경제적, 사회적으로 독립할 수 있도록 돕는 것을 말한다.

인지 행동적 접근은 개인의 자립을 지원하는 데 효과적인 개입 방법의 하나로 여겨지는데, 이는 교육 및 훈련 프로그램을 통해 개인의 사회적·경제적 자립을 촉진하는 데 중요한 역할을 한다(Beck, 1979). 이 접근법은 개인의 생각과 행동 간의 상호작용을 중심으로 개인의 문제해결 능력을 향상하기 위해 개발되었다.

인지 행동적 접근의 핵심 요소는 다음과 같다.

- 인지의 재구성: 개인이 자기 생각과 믿음을 식별하고, 그것이 어떻게 그들의 감정과 행동에 영향을 미치는지 이해하도록 돕는다. 이 과정에서 부정적이거나 비현실적인 생각을 식별하고 수정한다.
- 행동적 전략: 구체적인 행동 변경을 통해 개인이 자신의 문제에 더 효과적으로 대처할 수 있도록 한다. 여기에는 시간 관리, 스트레스 관리 기술, 대인관계 기술 등이 포함된다.
- 문제해결기술 향상: 개인이 자신의 문제를 인식하고 해결책을 개발하며 실천에 옮길 수 있도록 지원한다.

(6) 위기 개입 및 관리

사회복지실천은 예기치 못한 사건이나 상황으로 인해 일상생활을 유지하기 어렵고, 극심한 스트레스와 불안을 경험하는 클라이언트를 지원한다. 갑작스러운 실직, 가족 구성원의 사망, 자연재해, 폭력 피해로 인한 위기 상황은 누구에게나 초래될 수 있다. 사회복지사는 위기 상황에 처한 개인이나 가족에게 필요한 정보, 자원, 지지를 제공하고, 문제해결을 위한 전략을 함께 모색한다.

위기 개입 이론의 핵심 요소는 다음과 같다.

- 위기 정의: 위기는 개인이 자신의 일상적인 문제해결 방식으로는 어려움을 극복할 수 없을 때 발생한다. 이때, 개인은 불안정하고 예측 불가능한 상태에 처하게 된다.

- 개입의 시기: 위기는 일반적으로 예측할 수 있는 발달적 사건(예: 사춘기, 은퇴) 또는 예측할 수 없는 사건(예: 사고, 자연재해)으로 인해 발생할 수 있다. 위기 개입은 이러한 사건이 발생한 직후 신속하게 이루어져야 한다.
- 개입 전략: 위기 개입의 목표는 개인의 감정적 안정을 회복하고, 사건의 영향을 최소화하는 것이다. 이를 위해, 위기 개입 전문가들은 개인에게 심리적 지지를 제공하고, 감정을 안정시키며, 문제해결을 돕는다.

3) 사회복지실천의 목표

사회복지실천의 근본적인, 불변의 목적은 인간의 삶의 질을 향상하는 것이다. 그런데 이 목적은 사회적·문화적·경제적 맥락에 따라 다양한 형태로 구현되며, 시대에 따라 그 중점이 변화할 수 있다. 사회복지의 역사적 발전을 통해 그 목적의 해석도 세부적으로 전개되어 왔다. 이러한 해석을 통해 크게 4가지의 목표를 정리할 수 있다.

첫 번째, 인간과 환경 간의 균형 회복이다. 1958년 전미사회복지사협회(NASW)는 인간과 환경 사이의 불균형을 발견하고 해결하는 것을 사회복지실천의 목표로 보았다. 이는 개인이 처한 사회적·경제적·문화적 조건들과의 조화를 이루는 것을 목표로 하며, 이 불균형을 예방하고 강화하는 잠재적 영역을 찾아내는 것을 포함한다.

두 번째, 개인 삶의 질 향상이다. 1977년 전미사회복지사협회(NASW)는 개개인의 삶의 질을 향상하기 위한 상호 유익한 관계의 증진과 회복을 중요시했다. 이는 사회복지실천을 통해 개인이 사회 내에서 건강하고 생산적인 관계를 구축하고 유지할 수 있도록 돕는 것을 의미한다.

세 번째, 문제해결 능력 및 자원 연계 강화이다. 핀커스와 미나한(Pincus & Minahan)은 개인의 문제해결 능력을 향상하고, 필요한 자원과 시스템에 효과적으로 연계하여 개입하는 것을 사회복지실천의 목표로 보았다. 이는 개인이 자신의 문제를 스스로 해결할 수 있는 능력을 개발하고, 그 능력을 활용할 기회를 부여하여 더 나은 삶을 영위할 수 있도록 하는 데 중점을 둔다.

네 번째, 역량 강화와 고통 완화이다. 1994년 미국사회복지교육협의회(CSWE)는 역량 강화(empowerment)의 개념을 도입하여, 개인, 가족, 집단, 지역사회의 기능을 촉진·회복·유지·향상하는 것을 사회복지실천의 목표로 추가하였다. 이는 개인의 고통을 완화하고, 개인이나 집단이 자신의 자원을 효과적으로 활용할 수 있도록 지원하는 것을 포함한다. 인간의 기본욕구 충족과 잠재력 개발을 돕는 등 어려움에 처한 개인과 집단에 힘을 실어 주고 사회적·경제적 정의를 실현하기 위한 옹호와 사회적 행동을 취하는 것도 사회복지사의 역할이라 할 수 있다.

이러한 개념적 정의를 바탕으로 사회복지실천의 목표는 다차원적으로 정의될 수 있다.

(1) 개인 차원

- 빈곤, 질병, 장애, 차별, 학대 등으로 인한 어려움 극복
- 기본적 욕구 충족 및 삶의 안정
- 잠재력 개발 및 삶의 만족도 향상
- 자존감과 사회적 관계 형성 촉진
- 개인의 삶의 주체성과 자율성 증진

(2) 가족 차원

- 건강하고 기능적인 가족 관계 형성 및 유지
- 양육 및 교육 기능 강화
- 가족 갈등 해결 및 소통 능력 증진
- 가정경제 안정 및 자립 지원
- 가정폭력 예방 및 대처 능력 강화

(3) 집단 차원

- 소수 집단 및 취약 계층의 권익 보호 및 증진
- 지역사회 공동체 의식 함양 및 협력 강화
- 사회적 문제해결을 위한 집단적 역량 강화
- 사회적 소외 계층의 참여 기회 확대
- 지역사회 안전망 구축 및 사회적 통합 증진

(4) 지역사회 차원

- 지역사회 문제해결 및 복지 서비스 제공
- 지역사회 자원 개발 및 활용
- 지역사회 주민 삶의 질 향상을 위한 정책 개발 및 실행 지원
- 지역사회 안전망 구축 및 지속 가능한 발전 추구
- 사회적 불평등 해소 및 사회정의 실현

4) 사회복지실천의 3요소

(1) 가치: 인간 존엄성과 사회정의를 향한 나침반

① 사회복지실천의 가치란 무엇인가

사회복지실천의 가치는 마치 나침반처럼 실천의 방향을 제시하고, 실천 과정에서 올바른 판단을 내리는 기준을 제공한다.

사회복지사가 추구해야 할 가치는 다음과 같이 세 가지 측면으로 살펴볼 수 있다.

- 인간 존엄성의 존중: 사회복지실천은 모든 인간은 고유한 가치와 존엄성을 지닌 존재라는 인본주의적 가치를 기반으로 한다. 사회복지사는 인종, 성별, 나이, 장애, 성적 지향, 사회경제적 지위 등에 관계없이 모든 개인을 존중하고 평등하게 대우해야 한다. 개인의 자율성과 선택권을 존중하며, 강압이나 차별 없이 스스로 삶을 결정할 수 있도록 지원해야 한다. 개인의 고유한 능력과 가능성을 발휘할 수 있도록 돕고, 삶의 질 향상을 위한 노력을 지원해야 한다.
- 사회정의 실현: 사회복지사는 모든 사람이 사회적·경제적·정치적 권리를 누릴 수 있도록 사회 변화를 추구한다. 빈곤, 차별, 불평등과 같은 사회문제를 해결하고, 소외된 계층의 삶의 질 향상을 위해 노력해야 한다. 사회 구성원 모두가 안전하고 건강하게 살아갈 수 있는 사회 환경 조성에 이바지해야 한다. 억압적인 사회 구조를 개선하고, 권력 남용을 방지하며, 사회적 약자를 위한 옹호 활동을 전개해야 한다.
- 사회복지 전문성의 발전: 사회복지사는 전문적 지식과 기술을 바탕으로 윤리적 책임감을

가지고 실천해야 한다. 실증적 근거와 최신 연구 결과를 기반으로 실천을 수행해야 하며, 끊임없는 자기 계발과 전문성 향상을 위해 노력해야 한다. 다양한 전문가들과 협력하고, 네트워킹을 구축하여 사회복지실천의 효과성을 높여야 한다. 사회복지실천 과정에서 발생하는 윤리적 딜레마에 대해 비판적 사고를 바탕으로 신중하게 판단하고 행동해야 한다.

② 사회복지실천 가치의 중요성

사회복지실천 가치의 중요성은 다음과 같다.

- 사회복지실천의 방향 제시: 사회복지사가 추구해야 할 목표와 방향을 제시함으로써 일관성 있고 효과적인 실천을 가능하게 한다.
- 윤리적 판단 기준 제공: 사회복지실천 과정에서 발생하는 다양한 윤리적 딜레마에 직면했을 때 올바른 판단을 내리고 행동할 수 있도록 기준을 제시한다.
- 사회복지실천의 전문성 확보: 사회복지사의 전문성을 확보하고 윤리적 책임감을 가지고 실천하도록 이끌어 준다.
- 사회 변화 촉진: 사회정의 실현을 위한 사회 변화를 촉진하고 더 나은 사회를 만들기 위한 노력에 기여한다.

③ 사회복지실천 가치의 합의와 구체화

사회복지실천 가치는 진위, 선악, 미추 등과 같은 추상적 개념으로, 사회적 합의가 필요한 부분이 많다. 따라서 사회복지 전문가들, 서비스 이용자들, 시민 사회 등 다양한 이해관계자들의 참여를 통해 지속적인 논의와 합의 과정이 필요하다. 또한, 사회 변화와 새로운 사회문제의 등장에 따라 사회복지실천 가치 또한 지속적으로 재해석되고 구체화되어야 한다.

사회복지실천 가치를 구체화하기 위해 다음과 같은 방안을 고려할 수 있다.

- 행동 지침 개발: 사회복지실천 가치를 구체적인 행동 지침으로 개발하여 사회복지실천 과정에서 실천할 수 있게 한다.
- 서비스 표준 설정: 사회복지 서비스별로 사회복지실천 가치를 구현하기 위한 서비스 표준을 설정한다.
- 사회복지실천 평가 지표 개발: 사회복지실천 가치를 달성한 정도를 평가하기 위한 지표를

개발한다.

- 사회복지실천 교육 자료 개발: 사회복지실천 가치를 교육하는 데 활용할 수 있는 교육 자료를 개발한다.

(2) 지식: 과학적 실천의 핵심 기반 요소

① 사회복지실천의 지식이란 무엇인가

사회복지실천의 지식이란 개인, 가족, 지역사회의 복지 문제를 이해하고 해결하기 위한 체계적인 지식 체계를 의미한다. 이는 단순히 사회복지 관련 이론이나 개념을 암기하는 것을 넘어, 실제 현장에서 발생하는 다양한 문제 상황을 분석하고 해결책을 도출하는 데 활용될 수 있는 실질적인 지식을 의미한다.

② 사회복지실천의 지식의 특징

사회복지실천의 지식은 다음과 같은 특징을 지닌다.

- 과학적 지식 기반: 사회복지실천의 지식은 자연법칙, 실험, 가설 검증, 관찰 등 과학적 방법론을 통해 검증된 객관적이고 보편타당한 지식으로 구성된다. 이는 개인의 주관이나 경험에 의존하는 것이 아니라, 실증적 연구 결과와 데이터에 기반하기 때문에 높은 신뢰도를 가진다.
- 예측 가능성: 과학적으로 구축된 사회복지실천의 지식은 사회복지 문제의 원인과 결과를 예측하는 데 활용될 수 있다. 이를 통해 사회복지사들은 예방적 개입을 통해 문제 발생을 사전에 방지하고, 효과적인 해결책을 마련하는 데 이바지할 수 있다.
- 체계적인 지식 체계: 사회복지실천의 지식은 개인, 가족, 지역사회 수준의 사회복지 문제를 다루는 다양한 학문 분야의 지식을 포괄한다. 이는 사회복지사들이 다각적인 관점에서 문제를 이해하고, 종합적인 개입을 수행하는 데 도움을 준다.
- 실천 지향적 지식: 사회복지실천의 지식은 단순한 이론적 지식을 넘어, 실제 현장에서 활용될 수 있도록 실천 지향적으로 구성된다. 이는 사회복지사들이 구체적인 개입 전략을 개발하고, 실질적인 변화를 만들어 내는 데 필요한 지식을 제공한다.

③ 사회복지실천에서 지식의 중요성

사회복지실천에서 지식은 다음과 같은 이유로 중요하다.

- 전문성 확보: 사회복지사들은 과학적인 사회복지실천 지식을 축적하면서 전문적인 역량을 키울 수 있다. 이는 사회복지사들이 높은 수준의 서비스를 제공하고, 사회문제 해결에 기여하는 데 필수적이다.
- 윤리적 실천: 사회복지실천의 지식은 사회복지사들이 윤리적 책임을 다하는 데에도 중요한 역할을 한다. 사회복지실천 지식은 사회복지사들이 객관적이고 공정한 판단을 내리고, 클라이언트의 권익을 존중하는 데 도움을 준다.
- 효과적인 개입: 사회복지실천의 지식은 사회복지사들이 효과적인 개입을 수행하는 데 필수적인 토대를 제공한다. 과학적인 사회복지실천 지식은 사회복지사들이 문제의 원인을 정확하게 파악하고, 적절한 개입 전략을 개발하며, 개입 결과를 평가하는 데 활용될 수 있다.
- 지속적 발전: 사회복지실천 지식의 축적과 평가를 통해 사회복지실천기술의 지속적인 발전을 도모할 수 있다.

④ 사회복지실천의 지식 유형

사회복지실천의 지식은 크게 다음과 같은 유형으로 분류될 수 있다.

- 사회복지 관련 학문 분야의 지식: 사회복지실천의 지식은 사회복지학, 사회학, 심리학, 경제학, 정치학 등 사회문제와 관련된 다양한 학문 분야의 지식을 포괄한다. 이러한 지식들은 사회문제의 본질적 원인과 영향 요인을 이해하고, 효과적인 개입 전략을 개발하는 데 필요한 근거를 제공한다.
- 사회복지실천 이론과 모델: 사회복지실천의 지식에는 개인 중심, 가족 중심, 지역사회 중심 사회복지실천 이론 등 다양한 사회복지실천 이론과 모델에 대한 지식도 포함된다. 이러한 이론과 모델들은 사회복지사들이 문제해결 과정을 체계적으로 이해하고, 적절한 개입 방법을 선택하는 데 도움을 준다.
- 사회복지 정책과 제도: 사회복지 관련 정책과 제도에 대한 지식도 중요하다. 사회복지사들은 관련 정책과 제도를 이해함으로써 클라이언트에게 필요한 서비스와 지원을 제공하

고, 사회복지 문제해결에 대한 사회적 노력에 참여할 수 있다.

- 사회복지실천기술: 사회복지실천의 지식에는 면접, 상담, 중재, 그룹워크, 지역사회 조직화 등 다양한 사회복지실천기술에 대한 지식도 포함된다. 이러한 기술들은 사회복지사들이 클라이언트와의 효과적인 관계 형성, 문제해결 과정 지원, 지역사회 참여 촉진 등을 수행하는 데 필요하다.
- 사회복지윤리: 사회복지윤리에 대한 지식도 중요하다. 사회복지사들은 사회복지윤리 원칙을 이해하고 준수함으로써 클라이언트의 권익을 보호하고, 전문적인 책임을 다할 수 있다.

⑤ 사회복지실천의 지식 활용

사회복지실천의 지식은 다음과 같은 방법으로 활용될 수 있다.

- 문제 상황 분석 및 이해: 사회복지사들은 사회복지실천의 지식을 활용하여 클라이언트가 직면한 문제 상황을 체계적이고 종합적으로 분석할 수 있다. 이를 위해 사회복지 관련 학문 분야의 지식, 사회복지실천 이론과 모델, 사회복지 정책과 제도 등을 활용하여 문제의 본질적 원인과 영향 요인을 파악하고, 클라이언트의 개인적 특성과 사회적 환경을 고려한다.
- 개입 계획 수립: 사회복지사들은 문제 상황 분석 결과를 바탕으로 사회복지실천의 지식을 활용하여 구체적인 개입 계획을 수립한다. 개입 계획에는 개입 목표, 개입 전략, 개입 방법, 평가 지표 등이 포함되어야 하며, 클라이언트의 개별적인 요구와 문제 상황의 특성을 반영해야 한다.
- 개입 실천: 사회복지사들은 개입 계획에 따라 사회복지실천의 지식을 활용하여 구체적인 개입 활동을 실천한다. 이 과정에서 사회복지실천기술, 사회복지윤리 등을 준수하며, 클라이언트와의 협력 관계를 구축하고 긍정적인 변화를 유도하도록 노력해야 한다.
- 개입 결과 평가: 사회복지사들은 개입 실천 이후 사회복지실천의 지식을 활용하여 개입 결과를 평가한다. 평가 과정에서는 개입 목표 달성 여부, 개입 전략의 효과성, 개입 방법의 적절성 등을 객관적이고 체계적으로 분석해야 한다. 평가 결과를 바탕으로 필요에 따라 개입 계획을 수정하거나 추가적인 개입을 제공할 수 있다.
- 지속적 학습 및 발전: 사회복지 분야는 끊임없이 변화하고 발전하기 때문에, 사회복지사

들은 사회복지실천의 지식을 활용하여 지속적 학습과 전문성 개발에 힘써야 한다. 최신 연구 결과, 새로운 실천 방법, 변화하는 사회적 요구 등을 파악하고, 이를 자신의 실천에 반영해야 한다.

(3) 기술: 클라이언트의 실생활 변화를 위한 핵심 도구

① 사회복지실천기술의 특징

- 목적 지향성: 사회복지실천기술은 단순히 기술 자체를 과시하거나 형식적인 절차를 따라가는 것이 아닌, 명확한 목표 설정과 이를 달성하기 위한 전략적 실행을 통해 클라이언트 삶의 질 향상을 목표로 한다.
- 과학적 근거: 사회복지실천기술은 실증적 연구와 경험적 지식을 바탕으로 개발되며, 지속적인 평가와 개선을 통해 효과성을 검증한다. 이는 마치 의사가 진단과 치료를 위해 과학적 근거를 바탕으로 하는 것과 유사하다.
- 윤리적 책임: 사회복지실천기술은 존중, 공감, 비밀 유지와 같은 윤리적 가치를 기반으로 한다. 사회복지사는 기술을 행사하는 과정에서 클라이언트의 자존감과 권익을 존중하며, 책임감 있게 행동해야 한다. 이는 마치 변호사가 정의로운 판결을 위해 윤리적 책임을 다하는 것과 비교될 수 있다.
- 유연성: 사회복지실천기술은 클라이언트의 개별적 특성과 상황에 맞게 유연하게 적용되어야 한다. 마치 숙련된 요리사가 다양한 재료와 조리법을 활용하여 맛있는 음식을 만드는 것처럼, 사회복지사는 상황에 맞는 적절한 기술을 선택하고 활용해야 한다.
- 창의성: 사회복지실천기술은 새로운 문제해결 방안을 모색하고 혁신적인 개입 전략을 을 개발하는 창의성이 있어야 한다. 마치 예술가가 새로운 작품을 창조하듯, 사회복지사는 틀에 박힌 사고방식에서 벗어나 창의적인 해결책을 모색해야 한다.

② 사회복지실천기술의 분류

사회복지실천기술은 다양한 기준으로 분류될 수 있으며, 일반적으로 다음과 같은 유형으로 나눌 수 있다.

- 단계별 기술: 접촉, 관계 형성, 정보 수집, 평가, 개입 계획 수립, 개입 실행, 평가 및 후속

등 사회복지실천의 단계별로 필요한 기술을 의미한다.

- 관계 형성 기술: 클라이언트와의 신뢰와 공감을 바탕으로 한 관계를 형성하는 데 필요한 기술을 의미한다. 적극적 경청, 공감 표현, 무조건적·긍정적 존중, 진정성 있는 태도 등이 포함된다.
- 사례 관리 기술: 클라이언트의 문제를 파악하고 개입 계획을 수립·실행·평가하는 과정에서 필요한 기술을 의미한다. 정보 수집, 자료 분석, 목표 설정, 자원 연계, 모니터링 등이 포함된다.
- 상담 기술: 클라이언트가 스스로 문제를 해결하고 성장하도록 돕는 데 필요한 기술을 의미한다. 능동적 경청, 질문, 반영, 격려, 문제해결 훈련 등이 포함된다.
- 집단사업 기술: 집단 구성, 집단 동기부여, 집단과정 관리, 갈등 해결 등 집단 프로그램 운영에 필요한 기술을 의미한다.
- 지역사회 활동 기술: 지역사회 조사, 지역사회 자원 연계, 지역사회 변화 유도 등 지역사회 문제해결에 필요한 기술을 의미한다.

5) 사회복지실천의 2가지 기능

(1) 사회적 기능의 증진

사회적 기능의 증진은 주로 미시적 접근을 통해 이루어진다. 이는 개인, 가족, 집단, 지역사회 수준에서 구체적인 욕구를 가진 대상들의 사회적 기능을 향상하는 데 중점을 둔다. 이를 위해 사회복지실천은 다음과 같은 활동을 전개한다.

- 예방 활동: 위험에 처할 수 있는 개인이나 그룹을 식별하고, 문제가 발생하기 전에 적극적으로 개입하여 사회적·심리적·경제적 문제를 예방한다. 예를 들어, 청소년을 위한 교육 프로그램을 제공하여 범죄나 약물 남용의 가능성을 줄일 수 있다.
- 재활 활동: 사고, 질병, 중독 등으로 인해 사회적 기능이 저하된 개인을 대상으로 하여, 그들의 사회적 기능을 회복시키기 위한 서비스를 제공한다. 예를 들어, 직업 재활 프로그램을 통해 장애를 가진 사람들이 취업할 수 있도록 돕는다.
- 치료 활동: 심리적·정서적 문제를 겪고 있는 개인이나 가족에게 상담, 심리치료 등을 제

공하여 그들의 사회적 기능을 증진한다. 이는 개인이 자신의 문제를 해결하고 더 건강한 관계를 유지할 수 있도록 지원한다.

(2) 사회정의의 향상

사회정의의 향상은 거시적 접근을 통해 이루어지며, 모든 사회 구성원이 기본적인 권리와 동등한 기회를 얻고 차별 없이 혜택을 받을 수 있도록 하는 것을 목표로 한다. 이는 광범위한 사회적 변화를 추구하며 다음과 같은 활동을 포함한다.

- 정책 개발 및 옹호: 사회복지사들은 정책 결정 과정에 참여하거나 특정한 사회정책을 옹호함으로써, 사회적 불평등을 해소하고 모든 구성원에게 공정한 기회가 제공되도록 노력한다. 예를 들어, 저소득층을 위한 주택 정책 개선, 교육 기회 확대 등을 추진할 수 있다.
- 인권 증진 및 보호: 사회복지사는 인간의 기본 권리가 침해받지 않도록 보호하고 증진하는 역할을 할 수 있다. 이를 통해 소수자, 이주민, 장애인 등 사회적으로 취약한 집단이 동등한 권리를 누릴 수 있도록 할 수 있다.
- 자원 접근성 확대: 사회복지실천은 필요한 사회적 자원에 대한 접근성을 확대하여, 그동안 욕구를 표출하지 않았던 광범위한 인구가 필요한 서비스와 지원을 받을 수 있도록 한다. 여기에는 공공의료 서비스, 교육 프로그램, 임대주택의 혜택 등이 포함될 수 있다.

02 사회복지실천의 이념과 철학

사회복지실천은 단순한 기술이나 방법론을 넘어, 인간 존엄성과 사회정의라는 근본 가치를 실현하고자 하는 사회변화 과정이다. 사회복지실천의 이념과 철학적 배경은 이러한 가치를 구현하기 위한 사회복지실천의 방향성을 제시하는 바탕이 된다. 사회복지실천의 이념과 철학적 배경은 다음과 같이 정리될 수 있다.

1) 상호부조

상호부조는 인류 역사 초기부터 존재해 온 개념으로, 공동체 구성원이 서로를 돕는 것을 의미한다. 사회 구성원 모두가 서로 돕고 협력하는 상호부조는 사회복지실천의 중요한 토대이다. 초기 사회에서는 가족이나 친척, 이웃 공동체 등에서 상호부조 정신이 발달했으며, 현대 사회의 국가와 사회 안전망 역시 상호부조의 정신을 토대로 운영된다고 볼 수 있다. 사회복지실천에서 상호부조의 이념은 공동체 기반의 접근 방식에서 특히 강조된다. 예를 들어, 지역사회 자원을 활용하여 지원 네트워크를 구축하고, 개인이 아닌 집단의 힘을 통해 문제를 해결하려는 전략이 이에 해당한다.

2) 종교적 윤리

다양한 종교는 사랑, 연민, 정의, 평등과 같은 가치를 강조하며, 이는 사회복지실천의 이념적 토대를 제공한다. 기독교의 박애 정신, 불교의 자비, 이슬람교의 공동체 의식 등 각 종교의 가르침은 사회복지실천의 가치관 형성에 영향을 미쳤다. 특히, 초기 사회복지사업들은 종교 단체에 의해 주도되었으며, 현대 사회에서도 종교기관들은 여전히 중요한 사회복지 서비스 제공자이다. 그러나 한편으로 종교적 윤리에 근거한 자선은 받는 사람의 관점이 아니라 주는 사람의 관점을 보다 중시한다는 비판을 받기도 한다.

3) 인도주의와 박애 사상

인도주의는 모든 인간이 존엄과 가치를 가지며, 그들의 복지를 증진해야 한다는 믿음에 기초한다. 따라서 인종, 국적, 종교, 성별 등을 초월하여 모든 인간의 고통을 덜어 주고 삶의 질을 향상해야 한다고 강조한다. 특히 19세기에 확산된 박애 사상은 이러한 인도주의 정신을 실천하는 데 초점을 맞추었고, 사회복지실천의 초기 형태인 자선 활동의 핵심적 동기가 되었다. 박애 사상은 여전히 사회복지실천의 핵심 가치 중 하나로 자리매김하고 있으며, 서비스와 자원을 제공하는 강력한 근거가 되고 있다.

4) 사회진화론

사회진화론은 사회 발전에 있어 '적자생존'의 원리를 적용하고자 하였다. 이 이론은 초기 사회복지의 발전 과정에서 어느 정도 역행하는 관점을 제공하였다. 즉, 빈곤의 원인을 개인의 나태와 게으름으로 보고 사회적 약자에 대한 지원을 의미 없는 것으로 보기도 하였다. 그러나 시간이 지나면서 사회복지는 모든 개인이 평등하게 기회를 얻고, 지원을 받아야 한다는 방향으로 발전하였다.

5) 민주주의

민주주의는 사회복지실천에 있어 중요한 철학적 토대를 제공한다. 민주주의는 개인의 권리와 자유, 평등을 중시하며, 이를 통해 모든 시민이 사회복지 서비스에 접근할 수 있는 권리가 보장되어야 한다고 강조한다. 민주주의적 사회에서는 정책 결정 과정에 시민의 참여를 중요시하며, 이는 사회복지 정책과 실천의 방향을 결정하는 데 있어 핵심적인 요소가 된다. 사회복지실천은 이러한 민주주의 가치를 바탕으로 개인의 역량 강화와 사회 참여를 촉진하며, 소외된 계층의 권익 보호에도 기여하고 있다. 또한, 민주주의 사회에서는 시민들의 참여와 책임을 통해 사회복지실천의 투명성과 책임성을 높일 수 있다. 민주주의의 발전은 클라이언트의 자기 결정권이라는 개념의 정립에 큰 영향을 주었다. 또한 19세기 인보관 운동에도 영향을 주고 전반적인 사회개혁을 추동하는 원동력이 되었다.

6) 개인주의

개인주의는 서구 사회에서 강조되는 철학적 관점으로, 개인의 자유와 권리를 최우선으로 여긴다. 사회복지실천에서 개인주의는 개인 맞춤형 서비스의 제공, 개인의 욕구와 상황을 고려한 접근 방식 등으로 구현된다. 즉, 클라이언트 중심의 실천 방식으로 발전하며, 각 개인의 독립성과 자기 결정권을 존중하는 방향으로 연결된다. 또한 개별화된 지원을 통해 개인의 잠재력을 개발하고 문제해결 능력을 향상하는 데 기여하며, 사회복지 서비스 이용의 효과성을 높일 수 있다. 다만, 개인주의가 지나치게 강조될 경우 사회적 약자에 대한 배려가 소홀해질 수 있다는 우려도 존재한다. 사회문제에 대한 집단적 책임 의식이 약화하면서 사회적 약자의 수혜 자격이 축소되는 등의 현상이 나타나기도 한다.

위에서 언급한 이념 외에도 사회복지실천에는 사회정의, 인권, 평등, 연대, 지역사회 발전, 생태적 관점 등 다양한 이념들이 영향을 미치고 있다. 사회복지사들은 이러한 다양한 이념들을 이해하고, 상황에 맞게 적절하게 활용할 수 있어야 한다. 또한, 사회복지실천 과정에서 발생하는 윤리적 딜레마를 해결하기 위해서는 명확한 가치 판단과 책임감 있는 태도가 중요하다.

03 사회복지와 사회복지실천

1) 학문으로서의 사회복지

사회복지는 인간의 복지를 증진시키기 위해 개인, 가족, 집단, 공동체 및 사회 전반의 욕구와 문제를 연구하고 개입하는 학문 분야이다. 사회복지학은 사람들이 더 나은 삶을 영위할 수 있도록 돕는 것을 목표로 하며, 이를 위해 다양한 이론적 토대와 실천적 기술을 결합한다.

학문으로서 사회복지의 특징은 다음과 같다.

- 체계적인 이론: 사회복지실천은 단순한 경험이나 직관에 의존하는 것이 아니라, 사회과학, 인문학, 자연과학 등 다양한 학문 분야의 이론과 지식을 바탕으로 이루어진다. 사회복지는 인간과 사회의 복잡한 상호작용을 이해하기 위해 다양한 학문적 배경을 통합한다.
- 다학제적 접근: 사회복지 문제는 복합적이고 다양한 요인이 작용하기 때문에, 사회복지학은 사회학, 심리학, 정치학, 경제학, 문화인류학 등 다양한 학문 분야와 협력하여 문제를 이해하고 해결책을 모색한다. 사회학은 사회적 구조와 그 영향을 탐구하며, 심리학은 인간의 행동과 정신적 과정을 설명한다. 정신의학은 개인의 정신건강 문제를 다루고, 정치학은 정책 결정 과정과 권력 구조를 연구한다. 경제학은 자원의 분배와 관리를, 문화인

류학은 다양한 문화적 맥락에서의 인간 행동을 해석한다. 이러한 인접 학문들은 사회복지가 인간과 그들이 속한 사회의 복잡성을 전체적으로 이해하고 효과적으로 개입할 수 있는 토대를 마련해 준다.

- 응용학문: 사회복지학은 순수과학에서 얻은 지식을 실제 사회문제에 적용하여 해결책을 모색하는 응용학문이다. 예를 들어, 빈곤 문제에 개입하기 위해서는 경제적 요인의 이해뿐만 아니라 가족구조, 교육 수준, 사회 정책 등 다양한 요소의 종합적인 분석이 필요하다. 사회복지사들은 이러한 다양한 학문적 배경에서 얻은 지식을 통합하여 실제 상황에 적용함으로써 보다 근본적이고 지속 가능한 변화를 추구한다.
- 실천 중심: 사회복지는 이론뿐만 아니라 실천적 기술에 중점을 둔 응용학문이다. 사회복지사는 평가, 계획, 개입, 평가의 반복적인 과정을 통해 개인과 사회의 변화를 촉진한다. 이 과정은 클라이언트의 욕구와 문제를 정확히 평가하고, 적절한 개입 계획을 수립하며, 실행 후 결과를 평가하여 다음 개입을 개선하는 단계로 구성된다. 이러한 실천 과정은 학문적 지식과 실천 기술이 상호작용하는 본질적인 활동이며, 이를 통해 사회복지는 사회적 공익을 증진시키는 실질적인 변화를 끌어낸다.

2) 사회복지와 사회복지실천

(1) 사회복지의 개념

사회복지는 국민의 생활 안정과 복리 향상을 추구하는 사회적 시책의 총체로, 국가나 사회가 개인의 복지를 보장하기 위해 제공하는 다양한 정책, 프로그램, 서비스를 포함한다. 여기에는 국민의 빈곤, 질병, 장애, 노령, 실업 등으로 인한 어려움을 해소하기 위한 다양한 제도들이 있다. 각각의 제도는 모두 개인의 복지 증진을 목적으로 하지만 경제적·사회적·문화적 환경에 따라 운영 방식에 차이가 있다.

사회복지의 특징은 다음의 네 가지로 정리된다.

- 사회적 책임: 사회복지는 국가와 사회가 공동으로 책임져야 하는 사회적 책임이다. 개인의 노력만으로는 해결하기 어려운 사회문제를 해결하고 사회 구성원 모두가 인간다운 삶을 누릴 수 있도록 돕는 것을 목표로 한다.

- 사회적 약자의 보호: 사회복지는 빈곤, 질병, 장애, 노령, 실업 등으로 어려움을 겪는 사회적 약자를 먼저 보호하고 돕는 데 초점을 맞춘다. 사회 구성원 모두가 최소한의 삶의 질을 유지하고 인간다운 존엄성을 누릴 수 있도록 돕는 것을 목표로 한다.
- 사회적 통합: 사회복지는 사회 구성원 간의 불평등을 해소하고 사회적 통합을 증진하기 위해 노력한다. 소외 계층을 사회에 통합하고 사회 구성원 모두가 상호 협력하며 발전할 수 있도록 돕는 것을 목표로 한다.
- 사회적 발전: 사회복지는 사회 구성원 모두의 삶의 질 향상을 통해 사회 전반의 발전을 도모한다. 개인의 잠재력을 개발하고 사회 참여를 확대함으로써 사회 전체의 발전에 기여하는 것을 목표로 한다.

(2) 사회복지실천의 특징

사회복지실천은 사회복지의 목표를 달성하기 위해 전문적인 사회복지사가 개인, 가족, 집단, 지역사회 등 다양한 대상에게 제공하는 직접적인 서비스 활동을 의미한다. 다시 말해 사회복지실천은 이론적·실용적 지식과 기술을 활용하여 개인, 가족, 집단, 커뮤니티의 복지를 증진시키는 전문적 활동이다. 사회복지실천에는 문제해결, 사회적 기능 향상, 자원 연결, 인권 보호 등이 포함된다. 여기에는 개인의 욕구와 문제를 진단하고, 적절한 개입을 통해 해결 방안을 제공하는 과정이 반드시 있어야 한다.

사회복지실천의 특징은 다음과 같이 정리할 수 있다.

- 전문성: 사회복지실천은 사회복지 이론, 지식, 기술을 바탕으로 수행되는 전문적인 활동이다. 사회복지사는 전문적인 교육과 훈련을 통해 사회복지 문제를 이해하고 분석하며, 적절한 개입 전략을 개발하고 실천할 수 있는 능력을 갖추어야 한다.
- 대상 중심성: 사회복지실천은 개인, 가족, 집단, 지역사회 등 다양한 대상의 개별적인 요구와 상황에 맞춰 서비스를 제공하는 데 중점을 둔다. 획일적인 서비스를 제공하는 것이 아니라, 대상의 특성을 이해하고 그에 맞는 맞춤형 서비스를 제공하는 것을 목표로 한다.
- 과정 중심성: 사회복지실천은 단순히 결과에만 초점을 맞추는 것이 아니라, 서비스 제공 과정 자체를 중요하게 생각한다. 대상과의 관계 형성, 문제해결 과정, 의사결정 과정 등

에서 윤리적 책임과 전문성을 유지하며 서비스를 제공하는 것을 목표로 한다.

- 목표 지향성: 사회복지실천은 명확한 목표를 설정하고 이를 달성하기 위해 노력한다. 클라이언트 삶의 질 향상, 사회문제 해결, 사회적 약자의 옹호 등 다양한 목표를 설정하고 이를 달성하기 위한 구체적인 계획을 수립하고 실행한다.

(3) 사회복지실천의 주요 방법

사회복지실천은 다음과 같은 주요 방법을 통해 이루어진다.

- 개별화 접근: 개별 클라이언트의 욕구에 맞추어 맞춤형 서비스를 제공한다.
- 케이스워크: 개인과 직접 일하여 그들의 사회적 기능을 회복하도록 돕는다.
- 그룹워크: 그룹을 형성하여 사회적 지지와 개인의 문제해결 능력을 강화한다.
- 지역사회조직: 지역사회의 자원을 동원하여 커뮤니티 차원에서의 문제를 해결한다.

(4) 사회복지와 사회복지실천의 상호관계

사회복지의 궁극적인 목표는 모든 개인이 인간다운 삶을 영위할 수 있도록 돕는 것이다. 이를 위해 사회복지는 개인의 기본적인 생활 조건을 개선하고, 사회적 공평성을 증진하며, 경제적·사회적·문화적 기회를 확대하는 데 중점을 둔다.

사회복지와 사회복지실천은 서로 밀접하게 연결되어 있으며, 하나는 다른 하나 없이 존재할 수 없다. 사회복지는 사회복지실천을 위한 기반을 제공하고, 사회복지실천은 사회복지의 목표를 달성하는 데 기여한다. 즉, 사회복지실천은 사회의 모든 구성원이 권리로서 복지를 누릴 수 있도록 하기 위해 필수적인 구실을 한다. 이는 개인뿐만 아니라 사회 전체의 안정과 발전에 기여한다.

3) 사회복지실천방법의 분류

사회복지실천의 방법은 복잡하고 다양한 인간의 욕구와 문제에 효과적으로 대응하기 위해 다양한 수준과 접근 방식을 포함한다. 사회복지실천방법은 주로 두 가지 큰 분류 체계를 사용한다. 첫째, 사회복지사가 관여하는 체계의 크기와 규모에 따른 분류, 둘째, 클라이언트와의 접촉 여부에 따른 분류이다.

(1) 사회복지사가 관여한 체계의 크기와 규모에 따른 분류

사회복지실천은 사회복지사가 개입하는 대상의 규모에 따라 세 가지 수준으로 나눌 수 있다.

① 미시적 수준(micro level)

미시적 수준의 개입 대상에는 개인, 가족 등이 있다.

- 개인: 사회복지사는 클라이언트와 일대일로 상담을 진행하거나 개별적인 문제해결을 지원할 수 있다. 예를 들어, 정신건강 문제, 가족 문제, 학습 문제 등 개인의 특정한 요구에 초점을 맞추고 이에 대한 평가, 상담, 치료 및 기타 지원을 제공할 수 있다.
- 가족: 사회복지사는 가족을 대상으로 개입을 진행하여 가족 구성원 간의 관계 개선, 가족 기능 강화, 가족 구성원의 문제해결을 도울 수 있다. 이를 위해 가족치료, 부모 교육, 가정 방문 등의 방법을 사용할 수 있다.

미시적 수준에서 주요 실천 방법으로는 다음과 같은 것들이 있다.

- 개인 상담: 개인의 문제나 어려움을 개별적으로 상담하고 해결 방안을 모색한다.
- 가족 상담: 가족 구성원 간의 관계 문제를 해결하고 가족 기능을 강화한다.
- 가사 지원: 노약자, 장애인, 만성질환자 등의 일상생활을 돕는다.
- 경제적 지원: 저소득층에게 경제적 지원을 제공하여 기본적인 생활을 유지하도록 돕는다.

② 중범위 수준(mezzo level)

중범위 수준의 개입 대상에는 집단, 조직 등이 있다.

- 집단: 사회복지사는 집단 상담, 자조 모임, 치료 모임 등을 통해 소규모 집단 내에서 사회복지실천을 수행할 수 있다. 이러한 활동은 개인들이 서로의 경험에서 배우고, 상호작용을 통해 개인적 성장과 변화를 촉진할 수 있도록 도울 수 있다.
- 조직: 사회복지사는 지역사회 내의 학교, 복지기관, 비영리 조직 등 조직의 운영을 개선하거나 조직 내 클라이언트에게 더 나은 서비스를 제공할 수 있도록 프로그램 개발이나

조직 변화를 지원할 수 있다.

중범위 수준에서 주요 실천 방법으로는 다음과 같은 것들이 있다.

- 집단 상담: 특정 주제나 문제를 가진 사람들을 모아 집단 상담을 진행한다.
- 자조집단: 공통의 문제나 관심사를 가진 사람들이 모여 서로 도움을 주고받는 집단을 운영한다.
- 지역사회 조직화: 지역사회 구성원들이 공동체 의식을 함양하고 지역사회 문제해결에 참여하도록 돕는다.
- 네트워크 구축: 취약 계층의 사회적 지지 네트워크를 구축한다.

③ 거시적 수준(macro level)

거시적 수준의 개입 대상에는 지역사회, 사회정책 등이 있다.

- 지역사회: 사회복지사는 지역사회 차원에서 사회복지 정책, 프로그램 개발 및 실행, 지역사회 개발 프로젝트, 대중 교육 등을 통해 전체 커뮤니티의 복지를 증진시키는 활동에 참여할 수 있다.
- 사회정책: 사회복지사는 사회복지 정책의 개발, 평가, 개정 작업에 참여한다. 정책 옹호, 입법 활동, 공공 인식 캠페인 등을 통해 사회적·경제적·환경적 요인에 영향을 미칠 수 있다.

거시적 수준에서 주요 실천 방법으로는 다음과 같은 것들이 있다.

- 정책 제안 및 옹호: 사회복지 문제해결을 위한 정책 제안 및 옹호 활동을 수행한다.
- 연구 및 홍보: 사회문제 관련 연구를 수행하고 연구 결과를 홍보한다.
- 사회운동: 사회적 약자의 권익을 위해 사회운동을 전개한다.
- 국제협력: 국제적인 비영리기구(NGO)와 협력하여 사회복지 문제해결에 기여한다.

(2) 클라이언트의 접촉 여부에 따른 분류

사회복지실천 방법은 또한 클라이언트와의 직접적인 접촉 여부에 따라 구분될 수 있다.

① 직접 실천(direct practice)

사회복지사는 클라이언트와 직접 만나 개인, 가족, 집단의 문제해결을 지원할 수 있다. 치료, 상담, 개인적 지원 및 다양한 심리·사회적 서비스를 직접 제공할 수 있다. 앞서 언급한 미시적, 중범위, 거시적 수준의 사회복지실천 모두 직접 실천에 포함될 수 있다. 직접 실천의 장점은 클라이언트의 요구와 상황에 맞춤화된 서비스를 제공할 수 있다는 점이다. 하지만 사회복지사의 업무량 증가와 과도한 감정적 노출 등의 단점도 존재한다.

② 간접 실천(indirect practice)

사회복지사는 특정한 경우 클라이언트와 직접적인 접촉 없이 서비스 제공을 지원할 수 있다. 이는 주로 프로그램 개발, 정책 개선, 자원 개발, 지역사회 조직화, 옹호 활동 등에 해당한다. 간접 실천은 조직 또는 지역사회 수준에서 클라이언트의 복지를 간접적으로 증진시키는 데 중점을 둔다. 정책 제안, 연구, 홍보, 사회 운동, 국제협력 등이 간접 실천에 속한다. 간접 실천의 장점은 비교적 적은 인력으로 많은 사람들에게 혜택을 제공할 수 있다는 점이다. 하지만 변화 속도가 느리고 구체적인 효과를 확인하기 어려울 수 있다는 단점도 있다.

4) 사회복지실천의 전문적 기반

사회복지실천은 인간의 복지 향상과 사회정의 실현을 목표로 하며, 이를 위해 전문적 기반을 갖추고 있다. 이 전문적 기반은 크게 과학적 기반과 예술적 기반의 두 가지로 구분된다. 사회복지실천이 효과적이고 윤리적인 서비스를 제공하기 위해서는 이 두 기반이 조화롭게 통합되어야 한다.

(1) 과학적 기반

사회복지실천의 과학적 기반은 체계적인 이론과 연구에 근거를 둔 접근방식을 말한다. 이는 다음과 같은 요소들로 구성된다.

① 이론적 지식

사회복지실천에는 개인, 가족, 집단, 조직, 그리고 커뮤니티의 복잡한 문제에 대한 다양한 이론과 모델들이 존재한다. 사회복지사는 이러한 이론과 모델들을 이해하고 상황에 맞게 적용함으로써 효과적인 개입을 끌어낼 수 있다. 이를 위해 먼저 인간의 발달단계, 가족구조, 사회문화적 배경, 사회문제 등 인간 행동과 사회환경에 대한 이해가 선행되어야 한다.

② 연구 방법론

사회복지실천에서는 효과적인 개입 방법을 식별하고 검증하기 위해 과학적 연구 방법을 사용한다. 연구는 실천 방법의 유효성을 검증하고, 증거 기반 실천(evidence-based practice)을 촉진한다. 사회복지실천은 최신 연구 결과와 증거 기반 실천에 기반해야 한다. 사회복지사는 지속적인 학습과 연구를 통해 자신의 지식을 최신화하고, 효과가 입증된 개입 전략들을 활용해야 한다.

③ 평가 및 측정

효과적인 사회복지실천을 위해서는 클라이언트의 요구와 개입 결과를 정확히 평가하고 측정하는 것이 중요하다. 이를 통해 실천의 효과성을 객관적으로 평가하고 필요에 따라 개입 계획을 조정할 수 있다.

(2) 예술적 기반

사회복지실천의 예술적 기반은 기술과 직관을 요구하는 실천의 다른 측면을 반영한다. 이는 다음과 같이 구성된다.

① 관계 형성

사회복지사는 클라이언트와의 신뢰를 기반으로 한 관계를 형성하여, 클라이언트가 자신의 문제를 개방하고 해결책을 모색할 수 있는 안전한 환경을 제공해야 한다. 사회복지사는 적극적인 경청, 공감, 무조건적 존중의 태도를 통해 클라이언트와의 관계를 형성하고 유지해야 한다.

② 감정 이입

사회복지사는 클라이언트의 감정과 경험에 공감하며, 그들의 입장에서 문제를 이해하고 대응할 수 있어야 한다. 효과적인 감정 이입은 심리적 지지를 제공하고, 클라이언트가 자신의 상황을 더 잘 이해하도록 돕는다.

③ 직관력과 창의성

때로는 기존의 방법이나 접근법이 효과적이지 않을 수 있다. 이럴 때 사회복지사는 상황을 빠르게 파악하고 적절한 판단을 내리는 직관력과 클라이언트의 개별적인 상황에 맞는 개입 전략을 개발하고 적용하는 창의성을 통해 새로운 접근법을 찾아야 한다. 사회복지사는 경험과 지식을 바탕으로 예측 불가능한 상황에서도 신속하고 정확한 판단을 내려야 하며, 다양한 사고방식을 활용하여 새로운 해결책을 모색하고 상황에 맞는 유연한 개입을 수행해야 한다.

(3) 통합적 접근

사회복지실천의 과학적 기반과 예술적 기반은 상호보완적이다. 과학적 접근은 실천을 체계화하고 근거를 제공하는 반면, 예술적 접근은 클라이언트 각자의 독특한 상황과 요구에 민감하게 반응하고 조정하는 능력을 강조한다. 사회복지사는 이 두 기반을 조화롭게 결합하여 실천하면서 대인 서비스를 효과적으로 제공할 수 있다. 이러한 통합적 접근은 사회복지실천을 더욱 전문적으로 만든다.

과학적 기반과 예술적 기반의 통합적 접근을 위한 방법은 다음과 같다.

① 실무 지식과 실천 경험의 결합

사회복지사는 교육과 연구를 통해 얻은 이론적 지식뿐만 아니라, 실무 경험을 통해 쌓은 실질적인 지식과 기술을 갖추어야 한다. 실무 지식과 실천 경험의 결합은 과학적 기반과 예술적 기반을 유기적으로 연결하고 상호보완적인 관계를 형성하는 데 중요하다.

② 지속적인 학습과 성찰

사회복지 분야는 끊임없이 변화하고 발전하고 있다. 사회복지사는 최신 연구 결과와 동향을 지속적으로 학습하고, 자신의 실천을 객관적으로 성찰하며 전문성을 향상해야 한다.

③ 슈퍼비전 및 멘토링

숙련된 사회복지사로부터 슈퍼비전과 멘토링을 받는 것은 과학적 기반과 예술적 기반을 발전시키는 데 효과적인 방법이다. 슈퍼비전 및 멘토링을 통해 사회복지사는 자신의 실천을 객관적으로 되돌아보고 개선할 수 있으며, 경험과 지혜를 가진 멘토로부터 조언과 지침을 얻을 수 있다.

④ 동료와의 네트워킹

동료 사회복지사들과의 네트워킹을 통해 자기 경험과 지식을 공유하고, 서로에게 배우고 성장할 수 있다. 또한, 동료들과의 협력을 통해 클라이언트에게 더 포괄적이고 효과적인 서비스를 제공할 수 있다.

학습 정리

1. 사회복지실천은 개인, 가족, 집단, 지역사회의 복지를 증진하고 사회적 문제를 해결하는 전문적인 활동이다. 사회복지실천의 주요 목적은 개인의 복지 증진, 가족의 안정성 강화, 집단과 공동체의 통합 및 개발, 사회적 공정성과 평등의 촉진, 자립 지원, 위기 개입 및 관리 등이다.

2. 사회복지실천은 인간 존엄성과 사회정의라는 근본 가치를 실현하고자 하는 사회변화 과정이다. 상호부조, 종교적 윤리, 인도주의와 박애사상, 사회진화론, 민주주의, 개인주의 등이 사회복지실천의 이념적 배경이 된다.

3. 사회복지는 개인과 사회의 복지 증진을 위한 체계적인 이론과 지식을 바탕으로 실천하는 응용학문이다. 사회복지실천은 사회복지의 목표를 달성하기 위해 개인, 가족, 집단, 지역사회 등 다양한 대상에게 직접적인 서비스 활동을 제공하는 것이다. 두 개념은 밀접하게 연결되어 있다.

4. 사회복지실천은 체계적인 이론과 실천 기술을 통합하여 실제 문제해결에 접근한다. 다학제적 연구와 실천적 개입의 결합은 사회적 변화를 근본적이고 지속 가능하게 만든다. 사회복지사는 계획, 개입, 평가의 반복적인 과정을 통해 개인과 사회의 변화를 촉진한다.

5. 사회복지실천방법은 복잡하고 다양한 인간의 욕구와 문제에 효과적으로 대응하기 위해 다양한 수준과 접근방식을 포함한다. 이는 미시적, 중범위, 거시적 수준과 클라이언트와의 직접적인 접촉 여부에 따라 구분된다. 미시적 수준에서는 개인과 가족을, 중범위 수준에서는 집단과 조직을, 거시적 수준에서는 지역사회와 정책을 대상으로 한다.

chapter 02

사회복지실천의 가치와 윤리

학습목표

1. 사회복지실천의 철학과 윤리를 이해한다.
2. 사회복지 전문가로서 가치의 중요성에 따른 의사결정을 할 수 있다.
3. 사회복지실천에 필요한 윤리적 의사결정의 원칙과 우선순위를 적용한다.
4. 사회복지실천 현장의 가치 갈등을 이해하고 해결한다.
5. 사회복지실천의 윤리강령을 숙지하고 실천하는 태도를 기른다.

01 사회복지실천의 철학과 윤리

사회복지는 가치지향적이며 그 실현은 끝없는 윤리적 의사결정의 과정이다. 사회복지사는 사회복지실천의 과정에서 다양한 윤리적 갈등 상황에 직면하게 된다. 사회복지사는 사회복지의 실천 과정 전반에 걸쳐 철학적이고도 윤리적인 요소를 고려해야 한다. 윤리적 의사결정에서 지향하는 가치가 사회복지에서 지향하는 가치와 부합되어야 하며, 기관과 사회복지사의 이익보다 클라이언트의 이익을 최우선에 두고 결정해야 하기 때문이다.

사회복지전문직은 다른 전문직과는 달리 클라이언트와 함께 문제를 해결하는 과정을 매우 중요하게 여긴다. 이러한 관점에서 수혜자가 아닌, 문제해결의 동반자이자 소비자로서 클라이언트의 권리가 강조되고 있다. 클라이언트의 권리에 대한 윤리적 민감성을 가진 사회복지실천은 직감이나 오랜 경험으로 저절로 되는 것이 아니다. 이는 윤리적 이슈들에 대한 진지한 고민과 윤리기준과 원칙들, 사회복지사 윤리강령, 윤리 결정 모형에 대한 지식과 훈련을 통해서만 가능하다. 예를 들면, 한 클라이언트에 대한 개입 과정 안에서도 비밀보장이나 알 권리, 기록에의 접근, 고지된 동의 등 동시에 여러 가지 윤리적 갈등이 복합적으로 일어나기도 한다. 이러한 복잡한 윤리적 갈등 상황에서 사회복지사들은 어떤 결정을 내려야 할까? 사회복지사들이 사회복지 현장에서 직면하게 될 다양한 윤리적 문제와 윤리적 결정을 위한 성찰은 매우 중요하다.

1) 철학의 개념

철학이라는 용어는 원래 그리스어로 필로소피아(philosophia)를 뜻한다. 필로소피아는 필로스(philos, 사랑함)와 소피아(sophia, 지혜)라는 두 말을 합성한 것이다. 필로소피아라는 말을 그대로 번역하면, '지혜에 대한 사랑' 또는 '애지(愛智)'를 뜻한다. 철학은 세계와 인간에 대한 가장 근본적 문제들을 이성적으로 탐구하는 학문이다. 철학은 우리가 일상적 삶에서 당연하고 자명한 것으로 믿고 있는 전제들을 비판적으로 검토함으로써 우리의 삶에 대한 근본적 반성을 추구한다. 철학은 또한 각 분과 학문에서 전제하고 있는 기본 개념과 원리들을 비판적으로 검토한다. 철학이 모든 학문의 토대를 이루는 '근본학(根本學)'으로 불리는 이유가 여기에 있다(김태길, 1989).

지혜란 일상생활에서의 실용하는 지식이 아닌 인간 자신과 그것을 둘러싼 세계를 관조하는 지식, 이를테면 인생관이나 세계관을 말한다. 따라서 "철학이란 무엇인가?"라고 묻는 문제는 "인간이란 무엇인가?", "인생이란 무엇인가?" 하는 문제와 더불어 매우 중요하고도 난해한 문제이다. 그 이유는 철학이라는 학문의 폭이 아주 넓고 그 대상이 너무 많기 때문이다. 세계 인구가 70억 명이라면 70억 가지의 사유, 70억 가지의 철학이 존재할 수 있다는 이야기이다. 철학은 현재의 삶의 문제를 고민하고 인간의 삶을 유의미한 삶으로 변화시킨다.

2) 윤리학의 주요 이론

윤리학(倫理學, ethics)은 도덕의 원리, 기원, 발달, 본질과 같은 인간의 올바른 행동과 선한 삶을 사회 전반에 걸쳐 근원적이고 총괄적으로 규명하는 철학의 주요 분야이다. '인간의 생활에 있어 바람직한 상태란 무엇이며, 선악의 기준은 무엇이고, 행위의 법칙은 어떻게 정립되는가'와 '노력할 만한 것은 무엇이며, 생활의 의미라는 것은 무엇인가' 등을 밝히는 동시에,

도덕의 기원, 도덕의 법칙을 세우는 법칙과 그 역사적 성격 등을 연구하는 학문이다.[1]

윤리학은 옳고 그름을 따지는 일반적인 통념과는 다르다. 윤리학에서 주로 다루는 것은 '선한 삶'으로, 그것은 일반적으로 가치 있게 사는 삶이나 단순히 만족하는 것이 아닌 삶으로, 많은 철학자들은 일상적인 도덕 행위보다 더 중요한 것을 지향하는 삶을 생각했다. 다른 관점에서 도덕 자체는 학문이 아니지만 그것을 방법론적으로 연구하는 것이 윤리학이다. 그 연구 영역은 도덕 현상과 도덕 본질로 크게 나뉜다. 물론 이 두 가지는 서로 뒤섞이며, 더구나 윤리학설은 철학이론과 결부되어 있다.

철학이 지혜의 학문으로 인간과 세상의 근본원리를 탐구한다면, 윤리학은 철학의 한 분과로서 인간이 살아가면서 마땅히 행해야 할 도리와 규범을 탐구한다. 따라서 윤리학에서 관심을 갖는 당위라는 것도 '인간다운 것이 무엇인가?'라는 근본 물음에 대한 답을 요구하게 된다. 이것이 철학적 물음이고, 이는 철학적인 사유를 통해 해답을 얻을 수 있다. 철학과 윤리학은 한 근원에서 출발하여 조금은 상이한 방식으로 인간의 존재성과 행위를 탐구하는 학문의 영역이다. 윤리의 주요 이론으로는 윤리적 절대주의(의무론적 윤리)와 윤리적 상대주의(상대론적 윤리), 그리고 상황윤리로 대별할 수 있다.

(1) 윤리적 절대주의(ethical absolutism): 의무론적 윤리이론

윤리적 절대론자들은 정해진 도덕적 규칙을 중시하며, 도덕적 규범에 근거하여 의무를 다해야 한다고 보는 윤리적 절대주의에 바탕을 두고 있다. 특정 행동으로 인해 어떤 결과를 얻게 되든지, 도덕적 규범에 따라 그 행동 자체가 옳고 그른지를 평가해야 한다는 것이다. 즉, 행동이란 본질적으로 옳거나 그르며, 그것에서 초래될 수 있는 어떤 결과와도 거리가 먼 것으로서 윤리 원칙이란 공식화될 수 있고, 모든 상황에서 지켜져야 한다는 것이다. 한 예로, "사회복지사는 클라이언트에게 진실을 말해야 한다."는 규칙은 항상 옳기 때문에 그로 인해 초래될 손실이 어떠하든, 의무론적 윤리이론에서는 이 규칙은 꼭 지켜져야 한다는 것이다.

---

1 윤리학은 도덕철학(道德哲學, moral philosophy)이라고도 불린다. 'ethics'는 'ethos', 'moral'은 'mores'라는 그리스어와 라틴어에서 그 근원을 찾을 수 있다. 윤리(ethics)는 우리가 말하는 품성과 연관이 있고, 도덕(morality)은 습관이나 관습과 관련이 있다. 윤리학은 인간의 행위에 관한 여러 가지 문제와 규범을 연구하는 학문으로서, 사회에서 사람과 사람의 관계를 규정하는 규범·원리·규칙에 대한 학문이다. 원시공동체 사회에도 도덕은 존재하였지만 윤리학은 노예제 사회로 이행하면서 나타났다.

어떤 행위가 도덕적으로 올바른 것인지의 여부를 그 행위로 인해 나타나는 결과로만 판단할 수 없다는 것이다. 오히려 도덕적 행위의 옳고 그름은 특정한 윤리적 의무를 따르는지 여부에 의해 결정된다는 것이다. 의무론적 윤리 또는 의무론은 행동의 도덕성은 행동의 결과에 근거하기보다는 일련의 규칙에 따라 그 행동 자체가 옳고 그른지에 근거해야 한다는 규범적 윤리 이론이다.

윤리적 의무론에는 행위 의무론과 규칙 의무론의 두 가지 유형이 있다. 하나는 행위 의무론(act deontology)이다. 각 행위들은 그 자체로 독특한 윤리적 속성이 있기 때문에, 각각의 행위들이 도덕적 규범의 기준이 되어야 한다고 주장한다. 가장 적절한 도덕 판단의 단위는 그가 특정한 상황에서 하는 구체적인 행위이며, 어떤 행위가 도덕적인지는 주어진 상황에서 그 행위를 하는 사람의 양심에 따른 직관과 결단에 의해 드러난다는 것이다. 다른 하나는 규칙 의무론(rule deontology)이다. 이는 인간 행위의 옳고 그름은 마땅히 지켜야 하는 규칙의 준수 여부로 결정되는 것이다. 행위의 도덕성 판단 기준은 개인의 직관이나 결단이 아니라, '거짓말을 해서는 안 된다.'와 같은 보편적인 도덕법칙이 된다.

(2) 윤리적 상대주의(ethical relativism): 상대론적 윤리이론

프로타고라스(Protagoras, B.C. 490~B.C. 420)의 "인간은 만물의 척도다."라는 주장이 윤리적 상대주의를 상징적으로 나타내는 가장 초기의 상대주의적 흐름이다. 윤리적 상대주의란 우리가 마땅히 따라야 할 규범으로서, 윤리가 문화에 따라 다르다는 입장을 말한다. 규범으로서 윤리가 문화에 따라 다르다는 말은 결국 옳고 그름의 기준이 문화에 따라 다르다는 것이다.

윤리적 상대주의를 옹호하는 근거는 여러 가지가 존재한다.

첫째, 가장 영향력이 있는 근거는 세상에는 다양한 도덕관이 존재하고 있다는 생각이다. 과거에는 사람들이 문화에 우열이 있다고 생각했다. 그런 우열의 관계가 존재한다면 우등한 문화가 올바른 문화라고 생각할 수 있다. 그러나 사회가 발달하면서 다양한 문화들이 서로 다른 각도에서 문화를 바라보고 있다는 것이 확인되면서 이런 설명을 할 수 없다.[2]

---

2 다양한 영역에서 논의를 통한 합의가 가능하지만 다른 문화 사이의 윤리적 판단을 합의하는 것은 상당히 어려운 일이다. 예를 들어, 일부일처제에 대한 판단이 다른 경우는 쉽게 볼 수 있는 합의가 불가능한 지점이다. 일부일처가 올바르다고 생각하는 사람들에게 이슬람의 일부다처제는 야만적이고 폭력적이라고 할 수 있다. 그러나 잦은 전쟁으로 많은 미망인이 발생한 상황에서 이들을 안정적으로

둘째, 도덕적 불확실성이다. 무엇이 옳은 것이고 도덕적인 중요성을 가지는지 알기 어렵다는 점에서 윤리적 상대주의를 옹호할 수 있다. 개인의 선택이 어떤 결과를 가지고 올지도 판단할 수 없고 한계가 있기 때문에 보편적 도덕법칙을 세우는 것 자체가 상당한 어려움이 있을 수 있다. 그러나 이런 입장의 옹호는 상대주의와 회의주의를 그냥 혼동해서 나타난 결과다. 또한 어떤 문제가 어렵다고 해서 그 문제에 해답이 존재하지 않는다는 결론을 내리는 것도 이상하다. 문제의 어려움이 문제에 답이 없음을 보장하지는 않는다. 올바른 것이 있다고 믿는 비상대주의자들은 그 올바른 것을 찾기 위해서 끊임없이 노력을 할 것이고 그 노력의 과정 속에서 우리는 무엇인가 윤리적인 것에 대한 좋은 기준들을 발견할 수도 있다. 처음부터 모든 것을 이룰 수 없는 것이라 말하는 것은 그냥 포기해 버리는 것과 다를 것이 없다.

셋째, 상황적 차이가 발생한다는 점에서 상대주의를 옹호할 수 있다. 우리는 모든 상황에서 똑같은 도덕률을 제시하고 그것에 따라야 한다고 생각하는 것이 딱히 상식적이지 않다는 것을 안다. 오히려 칸트와 같은 매우 꼼꼼한 상황에 불변하는 진리가 존재한다고 생각하는 것이 더 신기하다. 이런 입장은 대체로 객관주의를 절대주의로 오인하는 데서 비롯된다. 절대주의는 도덕적 규칙과 원칙이 예외없이 적용되어야 하며 상황과 상관없이 독립적으로 존재한다고 믿는다. 반면, 객관주의는 객관적인 선이 존재하더라도 구체적인 사례가 다르면 행동의 모습도 바뀔 수 있다는 것을 긍정한다. 그러나 상대주의는 이런 설명을 전혀 고려하지 않는다. 마치 객관주의는 없고 모든 도덕론은 절대주의와 같이 생각해 버린다.

넷째, 서로 합의된 동기가 없다면 비판할 수 없다는 주장이 있다(김성한, 2017). 하만(G. Harman)의 메타 윤리학적 상대주의는 웡(D. Wong)의 이론과 더불어 가장 설득력 있는 상대주의 논의로 평가받고 있다. 그의 입장은 관례주의로 분류되는데, 이를 크게 계약론적 관점과 관습주의적 관점으로 정리할 수 있다. 먼저 그는 '암묵적 홍정'이 이루어졌음을 통해 도덕의 기원을 밝히고자 하며, 이와 같은 홍정의 결과로 탄생한 도덕이 관습화되어 오늘에 이르게 되었다고 주장한다. 또한 그는 이러한 관습으로서의 도덕을 개인이 취사 선택하게 된다고 이야기한다. 하만은 이러한 이론이 타인에게 고통을 주는 것은 비난을 받지만 타인에게 도움을

살리기 위해서 발생한 일부다처제를 과거의 역사적 맥락을 소거한 상태에서 바라보는 것은 무슬림들에게 부당하다.

주지 않는 것은 그다지 비난을 받지 않는다는 사실, 그리고 동물들에 비해 인간에게 더욱 관심을 갖는다는 사실을 적절히 설명해 주는 장점이 있다고 말한다.

그러나 이 주장에도 문제점이 존재한다. 문화가 모두에게 단일하게 합의된 것으로 이해하면 안 된다는 생각을 할 수 있다. 같은 한국인이라도 동의하는 도덕적 행위의 범위가 상이하다. 당장 내 옆에 있는 친구와 나의 도덕적 판단은 다를 수 있다. 같은 문화에 같은 시대를 살아가고 있지만 도덕적 판단이 문화적으로 단일하지 않다는 점을 생각할 수 있다. 더군다나 합의된 동기는 암묵적으로 구성된다는 점을 언급하고 있다. 암묵적 구성은 사실상 합의를 전혀 하지 않았다는 것과 다르지 않다. 대화를 해도 합의가 재대로 되지 않는 경우가 많다. 암묵적으로 단일한 합의를 이룬다는 것은 상당히 어려운 일이다.

3) 사회복지실천에서의 가치와 윤리

가치란 인간 행동에 영향을 주는 어떠한 바람직한 것, 또는 인간의 지적·감정적·의지적 욕구를 만족시킬 수 있는 대상이나 그 대상의 성질을 의미한다. 가치라는 것이 경험할 수 있는 사물로부터 유래된 것인가, 혹은 개인의 감정이 사물에 가치를 부여하는 것인가 하는 문제는 객관적 가치인가 주관적 가치인가를 논하는 가치론의 중요한 쟁점이다.

보편적인 가치의 문제를 다루는 분야를 가치론이라고 하며 가치론은 경제학이나 심리학 등의 사실적 개별 학문의 일부로서 존재하기도 하고, 근본적으로 가치에 대한 관심이 깊은 윤리나 미학 등의 규범적 속성을 지니는 학문과도 관련을 맺고 있다. 따라서 가치론은 진선미(眞善美)의 보편적인 가치를 추구하는 철학의 중요한 분야이기도 하다. 특히 철학이 추구하는 가치는 개인 간의 간극과 주관적인 판단을 모두 뛰어넘어 객관적인 가치로서 규정된다. 가치가 발생하기 위해서는 반드시 주체, 그리고 그 주체와 관계된 대상이 있어야 하고, 대상에 대한 주체의 관계는 평가 작용을 전제로 한다. 이때 이루어지는 평가 작용에는 주체의 성격이 밀접하게 연관되는데, 주체의 성격에 따라 가치 자체도 다양한 양상을 띤다.

철학에서 말하는 최고 가치란 그 이상의 가치가 없는, 즉 궁극의 가치로서 바로 선(善, good)을 의미한다. 선이 표현된 것이 윤리와 도덕이다. 윤리(倫理)와 비슷한 의미로 사용되는 도덕(道德)은 사회의 구성원들이 양심, 사회적 여론, 관습 따위에 비추어 스스로 마땅히 지켜야 할 행동 준칙이나 규범의 총체를 말한다. 외적 강제력을 갖는 법률과 달리 각자의 내면적·자발적 원리로서 작용하며, 또 종교와 달리 초월자와의 관계가 아닌 인간 상호 관계를 규정한다. 도덕이 '자기완성을 위한 규범'이라면, 윤리는 '인간관계에서 합당하게 행동함'이라는 의미를 가지고 있다.

(1) 사회복지실천에서의 가치 유형

사회복지에 있어서의 그 가치가 가진 성격에 따라 궁극적 가치와 절대적 가치가 있다.

궁극적 가치란 존재의 바람직한 최종 상태 또는 개인이 일생 동안 성취하고자 하는 궁극적 목표를 말한다. 아리스토텔레스에 의하면 인생의 궁극적 목적은 행복추구라고 한다. 행복은 궁극적 목적이며 최고선이라고 한다. 행복은 일시적 쾌락이나 충동이 아니라 우리 삶 전체를 관통하는 어떤 원리라고 한다. 아리스토텔레스는 여타의 동물들과 인간의 구별점은 오직 '이성'의 작용에 있다고 주장했다.[3]

절대적 가치란 다른 원리나 관계 따위를 떠나 그 자신만으로 타당성을 가지는 가치, 즉 인간의 궁극적 가치인 행복과는 별개로 절대적인 가치가 있다고 주장한다. 흔히 진, 선, 미, 성을 말한다. 모아 '진선미성'이라고도 하는데 진(眞)은 지적 가치, 선(善)은 도덕적 가치, 미(美)는 미적 가치, 성(聖)은 종교적 가치를 말한다.[4]

가치는 기능에 따라 본질적 가치와 수단적 가치로 분류할 수도 있다.

본질적 가치 또는 내재적 가치(intrinsic value)는 '그 자체가 목적이 되는 가치'를 말한다. 다시 말하면 손해와 이익의 개념을 떠나 보편적으로 추구해야 할 가치를 말한다. 예를 들면, 애국심은 하나의 가치로서 우리에게 희생을 요구하는데, 때때로 개인의 복지에 불리할 때에도 희생을 요구한다. 그럼에도 불구하고 역사상 많은 사람들이 조국을 지키기 위해 희생을 감수했다. 본질적 가치는 주로 객관적이며, 장기적인 관점에서 인생의 본질과 직결되는 가치이다. 이런 본질적 가치에 속하는 것은 자유, 평등, 박애(황금률), 정의, 인권 등이다.

---

3 꿈이나 장래희망이 뭐냐고 물었을 때, 각자 떠오르는 직업들이 있을 것이다. 그럼 그게 되고 싶은 이유는 뭔가 하면 또 돈, 안정적인 삶, 자아실현, 사랑, 세계평화, 세계정복 등 다양할 수 있다. 많은 경우 이 물음을 반복해서 던지다 보면 모든 욕구 충족의 근원인 행복에 도달한다. 다만, 모든 목표가 행복으로 환원되는 것은 아니다. 먼저 목표가 세워지고, 목표가 충족됨에 따라서 행복이 따라오는 경우에 행복과 목표의 성취는 밀접한 관련이 있지만 반드시 행복의 극대치가 목표의 성취를 의미하는 것은 아니다. 물론 그 역도 성립하지 않는다.

4 지덕체(智德體)가 모여 철(哲)을 이루듯이, 진선미(眞善美)가 모여 성(聖)을 이룬다고도 한다.

수단적 가치는 본질적 가치를 구현하기 위한 수단이 되는 가치를 말한다. 흔히 민주주의 원리에 입각한 민주성이나 목적의 당위성을 말하는 정당성, 절차의 합치성을 의미하는 합법성, 중요가치의 반영여부를 확인하는 적합성, 목표달성도의 효과성, 투자 대비 산출량의 능률성, 시간 및 비용절감, 가치변동, 파급효과 등등의 경제성, 온갖 가치를 반영하는 합리성 등을 말한다.

사회복지가치의 분류를 시도한 대표적인 학자로 펌프리(Pumphrey)와 레비(Levy)가 있다. 특히 펌프리는 사회복지가치를 상대적 중요성에 따른 가치체계로 분류했다. 그는 추상적인 목적과 관련된 궁극적 가치와 이러한 목적을 달성하기 위해서 사용할 수 있는 수단인 수단적 가치로 구분하고, 그 중간 단계로 차등적 가치를 제시했다.

궁극적 가치는 자유, 인간의 존엄성, 사회정의 등 가장 추상적인 수준의 가치를 말한다. 사회복지라는 전문직 그룹의 존재근거를 제시하는 인간에 대한 존중, 인간능력에 대한 인정, 평등한 대우 및 차별의 금지 등을 들 수 있다. 추상적이지만 다수에 의해 쉽게 동의받을 수 있는 내용들이다.

수단적 가치는 자기결정, 비밀보장 등 궁극적 가치를 달성하기 위한 수단이 되는 가치, 즉 본질적 가치를 달성하기 위한 수단이 되는 가치를 말한다. 합법성이나 능률성(비용 아끼기 등), 민주성(참여, 공개, 책임, 다수에 따른 결정, 대응성이 높다는 등), 합리성, 효과성, 신뢰성, 책임성 등을 말한다.

차등적 가치는 낙태, 동성애 등과 같이 사회문화적 차이에 따라 찬반이 가능한 가치를 말한다. 사회문화적 영향이나 개인 경험에 따라 찬반이 가능한 가치인 안락사, 낙태, 동성애 등과 같은 가치들이다. 때로 차등적 가치 또는 근사적 가치로 일컬어지는데 다소 추상적인 궁극적 가치와 구체적인 행위나 상황과 관련된 도구적 가치 사이에 추상적 가치를 좀 더 구체화한 범주인 중간 단계의 가치를 말하기도 한다. 대표적으로 '치료를 거부할 수 있는 환자의 권리'가 이에 속한다. 이 가치는 사람에 따라 찬반이 가능한 가치이며, 궁극적 가치의 대상과 내용을 좀 더 구체화하는 내용을 가지게 된다.

레비(Levy)는 사회복지 전문직의 가치를 사람 우선, 결과 우선, 그리고 수단 우선으로 제시하고 있다.

① 사람 우선 가치는 인간에 대한 바람직한 개념을 말한다. 인간이 가진 타고난 가치, 존엄성 존중, 개별성에 대한 인정, 일반적인 욕구 존중 등이다.

② 결과 우선 가치는 목표로 하는 결과에 대한 개념이다. 즉, 욕구 충족이나 문제해결과 같은 서비스 제공에 따른 결과 성취나 사회적 책임 등을 말한다.

③ 수단 우선 가치는 인간을 대하는 바람직한 방법을 말한다. 이는 서비스를 수행하는 방법과 수단, 도구에 대한 가치 등이다. 이는 사회복지실천에 있어 클라이언트의 자기결정권을 인정하고 비심판적 태도를 가져야 한다는 것을 말하는 것이기도 하다.

사회복지 전문직이 어느 차원의 가치를 중요하게 여기는가에 대하여 가치를 분류하기도 한다.

① 개인적 가치는 개인의 환경에 따른 가치를 의미한다. 개인적으로 선호하는 것으로서, 어느 한 사람에게는 중요하지만 다른 사람에게는 중요하지 않을 수 있는 가치이다.

② 사회적 가치는 역사적으로 형성된 것들이 개인적 가치에 영향을 주는 것을 말한다. 전체 사회체계 혹은 적어도 그 사회의 지도층 내지는 대표집단에 의해 인정되는 가치이다.

③ 기관의 가치는 기관의 역할, 기능, 책임에 따른 고유한 가치를 의미한다. 이는 개인적 가치와 갈등을 낳을 수도 있다.

④ 전문적 가치는 어떠한 직업이 사회에서 전문직으로 인정되는 과정에 있어 독특한 실천활동과 관련하여 요구되는 가치이다. 전문적 가치와 개인적 가치는 전문가로서의 가치와 개인의 가치에 대한 갈등이 있을 수 있다.

(2) 사회복지실천의 기준 가치

사회복지사가 사회복지실천의 문제를 해결할 때는 우선 이 문제가 사실 문제인가 가치 문제인가를 명확하게 구분해야 한다. 만일 가치 문제에 해당하는 경우에는 여러 유형의 가치 중 어떤 가치를 더 우선할 것인가에 대한 합의를 마련하는 것이 필요하다.

일반적으로 기준이 되는 가치의 유형에는, 첫째, 인간의 존엄성과 같이 모든 것에 근본이 된다고 생각되는 기본적 가치, 둘째, 자유, 정직, 평화 등 모든 사람들이 바람직하다고 생각하는 보편적 가치, 셋째, 공익성과 같이 여러 사람의 이익이나 안전과 관련된 사회적 가치, 넷째, 사랑이나 우정 등의 개인적 차원에 해당하는 개인적 가치 등이 있다.

사회복지실천의 본질적 가치는 인간의 존엄성 실현과 배분적 사회정의의 구현이다. 배분적 정의는 모든 사람에게 균등하게 사회자원을 배분해야 함을 말한다. 이를 위한 사회복지실천의 기본 가치는 다음과 같이 제시된다.

- 프리드랜드: 인간의 존엄성, 자율성, 기회균등, 사회적 책임
- 전미사회복지사협회: 개인의 가치와 존엄성, 개인에 대한 존경, 개인의 변화 가능성에 대한 가치, 자기결정권, 비밀보장, 사생활 보장

- 그 외: 인간의 잠재능력 인정, 인간의 존중받을 가치, 분배적 정의, 평등, 연대성, 인도주의

사회복지실천가치는 사회복지실천활동의 방향성을 제시하는 기능을 하므로 사회복지실천활동은 결국 궁극적 가치를 지향하고 그에 맞는 활동으로 이루어져야 한다. 예를 들어, 인간의 존엄성을 존중하기 위한 수단으로 클라이언트의 비밀을 보장해 주고, 클라이언트의 자기결정권을 존중하는 것이다. 흔히 사회복지실천의 주요 가치로서는 인간의 존엄성, 인간의 자율성, 기회의 균등성, 사회적 책임성, 개인의 가치와 존엄성, 개인에 대한 존경, 개인의 변화 가능성, 클라이언트의 자기결정권, 비밀보장, 사생활보장, 적절한 자원과 서비스 제공, 역량 강화, 동등한 기회보장, 비차별성, 다양성 존중 등이 있다.

02 사회복지실천에서의 가치와 의사결정

윤리는 철학의 가치론에서 나오기 때문에 가치와 윤리는 서로 조화를 이루어야 한다. 가치가 무엇이 좋고(good) 바람직한지(desirable)에 관심을 두는 반면, 윤리란 무엇이 옳고(right) 바른지(correct)에 관심을 둔다. 예를 들면, 사생활보호는 우리 사회의 일차적 가치이다. '고지된 동의(informed consent)'는 사생활보호에서 나온 윤리원칙, 즉 전문가의 행위 규범이다.

때로는 가치와 윤리가 불일치하는 경우가 있는데, 이는 가치가 높은 수준의 바람직한 상태를 추구하는 반면, 행동은 매우 구체적이고 제한적이기 때문이다. 가치가 구체화될수록 행동지침으로서 유용성은 커지나, 그 가치에 대해서 광범위한 동의의 가능성은 그만큼 적어진다고 할 수 있다. 가치는 추상적이고 이상적인 속성이 강한 반면, 윤리는 구체적이고 행동적인 속성이 강하여 둘 사이에 간격이 존재할 경우가 많다.

1) 사회복지실천에서의 가치와 윤리

사회복지에서 가치의 역할은 매우 중요하다. 가치야말로 사회복지전문직의 사명과 본질을 분명하게 해주기 때문이다. 우리는 사회복지를 의도된 개입방법을 통해 취약한 사람들을 돕

는 가치 지향의 활동으로 정의한다. 따라서 이 가치는 사회가 사회복지전문직의 역할로 기대하는 집단적 책임감을 표준화하여 반영한 것이기 때문이다.

(1) 사회복지실천에서의 가치

① 사회복지실천의 기초가 되는 6가지의 핵심가치

- 개인은 사회의 일차적 관심사이다.
- 사회 안의 개인들은 상호의존적이다.
- 개인들은 서로에게 사회적 책임이 있다.
- 모든 사람에게 공통적인 인간적 욕구가 있는 반면, 각각의 사람은 본질적으로 독특하고 남들과 다른 존재이다.
- 민주사회의 본질적인 속성은 각 개인이 가능성을 최대한 실현하고, 적극적인 사회 참여를 통하여 자신의 사회적 책임을 수행하는 데 있다.
- 사회는 이러한 개인의 자아실현에 방해가 되는 것(예 개인과 환경 간의 불균형)을 극복하고 예방할 수 있는 방법을 제공할 책임이 있다.

② 사회복지에서 가치의 역할

미국사회복지사협회(1996)의 윤리강령에 나타난 사회복지의 핵심가치는 서비스, 사회적 정의, 인간에 대한 존엄성과 가치, 인간관계의 중요성, 충실성, 그리고 능력이다. 이처럼 미국사회복지사협회 윤리강령에 포함된 전문가 가치와 이를 반영한 윤리적 원칙을 서술하면 다음과 같다.

- 서비스(service): 사회복지사들의 궁극적인 목표는 도움이 필요한 사람들을 도우며 사회적 문제들에 대응하는 것이다.
- 사회적 정의(social justice): 사회복지사는 사회적 부정의에 도전한다.
- 인간에 대한 존엄성과 가치(dignity and worth of the person): 사회복지사는 인간의 고유한 존엄성과 가치를 존중한다.
- 인간관계의 중요성(importance of human relationship): 사회복지사는 인간관계의 본질적인 중요성을 인정한다.

- 충실성(integrity): 사회복지사는 신뢰를 받을 수 있게 행동한다.
- 능력(competence): 사회복지사는 자신의 능력 범위 안에서 사회복지를 실천하며 자신의 전문적 기술을 개발하고 향상시킨다.

(2) 사회복지윤리의 역할

사회복지는 사회적 욕구와 욕구를 가진 개인이나 집단을 대상으로 실천활동을 수행함으로서 이들을 안전하고 행복한 삶을 살아가도록 하려는 매우 구체적이고 실질적인 목표를 가지고 있다. 그렇다면 지금 우리가 다루고 있는 사회복지윤리는 사회복지사의 구체적 실천활동과 관련하여 어떠한 역할과 기능을 담당하고 있는가? 미국의 대표적인 사회복지윤리학자인 리머(Reamer)는 다음과 같이 네 가지 측면에서 사회복지윤리의 역할을 제시한다(Reamer, 1999).

- 사회복지윤리는 사회복지 전문직의 기본 임무와 목표를 명확하게 제시
- 사회복지윤리는 사회복지사나 사회복지기관이 사회 속에서 어떠한 종류와 성격의 사회적 관계를 형성해 나가야 할지를 제시
- 사회복지윤리는 사회복지사가 실천 과정에서 선택할 수 있는 다양한 실천 대안 가운데 어떠한 것이 가장 바람직한 것인지를 판단하는 역할을 수행
- 사회복지윤리가 가지고 있는 또 하나의 중요한 역할은 사회복지사가 실천 과정에서 직면하는 윤리적 갈등과 교착상태를 해결할 수 있는 도구가 된다는 것

이상을 종합하면 사회복지전문직의 윤리는 사회복지 가치를 충실하게 반영해야 하며, 사회복지사들에게 요구되는 옳고 바른 행동이 무엇인지 그 기준을 제시한다. 또한 전문가윤리는 사회복지사가 자신의 전문적 가치를 실천적 행동으로 전환하도록 돕는 지침의 역할을 한다. 나아가 전문가윤리는 사회윤리와 동일한 원천에서 나오지만, 우선순위와 강조점, 의도, 적용 등에서 차이가 있다.

이 밖에도 사회복지윤리는 대인적 관계에 대한 윤리가 있다. 전문가윤리는 일반 윤리와 마찬가지로 모든 사람을 동등하게 존중되어야 한다. 그러나 전문가윤리는 그 우선 순위를 클라이언트의 이익에 두어야 한다는 점에서 차이가 있다.

(3) 사회복지윤리의 구성요소

사회복지윤리를 구성하는 가치와 원칙은 다양하고 시간과 공간에 따라 변화 가능하지만 핵심적 가치와 구성요소는 변화가 어렵다.

사회복지전문직의 핵심 구성요소를 보면, 첫째, 법률로써 보호되는 개별 인간에 대한 권리, 즉 개인의 자유와 자율성을 존중, 보호에 대한 가치 구현, 둘째, 종교적 소명에 기원을 두는 자선 전통, 즉 타인을 돕고자 하는 자비심과 도움에 대한 의무 구현, 셋째, 법률로 인정된 경찰권으로, 보편적 공공선의 보호 등이다. 이에 대하여 클라크는 라이비의 핵심 구성요소에 사회개혁주의와 정의의 윤리를 추가하여 제시하였다.

결국 사회복지전문직 윤리는 '개인에 대한 존중과 개인적 서비스 윤리(individualism and the ethic of personalservice)', '전문가의 온정적 개입주의(paternalistic intervention)', '공적 책임성의 원리(the ethic of public responsibility)'로 구성되어 있다고 볼 수 있다.

① 개인에 대한 존중과 개인적 서비스 제공

이는 사회복지전문직의 궁극적 사명이 클라이언트를 하나의 개별적 인간으로 존중하며, 이들이 행복한 삶을 유지하도록 서비스를 제공하는 데 있음을 분명히 하는 것이다. 또한 이들이 행복을 추구하는 과정에서 걸림돌이 되는 사회적 문제나 위험을 해결하고 예방하며 사회적 욕구를 해소할 수 있도록 적절한 서비스를 제공하는 것이다.

이것의 규범적 근거는 자유(free)와 자율(autonomy)이다. 또한 사회복지전문직이 수행하는 의무에는 자기결정의 원칙, 비밀보장의 원칙, 클라이언트의 사생활 존중의 원칙, 고지된 동의의 원칙, 정보특권 사용의 원칙 등이 있다. 그 밖에도 휴머니즘과 인권의 가치, 그리고 다양성과 차이에 대한 가치 등을 고려해야 한다.

② 전문가의 온정적 개입주의

온정적 개입주의는 사회복지 역사에서 가장 오래된 구성요소의 하나이다. 온정주의는 인간으로서 느끼는 애틋하고 측은한 마음으로, 사회복지에서 자선이나 자비, 어려운 처지에 놓인 사람들을 돌보는 선행의 의무로 표출된다. 따라서 오늘날에도 사회복지사 윤리강령(예: 서비스의 가치)에 반영되어 있다.

자선(charity), 자비(mercy)와 아울러 타인에 대한 선행 의무(the duty of beneficience)는 지켜야 할 당연한 가치로 인식된다. 온정주의가 정당화되는 이유는 타인의 아픔과 고통을 돌보는 선행은 인간에게 매우 자연스럽고 가치 있는 행위이기 때문이다.

③ 공적 책임성의 원칙

공적 책임성의 규범적 근거는 평등(equality)과 사회정의의 가치이며, 이는 사회복지사가 자신이 클라이언트만을 위해 배타적으로 활동하는 것은 정의와 평등에 위배된다. 또한 사회복지사가 자신의 클라이언트의 행복뿐만 아니라 전체 사회에 대한 도덕적 책임을 외면하지 못하는 근본적 이유는 복합적 책임성(complex accountability)으로 사회복지사가 현장에서 책임져야 할 대상이 다수임을 의미한다.

사회복지사는 클라이언트뿐만 아니라 그와 관련된 제3자, 가족, 지역사회 혹은 전체 사회의 행복을 동시에 추구해야 한다. 또한 평등과 사회정의, 형평성의 가치에 근거하여 자신의 클라이언트만을 위해 배타적으로 일하지 않고 공공(사회 전체)의 이익을 동시에 추구해야 한다. 나아가 다양한 클라이언트 체계에 개입할 때 연대와 통합이라는 가치를 중시해야 한다.

2) 사회복지실천에서의 윤리적 의사결정

윤리적 의사결정이란 사회복지실천과정에서 발생하는 다양한 윤리적 딜레마 상태를 해결하고자 하는 목적에서 사회복지사(social worker)가 선택할 수 있는 다양한 개입 행위의 대안들 가운데 가장 윤리적인 것과 관련하여 내리는 윤리적 선택 행위를 말한다.

사회복지사는 윤리적 딜레마 상태란 무엇이며, 그 발생 원인은 무엇인가를 파악하여 가장 바람직한 윤리적 의사결정을 내려야 한다. 그러면 윤리적 갈등의 상황이란 무엇인가? 사회복지사는 윤리적 딜레마가 야기되는 갈등상황에서 "과연 클라이언트에게 적합한 것은 무엇인가?", "무엇이 윤리적으로 옳은 선택이며, 실천 오류를 어떻게 피할 수 있을까?"와 같은 질문을 하는 것이 필요하다. 사회복지에 있어 윤리적인 의사결정과정은 클라이언트에 대한 실천가의 책임이 따르는 것이기 때문에 신중하게 접근해야 한다.

(1) 윤리적 의사결정이 어려운 이유

윤리적 의사결정이 어려운 이유는 상충되는 가치의 타당성이 인정되지만 그중 하나를 선택해야 될 경우가 발생하고, 클라이언트의 문제를 해결하기 위한 대안이 다른 사람에게는 손실을 초래할 수 있고, 다양한 이해관계자의 요구를 외면할 수 없기 때문에 최선보다 차선을 고려해야 하는 상황도 발생하기 때문이다.

① 윤리적 갈등의 상황

- 두 가지 이상의 대립적 혹은 경쟁적 가치가 상충될 때
- 사회복지사의 의무가 서로 충돌될 때

  예 기관에 대한 의무와 클라이언트에 대한 의무 사이의 갈등
- 클라이언트 체계가 다중적이어서 문제상황에 관련된 사람들 가운데 누구의 이익이 최우선으로 고려되어야 할지 명확하지 않을 때
- 사회복지사가 내린 결정이 클라이언트에게 장기적으로 어떤 결과를 초래할지 모호할 때
- 힘 내지 권력이 불균형을 이룰 때

② 윤리적인 딜레마 상황에서 고려해야 할 사항

- 현재 직면하고 있는 윤리적 딜레마와 관련된 사회복지사 자신의 가치가 무엇인지 아는 것이 중요하다.
- 윤리적 결정에 관련되는 사회의 가치, 그리고 전문가 가치가 무엇인지를 확인하는 것이 필요하다.
- 의사결정을 위해 가능한 대안이 무엇인지, 어떤 것을 선택하는 것이 가장 최선인지, 그 선택을 통해 이익을 받는 사람과 불이익을 받는 사람이 누구인지, 클라이언트의 권리가 최대한 보장이 되는지를 파악해야 한다.
- 실천가가 취하고자 하는 대안이 효율성과 효과성의 측면에서 최선인지, 그러면서 윤리적인 것인지를 확인해야 한다.

(2) 사회복지실천에서 윤리적 의사결정의 특성

사회복지사가 윤리적 갈등을 경험하는 이유는 클라이언트를 비롯한 각기 다른 주체들 간의 가치관 차이에서 비롯되는 경우가 많다. 또한 사회복지실천에서의 지식과 가치, 윤리의 경계가 구체적이지 못하고 혼용되고 있기 때문이며, 클라이언트의 다중성과 사회복지사의 다중성도 문제에 대한 접근을 어렵게 하고 있다. 전문가윤리강령의 모호함도 의사결정을 어렵게 한다.

사회복지사의 윤리적 의무와 책무의 상호 충돌과 윤리적 원칙주의, 윤리적 상황 등에 따라 의사결정이 가능하기 때문이기도 하다. 이처럼 다양한 가치들 간의 충돌과 분배에 있어 공정한 분배가 무엇인가에 대한 모호한 의견들, 사람들과의 관계에서 비롯되는 다양한 문제들을 고려하여 의사결정을 하는 것은 쉬운 일이 아닐 수 있다.

① 윤리적 의사결정의 특성

- 윤리적 의사결정은 기본적으로 이성적인 작업이다.
- 순간적인 판단이 아니라 일련의 단계로 이루어지는 하나의 과정이다.
- 이상적·합리적 요인과 함께 심리적 요인도 영향을 미친다.
- 기본적으로 다양한 가치 사이에서 이루어지는 절충이기도 하다.
- ‘결정절차’와 ‘결정원칙’이라는 두 가지 핵심 요소로 이루어진다.
- 윤리적 의사결정이라고 해서 사례의 윤리적 측면만을 고찰하는 것이 아니다.
- 사회복지 분야에서 이루어지는 윤리적 결정이 합리적·체계적 기준과 절차에 의한 것이라 해도 그 과정에는 필연적으로 의사결정자가 가지는 자유재량이 있다.
- 윤리적 의사결정 과정은 한 명의 의사결정자가 독단적으로 진행하는 것이 아니라 이러한 결정에 영향을 미칠 수 있고 또 영향을 받을 수 있는 모든 당사자가 전체적으로 참가한 결과이다.

② 윤리적 결정을 위한 고려 사항

- 윤리적 적용: 모든 윤리 원칙들 고려, 비밀보장, 생명존중의 원칙 등
- 법적 적용 및 자격요건

- 도덕적·전문적 판단: 개인의 가치체계와 관련
- 윤리적 절대성과 상황적인 판단 기준의 우선순위

③ 윤리적 의사결정에 도움이 되는 다양한 체계들

- 동료 검토
- 슈퍼비전 체계
- 윤리적 의사결정을 위한 교육체계 활용
- 클라이언트를 위한 권리 규정
- 전문가 집단 활용
- 판례집의 활용

④ 윤리적 의사결정을 위해 미리 숙지하고 판단해야 할 사항

- 인간존엄과 생명보호
- 클라이언트 이익과 공공의 이익
- 사회적 가치와 개인적 가치
- 효율성과 효과성
- 정의의 원리
- 윤리적 원칙의 우선순위 원리

3) 윤리적 의사결정의 모형

사회복지사가 현장에서 경험하는 윤리적 딜레마는 정답이 없는 경우가 많다. 이는 사회복지실천의 복잡성과 다양성으로 인해 발생하는 현실적인 문제이다. 또한, 모든 경우에 적용되는 윤리적 원칙이나 기준을 정하는 것은 어렵기 때문이다. 그러나 사회복지사는 여전히 윤리적인 결정을 내려야 한다.

이를 위해서는 결정의 우선순위와 윤리적 의사결정의 과정이 필요하다. 결정의 우선순위는 사회복지사가 직면한 상황에서 가장 중요하다고 판단하는 가치나 원칙을 고려하여 정하는 것이다. 예를 들어, 고령자의 안녕과 자립을 최우선으로 여기기 위해 노력한다거나, 아동

의 안전과 보호를 최우선으로 고려하는 등의 우선순위를 설정할 수 있다.

사회복지사의 윤리적 의사결정은 다양한 원칙과 지침을 고려하여 이루어져야 한다. 법과 사회복지사 윤리강령은 항상 우선적으로 지켜져야 하며, 이를 충족시킬 수 없는 상황에서는 윤리적 의사결정이 필요하다. 이를 위해 다양한 윤리적 원칙과 지침을 알고 있어야 한다. 특히 윤리적 의사결정의 다양한 모형들을 살피는 것은 매우 중요하다.

(1) 리머의 모형

리머(Frederic Reamer)는 사회복지 현장에서 발생할 수 있는 윤리적 딜레마를 다루기 위한 의사결정 모델을 제안하였다.

① 리머의 윤리적 갈등 해결의 지침

- 윤리적 지침 1: 인간행동의 기본적인 필수조건(생명, 건강, 음식, 주거, 정신적 균형과 같은)에 위해를 막기 위한 규칙들은 거짓말이나 비밀정보를 누설하거나 레크리에이션, 교육, 재산과 같은 부가적인 조건들을 위협하는 것에 대한 위해를 막는 규칙들보다 우선한다.
- 윤리적 지침 2: 기본적 안녕(인간행위를 위한 필수적인 조건들을 포함)에 대한 개인의 복지권은 다른 사람의 자기결정 권리보다 우선한다.
- 윤리적 지침 3: 자기결정에 대한 개인의 권리는 자신의 기본적 안녕의 권리보다 우선한다.
- 윤리적 지침 4: 자발적이고 자유롭게 동의한 법, 규칙, 규정들을 지켜야 하는 의무는 법, 규칙, 규정들과 갈등을 야기하는 방법으로 자발적으로 자유롭게 행동할 수 있는 권리보다 일반적으로 우선한다.
- 윤리적 지침 5: 개인의 안녕에 대한 권리는 그와 갈등을 일으키는 법, 규칙, 규정, 자원단체의 협정보다 우선한다.
- 윤리적 지침 6: 기아와 같은 기본적 위해를 예방하고, 주택, 교육, 공적 부조와 같이 공적인 조건들을 향상시켜야 하는 책임은 개인의 재산에 대한 권리보다 우선한다.

② 리머의 윤리적 결정 원칙

- 개인을 폭력적인 해악으로부터 보호하는 것과 사생활 보호 중 한 가지를 선택해야 한다면 개인을 폭력적인 해악으로부터 보호하는 것을 우선시해야 한다.

- 인간의 기본권을 위협하지만 않는다면 개인은 자기결정권과 자신이 원하는 대로 행동할 권리가 있다.
- 개인이 해당 환경에 대한 지식을 가지고 자발적인 결정을 했으며, 그 결과가 타인의 복지를 위협하지 않는다면 그렇게 하도록 허용해야 한다.
- 민주적 절차를 거쳐서 입법화된 법을 고의적으로 위반하는 것이나 혹은 사회복지사가 속한 기관의 정책을 고의적으로 위반하는 것은 비윤리적이다.
- 법률이나 규칙, 규정을 준수해야 하는 의무는 절대적인 것이 아니며 한계가 있다. 클라이언트의 기본적 복리를 위협하는 등의 경우에는 법률이나 규칙을 위반하는 행위는 정당화된다.
- 빈곤한 사람들에게 원조를 제공하고 기본적인 해악을 예방하기 위해서 필요한 조세 및 강제조치들을 정당화한다(학대아동, 빈곤, 장애인에게 기본적인 서비스를 제공하기 위해서 세금을 부과하는 조치를 정당화시킴).

③ 리머의 윤리적 의사결정 과정

- 1단계: 갈등을 일으키는 사회복지실천가치와 의무를 포함하여, 윤리적 이슈를 규명한다.
- 2단계: 윤리적 결정에 의하여 영향을 받을 가능성이 있는 개인이나 집단조직을 규명한다.
- 3단계: 실행 가능한 모든 행동방침과 각각의 경우에 포함되는 참여자들 그리고 각 경우의 잠재적 이익과 위험을 잠정적으로 규정한다.
- 4단계: 다음의 관련 사항을 고려하여, 각각의 행동방침을 찬성 또는 반대하는 이유와 근거를 철저하게 검토한다.

  ⓐ 윤리이론, 원칙, 지침들　　ⓑ 윤리강령과 법적 원칙들

  ⓒ 사회복지실천 이론과 원칙들　　ⓓ 개인적 가치들
- 5단계: 동료나 적당한 전문가와 상담한다.
- 6단계: 결정을 내리고 의사결정과정의 증빙서류를 첨부한다.
- 7단계: 결정을 감시·평가하고 결정에 관한 서류를 첨부한다.

(2) 콩그레스의 모형

콩그레스(Elaine Congress)의 ETHIC 모형은 다른 사람들의 모형들에 비해 가장 간소한 절차를 제시하는 특징이 있다. 또한 초기에 사회복지사협회의 윤리표준, 법률, 사례 결정에 대하여 고려할 것을 명시한 것과 가장 취약한 집단에 대한 사회복지의 헌신(commitment)의 관점에서 고려할 것을 제시하였다는 특징이 있다.

이 사용하기 쉬운 5단계 프로세스에는 개인, 기관, 고객 및 전문적 가치 검토, 윤리 표준 및 관련 법률에 대한 생각, 결과에 대한 가설 설정, 가장 취약한 사람의 확인 및 슈퍼바이저와의 자문 등을 제시하고 있다. 이 모형은 윤리적 딜레마를 해결하기 위한 가능한 한 빠르고 효과적인 접근 방식을 의미하는데, 자세히 살펴보면 다음과 같다.

콩그레스의 ETHIC 모형

① E(examine, 검토): 사회복지사의 개인적 가치, 사회적 가치, 기관의 가치, 클라이언트의 가치, 전문가의 가치를 검토한다. 즉, 어떤 가치들이 상충되고 있는가를 짚고 넘어간다.
- 경우에 따라서는 의사결정과 관련된 체계들 사이에 존재하는 가치의 차이로 윤리적 딜레마가 야기될 수 있다.

② T(think, 숙고): 윤리적 딜레마 상황에 적용되는 사회복지사협회 윤리강령의 윤리기준, 관련 법규와 판례를 적용할지를 숙고한다. 즉, 법적인 해결 방안을 찾아본다.

③ H(hypothesize, 가설): 각기 다른 결정으로 나타날 수 있는 가능한 결과에 대해 가설을 설정한다. 즉, 각각의 경우 어떤 결과가 초래될 것인가를 검토한다.
- 클라이언트의 권리를 극대화하여 손실을 최소화하는 윤리적 결정에 유용하다.

④ I(identify, 확인): 가장 취약한 대상에 대한 사회복지사의 헌신에 비추어 누가 혜택을 받을 것이며, 누가 피해를 입을 것인가를 확인한다. 즉, 클라이언트는 누구인가 하는 우선순위를 정한다.
- 사회복지사의 관점에서 결정으로 인해 이득을 받는 사람과 해를 입는 사람이 누구일지를 확인한다.

⑤ C(consult, 자문): 최선의 윤리적인 선택에 관해 슈퍼바이저와 동료에게 자문을 구한다. 필요한 경우 법조인 등의 자문을 요청한다.

(3) 조셉의 모형

조셉 비카르트(Joseph Bikart)는 미켈란젤로와 그의 걸작 다비드상에 관해 이런 이야기로 시작한다. 교황이 다비드상을 보고 감탄하며 훌륭한 작품을 만든 비결을 묻자 미켈란젤로는 이렇게 답했다고 한다. "간단합니다. 다비드가 아닌 것을 다 없애면 됩니다."

조셉은 이처럼 결정 과정에서 불필요한 요소를 깎아 내는 방식으로 '의사결정'을 만들어 간다. 1단계에서는 두려움과 우유부단이라는 땅을 탐색하고, 2단계에서는 결정의 주체를 명확하게 규정하면서 개인의 숨은 능력을 끌어낸다. 3단계에서는 '감정-느낌-생각-말-행동'의 효율적인 의사결정 프로세스를 제시하면서 의지를 행동으로 옮겨 줄 추진력을 일깨운다. 마지막 4단계에서는 '원근법'을 비롯해 의사결정에 관한 동서고금의 이론을 적용해서 현명한 결정으로 나아가는 길을 안내한다. 이것이 조셉의 '결정학(Decisiology)'의 핵심 원리이자 솔루션이다.

윤리적 갈등에 적용할 수 있는 의사결정과정을 4단계로 제시한다. 이는 사회복지에 있어서 미시적 실천뿐만 아니라 사회정책, 기획과 같은 거시적 실천상황의 윤리적 갈등에도 적용된다. 조셉은 네 가지 명확히 해야 할 부분과 4단계의 의사결정 과정을 제시한다.

① 의사결정에 앞서 네 가지 명확히 해야 할 부분

- 우유부단함: 무엇이 우리를 우유부단하게 만드는가? 우리를 방해하는 것은 무엇이며 그 이유는 무엇인가?
- 당신은 어디에 있습니까?: 우리가 어디에 어떻게 갇혀 있는가? 결정할 능력이 없거나, 결정을 회피하고 있지 않는가?
- 결단력의 추진력: 결정하기 전의 기만적인 편안함을 느끼고 있는 것은 아닌가? 망설임 또는 흔들림으로 그 자리에 머무르고 있지는 않는가?
- 결정하는 마음: 가장 현명한 선택인가? 내가 오늘 거부하고 내일로 미룬 결정은 성격이 달라질 수밖에 없다는 것을 명심하라!

② 의사결정과정의 4단계

1단계는 윤리적 쟁점을 명확히 하는 단계로, 가장 문제가 되는 핵심적인 가치갈등이 무엇인지, 이와 관련된 윤리적 쟁점이 무엇인지 명확히 하는 단계이다. 2단계는 윤리적 쟁점과 관련된 배경의 정보수집 및 고찰 단계로, 정보를 수집하는 데 중요한 것은 객관성을 확보하는 것이며 대립되는 체계의 입장을 지지하는 정보를 고르게 수집하는 것(사례의 입장을 정당화할 윤리적 기준과 원칙에 대한 문헌연구, 현 사례와 유사한 사례에 대한 경험적 근거 및 사례연구결과 확인, 현 사례를 구상하고 있는 배경사실에 대한 지식 등이 고려되어야 함)이다. 3단계는 우선순위 설정 단계로, 갈등 상황을 구성하는 가치들을 확인하면서 가치의 상대적인 중요도를 결정하여 우선순위를 정한다(사회복지사의 개인 가치가 관여되지 않도록 하는 것이 중요하고 가치중립적 자세를 취해야 함). 4단계는 대안 확정과 논리적 근거 제시 단계로, 윤리적 선택을 정당화할 수 있는 논리적 근거를 제시해야 한다.

(4) 로웬버그와 돌고프의 일반결정 모형

로웬버그(Lowenberg)와 돌고프(Dolgoff)는 윤리적 의사결정에 대한 체계적 지침을 제공하고 있다(Loewenberg & Dolgoff, 1996) 로웬버그와 돌고프는 일반적(general) 의사결정 모형을 기본으로 하고, 추가적으로 윤리적으로 심사할 때의 절차 및 기준을 사정(assessment), 규정(rule), 원칙(principle)을 제시하였다.

일반적인 의사결정 모형은 윤리적 결정과 관련 가치를 명확히 하는 윤리적 사정심사를 하고, 이어 상이한 대안이 제시될 때 우선순위로 고려할 원칙을 제시하는 윤리적 의사결정의 원칙에서 우선순위를 결정한다. 즉, 윤리적 사정심사의 과정을 거친다고 하더라도 윤리적인 의사결정이 용이한 것이 아니므로 상충하는 윤리적 원칙과 행위에 대한 우선순위를 판단하기 위해 윤리적 규정심사와 윤리적 원칙심사를 하게 된다. 윤리적 규정심사의 단계에서 윤리강령에 적용할 수 없거나 상충될 경우 윤리적 원칙심사를 활용하게 되는데, 윤리적 규정심사는 윤리적 원칙심사보다 반드시 먼저 적용되어야 하고, 윤리적 규정심사에서 만족스러운 의사결정을 내릴 수 없을 경우에만 윤리적 원칙심사를 해야 한다.

① 윤리적 사정심사의 윤리적 기준

- 클라이언트의 권리와 복지의 보호
- 사회적 관심의 보호
- 최소한의 해악의 원칙
- 효율성 및 효과성

② 윤리적 사정심사의 내용과 순서

- 직면하고 있는 윤리적 갈등 상황과 관련하여 자신의 개인적 가치가 무엇인지 확인한다.
- 윤리적 의사결정과 관련된 사회적 가치를 확인한다.
- 윤리적 문제와 관련된 전문가의 가치를 확인한다.
- 개인적, 사회적, 전문가 가치 간의 갈등을 최소화하기 위해 무엇을 할 수 있는가?
- 윤리적 선택의 대안을 확인한다.
- 어떤 윤리적 선택의 대안이 클라이언트와 다른 사람의 권리와 복지를 최대한 보장하는가?
- 어떤 대안에 따른 행동이 사회의 권익을 최대한 보호하는가?
- 클라이언트, 다른 사람들, 사회의 권익 간의 갈등을 최소화하기 위하여 무엇을 할 수 있는가?
- 어떤 대안에 따른 행동이 최소 해악을 가져오는가?
- 각 행위의 대안들은 어느 정도 효율적이고 효과적이며 윤리적인가?
- 각각의 대안들이 가지고 있는 단기 및 장기적인 윤리적 결과를 모두 고려했는가?

③ 윤리적 의사결정의 원칙

가. 윤리적 규정심사(ethical rules screen)

윤리강령을 우선적으로 적용, 즉 사회복지사 개인의 가치체계보다 우선하여 윤리강령을 적용한다.

- 윤리강령을 살펴보고 어떠한 규정을 적용할 수 있는지 살펴본다.
- 적용 가능한 윤리강령 한 가지 혹은 다른 여러 가지 규정을 따른다.
- 윤리강령에 적용할 수 없거나 서로 상충될 경우에 윤리적 원칙사정을 한다.

나. 윤리적 원칙심사(ethical principles screen)

- 생명보호의 원칙
- 평등과 불평등 원칙
- 자율성과 자유의 원칙
- 최소한의 손실의 원칙

- 삶의 질 원칙
- 사생활 보호와 비밀보장 원칙
- 진실성과 정보개방의 원칙

다. 윤리적 의사결정의 과정

- 1단계: 문제가 무엇이며 그 문제를 지속시키는 요인이 무엇인지 찾아낸다.
- 2단계: 당면한 문제와 관련된 사람들과 제도를 찾아낸다.
- 3단계: 2단계에서 찾아낸 다양한 참여자들이 가지고 있는 가치들을 찾아낸다.
- 4단계: 당면문제를 해결하거나 적어도 감소시킬 수 있는 목적과 목표들을 찾아낸다.
- 5단계: 대안적인 개입 전략과 개입 대상을 찾아낸다.
- 6단계: 구체적인 목표에 부합되는 각 대안들의 효과성과 효율성을 검토한다.
- 7단계: 의사결정에 관여해야 할 사람이 누구인지를 결정한다.
- 8단계: 가장 적절한 전략을 선택한다.
- 9단계: 선택된 전략을 실행한다.
- 10단계: 실행을 검토하고 예기치 않은 결과들에 특별한 주의를 기울인다.
- 11단계: 결과들을 평가하고 부가적인 문제들을 찾아낸다.

4) 윤리적 의사결정의 실제

(1) 윤리적 의사결정 과정에서 고려할 문제

윤리적 의사결정 과정에서 무엇보다 중요한 것은 사회복지사의 비판적 성찰(reflection)과 전문가적 판단이다. 사회관계망 서비스의 확대와 정보통신기술의 발전으로 인하여 사회복지사는 예전에 비해 더욱 자주 자신의 요인에 의하여 윤리적 딜레마에 노출되고 있는 추세이다. 대표적으로 사회복지사로서의 지나친 자기 공개(self-disclosure), 사적·전문적 경계선의 혼선, 사생활과 비밀보장의 책임 방기, 이익갈등이다. 이러한 사항들은 이용자에 대한 사회복지사의 헌신의 책임과 쉽게 딜레마 상황에 놓일 수 있다. 사회복지사는 이와 관련된 윤리적 딜레마에 대하여 윤리적 의사결정 모형과 더불어 자신의 비판적 성찰과 전문가적 판단력에 주의를 기울여야 한다.

(2) 중요한 윤리적 의사결정

- 이용자에 대한 헌신과 관련된 윤리적 의사결정
- 이용자의 자기결정권 보장과 관련된 윤리적 의사결정
- 이용자의 인지된 동의와 관련된 윤리적 의사결정
- 사회복지사의 이익갈등 회피와 관련된 윤리적 의사결정
- 이용자에 대한 비밀보장과 사생활보호와 관련된 윤리적 의사결정

03 사회복지실천현장의 가치갈등과 윤리강령

1) 사회복지실천에서의 윤리적 딜레마

사회복지실천에서 윤리적 딜레마(dilemma)란 "사회복지실천과 관련된 가치들 간의 갈등이 발생하는 상황"을 가리킨다. 사회복실천의 현장에서 상호 충돌하는 가치들은 모두 도덕적으로 옳고(morally correct), 동시에 전문직 가치에 해당하기 때문에 딜레마를 야기할 수 있다. 또한 상호 충돌하는 가치들은 올바르거나 모두 다 좋기 때문에 선택에 있어 딜레마를 야기하게 되는 것이다. 또한 윤리적 딜레마는 윤리적 실천(ethical practice)의 구성요소들 간의 부조화에 의하여 발생한다.

(1) 윤리적 딜레마의 구성요소

- 이용자 요소: 이용자의 문화와 가치, 우선순위, 자원 등
- 전문직 요소: 사회복지사의 전문직 윤리 지향성(orientation), 전문직 윤리강령, 윤리표준, 리스크 용인성(risk tolerance) 등
- 맥락적 요소: 기관의 정책 및 문화, 관련 제도 등
- 인권 요소: 국내 인권법및 국제 인권헌장 등

각 구성요소를 균형 있게 감지하고 그 중요성에 대해 균형 있게 공감하는 윤리적 실천을 시도할 때 윤리적 딜레마는 불가피한 상황에 놓이게 된다.

(2) 윤리적 딜레마의 유형

- 이용자에 대한 헌신과 관련된 딜레마 유형
- 이용자의 자기결정권 보장과 관련된 딜레마 유형
- 이용자의 인지된 동의와 관련된 딜레마 유형
- 사회복지사의 유능성과 관련된 딜레마 유형
- 사회복지사의 문화적 유능성과 관련된 딜레마 유형
- 사회복지사의 이익갈등 회피와 관련된 딜레마 유형
- 이용자에 대한 비밀보장과 사생활보호와 관련된 딜레마 유형

(3) 윤리적 딜레마 대처 요인

윤리적 딜레마 대처 요인은 먼저 윤리적 리스크 용인성이다. 이는 일반적으로 다음의 요소에 의하여 영향을 받는다.

① 사회복지사 개인적 가치와 신념
② 사회복지사의 개인적·전문적 경험
③ 경력 발달단계
④ 실천 영역
⑤ 슈퍼비전 및 자문 가용성 또는 접근성
⑥ 기관 정책 및 규정
⑦ 법령
⑧ 직장 문화
⑨ 이론적 지향성
⑩ 지역사회 문화
⑪ 이용자의 리스크 용인성 및 기관장의 윤리적 리스크 용인성

윤리적 딜레마 두 번째 대처 요인은 윤리적 민감성이다. 이는 윤리적 이슈의 존재를 인식하고 그 상대적 중요성을 결정할 수 있는 능력이다. 이러한 윤리적 민감성은 교육, 자기 탐색 및 성찰, 훈련을 통하여 증진될 수 있다(최명민, 2022).

2) 사회복지사 윤리강령의 기능과 실제

윤리강령의 개념은 전문직 종사자들이 자신들의 업무 전 과정에서 윤리적 책무성을 가질 것을 선언하고 안내하는 일종의 지침이다. 여기에서 주목해야 할 점은 전문가로서의 능력, 서비스 이용자에 대한 이익 증진 및 해악 감소, 전문직 영역의 범위 또는 전문성 범위, 이용자 차별 금지, 이용자와의 관계에서 부패 금지, 이용자의 비밀보장의 내용이 고대 그리스 시대 윤리강령에 나타났다는 점 등이다.[5]

(1) 윤리강령의 기능

윤리강령의 기능은 ① 윤리적 딜레마 해결 기능, ② 외부로부터의 전문직 규제, 특히 전문직의 사명과 수행 방법에 대한 외부 규범으로부터 전문직을 보호, ③ 전문직의 부적절한 행위(misconduct)에 관한 각종 분쟁을 해결하는 표준 등이다.

사회복지윤리강령이 실제 현장에서 그 본래의 기능을 수행하고 목적을 달성하는지에 대해서 살펴볼 필요가 있다. 윤리강령은 윤리적 딜레마 해결과 윤리적 실천의 준거 제시, 자율규제를 통한 외부 규제로부터의 독립적 자율성 유지, 법적 책임 소지의 예방 및 해결, 전문직으로서의 동일 정체성 확립 등이다. 따라서 일반 대중에 대한 책무성 고취의 기능을 수행하는지 여부를 확인하고 그 과제를 모색할 필요가 있다.

(2) 윤리강령의 한계

한국사회복지사협회의 윤리강령에는 한계도 있다. 첫째, 현재의 한국사회복지사 윤리강령

---

5 히포크라테스의 선서(의사 윤리강령의 시초)
① 전문가로서의 능력과 판단에 따라 환자의 이익을 높이고 해악을 줄이겠다는 의지
② 전문 지식과 기술의 범위에서 벗어나는 행위는 하지 않을 의지
③ 환자의 신분에 따라 차별하지 않을 것과 환자를 위해서 어떠한 해악이나 부패도 멀리할 것
④ 환자와 관련된 정보를 알게 될 경우 그 비밀을 지킬 것

은 윤리적 딜레마 해결의 준거틀로 기능을 하는 데에 대한 한계가 있다. 둘째, 현재의 한국사회복지사 윤리강령은 윤리적 딜레마를 포함한 일반적 상황에서도 사회복지 가치를 구체화하는 방향을 제시하는 데 대한 기능에 한계가 있다.

한국사회복지사 윤리강령의 기능 수행과 목적 달성의 방해요인을 살펴보면 현장 활용성이 높지 않다는 이유가 있는데, 이는 윤리강령을 접할 기회가 제한적이라는 점 때문이다. 실제 업무에 윤리강령을 적용하는 방법을 모른다. 위반에 대해 제재가 없어 실효성이 적다. 윤리강령 준수가 초래하는 부작용을 경험한 후 멀리하게 되는 것, 그리고 윤리적 상황에서 윤리강령보다 다른 것들이 더 많이 활용되고 있다는 점이다.

윤리강령의 내용적 한계도 있다. 사회 변화를 반영하지 못하여 시대에 뒤처지고 있으며, 너무 추상적이어서 현장에 와닿지 않는 경우도 많다. 또한 윤리강령이라고 보기 어려운 내용이 포함된 것도 있다.

3) 사회복지사 윤리강령

(1) 사회복지사협회 윤리강령

사회복지사는 인본주의·평등주의 사상에 기초하여, 모든 인간의 존엄성과 가치를 존중하고 천부의 자유권과 생존권의 보장 활동에 헌신한다. 특히 사회적·경제적 약자들의 편에 서서 사회정의와 평등·자유와 민주주의 가치를 실현하는 데 앞장선다. 또한 도움을 필요로 하는 사람들의 사회적 지위와 기능을 향상시키기 위해 저들과 함께 일하며, 사회제도 개선과 관련된 제반 활동에 주도적으로 참여한다.

사회복지사는 개인의 주체성과 자기결정권을 보장하는 데 최선을 다하고, 어떠한 여건에서도 개인이 부당하게 희생되는 일이 없도록 한다. 이러한 사명을 실천하기 위하여 전문적 지식과 기술을 개발하고, 사회적 가치를 실현하는 전문가로서의 능력과 품위를 유지하기 위해 노력한다. 이에 우리는 클라이언트·동료·기관, 지역사회 및 전체 사회와 관련된 사회복지사의 행위와 활동을 판단·평가하며 인도하는 윤리기준을 다음과 같이 선언하고 이를 준수할 것을 다짐한다.

(2) 사회복지사의 기본적 윤리기준

① 전문가로서의 자세

- 사회복지사는 전문가로서의 품위와 자질을 유지하고, 자신이 맡고 있는 업무에 대해 책임을 진다.
- 사회복지사는 클라이언트의 종교·인종·성·연령·국적·결혼상태·성 취향·경제적 지위·정치적 신념·정신, 신체적 장애·기타 개인적 선호, 특징, 조건, 지위를 이유로 차별 대우를 하지 않는다.
- 사회복지사는 전문가로서 성실하고 공정하게 업무를 수행하며, 이 과정에서 어떠한 부당한 압력에도 타협하지 않는다.
- 사회복지사는 사회정의 실현과 클라이언트의 복지 증진에 헌신하며, 이를 위한 환경 조성을 국가와 사회에 요구해야 한다.
- 사회복지사는 전문적 가치와 판단에 따라 업무를 수행함에 있어, 기관 내외로부터 부당한 간섭이나 압력을 받지 않는다.
- 사회복지사는 자신의 이익을 위해 사회복지 전문직의 가치와 권위를 훼손해서는 안 된다.
- 사회복지사는 한국사회복지사협회 등 전문가단체활동에 적극 참여하여, 사회정의 실현과 사회복지사의 권익 옹호를 위해 노력해야 한다.

② 전문성 개발을 위한 노력

- 사회복지사는 클라이언트에게 최상의 서비스를 제공하기 위해, 지식과 기술을 개발하는 데 최선을 다하며 이를 활용하고 전파할 책임이 있다.
- 클라이언트를 대상으로 연구하는 사회복지사는 저들의 권리를 보장하기 위해 자발적이고 고지된 동의를 얻어야 한다.
- 연구과정에서 얻은 정보는 비밀보장의 원칙에서 다루어져야 하고, 이 과정에서 클라이언트는 신체적·정신적 불편이나 위험·위해 등으로부터 보호되어야 한다.
- 사회복지사는 전문성을 개발하기 위해 노력하되, 이를 이유로 서비스의 제공을 소홀히 해서는 안 된다.
- 사회복지사는 한국사회복지사협회 등이 실시하는 제반 교육에 적극 참여하여야 한다.

③ 경제적 이득에 대한 태도

- 사회복지사는 클라이언트의 지불능력에 상관없이 서비스를 제공해야 하며, 이를 이유로 차별대우를 해서는 안 된다.
- 사회복지사는 필요한 경우에 제공된 서비스에 대해 공정하고 합리적으로 이용료를 책정해야 한다.
- 사회복지사는 업무와 관련하여 정당하지 않은 방법으로 경제적 이득을 취하여서는 안 된다.

(3) 사회복지사의 클라이언트에 대한 윤리기준

① 클라이언트와의 관계

- 사회복지사는 클라이언트의 권익옹호를 최우선의 가치로 삼고 행동한다.
- 사회복지사는 클라이언트에 대하여 인간으로서의 존엄성을 존중해야 하며, 전문적 기술과 능력을 최대한 발휘한다.
- 사회복지사는 클라이언트가 자기결정권을 최대한 행사할 수 있도록 도와야 하며, 저들의 이익을 최대한 대변해야 한다.
- 사회복지사는 클라이언트의 사생활을 존중하고 보호하며, 직무 수행과정에서 얻은 정보에 대해 철저하게 비밀을 유지해야 한다.
- 사회복지사는 클라이언트가 받는 서비스의 범위와 내용에 대해, 정확하고 충분한 정보를 제공함으로써 알 권리를 인정하고 존중해야 한다.
- 사회복지사는 문서·사진·컴퓨터 파일 등의 형태로 된 클라이언트의 정보에 대해 비밀보장의 한계·정보를 얻어야 하는 목적 및 활용에 대해 구체적으로 알려야 하며, 정보 공개 시에는 동의를 얻어야 한다.
- 사회복지사는 개인적 이익을 위해 클라이언트와의 전문적 관계를 이용하여서는 안 된다.
- 사회복지사는 어떠한 상황에서도 클라이언트와 부적절한 성적 관계를 가져서는 안 된다.
- 사회복지사는 사회복지 증진을 위한 환경조성에 클라이언트를 동반자로 인정하고 함께 일해야 한다.

② 동료의 클라이언트와의 관계

- 사회복지사는 적법하고도 적절한 논의 없이 동료 혹은 다른 기관의 클라이언트와 전문적 관계를 맺어서는 안 된다.
- 사회복지사는 긴급한 사정으로 인해 동료의 클라이언트를 맡게 된 경우, 자신의 의뢰인처럼 관심을 갖고 서비스를 제공한다.

(4) 사회복지사의 동료에 대한 윤리기준

① 동료

- 사회복지사는 존중과 신뢰로서 동료를 대하며, 전문가로서의 지위와 인격을 훼손하는 언행을 하지 않는다.
- 사회복지사는 사회복지 전문직의 이익과 권익을 증진시키기 위해 동료와 협력해야 한다.
- 사회복지사는 동료의 윤리적이고 전문적인 행위를 촉진시켜야 하며, 이에 반하는 경우에는 제반 법률규정이나 윤리기준에 따라 대처해야 한다.
- 사회복지사가 전문적인 판단과 실천이 미흡하여 문제를 야기시켰을 때에는 적절한 조치를 취하여 클라이언트의 이익을 보호해야 한다.
- 사회복지사는 전문직 내 다른 구성원이 행한 비윤리적 행위에 대해, 제반 법률규정이나 윤리기준에 따라 조치를 취해야 한다.
- 사회복지사는 동료 및 타 전문직 동료의 직무 가치와 내용을 인정·이해하며, 상호간에 민주적인 직무관계를 이루도록 노력해야 한다.

② 슈퍼바이저

- 슈퍼바이저는 개인적인 이익의 추구를 위해 자신의 지위를 이용해서는 안 된다.
- 슈퍼바이저는 전문적 기준에 의해 공정하게 책임을 수행하며, 사회복지사 수련생 및 실습생에 대한 평가는 저들과 공유해야 한다.
- 사회복지사는 슈퍼바이저의 전문적 지도와 조언을 존중해야 하며, 슈퍼바이저는 사회복지사의 전문적 업무 수행을 도와야 한다.
- 슈퍼바이저는 사회복지사·수련생 및 실습생에 대해 인격적, 성적으로 수치심을 주는 행

위를 해서는 안 된다.

(5) 사회복지사의 사회에 대한 윤리기준

- 사회복지사는 인권존중과 인간평등을 위해 헌신해야 하며, 사회적 약자를 옹호하고 대변하는 일을 주도해야 한다.
- 사회복지사는 필요한 사회서비스를 개발하기 위한 사회정책의 수립, 발전, 입법, 집행에 적극적으로 참여하고 지원해야 한다.
- 사회복지사는 사회환경을 개선하고 사회정의를 증진시키기 위한 사회정책의 수립, 발전, 입법, 집행을 요구하고 옹호해야 한다.
- 사회복지사는 자신이 일하는 지역사회의 문제를 이해하고, 그것을 해결하는 일에 적극적으로 참여해야 한다.

(6) 사회복지사의 기관에 대한 윤리기준

- 사회복지사는 기관의 정책과 사업 목표의 달성, 서비스의 효율성과 효과성의 증진을 위해 노력함으로써, 클라이언트에게 이익이 되도록 해야 한다.
- 사회복지사는 기관의 부당한 정책이나 요구에 대하여, 전문직의 가치와 지식을 근거로 이에 대응하고 즉시 사회복지윤리위원회에 보고해야 한다.
- 사회복지사는 소속기관 활동에 적극 참여함으로써, 기관의 성장발전을 위해 노력해야 한다.

(7) 사회복지윤리위원회의 구성과 운영

- 한국사회복지사협회는 사회복지윤리위원회를 구성하여, 사회복지윤리실천의 질적인 향상을 도모하여야 한다.
- 사회복지윤리위원회는 윤리강령을 위배하거나 침해하는 행위를 접수받아 공식적인 절차를 통해 대처하여야 한다.
- 사회복지사는 한국사회복지사협회의 윤리적 권고와 결정을 존중하여야 한다.

학습 정리

1. 사회복지는 가치지향적이며 그 실현은 끝없는 윤리적 의사결정의 과정이다. 사회복지사는 인간존엄사상과 휴머니즘을 기반으로 사회정의를 실현하고 사회복지 전문지식을 토대로 다양한 사회복지 서비스를 지원하여야 한다.
2. 사회복지실천과정에서 발생하는 다양한 윤리적 딜레마를 파악하고, 선택할 수 있는 다양한 개입 행위의 대안들 가운데 가장 윤리적인 선택을 할 수 있어야 한다. 사회복지에 있어 윤리적인 의사결정과정은 클라이언트에 대한 실천가의 책임이 따르는 것이기 때문에 신중하게 접근해야 한다.
3. 가치와 윤리는 서로 조화를 이루어야 한다. 가치가 무엇이 좋고 바람직한지에 관심을 두는 반면, 윤리란 무엇이 옳고 바른지에 관심을 둔다. 윤리가 옳고 그른가에 대한 판단을 다룬다면 가치는 좋고 싫은가에 대한 것으로서, 가치가 믿음이라면 윤리는 판단이라 할 수 있다.
4. 가치와 윤리가 불일치하는 경우가 있는데, 이는 가치가 높은 수준의 바람직한 상태를 추구하는 반면, 행동은 매우 구체적이고 제한적이기 때문이다. 가치는 추상적이고 이상적인 속성이 강한 반면, 윤리는 구체적이고 행동적인 속성이 강하기 때문이다.
5. 사회복지사 윤리강령을 파악하여 실천할 수 있어야 한다. 윤리강령의 개념은 전문직 종사자들이 자신들의 업무 전 과정에서 윤리적 책무성을 가질 것을 선언하고 안내하는 일종의 지침이기 때문이다.

chapter 03

사회복지실천의 발달 과정

학습목표

1. 서구 사회복지실천의 역사적 발달 과정을 이해한다.
2. 한국 사회복지실천의 역사적 발달 과정을 이해한다.
3. 사회복지실천 현장의 개념과 분류를 이해한다.
4. 사회복지사의 역할과 기능을 이해한다.
5. 현대 사회복지실천의 통합과 확장을 이해한다.

01 서구 사회복지실천의 역사적 발달 과정

1) 자선조직협회(1869년)

(1) 배경

19세기 중반 유럽, 산업혁명이 진행되면서 영국은 특히 극심한 도시화와 함께 다양한 사회적 문제들이 대두하였다. 기계화와 공장 제도의 도입으로 많은 노동자가 농촌에서 도시로 이동했으며, 이에 따라 도시 빈민층이 급증하고, 빈곤, 질병, 범죄, 주거 문제 등이 심각해졌다. 당시 기존의 자선활동은 여러 자선단체가 서로 중복되거나 경쟁적으로 운영되고 있었고, 이는 자원의 낭비와 비효율성을 초래하였다. 또한, 자선단체 간의 협력 부족이 이러한 문제들을 더욱 악화시켰다.

(2) 특징

자선조직협회(Charity Organization Societies: COS)는 이러한 배경을 바탕으로, 자선활동을 체계적이고 조직적으로 재편하기 위해 설립된 순수 민간 단체였다. 이 조직은 주로 중산계층 출신의 우애방문원(Friendly Visitor)들이 주축이 되어 활동했으며, 이들은 가정을 방문해 빈민들의 상황을 직접 조사하고, 그들의 필요에 맞는 서비스를 제공하려 했다. 이러한 방문과 면담을 통해 개인의 사회적 문제를 개별적으로 다루고 기록하는 개별 사회사업의 기초를 마련했다.

우애방문원들은 빈민이 자신의 상황을 개선할 책임이 개인에게 있음을 강조했으며, 교화와 자활을 독려하는 접근방법을 사용했다. 이는 단순한 재정적 지원을 넘어서 개인의 행동 변화와 자립을 목표로 했다. 또한, 자선조직협회는 자선활동을 사례 연구와 같이 체계적으로 기록함으로써 사회복지실천에서의 연구 및 데이터 기반 접근을 강화했다.

2) 인보관 운동

(1) 배경

인보관 운동은 자선조직협회(COS)의 접근방식에 대한 반성으로부터 시작되었다. 자선조직협회는 빈민에 대한 개별적·도덕적 접근을 중시했지만, 이는 빈곤 문제를 근본적으로 해결하는 데 한계가 있음이 드러났다. 자선조직협회의 접근은 자선단체 간의 여전한 서비스 중첩, 소외된 계층에 대한 미흡한 대응, 그리고 비효율성과 협력 부족 등 여러 문제점을 내포하고 있었다. 인보관 운동은 이에 대한 대안으로, 1880년대 영국 런던에서 시작되었다. 인보관 운동은 빈곤을 개인의 문제가 아닌 사회구조적 문제로 인식하고 이에 대응하고자 했다.

(2) 특징

- 거주(residence): 인보관 운동의 핵심 특징 중 하나는 활동가들이 빈민 지역에 직접 거주하며 지역사회와 긴밀히 소통하고 협력하는 것이었다. 이를 통해 그들은 지역 주민의 일상적인 삶과 문제를 직접 목격하고, 이해하며, 신뢰를 구축할 수 있었다.
- 연구 조사(research): 인보관은 단순히 서비스 제공에 그치지 않고, 지역사회의 문제점들을

체계적으로 연구하고 조사하여 사회정책 개발에 필요한 근거 자료를 제공했다. 이러한 연구는 빈곤의 사회적 원인을 밝히고, 더욱 효과적인 개입 전략을 수립하는 데 기여했다.

- 개혁(reform): 인보관 운동은 사회개혁을 강력히 추구했다. 이들은 교육, 주거, 고용, 보건 등 다양한 분야에서의 개혁을 통해 빈곤을 근본적으로 해결하려 했다. 특히, 교육과 직업 훈련 프로그램을 통해 지역 주민의 자립 능력을 향상하는 데 중점을 두었다.

3) 전문직으로 전환하기 위한 움직임

사회복지사가 전문직으로 인식되기 시작한 것은 19세기 후반에서 20세기 초반에 걸쳐 일어난 중요한 변화들에 의해 촉진되었다. 이 시기에는 사회복지실천이 체계적인 교육과 훈련, 이론의 개발, 그리고 전문가 조직의 형성을 통해 점차 전문화되는 과정을 겪었다. 이러한 변화들은 사회복지를 단순한 자선활동에서 벗어나, 과학적 근거에 기반한 전문 직업으로 발전시키는 데 결정적으로 작용했다. 이 과정에서 사회복지실천은 더 넓은 사회적 문제들에 대한 해결책을 제공하는 역할을 하게 되었고, 사회정책의 변화와 개선에 영향을 미치는 중요한 분야로 자리 잡게 되었다. 이와 같은 전문직으로서의 발전은 사회복지실천이 오늘날 가지는 다양한 역할과 기능의 토대를 마련했다.

(1) 보수 체계의 정립

사회복지실천에서 중요한 역할을 한 영국의 자선조직협회(COS)는 조직 내에서 일하던 우애방문원들에게 보수를 지급하기 시작했다. 이는 사회복지 활동을 직업으로 인식하는 첫걸음이었다. 자선 활동가들이 전문적인 서비스를 제공하고, 그에 따른 적절한 보수를 받아야 한다는 인식이 시작되었다.

그리고 20세기 초에 뉴욕자선학교와 같은 기관에서 사회복지 교육과정이 개설되면서 교육받은 사회복지사들은 전문성을 바탕으로 적절한 보수를 요구하는 위치에 서게 되었다. 영국과 독일에서도 지방정부와 비정부기관에서 사회복지 서비스를 제공하는 직원들에게 정규직의 지위와 보수가 제공되기 시작했다. 또한 1920년대에 미국사회복지사협회(AASW)와 같은 전문가 협회가 설립되면서 사회복지사들의 근무 조건, 교육 수준, 그리고 보수에 대한 표준이 마련되기 시작했다. 이 협회들은 사회복지사의 권익 보호와 전문성 향상을 위해 보수 체계의 정립을 추진했다. 이러한 변화는 사회복지사를 전문 직업군으로 인식하는 데 중요한 역할을 했다.

(2) 교육 훈련 제도의 도입

자선조직협회(COS)는 사회복지실천에 필요한 지식과 기술을 체계적으로 전달하기 위해 자체적인 정규 교육과정과 훈련 제도를 도입했다. 이 교육 프로그램은 사회복지실천의 기술뿐만 아니라, 이론적 지식을 제공하는 데 중점을 두었고, 사회복지사의 전문성을 강화하는 데 큰 역할을 했다.

한편, 에이브러햄 플렉스너(Abraham Flexner)는 20세기 초에 의학 교육의 질을 향상하기 위한 근본적인 개혁을 주장하며 큰 영향을 미쳤다. 그의 이론과 접근방식은 사회복지 교육의 체계화에 많은 영향을 주었고, 사회복지 교육이 학문적 엄격성과 전문성을 갖추는 데 중요한 역할을 했다. 플렉스너의 영향을 받아 1898년 설립된 뉴욕자선학교(New York School of Philanthropy, 후에 컬럼비아 대학교 사회사업학과로 통합)는 최초로 자선 활동가들을 위한 체계적인 교육을 제공하고자 하였으며, 전문 사회복지 교육의 중요성을 확산하는 데 크게 기여했다. 이후 다른 대학들도 사회복지 관련 학과를 설립하기 시작했으며, 전국적으로 사회복지 교육의 표준을 높이는 데 영향을 미쳤다.

1920년대에 들어서면서 미국과 유럽의 여러 대학에서 사회복지학과가 설립되었다. 이 학과들은 사회복지 이론뿐만 아니라 실천 기술, 정책 분석, 연구 방법론 등을 교육과정에 포함했다. 이러한 교육 프로그램은 사회복지 전문가들이 복잡한 사회적 문제에 효과적으로 대응하고, 정책 개발 및 실행에 참여할 수 있는 능력을 개발하는 데 중점을 두었다.

(3) 사회복지실천 이론의 발전

사회복지실천 이론은 20세기 초에 크게 발전했다. 특히 정신분석 이론의 영향을 받아, 개인의 내적 경험과 사회환경 간의 상호작용을 이해하는 새로운 접근방법이 도입되었다. 이는 사회복지실천에 심리학적·사회학적 이론을 접목하여 더 깊이 있는 클라이언트 이해와 개입을 가능하게 했다.

특히 메리 E. 리치몬드(Mary E. Richmond)는 사회복지 분야의 이론과 실천에 깊은 영향을 미쳤다. 그녀는 자선조직협회(COS)에서 근무하며 빈곤층의 문제를 해결하기 위한 체계적인 접근법의 필요성을 절감했다. 그녀는 개별 사례관리의 중요성을 인식하고, 사회복지실천에서의 과학적 접근과 체계적인 조사 방법을 강조했다. 그녀의 저서 『사회진단(*Social diagnosis*)』이 1917년, 『개별사회사업이란 무엇인가(*What is social case work?*)』가 1922년에 각각 발간되어 개별사회사업의 이론적 기반을 마련하는 데 크게 기여했다.

(4) 전문가 협회의 설립

사회복지 전문직의 발전과 함께, 다양한 전문가 협회들이 설립되어 이 분야의 전문성과 표준을 높이는 데 기여했다. 1921년 미국사회복지사협회(American Association of Social Workers: AASW)의 설립은 사회복지실천의 전문직화에 있어 중요한 이정표였다. 이 협회는 사회복지 전문가들에게 전문 교육, 윤리기준, 직업적 정체성을 제공함으로써 사회복지실천을 정규화하고 표준화하는 데 중요한 역할을 했다. AASW의 설립은 사회복지사들이 전문 직업인의 지위를 확립하는 데 크게 기여했으며, 전문가 집단으로서의 공동체 의식을 강화했다.

또한 1918년에 설립된 미국병원사회사업협회(American Association of Hospital Social Workers: AAHSW)와 1924년에 설립된 미국정신의학사회복지사협회(American Association of Psychiatric Social Workers: AAPSW) 역시 사회복지의 전문직화에 중요한 역할을 했다. 1918년에 설립된 미국병원사회사업협회는 병원 내에서 환자의 사회적·심리적·환경적 요인을 평가하고 개입하는 사회사업의 전문성을 증진하기 위해 만들어졌다. 이 협회는 병원 사회사업을 전문 분야로 인정하고 이를 표준화하며, 관련된 교육과 연구를 지원하는 것을 목표로 했다. 이로부터 사회사업가들이 의료팀의 일원으로서 환자의 포괄적 치료와 사회 복귀에 기여할 수 있는 교육 프로그램과 연구 활동이 활성화되었다.

한편, 1924년에 설립된 미국정신의학사회복지사협회는 정신건강 분야에서 사회사업을 전문화하고자 만들어진 조직으로, 정신건강 문제를 가진 개인들을 지원하는 사회사업가들의 역량을 강화하고, 이 분야의 전문적 지식과 기술을 발전시키는 것을 목적으로 했다. 미국정신의학사회복지사협회는 정신건강 분야 사회사업 실천을 위한 교육과 연구를 촉진하고, 정신건강 치료와 회복을 지원하는 전문 사회사업가들을 양성했다. 또한, 정신건강의 중요성에 대한 사회적 인식 개선과 정책 개발에도 기여했다.

이러한 전문가 협회의 설립은 사회복지실천의 다양한 분야에서 전문성과 표준을 확립하는 데 중요한 역할을 했으며, 사회복지의 전문 직업으로서의 발전에 크게 기여했다. 각 협회는 사회복지의 특정 분야에 집중하여 전문가들이 더 효과적으로 클라이언트를 지원하고 사회적 문제를 해결할 수 있도록 지원했다. 이는 오늘날 사회복지실천의 토대를 마련하는 데 중요한 요소로 작용하였다.

4) 사회복지실천 3대 방법론으로 분화

서구 사회복지실천은 오랜 역사 속에서 변화와 발전을 거듭해 왔으며, 이 과정에서 개별사회사업, 집단사회사업, 지역사회조직론이라는 3대 방법론으로 분화되었다. 이 3대 방법론은 각기 다른 시대적 배경과 사회적 요구에 따라 발전했으며, 서로 밀접하게 연관되어 오늘날의 사회복지실천의 토대를 마련했다.

(1) 개별사회사업

개별사회사업(casework)은 가장 전통적인 사회복지실천 방법의 하나로, 개인의 특성과 상황에 맞춰 전문적인 사회복지 서비스를 제공하는 방법론이다. 개별사회사업은 산업화와 도시화로 인해 개인과 가족의 문제가 심화하던 19세기 후반부터 발전하기 시작하였다. 이 방법론은 주로 개인적이고 사적인 문제를 다루며, 전문적인 접근방식을 통해 개인의 사회적·심리적 문제를 해결하는 데 초점을 맞추었다.

개별사회사업의 기원은 19세기 영국의 자선조직협회(COS)에서 찾을 수 있으며, 이 조직은 개인의 필요를 체계적으로 평가하고 조정하는 역할을 하였다. 이러한 개별 중심의 접근방식은 이후 미국으로 전파되어, 사회복지의 전문성을 강화하는 데 기여하였다. 초기 개별사회사업은 자선과 구제에 초점을 맞추었지만, 점차 사회과학적 지식과 전문성을 도입하여 사회적 문제의 근본적인 원인을 파악하고 개인의 능력 강화와 사회 참여를 촉진하는 방향으로 발전했다.

(2) 집단사회사업

집단사회사업(group work)은 개별사회사업과 함께 발전하였으며, 집단의 역동성을 활용하여 구성원들의 문제해결 및 개인적 성장을 촉진한다. 이 방법론은 집단 내 상호작용과 협력을 통해 구성원들이 서로를 지원하고, 사회적 기술을 발전시킬 수 있도록 돕는다. 집단사회사업은 20세기 초부터 미국에서 발전하기 시작하였다. 산업화로 인한 사회변화와 도시화로 인해 개인의 고립과 소외가 심화하면서, 집단 속에서 상호작용과 지지를 통해 개인의 문제를 해결하고 사회적 관계를 형성하도록 돕는 전략이 중요해졌다. 1946년 미국사회복지교육협의회(CSWE)는 집단사회사업을 공식적인 사회복지실천 방법론으로 인정했으며, 현재까지 다양한 분야에서 활용되고 있다. 집단사회사업의 초기 형태는 교육과 레크리에이션 활동에서 주로 이루어졌으며, 점차 다양한 사회적 상황에 적용되기 시작하였다.

(3) 지역사회조직

지역사회조직(community organization)은 특히 미국에서 큰 발전을 이룬 사회복지실천 방법론으로, 개인이 아닌 지역사회 전체를 대상으로 하는 접근방식이다. 지역사회조직은 지역사회 구성원들의 협력과 참여를 통해 지역사회의 문제를 해결하고 주민들의 삶의 질을 향상하고자 한다. 1930년대의 경제 대공황 동안 미국 정부는 경제적 어려움을 겪는 사람들을 돕기 위해 다양한 사회복지 프로그램을 시행하였고, 이 과정에서 지역사회조직의 중요성이 주목받았다. 지역사회 스스로 문제를 해결하고 지속 가능한 발전을 이루도록 돕는 전략이 필요하게 되었다. 이 시기에 설립된 수많은 공공복지기관은 지역사회의 필요를 충족시키기 위해 설계되었으며, 지역사회의 자원을 동원하고, 정책 개선을 위한 운동에 중점을 두었다. 지역사회조직의 주요 목적은 사회적·경제적 변화를 촉진하여 지역사회의 복지를 향상하는 것이다.

5) 진단주의 학파와 기능주의 학파의 대립

(1) 진단주의

진단주의 학파는 사회복지실천에서 개인의 문제와 장애를 이해하고 해결하기 위해 심층적인 진단적 접근을 중시하는 관점을 가지고 있었다. 이 학파는 주로 20세기 초반에 발전하였으며, 그 중심에는 심리학 이론과 사회복지 이론 사이의 접목을 시도한 학자들이 있었다. 진단주의 학파는 개인의 성격 결함, 심리적 문제, 정신 질환 등 개인 내적 요인을 사회문제의 원인으로 파악했고, 진단 및 평가를 통해 개인의 문제를 파악하고 치료하는 것을 사회복지사의 역할로 생각했다.

① 과거 중시와 무의식의 영향

진단주의 학파는 프로이트(Sigmund Freud, 1856~1939)의 심리학적 이론을 바탕으로, 인간의 행동과 감정이 무의식적인 힘에 의해 크게 영향을 받는다고 보았다. 이에 따라, 개인의 현재 문제나 위기는 과거의 경험과 무의식적인 갈등에서 비롯된 것으로 해석하였다. 따라서, 치료 과정에서 과거를 회상하고 분석하는 것이 중요하다고 강조하였다.

② 문제행동의 원인 진단과 전문가 중심적 접근

진단주의 학파의 접근법은 개인의 문제행동이나 정서적 장애를 세밀하게 진단하고 분석하는 데 초점을 맞추었다. 전문가는 클라이언트의 생애사, 개인의 성격, 가족구조 및 사회적 상황을 자세히 조사하여 문제의 근본 원인을 파악하려고 하였다. 이러한 진단 과정은 사회복지실천에서 중요한 출발점으로 여겨지며, 문제해결의 기초가 되었지만, 개인의 심리적 문제를 사회문제의 원인으로 파악하였기 때문에 진단주의 학파의 접근법은 '질병의 심리학'으로 불리기도 한다.

③ 치료 중심적 실천

진단주의 학파는 진단을 통해 파악된 문제에 대해 구체적이고 체계적인 치료 계획을 수립하는 것을 중시하였다. 치료 계획은 클라이언트의 자아 강화, 문제해결 능력 향상, 그리고 더 나은 사회적 기능 수행을 목표로 하였다. 치료 접근은 주로 클라이언트와의 일대일 상담, 심리치료, 그리고 가족치료 등의 방법을 취하였다.

④ 심리사회모델로의 발전

진단주의 학파는 플로렌스 홀리스(Florence Hollis, 1877~1963)와 같은 학자들에 의해 나중에 심리사회모델로 발전하였다. 심리사회모델은 클라이언트의 심리적·사회적 문제들을 동시에 고려하며, 클라이언트가 자신의 환경에서 성공적으로 기능할 수 있도록 지원하는 데 초점을 두었다. 이 접근법은 개인의 내적 문제뿐만 아니라 그들의 사회적 맥락과 상호작용을 중요시하는 발전된 형태로 볼 수 있다.

(2) 기능주의

기능주의 학파는 1930년대에 등장하여 사회복지실천에서 새로운 관점을 제시했다. 기능주의 학파는 인간을 본질적으로 창의적이고 의지적인 존재로 보며, 낙관적인 인간관을 바탕으로 클라이언트가 스스로 문제를 해결할 수 있는 능력을 갖추고 있다고 강조하였다. 기능주의 학파의 접근법은 사회복지실천에서 클라이언트를 능동적인 주체로 바라보는 것을 중요시하며, 이는 진단주의 학파의 치료 중심적 접근과 대비된다. 기능주의 학파는 개인과 환경의 상호작용에 기인한 개인의 기능 저하를 사회문제의 원인으로 보고, 이를 회복함으로써 사회문제를 해결할 수 있다고 주장하기 때문에 '성장심리학'이라고 불리기도 한다.

① 인간의 창의성과 의지

기능주의 학파는 인간을 본질적으로 창의적이고 의지적인 존재로 간주하였다. 클라이언트가 자기 삶에서 발생하는 문제에 대해 스스로 해결책을 찾아낼 수 있으며, 이를 위한 내적 자원을 이미 갖추고 있다고 보았다. 이러한 시각은 클라이언트에게 더 적극적이고 주도적인 역할을 부여하며, 사회복지사는 이 과정에서 지원자의 구실을 하게 된다.

② 현재 문제에 대한 초점과 원조 과정

기능주의 학파는 과거의 심리적 문제보다는 현재 직면한 문제에 초점을 맞추었다. 이들은 사회복지실천을 '치료'라는 용어 대신 '원조 과정'으로 표현하였다. 원조의 목적은 클라이언트가 현재 상황을 극복하고 자신의 삶을 개선할 수 있도록 돕는 데 있다. 사회복지사는 클라이언트가 자신의 문제를 인식하고 해결할 수 있도록 촉진자 역할을 하며, 이는 클라이언트의 자기 결정력과 자기 책임감을 강화하는 데 기여한다.

③ 능동적 클라이언트와의 협력적 접근

기능주의 학파에서 사회복지사는 클라이언트와의 파트너십을 중요시하며, 클라이언트의 의견과 통찰을 존중한다. 사회복지사는 클라이언트와 함께 그들의 목표를 설정하고, 이루기 위한 전략을 개발한다. 이 과정에서 클라이언트는 자신의 상황을 개선할 수 있는 구체적인 행동 계획을 세우는 데 직접 참여하며, 이는 클라이언트의 자립적인 행동을 촉진한다.

④ 대표적 학자들의 기여

오토 랭크(Otto Rank, 1884~1939), 로빈슨(Virginia Pollard Robinson, 1883~1977), 태프트(Julia Jessie Taft, 1882~1960), 스멀리(Ruth Elizabeth Smalley, 1903~1979) 등 기능주의 학파의 학자들은 사회복지실천에 있어서 클라이언트 중심의 접근방식을 강조하며, 클라이언트의 자아실현과 자립을 위한 실천 기법과 이론을 발전시켰다. 이들의 작업은 사회복지실천에서 클라이언트의 능력을 믿고, 그 능력을 최대한 발휘할 수 있도록 돕는 방향으로 전환을 이끌었다.

(3) 사회복지실천 공통 요소 정리 시도

1929년 밀포드 회의는 사회복지실천, 특히 개별사회사업의 체계적인 발전에 큰 이정표를 세웠다. 이 회의는 사회복지사의 역할과 개별사회사업의 기본적인 구성 요소를 정의하고, 실천의 전문성을 강화하는 데 중점을 두었다. 회의에서는 개별사회사업 실천의 8개의 공통 요소를 정리하여 발표하였다. 주요 내용은 다음과 같다.

① 규범에서 벗어난 행동에 관한 지식

사회복지실천에서 클라이언트의 행동이 일반적인 사회적·문화적 규범에서 어떻게 벗어나는지를 이해하는 것이 중요하다. 이 지식을 바탕으로 사회복지사는 문제의 원인을 파악하고 적절한 개입 계획을 수립할 수 있다.

② 인간관계 규범의 활용

클라이언트와의 효과적인 관계 형성은 사회복지실천에서 결정적인 역할을 한다. 이러한 관계를 통해 클라이언트는 자신의 문제를 더 잘 이해하고 해결책을 모색하는 데 필요한 지지를 받게 된다.

③ 클라이언트 사회력의 중요성

클라이언트의 개인적 배경과 그의 사회적 환경을 포괄적으로 이해하는 것은 문제해결 과정에서 중요한 단서를 제공한다. 이는 개별적 접근뿐만 아니라 가족 및 지역사회와의 연계를 통한 포괄적 개입에도 기여한다.

④ 클라이언트의 치료를 위한 방법론

사회복지실천에서 사용되는 다양한 치료 및 개입 방법론은 클라이언트가 자신의 문제를 극복하고 삶의 질을 향상할 수 있도록 설계되어야 한다. 이 방법론은 과학적 근거에 기반하고, 개별 클라이언트의 상황에 맞게 조정될 수 있어야 한다.

⑤ 사회치료에 있어 지역사회 자원의 활용

효과적인 사회복지실천은 클라이언트에게 필요한 서비스와 지원을 제공하기 위해 지역사회의 자원을 적극적으로 활용해야 한다. 이는 클라이언트의 필요에 맞춘 서비스 연계 및 조정을 통해 이루어진다.

이 외에도 밀포드 회의에서는 사회복지실천의 기타 중요 요소들이 논의되었으나, 위의 다섯 가지 요소는 사회복지사가 클라이언트와 효과적으로 작업하기 위해 필수적으로 갖추어야 할 기본적인 요소로 강조되었다.

6) 사회복지실천 방법 통합기(1950~1970년 전후)

1950년대부터 1970년 전후까지는 사회복지실천 방법론의 통합과 전문화가 진행되는 중요한 시기였다. 전통적인 사회복지실천 방법론인 개별사회사업, 집단사회사업, 지역사회조직의 한계점이 점차 명확해지면서, 사회복지의 공통 기반을 강조하는 통합방법론이 등장하였다. 이러한 통합방법론은 실천의 유연성과 효과성을 높이기 위해 다양한 접근방식을 포괄적으로 결합하였다.

(1) 통합방법론의 등장 배경

전통적인 3대 방법론은 각기 다른 클라이언트의 요구와 사회적 문제에 맞추어 개발되었지만, 실제 실천 현장에서는 이 방법들이 각각의 문제에 한정적으로 작용한다는 한계가 드러났다. 이에 따라, 사회복지실천에서는 더 포괄적이고 융통성 있는 접근법의 필요성이 대두되었다.

이 시기에는 가족구조와 동태에 초점을 맞춘 가족치료에 대한 관심이 증가하였다. 가족치료는 개인의 문제가 가족 시스템 내에서 발생하고 유지되는 상황을 이해하고, 이를 해결하기 위해 가족 구성원 전체의 참여와 변화를 목표로 하였다.

(2) 주요 통합방법론

① **펄만의 문제해결 모델**: 펄만(Perlman)은 클라이언트가 직면한 문제를 체계적으로 해결해 나가는 방법론을 제시하였다. 이 모델은 클라이언트의 문제를 명확하게 정의하고, 해결책을 모색하며, 실행 단계로 이어지는 구조적 접근을 강조하였다.

② **핀커스와 미나한의 4체계 모델**: 4체계 모델은 클라이언트를 둘러싼 다양한 체계(개인, 가족, 집단, 조직)과의 상호작용을 중심으로 문제를 다룬다. 사회복지사는 이러한 다양한 시스템과의 교류를 통해 문제해결을 도모한다.

③ **6체계 모델**: 6체계 모델은 4체계 모델을 확장하여 지역사회와 광범위한 환경을 포함하며, 클라이언트의 문제를 더욱 넓은 사회적 맥락에서 이해하고 접근한다.

④ **단일화 모델**: 단일화 모델은 다양한 사회복지 방법론을 하나의 일관된 프레임워크 안에서 통합하여 사용한다. 이를 통해 사회복지실천의 일관성과 효율성을 높이는 것을 목표로 한다.

⑤ **생활 모델**: 생활 모델은 일상생활에서 발생하는 문제들을 실제적이고 현실적인 관점에서 접근하며, 클라이언트의 자립적인 삶을 지원하는 데 중점을 둔다.

7) 다양화, 확장기(1970년~현재)

1970년부터 현재에 이르는 기간 동안 사회복지실천은 크게 다양화되고 확장되었다. 이 시기의 사회복지실천은 다양한 실천 모델의 출현과 함께 개인의 병리보다는 강점과 역량에 초점을 맞추는 패러다임의 전환을 경험하였다. 이러한 변화는 클라이언트의 자립성을 증진하고, 사회적 기능을 향상하는 데 중점을 두고 있다. 주요한 실천 모델은 다음과 같다.

(1) 일반체계 모델

일반체계 모델은 모든 시스템이 상호 연결되어 있고 상호의존적이라는 개념에 기초한다. 이 모델은 개인, 가족, 집단, 조직, 커뮤니티를 포함한 여러 체계 간의 복잡한 상호작용을 이해하는 데 중점을 두며, 이러한 체계들이 어떻게 서로 영향을 미치는지를 분석한다.

(2) 생태체계 모델

생태체계 모델은 클라이언트와 그의 환경 간의 상호작용에 초점을 맞춘다. 이 모델은 개인이 속한 다양한 환경(가족, 학교, 직장, 커뮤니티 등)과의 관계를 통해 발생하는 다양한 요구와 문제를 평가한다. 사회복지사는 이러한 환경적 요인을 조정하거나 개선하여 클라이언트가 더 나은 삶을 영위할 수 있도록 돕는다.

(3) 과제 중심 모델

과제 중심 모델은 단기간에 구체적인 문제를 해결하는 데 초점을 맞춘다. 클라이언트와 사회복지사는 협력하여 명확한 목표를 설정하고, 이를 달성하기 위한 구체적인 과제를 수립한다. 이 모델은 클라이언트의 자기 결정성을 강화하고 실질적인 문제해결 능력을 향상하는 데 효과적이다.

(4) 강점 관점

강점 관점은 클라이언트가 가지고 있는 잠재력과 자원에 초점을 맞춘다. 이 접근법은 개인의 약점이나 결핍을 강조하기보다는 그들의 강점과 성공 경험을 발굴하고 활용하여 문제를 극복하도록 돕는다. 이를 통해 클라이언트의 자신감을 높이고 적극적인 변화를 촉진한다.

(5) 역량 강화 모델

역량 강화 모델은 클라이언트가 자신의 삶을 개선할 수 있는 능력을 강화하는 데 초점을 맞춘다. 이 모델은 교육, 능력 개발, 자원 접근성 증진과 같은 방법을 통해 클라이언트가 사회적·경제적 도전을 극복할 수 있도록 지원한다.

02 한국사회복지실천의 역사적 발달 과정

1) 한국의 초기 사회복지실천

(1) 고조선부터 조선 시대까지의 사회복지

한국의 사회복지실천은 고대부터 시작되었다. 고조선 시대부터 사회 공동체의 상호부조 행위가 이루어졌고, 이는 후일 두레 형태로 발전하였다. 두레는 농촌 지역에서 상호 협동을 통해 농사일을 도와주는 조직적인 협동체였다. 이러한 협동 정신은 공동체의 복지를 증진시키는 중요한 요소였다. 향약은 조선 시대에 지역 공동체를 중심으로 조직된 자치적인 복지 제도로, 지역사회의 안녕과 질서 유지를 목표로 하였다. 향약에는 고아, 노인, 장애인 등 취약 계층을 보호하고 지원하는 다양한 규정이 포함되어 있었다.

조선 시대에는 또한 국가 주도의 구제 정책도 있었다. 흉년이 들거나 자연재해가 발생했을 때, 국가는 비축미를 활용하여 백성을 구제하는 정책을 시행하였다. 이는 초기 한국 사회복지의 특징을 보여주는 사례로, 국가가 직접 백성의 안위를 책임지고 개입한 예다.

(2) 개화기의 사회복지 도입

19세기 말 개화기에 이르러 서구 선교사들의 활동이 본격화되면서 한국의 사회복지실천에도 중요한 변화가 일어났다. 선교사들은 학교와 병원을 설립하고, 보육원과 양로원과 같은 사회복지시설을 운영하기 시작했다. 이는 한국 사회에 서구식 교육과 의료 서비스를 도입하고, 더 넓은 의미에서 사회복지를 실천하는 계기가 되었다. 이러한 변화는 한국 사회에서의 근대적 사회복지의 시작으로 볼 수 있으며, 이후 한국전쟁을 거치며 더욱 발전하였다.

(3) 한국전쟁 이후의 발전

한국전쟁 이후 한국은 심각한 사회적·경제적 파괴를 경험했다. 이 시기, 외국 민간 원조기관의 지원이 사회복지실천에 중요한 역할을 했다. 1952년 3월에 결성된 외국민간원조기관한국연합회(KAVA)는 다양한 외국 원조 기관들과 협력하여 한국에서의 사회복지실천을 지원하였다. 이들은 주로 시설 중심의 복지 발전을 추진하여, 보육원, 병원, 재활 센터 등을 설립하고 운영하는 데 중점을 두었다. 이러한 시설 중심의 접근은 그 당시 한국 사회의 필요에 부응하는 것이었으며, 장기적으로는 한국 사회복지의 기반을 구축하는 데 기여하였다.

2) 사회복지실천의 시작과 발전

(1) 교육 영역

한국의 사회복지 교육은 1947년 이화여자대학교에 최초로 사회사업학과가 설립되면서 시작되었다. 이는 한국에서 사회복지 전문 인력 양성을 위한 공식적인 첫 교육 프로그램의 출범을 의미한다. 이어서 1953년 중앙신학교(현재 강남대학교)에서도 사회복지사 교육이 시작되었으며, 이는 국내 사회복지 교육의 확장을 상징한다. 이 두 기관은 한국 사회복지 전문 인력 양성의 초석을 다졌으며, 이후 수많은 대학과 학과가 교육 프로그램을 개설하게 되었다.

(2) 지역사회복지 영역

1921년 최초로 설립된 태화여자관(태화기독교사회복지관)은 한국 지역사회복지의 시초라 할 수 있다. 이 기관은 지역사회 내에서 다양한 사회복지 서비스를 제공하며 지역사회의 복지 향상에 기여하였다. 한편, 1989년에는 영구임대주택 건립 시 사회복지관의 건립을 의무화하는 정책이 시행되었으며, 2003년에는 지역사회복지협의체가 조직되어 지역사회복지계획 수립의 기반이 마련되었다.

(3) 의료사회복지 영역

1958년 한노병원에서 최초로 의료사회복지사가 근무하기 시작하였다. 이는 한국 의료시설 내에서 사회복지사의 역할이 공식적으로 인정받기 시작한 시점이다. 1973년 「의료법 시행규칙」에 따라 종합병원에서는 사회복지사의 고용이 의무화되었다. 이어 2020년 「사회복지사업법」 개정으로 의료사회복지사가 법정 자격을 취득하게 되었다. 의료 분야 내에서 사회복지실천의 필요성이 강조되면서 의료사회복지 영역의 본격적인 확대가 이루어졌다.

(4) 학교사회사업 영역

1997년 한국학교사회복지학회가 설립되어 학교사회사업의 전문성과 학술적 발전을 도모하였다. 2005년에는 제1회 학교사회복지사 자격시험이 시행되어, 학교 내에서 사회복지사의 전문적 역할이 공식적으로 인정받기 시작하였다.

(5) 공공 영역

1987년에 별정직 사회복지전문요원의 도입으로 공공 부문에서의 사회복지 전문 인력이 처음 등장하였다. 1999년 10월에는 일반직인 사회복지전담공무원 직급이 신설되어 공공 부문에서 사회복지 서비스의 질을 높이고 전문성을 강화하는 데 기여하고 있다.

(6) 정신보건 영역

1995년에 「정신보건법」이 제정되고, 1997년에는 정신보건전문요원 및 정신보건사회복지사 자격이 마련되어 정신건강 분야에서 사회복지실천의 법적·전문적 틀이 마련되었다.

(7) 전문가 협회

1959년 한국개별사회사업가협회가 창립되고, 1967년에는 한국사회사업가협회(현재의 한국사회복지사협회)가 창립되어 사회복지 전문가들의 권익과 전문성 향상을 위한 기구로 활동하고 있다.

(8) 가족복지 영역

2004년 「건강가정기본법」이 제정되고, 이를 기반으로 건강가정지원센터가 설립되어 가족복지 서비스의 체계적인 제공이 이루어지고 있다.

이러한 역사적 발달 과정을 통해 한국의 사회복지실천은 다양한 영역에서 지속적으로 발전하고 전문화되어 왔다.

3) 사회복지인력과 자격제도

(1) 사회복지사 자격제도의 발달

한국에서 사회복지사 자격제도는 1997년 「사회복지사업법」의 개정을 통해 큰 변화를 맞이하였다. 이 개정은 사회복지 전문 인력의 자격기준을 명확히 하고, 국가 자격시험을 도입하는 기반을 마련하였다. 2003년부터는 사회복지사 국가 자격시험이 시행되기 시작했으며, 이는 사회복지 전문성을 강화하고 자격을 갖춘 전문 인력을 확보하려는 국가적 노력의 하나로 볼 수 있다.

사회복지사 자격시험은 사회복지 학사 학위를 소지한 자 또는 법에서 정한 교육과정을 이수한 자가 응시할 수 있다. 시험은 이론과 실무 지식을 평가하여, 합격자에게는 사회복지사 1급 또는 2급 자격이 부여된다. 이 자격증은 다양한 사회복지 현장에서 요구되며, 사회복지사의 전문성과 신뢰성을 보장하는 중요한 요소로 작용한다.

(2) 학교사회복지사 자격시험

2005년에는 학교사회복지사 자격시험이 시작되었다. 이 자격은 학교 내에서 학생들의 사회적·정서적 문제를 지원하고 해결하기 위한 전문적 역량을 갖춘 사회복지사를 양성하기 위해 도입되었다. 학교사회복지사는 학교 환경 내에서 학생, 교사, 학부모와 협력하여 학생들의 건강한 성장을 돕고 교육적 성취를 증진하는 역할을 한다.

(3) 정신보건 전문 인력 자격제도

「정신건강증진 및 정신질환자 복지서비스 지원에 관한 법률」 제17조에 따라 정신건강임상심리사, 정신건강간호사, 정신건강사회복지사 및 정신건강작업치료사 등의 자격시험도 치러지고 있다. 이 자격들은 정신건강의 진단, 치료 및 관리에 필요한 전문적 지식과 기술을 갖춘 인력을 양성하기 위해 마련되었다. 각 자격은 해당 분야에서의 전문성을 요구하며, 정신건강 문제를 가진 개인에게 효과적인 지원을 제공하기 위한 전문 인력의 역할을 강조한다.

(4) 사회복지 전문 인력의 발전

자격제도의 도입과 발전은 한국 사회복지 분야에서 전문성과 효율성을 높이는 데 크게 기여하였다. 정부와 사회의 요구에 부응하는 양질의 사회복지 서비스를 제공하기 위해, 전문 인력의 자격과 교육에 대한 지속적인 강화가 이루어지고 있다. 또한, 이러한 자격시험은 사회복지 인력의 지식과 기술을 갱신하고, 실무에 적합한 전문 인력을 양성하는 데 중점을 두고 있다.

한국의 사회복지 인력과 자격제도는 국가와 사회의 변화에 따라 계속해서 발전하고 있으며, 이는 보다 나은 사회복지 서비스의 제공과 사회복지의 질적 향상을 도모하는 기반이 되고 있다. 이러한 제도는 사회복지실천의 전문성을 유지하고 발전시키는 중추적 역할을 하고 있다.

03 사회복지실천 현장에 대한 이해

1) 사회복지실천 현장의 개념

(1) 좁은 의미의 사회복지실천 현장

좁은 의미에서 사회복지실천 현장은 사회복지 서비스가 직접 제공되는 구체적인 장소나 기관을 지칭한다. 이는 주로 사회복지기관, 행정복지센터, 공공기관, 비영리 단체 등 특정 장소에서 이루어지는 직접적인 실천 활동을 포함한다. 예를 들어, 지역아동센터, 노인복지관, 장애인주간보호시설, 가정폭력상담소 등이 이에 해당한다. 이러한 장소에서는 개인 또는 집단을 대상으로 상담, 교육, 지원, 개입 활동이 이루어지며, 사회복지사는 대상자의 욕구에 대응하고 문제해결을 돕는 구실을 한다.

(2) 넓은 의미의 사회복지실천 현장

넓은 의미에서는 사회복지실천 현장을 사회복지 서비스가 이루어지는 분야나 대상, 문제의 범위로 보고 이를 포괄적으로 이해한다. 여기에는 특정 지역사회, 정책 영역, 혹은 서비스가 필요한 모든 인구 집단이 포함될 수 있다. 또한 빈곤, 질병, 장애, 노화, 사회적 소외 등 다양한 사회적 문제들이 포함될 수 있으며, 건강, 교육, 주거, 고용 등 사회적 기능을 촉진하거나 보호하는 데 필요한 서비스 범위까지 확장될 수 있다. 이렇게 넓은 의미에서 현장은 사회복지사들이 개별 클라이언트뿐만 아니라 커뮤니티나 사회 전체의 복지 향상을 목표로 전개하는 정책 제안, 프로그램 개발, 지역사회 개발, 인권 옹호 등 보다 포괄적인 활동의 범주를 포함한다.

2) 사회복지실천 현장의 분류

(1) 기관의 기능 혹은 목적에 따른 분류: 1차 현장과 2차 현장

1차 현장은 사회복지 서비스 제공을 주된 목적으로 하는 기관이다. 이들 기관은 사회복지 서비스를 직접적으로 클라이언트에게 제공하는 역할을 한다. 여기에는 지역아동센터, 노인복지관, 장애인주간보호시설 등이 해당한다. 2차 현장은 사회복지 서비스 제공이 주된 목적은 아니지만, 필요에 따라 서비스를 제공하는 기관이다. 예를 들어, 교육기관이나 일반 병원 등이 여기에 속할 수 있다. 이들 기관은 본래의 기능 외에도 사회복지적 필요에 응답하여 서비스를 확장한다.

(2) 기관 설립 주체 및 재원 조달 방식에 따른 분류: 공공기관과 민간기관

공공기관은 정부가 직접 운영하거나 지원하는 기관으로, 정부의 규정과 지침에 따라 업무가 결정되고 재원이 조달된다. 이들 기관은 사회복지 관련 법령 및 정책에 기반하여 서비스를 제공한다. 민간기관은 민간 주도로 운영되며 사회복지사업을 목적으로 한다. 이들 기관은 기부, 후원, 자체 수입 등 다양한 방식으로 재원을 조달하며, 더욱 유연한 서비스 제공이 가능하다.

(3) 서비스 제공 방식에 따른 분류: 행정기관과 서비스 기관

행정기관은 간접서비스를 제공하면서 서비스 전달체계의 효율성을 감독하고 관리한다. 예를 들어, 사회복지 관련 정부 부서나 지방자치단체의 복지 부서가 여기에 해당한다. 서비스 기관은 직접 서비스 제공을 목적으로 하며, 클라이언트에게 구체적인 사회복지 서비스를 제공한다. 여기에는 종합사회복지관, 정신건강복지센터 등이 포함된다.

(4) 주거 서비스 제공 여부에 따른 분류: 생활시설과 이용시설

생활시설은 클라이언트에게 주거 서비스를 제공하는 기관으로, 아동과 장애인을 위한 공동생활가정, 보육원 등이 있다. 생활시설에서는 주거 서비스를 제공하면서 복합적인 사회복지 서비스를 통합적으로 제공한다. 이용시설은 클라이언트가 거주하지 않고 일정 시간 동안만 서비스를 이용하는 곳으로, 종합사회복지관, 지역아동센터 등이 해당한다. 이용시설은 다양한 프로그램을 통해 지역사회 주민의 복지를 증진하며 서비스 접근성을 높인다.

이와 같은 분류를 통해 사회복지실천 현장을 체계적으로 이해하고 각 현장의 특성과 필요에 맞는 서비스를 설계하고 제공하는 것이 중요하다.

3) 우리나라 사회복지실천 현장의 인력

한국 사회복지실천 현장의 인력은 공공기관과 민간기관을 아우르며 다양한 서비스 영역에서 활동하고 있다. 이들의 역할과 기능은 사회복지의 다양한 필요에 부응하기 위해 세분되어 있다. 아래에서는 한국의 사회복지실천 현장 인력의 주요 구성을 구체적으로 살펴보겠다.

(1) 행정기관에서의 사회복지 인력

보건복지부는 중앙정부 차원에서 사회복지 관련 정책 수립 및 법률 개정, 사회복지 서비스의 감독 및 조정 역할을 한다. 이들은 사회복지 프로그램의 효과성을 평가하고, 새로운 정책을 개발하여 실행하는 중요한 임무를 담당한다.

읍면동 사회복지전담공무원은 읍면동 등 지역 단위에서 근무하며, 주민의 복지 필요를 직접 파악하고 서비스를 제공한다. 이들은 복지 자원의 연계 및 관리, 사례관리 등을 수행하면서 지역사회 내에서 복지 서비스를 직접 조정하고 실행하는 역할을 한다. 이들은 공공복지와 지역 주민의 첫 번째 접점으로, 지역 주민의 복지 욕구를 파악하고 적절한 서비스를 연계하는 중요한 역할을 맡는다.

민간 비영리법인 및 복지단체는 사회복지 서비스의 질적 향상과 자원의 효율적 배분을 목표로 활동한다. 한국사회복지협의회와 사회복지공동모금회 등도 여기에 포함된다.

(2) 다양한 실천 영역 및 서비스 기관에서의 사회복지 인력

- 종합사회복지관: 지역 커뮤니티 내에서 종합적인 복지 서비스를 제공한다. 사회복지사, 프로그램 코디네이터, 자원봉사 관리자 등 다양한 업무를 수행하는 전문가들이 근무한다.
- 학교사회복지: 학생들의 학교생활 적응을 돕고, 교육적 결과를 향상하는 데 중점을 둔다. 학교사회복지사는 학생, 교사, 부모와의 상담 및 지원 프로그램을 운영한다.
- 정신보건사회복지: 정신건강 문제를 가진 개인에게 서비스를 제공하며, 정신건강복지센터 등 커뮤니티 기반의 정신건강 관련 시설에서 활동한다.
- 교정사회사업: 교도소나 보호관찰소 등에서 근무하며, 재소자의 사회 복귀를 지원한다.
- 장애인복지, 아동복지, 노인복지: 각각의 전문 영역에서 장애인, 아동, 노인의 사회적·심리적·물리적 필요를 충족시키기 위해 노력한다.
- 의료사회복지: 병원 및 기타 의료기관에서 근무하며, 환자의 사회적·심리적 문제에 대응하고 적절한 지역사회 자원과 연계하는 역할을 한다.
- 가정복지 및 여성복지: 가정 내 문제해결과 여성의 권리 강화 및 지원에 초점을 맞춘다. 이 분야에서는 가정폭력 예방, 성평등, 여성의 사회적 기능 강화 등에 주력한다.

(3) 분야별 전문 인력

① 사회복지전담공무원(공공기관 행정업무, 사회복지 서비스)

사회복지전담공무원은 주로 정부 기관에서 근무하며, 사회복지 정책의 설계, 실행, 평가를 담당한다. 공공기관에서는 읍면동 사회복지전담공무원과 같이 지역 커뮤니티 수준에서 직접 주민들과 상호작용하며 필요한 사회복지 서비스를 제공하고 조정하는 역할을 맡는다. 이들은 복지 수요자의 요구에 따라 적절한 지원과 서비스를 연결하고, 복지 자원을 관리하는 중요한 임무를 수행한다.

② 정신보건사회복지사(정신병원, 정신보건사업 등)

정신보건사회복지사는 정신건강 문제를 겪는 개인들에게 전문적인 지원을 제공한다. 정신병원, 지역사회의 정신건강복지센터, 정신재활시설 등에서 근무하며, 클라이언트의 치료 과정에 있어 심리적·사회적 측면의 지원을 맡는다. 또한, 예방 프로그램 개발과 실행, 환자의 사회적 통합을 위한 활동도 전개한다.

③ 의료사회복지사(환자의 심리적 상담, 지역사회 연계 등)

의료사회복지사는 병원이나 다양한 의료기관에서 근무하며, 환자 및 그 가족들에게 심리적·사회적 지원을 제공한다. 이들은 환자의 치료 과정과 복지 필요 사항을 평가하고, 지역사회 자원과의 연계를 통해 환자의 삶의 질을 향상하는 데 중점을 둔다. 환자의 사회적응과 회복을 돕기 위한 계획 수립에도 참여한다.

④ 교정사회복지사(교정시설에서 재활과 범죄예방 등)

교정사회복지사는 교도소, 구치소 등 교정시설에서 근무하며, 재소자들의 재활을 지원하고 사회 복귀를 준비한다. 범죄예방 프로그램 개발, 재소자의 사회적·심리적 문제해결을 돕고, 이들이 건강하고 생산적인 사회 구성원으로 복귀할 수 있도록 지원한다.

⑤ 학교사회복지사(학교 부적응학생 상담, 부모 상담 등)

학교사회복지사는 교육기관에서 근무하며, 학생들의 학교생활 적응을 돕고 학업 성취를 지원한다. 학생뿐만 아니라 가족과도 상호작용하며, 학교와 가정 사이의 다리 역할을 한다. 학교 부적응, 가정 문제, 사회적 문제 등 다양한 이슈에 대해 개입하고 해결책을 제시한다.

4) 사회복지사의 역할

(1) 사회복지사의 주요 역할

사회복지사는 다양한 임무를 수행하는 사회복지실천의 중심적인 인물로서 클라이언트, 지역사회, 그리고 사회 전반의 복지 향상에 기여한다. 이들의 역할은 매우 광범위하다. 사회복지사가 수행하는 주요 역할들은 다음과 같이 정리된다.

① 중개자(broker)

사회복지사는 도움이 필요한 클라이언트와 필요한 자원 및 서비스를 연결하는 중개자 역할을 한다. 이를 통해 클라이언트가 자신의 필요와 상황에 맞는 서비스를 받을 수 있도록 지원한다.

- 정보 제공: 클라이언트에게 필요한 사회복지 서비스, 자원, 시설 등에 대한 정보를 제공한다.
- 서비스 연계: 클라이언트가 필요한 서비스를 이용할 수 있도록 서비스 제공기관과 연계한다.
- 자원 조달: 클라이언트에게 필요한 물적·경제적 자원을 조달받을 수 있도록 지원한다.

② 중재자(mediator)

클라이언트와 기타 관련 당사자들 사이의 갈등이나 차이점을 조정하고, 타협을 끌어내 양측 모두가 만족할 수 있는 해결책을 도출한다.

- 중립 유지: 중재 과정에서 중립적인 태도를 유지하며, 양측의 의견을 공정하게 경청한다.
- 소통 촉진: 양측이 서로의 상황을 이해하고 소통할 수 있도록 돕는다.
- 합의 도출: 양측이 만족할 수 있는 합의점을 도출하도록 돕는다.

③ 옹호자(advocate)

사회정의를 지키며 클라이언트의 처지를 대변한다. 이는 정책 개선, 법적 지원, 또는 클라이언트의 권리와 이익을 보호하기 위한 활동을 포함할 수 있다.

- 권익 옹호: 사회적 약자가 차별이나 억압을 받지 않도록 그들의 권익을 옹호한다.
- 정책 개선: 사회적 약자에게 불리한 정책이나 제도 개선을 위해 노력한다.
- 서비스 개선: 사회적 약자에게 필요한 서비스가 제공될 수 있도록 서비스 개선을 위해 노력한다.

④ 조력자(enabler)

클라이언트가 스스로 문제를 해결할 수 있도록 능력을 길러 주고, 필요한 자원을 찾을 수 있도록 돕는다.

- 역량 강화: 클라이언트가 문제를 해결할 수 있는 능력과 자원을 개발하도록 돕는다.
- 자립 지원: 클라이언트가 스스로 삶을 영위할 수 있도록 지원한다.
- 사회적 네트워크 구축: 클라이언트가 주변 사람들과의 관계를 형성하고 유지할 수 있도록 돕는다.

⑤ 교육자(educator)

클라이언트에게 사회적 기능 향상이나 문제해결 능력을 개발할 수 있도록 정보를 제공하거나 기술을 가르친다.

- 정보 제공: 클라이언트에게 필요한 사회복지 정보, 문제해결 방법, 자원 활용 방법 등을 제공한다.
- 상담: 클라이언트의 개인적·사회적 문제해결을 위한 상담을 제공한다.
- 훈련: 클라이언트가 필요한 기술을 습득할 수 있도록 훈련을 제공한다.

⑥ 활동가(activist)

사회적·제도적 변화를 추구하며, 이를 위한 운동이나 캠페인을 주도한다.

- 사회 운동 참여: 사회적 약자의 권익을 위한 사회 운동에 참여한다.
- 정책 제안: 사회문제 해결을 위한 정책 제안을 한다.
- 제도 개선: 사회복지 서비스 제공 시스템 개선을 위해 노력한다.

⑦ 협상가(negotiator)

클라이언트 또는 그룹을 대표하여 타협을 끌어내고 상호 간의 합의를 도모한다.

- 모든 이해관계자 참여: 협상 과정에 모든 이해관계자가 참여할 수 있도록 돕는다.
- 정보 공유: 협상에 필요한 정보를 공유하고 투명한 의사소통을 유지한다.
- 갈등 해결: 이해관계자들 간의 갈등을 해결하고 합의점을 도출하도록 돕는다.

⑧ 창시자(initiator)

사회복지 영역에서 주목받지 못한 새로운 이슈에 관해 관심을 유도하고, 필요한 서비스나 프로그램을 개발할 수 있도록 노력한다.

- 문제 파악: 사회복지 문제를 파악하고 해결 방안을 모색한다.
- 프로그램 개발: 사회복지 문제해결을 위한 프로그램이나 서비스를 개발한다.
- 서비스 평가: 개발된 프로그램이나 서비스의 효과를 평가하고 개선한다.

⑨ 조정자(coordinator)

다양한 서비스 제공자 간의 협력을 조율하고, 서비스 제공을 더욱 효율적으로 만들기 위해 노력한다.

- 서비스 코디네이션: 다양한 서비스들이 클라이언트에게 효과적으로 제공될 수 있도록 조율한다.
- 자원 관리: 사회복지 서비스 제공에 필요한 자원을 효율적으로 관리한다.
- 데이터 관리: 사회복지 서비스 관련 자료를 수집하고 관리한다.

⑩ 연구자(researcher)

사회복지실천에 대한 평가, 사정, 조사를 수행하여 실천의 효과성을 검증하고 증진한다.

- 실천 평가: 사회복지실천 과정의 효과를 평가한다.
- 사정 연구: 사회복지 문제를 조사하고 분석한다.
- 개입 연구: 새로운 사회복지 프로그램이나 서비스의 효과를 검증한다.

⑪ 집단촉진자(facilitator)

집단 내에서 상호작용과 협력을 촉진하며, 그룹 회의나 활동을 조직한다.

- 집단 분위기 조성: 집단 구성원들이 편안하고 안전하게 느낄 수 있는 분위기를 조성한다.
- 소통 촉진: 집단 구성원들 간의 소통을 촉진한다.
- 갈등 해결: 집단 내 갈등을 해결하고 협력을 증진한다.

⑫ 대변자(representative)

서비스가 부족하거나 만족하지 못하는 클라이언트를 위해 새로운 서비스나 프로그램 개발을 추진한다.

- 욕구 조사: 사회적 약자의 욕구를 조사하고 파악한다.
- 서비스 개발: 사회적 약자의 욕구를 충족시키는 서비스를 개발한다.
- 정책 변화: 사회적 약자에게 불리한 정책이나 제도 개선을 위해 노력한다.

⑬ 계획가(planner)

지역사회의 욕구를 파악하고, 이에 기반한 정책이나 서비스를 개발하는 계획을 수립한다.

- 지역사회 조사: 지역사회의 욕구와 문제를 조사한다.
- 계획 수립: 지역사회의 욕구를 충족시키기 위한 프로그램 및 정책을 수립한다.

- 자원 동원: 프로그램 및 정책 실행에 필요한 자원을 동원한다.

⑭ 훈련가(trainer)

다른 사회복지 전문가들을 교육하고 슈퍼비전을 제공하여 그들의 전문성을 높인다.

- 교육 개발: 사회복지실천에 필요한 지식과 기술을 제공하는 교육 프로그램을 개발한다.
- 강의: 사회복지실천 관련 강의를 진행한다.
- 슈퍼비전: 사회복지실천 과정에서 다른 사회복지 전문가들에게 지도와 조언을 제공한다.

이러한 다양한 역할을 통해 사회복지사는 클라이언트와 지역사회의 복지 증진에 근본적인 기여를 하며 사회적 연대와 정의 실현을 위해 중요한 구실을 한다.

(2) 기능별 분류

사회복지사는 개인, 가족, 지역사회의 복지 증진을 위해 다양한 기능을 수행한다. 이러한 기능들을 크게 다음과 같이 5가지로 분류할 수 있으며, 기능별로 사회복지사는 각각의 임무를 수행하게 된다.

① 직접 서비스 제공하기

- 상담가: 클라이언트와 일대일 상담을 통해 개인적·사회적 문제를 해결하도록 도와준다.
- 정보제공자: 필요한 정보와 자원에 대한 접근성을 높이기 위해 클라이언트에게 관련 정보를 제공한다.
- 교육자: 클라이언트 및 지역사회 구성원에게 사회적 기능과 문제해결 능력 향상을 위한 교육을 제공한다.

② 체계와 연결하기

- 중개자: 클라이언트가 필요로 하는 다양한 서비스 및 자원에 연결해 주는 역할을 한다.
- 사례관리자: 클라이언트의 전반적인 사례를 관리하며, 필요한 서비스를 조정하고 제공한다.
- 중재자: 갈등이 있는 당사자들 사이에서 중재 역할을 수행하여 협상과 타협을 끌어낸다.
- 옹호자: 클라이언트의 권리와 필요를 옹호하며, 사회적 정의와 평등을 촉진한다.

③ 연구 및 조사하기

- 프로그램 평가자: 사회복지 프로그램의 효과성을 평가하여 프로그램의 질을 향상하고, 필요한 개선점을 도출한다.
- 조사자: 사회복지실천 및 이론에 대한 연구를 수행하며, 자료를 수집하고 분석하여 실무에 적용할 수 있는 증거를 제공한다.

④ 체계 유지 및 강화하기

- 조직분석가: 사회복지 조직의 구조와 기능을 분석하고, 조직의 효율성을 강화하기 위한 전략을 개발한다.
- 촉진자: 조직 내외의 다양한 그룹과의 협력을 촉진하고, 조직의 목표 달성을 지원한다.
- 자문가: 전문지식을 바탕으로 다른 사회복지사나 조직에 조언을 제공하며, 업무 수행의 질을 높이는 데 도움을 준다.

⑤ 체계 개발하기

- 프로그램 개발자: 새로운 사회복지 프로그램을 설계하고 개발하여 클라이언트의 요구에 부응하는 서비스를 제공한다.
- 기획자: 지역사회의 복지를 증진하기 위한 장기적 계획을 수립하고, 이를 실현하기 위해 구체적인 전략을 개발한다.
- 정책개발자: 사회복지 정책을 개발하고, 이를 실행하기 위한 정책 제안과 입안을 담당한다.

이러한 분류는 사회복지사가 다양한 사회복지실천 환경에서 효과적으로 임무를 수행하고, 클라이언트와 지역사회의 다양한 필요를 충족시키기 위한 전문적 능력을 개발하는 데 중요하다. 각각의 역할은 사회복지의 궁극적인 목표인 개인의 복지 향상과 사회문제 해결에 기여한다.

학습 정리

1. 서구 사회복지실천은 자선조직협회(COS)와 인보관 운동에서 시작되어, 20세기 초에 이르러 전문직으로 전환되었다. 자선조직협회는 빈민 구제를 체계적으로 재편하고, 우애방문원을 통해 개인의 사회적 문제를 해결하고자 했다. 인보관 운동은 빈곤을 사회적 문제로 인식하고, 활동가들이 빈민 지역에 거주하며 지역사회와 협력하는 방식으로 발전했다. 이후 사회복지사는 전문 교육과 훈련을 통해 체계적으로 양성되었고, 다양한 사회복지 이론이 개발되었다.

2. 한국의 사회복지실천은 고대부터 시작되었으나, 본격적인 발달은 개화기 이후 서구 선교사들의 영향으로 시작되었다. 한국전쟁 이후 외국 민간원조기관의 지원으로 복지시설이 설립되었고, 1947년 이화여자 대학교 사회사업학과 설립을 시작으로 전문 인력 양성이 시작되었다. 이후 다양한 사회복지 분야에서 체계적인 교육과 자격제도가 도입되어, 현대 한국 사회복지의 기반이 마련되었다.

3. 사회복지실천 현장은 좁은 의미에서는 사회복지 서비스가 직접 제공되는 장소를, 넓은 의미에서는 서비스가 이루어지는 모든 영역을 포함한다. 현장은 기관의 기능, 설립 주체, 서비스 제공 방식, 주거 서비스 제공 여부에 따라 분류될 수 있으며, 이러한 분류는 서비스의 체계적 설계와 제공에 중요한 역할을 한다.

4. 사회복지사는 중개자, 중재자, 옹호자, 조력자, 교육자, 활동가 등 다양한 구실을 하며, 클라이언트와 지역사회의 복지 향상에 기여한다. 이들의 주요 기능은 직접 서비스 제공, 체계와의 연결, 연구 및 조사, 체계 유지 및 강화, 체계 개발 등으로 나뉘며, 기능별로 전문성을 발휘하여 사회적 문제를 해결하고 복지를 증진한다.

5. 1950년대부터 1970년대 전후까지 사회복지실천은 방법론의 통합과 전문화가 진행되었으며, 이후 다양한 실천 모델이 출현하였다. 일반체계 모델, 생태체계 모델, 과제 중심 모델, 강점 관점, 역량 강화 모델 등은 현대 사회복지실천의 중요한 접근법으로, 클라이언트의 자립성과 사회적 기능 향상을 목표로 한다. 이러한 모델들은 복잡한 사회적 문제를 효과적으로 해결하기 위해 통합적으로 활용된다.

PART

02

사회복지실천의 대상과 접근: 통합적 실천

사회복지실천론
Theories of Social Work Practice

chapter 04

사회복지실천의 대상

학습목표

1. 개인(체계)과 사회복지실천의 개념과 특징을 이해한다.
2. 가족(체계)과 문제를 이해한다.
3. 집단과 지역사회의 문제를 이해한다.

01 사회복지실천 대상과 문제

1) 개인(체계)과 사회복지실천

(1) 개별사회사업의 개념

리치몬드(1922)는 개별사회사업을 '개인과 사회환경 간 개별적·의식적 조정을 통해 그 사람의 인격 발달을 도모하는 제반 과정'으로 정의하였다. 그는 개별사회사업의 특징을 개별화, 의식적 조정, 인력 발달 및 과정이라는 말로 표현하고 있다. 리치몬드의 이러한 정의는 가장 고전적이지만 지금도 계속 인용·활용되는 훌륭한 정의로 대표되고 있다.

펄만(1957)은 개별사회사업이란 '사람들이 사회적으로 가능하는 데 있어 그들의 문제에 대해 더 효과적으로 대체해 나갈 수 있도록 원조하기 위해 사회복지기관 또는 전문기관에서 활용하는 하나의 과정'이라고 정의하였다. 이 정의는 개별사회사업가를 사회복지기관의 기능과 관련시켰다는 점, 클라이언트는 사회적으로 기능할 수 있는 주체적 존재로 보았다는 점과 개념 정의를 통해 개별사회사업을 구성하는 기본 요소인 4P의 개념을 명확히 했다는 점을 특색으로 들 수 있다. 펄만은 사회복지실천의 구성 요소를 문제(problem), 사람(person), 장소(place), 과정(process)이라 하였고, 이후 두 가지를 추가하여 전문가(professional)와 제공물(provisions)을 제시하였다.

(2) 개인 대상 사회복지실천 특징

개인 대상 사회복지실천의 특징은 다음과 같다. 첫째, 개인을 일대일 방식으로 도움으로써 개인 문제와 사회문제를 해결하는 것을 목표로 한다. 둘째, 예방보다는 치료적 입장에서 문제해결을 중시한다. 셋째, 개인이 환경에 적응하도록 돕고, 개인에게 불리한 사회경제적 상황을 변화시키도록 돕는다. 넷째, 클라이언트의 문제에 초점을 두고 클라이언트와의 개별화된 원조 과정을 진행한다. 다섯째, 클라이언트의 문제를 해결하기 위해 클라이언트와 사회복지사 간의 관계를 중요시한다. 여섯째, 다양한 모델과 개입 방법을 적용하여 개인의 적응과 변화, 개인과 환경과의 상호작용을 변화시킨다.

2) 가족의 체계 개념

가족체계의 주요 개념은 가족 항상성, 가족 규칙, 가족 경계선, 순환적 인과성, 가족 하위체계, 환류, 경계, 개방체계와 폐쇄체계 등이 있다. 주된 내용은 다음과 같다.

(1) 가족 항상성

가족 항상성은 체계로서의 가족이 구조와 기능에 있어서 균형을 유지하려는 속성으로, 역동적 균형 상태를 유지하기 위한 체계의 경향성을 말한다. 가족 항상성은 위기 이론과 관련이 있는데, 가족은 위기 상황 이후에 정상적 기능수행으로 되돌아가려는 경향이 있다. 사회복지사는 상호작용 양상을 재조직하고 이러한 양상을 조절하는 새로운 규칙을 만들어 냄으로써 새로운 균형 상태를 유지하게 된다. 즉, 모든 가족 구성원은 칭찬하거나 야단치는 것과 같이 상대방의 행동을 강화하는 피드백을 통하여 가족의 균형을 유지하는 경향이 있다.

(2) 가족 규칙

모든 가족은 일상생활을 영위해 나가기 위하여 가정 안에서 힘을 어떻게 나누며 누가 어떤 일을 할 것인지의 규칙을 갖게 되며 가족 구성원은 그것에 따라 행동한다. 가족 내에는 암묵적 규칙이 존재하며, 가족 구성원은 규칙의 지배를 받는다. 또한 가족 구성원의 반복되는 상호작용을 통해 규칙은 조직화함으로써 은연중에 불문율이 만들어진다. 그러므로 이러한 규칙을 알게 되면, 가족이 어떻게 서로 간의 관계를 규정짓고 있는지를 알게 된다. 따라서 가족치료에서는 가족의 성장과 성숙을 방해하는 가족의 역기능적 규칙을 찾아내어 이를 수정함으로써 가족 구성원의 자유로운 성장을 도울 수 있다.

(3) 가족 경계선

가족의 하위체계 간에 허용할 수 있는 접촉의 양과 종류는 경계로 구분된다. 경계는 가족과 하위체계의 독립과 자율성을 보호한다. 상호 경계는 경직된 경계에서부터 산만한 경계까지 다양하다. 하위체계 간의 상호 역동은 이 경계선이 명확한지(명확한 경계선), 밀착되어 있는지(밀착된 경계선), 분리되어 있는지(경직된 경계선)에 따라 다르다.

(4) 순환적 인과성

가족 내에서 일어나는 문제는 원인과 결과가 순환적 관계를 형성하고 있다. 그러하기에 바람직하지 못한 가족의 연쇄 고리라고 판단되는 악순환을 끊어 건강한 연쇄 고리를 새롭게 만들어 주어야 한다. 가족 내 한 구성원의 변화는 다른 구성원을 반응하게 하는 자극이 되고, 이 자극은 다른 가족에게 영향을 끼쳐 전체에 영향을 준다. 이 영향은 처음 변화를 유발한 구성원에게 다시 순환적으로 영향을 미친다.

(5) 가족 하위체계

전통적으로 가족 하위체계는 성, 세대, 일반적 관심(지적 능력, 사회적 능력, 책임 등)에 따라서 형성되고 구분된다. 가족 내 대표적 하위체계는 부부, 부모-자녀, 형제자매 하위체계를 들 수 있다.

부부 하위체계는 두 사람의 결혼과 더불어 형성된다. 부부 하위체계는 체계가 건강하게 기능하기 위해서 부부는 각자 원가족의 영향에서 어느 정도 독립적이고 적절히 분화되어야 한다.

부모-자녀 하위체계의 주요 기능은 자녀 양육, 지도, 통제와 연관된다. 자녀는 부모의 부부 관계에 개입되거나 부부간의 갈등 때문에 걱정할 필요 없이 부모의 자녀로서 독립적으로 기능하고 존재할 수 있다.

형제자매 하위체계에서는 상호관계를 통하여 서로 지지하고 분화하고 희생자가 되기도 하는 과정을 통해 많은 것을 배운다. 협동, 협상, 강제, 반대, 친구 만드는 방법, 자신을 보호하는 방법 등을 배우며, 형제자매 하위체계를 통해서 대등하지 않은 세력과의 관계에 적응하는 방법을 배우기도 한다.

(6) 환류

환류(feedback)는 정보의 투입에 대한 반응으로, 행동하며 연속적인 행동을 수정하도록 하며 그 행동의 결과를 새로운 정보로 포함하는 것을 뜻한다. 체계는 목표와 관련된 환류를 외부 환경으로부터 받아들이기 때문에 목표 지향적으로 된다.

부정적 환류는 체계가 목표를 성취하기 어려운 방식으로 행동하고 있다는 정보를 주어 목표와 조화를 이루도록 행동을 수정하게 하며, 긍정적인 환류는 지금의 적절한 행동을 더욱 요청한다는 의미를 전달한다. 체계는 환류로서 목표를 달성하기 위한 노력을 더욱더 효과적으로 조정할 수 있다.

(7) 경계

경계(boundary)란 체계를 외부 환경으로부터 구분하는 일종의 테두리를 의미한다. 사회체계의 경계는 눈으로 보거나 만질 수 없고, 단지 그 체계를 구성하는 사람들이 서로에 대해 혹은 외부 사람들에 대해 행동하는 방식에서 드러난다. 즉, 사회체계의 경계는 사회적 구조, 물리적 구조가 아니므로 경계를 유지하는 행동을 통해서만 드러난다.

사회체계의 경계는 두 가지 주요 기능을 가진다. 첫째는 그 체계의 정체성을 규정해 주며, 둘째는 주위 환경과의 내외적 교환을 통제하는 한편, 부분적인 침투가 가능하며 에너지와 정보의 전달이 가능하다. 그리고 경계는 체계를 외부 환경으로부터 구분하는 일종의 테두리로서 체계의 정체성을 규정해 주고, 주위 환경과의 내외적 교환을 통제하는 기능을 한다.

(8) 개방체계와 폐쇄체계

체계는 일정 기간 어느 정도의 안정성을 가지고 인과적인 관계 속에 직접 혹은 간접적으로 관련된 구성 요소들의 복합체인데, 외부 세계와의 관계를 기준으로 개방체계(open system)와 폐쇄체계(closed system)로 나눌 수 있다.

개방체계는 어느 정도 투과성이 높은 경계가 있는 체계이다. 개방체계는 성장과 발전에 필요한 정보나 에너지를 외부에서 자유롭게 받아들인다. 체계이론에서는 체계를 개방적인 것으로 본다. 체계의 계속성과 변화의 본질적인 요인이 환경과의 상호교환 속에 관여함을 의미한다. 개방체계는 환경으로부터 투입을 받아들이며 산출을 생산하여 환경을 보낸다.

폐쇄체계는 다른 체계와 상호작용하지 않는다. 환경에 다른 에너지에 접근할 수 없어 자체 에너지만을 써야 하므로 번성할 수 없다. 폐쇄체계는 기간이 지남에 따라 에너지의 유입이 없어지면서 체계들의 분화가 적어지고 조직과 기능이 상실되거나 해체되는 경향이 있다. 이를 엔트로피(entropy)라고 한다.

02 가족(체계)과 문제

1) 가족의 개념

(1) 가족 개념의 다양성

가족은 혈연, 입양 혹은 혼인을 기반으로 한 일차집단이다. 현대화된 가족 개념은 그들 스스로 가족으로 정의하고 서로에게 가족체계의 핵심적 요소로 간주하는 의무감을 주는 둘 이상의 개인으로 구성된 집단이다. 다양한 가족 유형은 양부모 가족, 한부모 가족, 동성애 부부, 조손 가정, 자녀 낳지 않는 가정 등이다.

(2) 가족체계의 특징

가족을 하나의 체계로 보는 관점은 가족 구성원 간의 상호작용뿐만 아니라 가족과 주변 환경과의 상호작용으로 모두 관찰하고 개입할 수 있다는 점에서 매우 유용하다. 가족은 가족 구성원 개개인으로 구성된 전체이며, 지역사회를 구성하고 이를 적응하는 부분에서의 체계이다. 즉, 가족은 사회체계의 한 유형이다. 가족은 상호 의존하는 관계 특성이 있다. 체계 내 부분 간의 상호작용과 교류에 영향을 미치는 요소에는 대상과 속성, 관계, 환경이 있다. 대상은 가족 구성원을 의미하며, 속성은 가족 구성원의 자질이나 성격 특성, 그리고 가족이 지향하는 목표나 긴장을 의미한다. 관계는 가족체계 내 부분 간의 관계를 의미하며, 환경은 체계의 구성 요소인 동시에 더 큰 사회체계로서의 가족의 긍정적 혹은 부정적 영향을 미치는 이웃과 지역사회, 국가, 그리고 좀 더 광범위한 사회경제적·생태학적 체계를 포괄한다.

이러한 요소가 상호 호혜적 관계를 형성하는 정도에 따라 체계는 개방적으로 되기도 하고 폐쇄적으로 되기도 한다. 개방체계는 체계 내 여러 요소와 환경 간의 상호작용이 원활하게 이루어지고 이를 통해 변화를 지향하는 경우를 의미하며, 폐쇄체계는 상호작용이 잘 이루어지지 않아 에너지의 혼란 상태에 이른 것을 의미한다. 가족이 가족 구성원 간의 상호 교류와 의사소통이 원만하고 상호 영향을 주고받는 개방체계일 경우에는 가족 구성원의 성장을 가져다주고 가족 응집력을 높인다. 한 사람의 행동이 다른 사람에게 영향을 미치며, 이는 반복적 상호작용 행동으로 유형화된다. 체계로서 통합성을 유지하는 한편, 경계를 형성하여 외부 체계와 구분되기도 한다. 가족의 상위체계는 지역사회, 확대가족이 있고, 하위체계는 부부 하위체계, 부모-자녀 하위체계, 형제자매 하위체계 등이 있으며, 이 모든 체계는 상호작용하면서 에너지를 교환한다.

(3) 가족의 기능

- 정서적 지지 기능: 애정과 친밀감이 있다.
- 경제적 기능: 가정에 필요한 돈을 벌고 지출한다.
- 세대 유지와 사회화 기능: 출산을 하고 자녀를 사회화한다.
- 지위와 역할 부여: 가족 구성원에게 지위와 역할을 부여한다.

2) 가족 문제와 관련된 주요 개념

(1) 가족구조 및 기능과 관련된 개념

- 역기능적 가정: 경직, 혼돈, 무관심 또는 과도한 집착
- 대칭적 관계: 서로 힘겨루기만 하는 관계
- 보완적 관계: 종속적인 관계
- 희생양: 가족의 문제가 일어나면 항상 지목되는 사람
- 부모화(성인 아이): 자녀가 부모 역할을 하는 아이
- 삼각관계: 제삼자를 두 사람의 상호체계로 끌어들임

(2) 의사소통과 관련된 개념

- 이중구속 메시지: 동시에 다른 수준의 상호 모순되는 메시지를 보내서 어떤 메시지에 반응할지 혼란스러운 상황에 놓이게 하는 의사소통유형
- 너 전달법: 너 중심 전달로서 명령, 비난, 지시함
- 위장: 자기 행동을 상대방에게 표현했을 때 자기 행동을 부인하는 것

03 집단(체계)과 문제

1) 집단의 개념

사람은 사회적 동물로, 가족, 친구 등 다양한 유형의 집단과 상호작용하면서 살아간다. 집단은 적어도 일부 구성원이 서로 타인의 존재를 알고 있으면서 직접이든 간접이든 서로 영향을 미치고 상호작용하며 구성원이 같은 집단의 범주에 소속된다고 인식하는 두 사람 이상의 집합체라고 할 수 있다. 집단은 구성원의 기능과 역할을 규제하는 규범을 가져야 한다.

집단은 다른 사회체계와 마찬가지로 구조를 가져야 하며, 구성원의 개별 목표와 집단 공동의 목표 성취를 위해 상호작용하는 구성원을 지지하고 격려하는 힘을 가졌으며, 이들의 성장

과 발달을 촉진하는 환경이 된다.

2) 집단의 유형

(1) 목적에 따른 집단의 유형

목적에 따른 집단의 유형은 치료집단, 과업집단, 자주 집단의 세 가지로 나뉘어져 설명하고 있다.

① 치료집단

치료집단의 목적은 구성원 교육, 성장, 치료, 사회화 등 행동 변화, 사회화의 욕구 충족 등에 있고, 사회복지사의 역할은 상호작용을 통해 집단을 발달시키는 데 있다. 치료집단의 특성은 개방적이고 자기노출이 낮으며, 집단 각 구성원이나 주제에 따라 의사소통 양식이 다르며, 집단 절차는 집단에 따라 융통성이 있다는 것이다. 그리고 구성원의 구성은 공동 관심사, 문제, 특성에 근거한다. 여기에 해당하는 집단에는 지지집단, 교육집단, 성장집단, 치료집단, 사회화집단 등이 있다.

② 과업집단

과업집단의 목적은 조직이나 기관의 문제에 대한 과업 성취, 해결책 모색에 있고, 의무 사항 이행 및 새로운 아이디어 개발, 원조 전략 수립 등 과업을 수행하는 데 있다. 사회복지사의 역할은 상호작용이나 임명을 통해 집단을 발달시키는 것이다. 집단의 특성은 특정 과업의 토론에 초점을 두고, 구성원의 자기노출은 낮고, 집단 토론 등의 내용이 공개되기도 한다는 것이다.

구성원이 성취한 과업 의무 결과물에 의해 평가되며, 여기에 해당하는 집단은 치료 회의팀, 처리위원회, 직원 발전 집단, 각종 위원회와 이사회, 사회활동 집단 등이 있다.

③ 자조집단

자조집단의 목적은 대인 간의 상호지지, 집단 구성원 간 공통 문제해결, 집단 구성원 상호간 문제 상황에 대처할 수 있는 능력을 향상하는 데 있다. 사회복지사의 역할은 자발적 운영자, 공통 문제해결, 적극적 참여자 등이다. 집단 특성은 구성원 중 지도자가 중심이며, 쌍방적이고 자기노출이 높고, 과업 해결을 위한 정보교류가 있고 정서적 지지 교류가 높다는 것이다.

사회복지사는 평가에 있어서 주도적 역할을 하지 않고 지지와 자문만 제공하며 집단 구성원의 욕구로 평가한다. 여기에 해당하는 집단 종류는 단주 침묵 모임, 비만 조절 집단, 정신질환 예방 집단, 도박 중지 집단 등이 있다.

표 4-1 목적에 따른 각 집단 유형 비교

구분	치료집단	과업집단	자조집단
목적	•집단 구성원의 교육, 성장, 치료, 사회화 등 행동 변화 •욕구 충족	•조직, 기관의 문제에 대한 과업 성취, 해결책 모색 •의무 사항 이행 및 새로운 아이디어 개발 •원조전략 수립 등 과업 수행	•대인 간의 상호지지 •집단 구성원 간 공통 문제해결 •집단 구성원 상호 간 문제상황에 대처할 수 있는 능력을 향상
역할	•상호작용을 통해 발달	•상호작용이나 임명을 통해 발달	•자발적 운영자 •공통 문제해결 적극적 참여자
의사소통 방식	•개방적이고 자기노출 낮음 •집단 각 구성원에 의해 주제에 따라 다름 •쌍방적이고 바퀴형임	•특정한 과업 토론에 초점을 둠 •자기노출 낮음	•집단 구성원 중 지도자 중심적임 •쌍방적, 자기노출 높음 •과업 해결을 위한 정보교류임 •정서적 지지 교류 높음
절차	•집단에 의해 융통성 있음	•공식적 과업 토론에 초점	•마약, 암, 비만 등 핵심적 공동관심사가 있다는 점에서 치료집단이나 과업집단과는 구분됨
구성	•공동관심사, 문제, 특성에 근거함	•필요한 재능, 전문성, 노동분화	•마약중독, 공격적 행동, 도박 등 공유 문제 중심으로 자발적 참여 •구성원의 독립적 운영
비밀보장	•개인 수준에 따라 처리 •집단 내에서 유지	•개인적으로 처리됨 •공개되기도 함	•집단 내에서 유지
평가	•집단 구성원의 치료 목적 성취 정도에 따라 성공 여부 평가함	•집단 구성원이 성취한 과업, 의무, 결과물에 의해 평가	•사회복지사는 주도적 역할을 하지 않고 지지와 자문만 제공 •집단 구성원 욕구에 의해 평가

구분	치료집단	과업집단	자조집단
종류	•지지집단 •교육집단 •성장집단 •치료집단 •사회화집단	•치료 회의팀 •처리위원회 •직원 발전 집단 •사회행동 집단 •각종 위원회 및 이사회 등	•단주 친목 모임 •비만 조절 집단 •정신질환 예방 집단 •도박 중지 집단 등

(2) 목적에 따른 치료집단의 유형

집단의 목적에 따른 치료집단의 유형은 지지집단, 교육집단, 성장집단, 치료(치유) 집단, 사회화집단의 다섯 가지로 나누어서 설명하고 있다.

① 지지집단

지지집단(support group)은 구성원이 현재 생활 속에서 일어나는 상황에 잘 대처하고 효과적으로 적응할 수 있도록 돕는 데 목적을 두고 앞으로 살아가면서 일어날 사건에 대하여 좀 더 효과적으로 대처하기 위한 기술을 발전시킴으로써 구성원이 삶의 위기에 잘 대처할 수 있도록 돕는 집단을 말한다.

지지집단은 유사한 문제나 경험이 있는 사람들로 구성되기 때문에 지역사회의 편견과 낙인에서 벗어나 집단 안에서 안정과 위로를 찾을 수 있으며, 유대감 형성이 쉽고 자기 개방 수준이 매우 높다. 예를 들면, 암으로 투병하는 클라이언트와 가족 모임, 이혼 가정의 취학아동 모임, 한부모 모임 등을 들 수 있다.

② 교육집단

교육집단(educational group)은 집단 구성원이 지식과 기술을 배우고 향상하는 데 목적을 두고 있다. 사회복지사는 상당한 전문적 지식을 가지고 있으며, 훈련 능력을 갖춘 전문가로서 집단 구성원이 자기 자신과 자신이 속한 사회를 잘 이해할 수 있게 원조하며 기술을 가르치고 정보를 제공한다.

사회복지사는 집단의 지도자로서 주로 교사 역할을 한다. 정보 제공은 주로 강의나 실습으로 이루어진다. 따라서 집단의 크기가 작을수록 의사소통의 기회가 많아진다. 그리고 집단 구성원과 정보를 주고받기도 하지만 전문가의 강의 형태로 정보 제공이 많이 이루어지며 집단 구성원 간의 토론 등도 많이 활용된다.

교육집단 구성원의 자기 개방은 비교적 낮은 편이어서 사회복지사는 구성원의 지식, 기술, 경험 등을 고려하여 모든 구성원이 최상위 학습 효과를 얻도록 해야 한다. 교육집단의 예를 들면, 성교육 집단, 자원봉사자 교육집단, 임산부태교 교육집단, 예비부부 교육집단 등이 있다.

③ 성장집단

성장집단(growth group)은 구성원의 자기 인식을 증진하고 자기의 사고를 변화시키는 데 목적을 두고 있다. 즉, 개인의 능력과 자의식을 넓히고 개인적 변화를 끌어낼 기회를 제공하며 자아 향상에 초점을 둔다. 따라서 심리·사회적 병리를 치료하기보다는 심리·사회적 건강을 향상하는 데 초점을 두고 집단을 성장 기회로 활용하려는 사람들로 구성된다.

성장집단은 집단 구성원의 자기 계발, 잠재력 개발, 인간관계 개선 등의 목적이 있어서 다른 집단에 비해 자기 개방을 많이 하는 편이다. 성장집단은 다양한 속성을 지닌 구성원들로 구성되어 구성하는 것이 바람직하다. 구성원이 서로 다른 특성이 있다는 자체가 성장의 밑거름이 될 수 있으므로 자기 개방 정도가 높다. 그러나 어떤 집단에서는 구성원 상호 간의 감정 이입과 상호원조 기능을 증진하기 위해 유사한 특성이 있는 구성원들로 구성하기도 한다. 예를 들면, 결혼 생활 향상 집단, 청소년 대상의 가치명료화 집단, 여성을 위한 의식 고양 집단, 퇴직 준비 집단, 잠재력 개발 집단 등이 있다.

④ 치료(치유) 집단

치료집단(therapy group)은 구성원의 정서적·개인적·사회적 욕구와 문제를 해결하는 데 목적을 가지고 구성하며, 구성원 스스로 자기 행동을 바꾸고 개인적 문제를 완화하거나 대체할 수 있도록 원조하며, 나아가서 사회적 외상이나 건강상의 외상 이후에 스스로 원상 복귀시킬 수 있도록 돕는다. 치료집단은 일반적으로 다소 심한 정서적 개입 문제를 가진 구성원들로 구성되며, 상호지지를 강조함과 동시에 치유와 회복에 중점을 둔다. 그리고 구성원 개개인의 증상이나 문제가 다르므로 개인마다 다른 목적을 갖게 한다.

사회복지사는 인간 행동에 대한 지식을 가지고 있어야 하며, 집단역동, 집단상담 능력과 행동 변화를 불러올 수 있도록 집단을 활용할 수 있는 능력, 높은 인지 능력과 통찰력, 집단 내의 건설적 분위기를 유지하고 발달시키는 능력 등이 요구된다.

이 집단을 구성할 때 사회복지사는 구성원의 일반적 속성을 고려하여 구성원을 선별하고 전체 집단과정을 지도하기 때문에 전문가, 변화 매개인, 조력자, 중개인으로서 임무를 수행하며, 다양한 이론을 근거로 다양한 기법을 사용한다. 치료집단에는 정신역동 치료집단, 섭식장애 집단, 외상 후 스트레스장애 집단, 인지치료집단, 금연 집단, 성폭력 집단이 포함된다.

⑤ 사회화집단

사회화집단(socialization group)은 구성원이 사회적 기술을 습득하고 사회적으로 수용되는 행동 유형을 학습함으로써 사회적 관계에 어려움을 겪고 있는 구성원을 중심으로 지역사회의 생활에서 효과적으로 기능하는 데 필요한 사회기술을 배우거나 증진하는 것이 목적이다.

사회복지사는 사회와 과제를 달성하는 매개체로서, 적극적으로 가르치고 시범을 보이며 참여를 유도하여 사회적 역할을 학습할 수 있도록 도와주어야 한다. 또한 사회화집단은 프로그램 활동에 참여함으로써 개인 기술을 향상하는 집단이기 때문에 활동을 통한 학습을 지향하며, 수용될 만한 행동이나 사회적 기술을 배우고자 하는 사람들로 구성된다. 프로그램 활동, 구조화된 실천, 역할 기법, 야외 활동, 게임 등이 활용된다. 예를 들면, 주의력 결핍 과잉 행동 아동(ADHD)을 대상으로 한 활동집단, 퇴원한 정신장애를 가진 클라이언트를 위한 사교 집단, 독신자를 대상으로 하는 사회활동 집단 등이 있다.

사회화집단은 크게 세 가지로 나눌 수 있는데, 첫째, 사회기술 훈련집단으로 이 집단은 자기주장 훈련집단처럼 의사소통에 어려움이 있거나 만족할 만한 사회적 관계를 맺지 못하는 사람을 대상으로 사회적 기술을 가르쳐 주는 집단이며, 둘째, 자치집단으로 이 집단은 치료적 공동체에서 원용한 것으로, 정신병동이나 시설 거주자들이 전문가로부터 부당한 대우를 받을 때 자신들의 욕구를 해결하거나 권리를 주장하기 위해 집단을 형성하고 갈등을 해결할 수 있는 기술을 가르친다. 여기에는 병원이나 시설 입소자의 자치집단 등이 있다. 마지막으로, 여가 집단은 여가 활동에 초점을 두는 집단으로 스카우트 활동이나 클럽활동 등이 근원이며, 여가 활동을 통해 치료적 효과를 얻고자 할 때 활용된다.

표 4-2 치료집단의 유형

구분	지지집단	교육집단	성장집단	치료집단	사회화집단
목적	•스트레스, 사건 및 기존의 대처 능력을 회복하도록 원조 •동질 문제를 가진 구성원 대상으로 상호지지 체계 형성	•클라이언트의 부적응 행동 변화에 초점을 두고 집단을 구조화 •강의, 토론, 경험을 통한 교육	•자기 인식 확대로 행동과 태도 발달 및 인격의 성숙 •구성원의 잠재력, 인식, 통찰력 발전	•무의식 동기와 대인관계 상호작용에 대한 보다 나은 이해 •행동 변화 개입을 통한 교정, 재활, 대처, 문제해결	•변화유지와 사회적응 문제를 구체적으로 다루어 재활 도모 •의사소통과 사회기술 향상 프로그램 활동, 구조화된 연습, 역할연습 등을 통한 대인관계 향상
특징	•유대감 형성됨 •자기 개방 높음 •비슷한 문제 경험한 사람으로 구성	•정보 제공 •구성원 간 토론 등 •전문가 강의 •자기 개방 낮음	•심리적 건강 증진 •구성원 자기 능력 최대한 발휘 •집단의 이질성 •다양한 속성 •자기 개방 높은 편	•정서적·개인적 문제를 가진 구성원으로 구성 •상호지지 강조 •치유와 회복에 중점	•사회적 기술을 배우고자 하는 구성원으로 구성 •사회적 기술 습득 및 행동 유형을 학습함 •사회적 기능 높임
종류	•이혼가정 취학아동 집단 •암 클라이언트 가족 집단 •사별과 재난 피해 집단 •가정폭력피해자 집단 •동료 지지 집단	•청소년 성교육 집단 •위탁가정 부모가 되려는 집단 •섭식장애 집단 •약물중독 집단 •가정폭력 가해자 집단 •조현병 가족교육 집단	•부부 결혼 향상 집단 •여성 의식 고양 집단 •참 만남 집단 •인간관계 훈련집단 •청소년 가치명료화 집단	•정신분석 집단 •인지행동 치료 집단 •의사 거래분석 집단 •스트레스장애 치료집단 •마약중독 치료 집단	•사회기술 훈련 집단 •일상생활 훈련 집단 •자치집단 •여가 집단 •약물 중독 및 재활시설에서의 치료 및 재활집단

(3) 집단 사회복지사의 기술

집단 실천에서 사회복지사는 집단이 목표 성취를 향하여 움직이도록 영향을 주거나 지도한다. 집단 실천을 하는 사회복지사에게 요구되는 전문 기술로는 집단과정 촉진기술, 자료수집 및 평가기술, 행동기술이 있다.

① 집단과정 촉진기술

집단과정 촉진기술은 구성원 간의 이해를 돕고 원활한 의사소통을 향상하는 기술이다. 구성원을 끌어들이기, 구성원 참여 촉진, 구성원에게 주의 집중하기, 자유롭게 표현하기, 집단 의사소통에 초점을 유지하기, 집단과정 명료화하기, 내용 명료화하기 등이 있다.

② 자료수집과 평가기술

자료수집과 평가기술은 구성원 간 의사소통 유형에 어떻게 개입·계획하고 어떤 기술을 사용할지 결정하기 위해서 효과적인 기술이다. 구성원의 사고·감정·행동을 확인 및 묘사, 질문 및 탐색, 정보 요약 세분화, 의사소통 통합 자료 분석하기 등이 있다.

③ 행동기술

행동기술은 집단의 목적을 이루기 위한 원조 기술이다. 지지하기, 재구조화 및 재정의, 집단 구성원 간의 의사소통 연계, 지시·조언·교육하기, 모형화, 역할 연습, 직면 기술 등이 있다.

표 4-3 집단사회복지사의 기술

집단과정 촉진기술	자료수집 및 평가기술	행동기술
• 구성원의 참여를 촉진하기 • 구성원에게 주의 집중하기 • 구성원의 생각, 느낌을 자유롭게 표현하도록 원조하기 • 구성원의 노력 등에 반응하여 구성원의 행동을 강화하기 • 집단 의사소통의 초점 유지하기 • 집단과정을 명확하게 하기 • 구성원 간 상호작용의 내용을 명료화하기 • 집단과업에 도움이 되는 상호작용 촉진, 의사소통 방향 재조정 지도 등 집단 상호작용 지도하기	• 사고, 감정, 행동에 관해 확인하기 및 묘사하기 • 정보를 요청하고 질문하고 탐색하기 • 집단에서 논의된 내용 핵심 등을 요약하고 복잡한 이슈나 문제를 세분화하기 • 언어적·비언어적 의사소통을 통합하고 상호 간 피드백 주기 • 필요한 자료를 수집하고 정보를 분석하기	• 집단 구성원을 지지하기 • 재구성하고 재명명하기 • 구성원의 의사소통 연결하기 • 집단활동을 지시하기 • 조언·제안·교육하기 • 자원을 제공하기 • 모형화, 역할극, 실연, 코치하기 • 직면하도록 원조하기 • 갈등을 해결할 수 있는 기술을 개발하도록 원조하기

학습 정리

1. 사회복지실천에서 개인을 대상으로 하는 개별사회사업은 개인과 사회환경 간의 조정을 통해 인격 발달을 도모하는 과정이다. 이는 개별적 문제해결, 치료적 접근, 개인과 환경의 상호작용을 통해 사회적 적응을 돕는 것을 목표로 한다. 개별사회사업의 특징은 일대일 방식의 문제해결, 치료적 접근, 클라이언트와의 관계 중요성, 다양한 모델과 개입 방법의 적용 등을 포함한다.
2. 가족은 혈연, 입양 또는 혼인을 기반으로 한 일차 집단으로, 정서적 지지, 경제적 기능, 세대 유지와 사회화, 지위와 역할 부여 등의 기능을 수행한다. 가족체계는 항상성, 규칙, 경계선, 순환적 인과성, 하위체계, 환류, 경계, 개방체계와 폐쇄체계 등의 개념을 포함한다. 가족 내 문제는 가족 구성원의 상호작용과 환경적 요인에 의해 발생하며, 이러한 문제를 해결하기 위해 가족의 구조와 기능을 분석하고 개입해야 한다.
3. 집단은 두 사람 이상의 모임으로, 구성원 간의 상호작용과 공동의 목표를 가지고 있다. 집단의 유형은 목적에 따라 치료집단, 과업집단, 자조집단으로 나눌 수 있으며, 각각의 집단은 교육, 성장, 치료, 사회화 등의 목표를 가지고 있다. 집단 사회복지사는 집단과정 촉진기술, 자료수집 및 평가기술, 행동기술 등을 통해 집단의 목표 성취를 돕는다. 집단 내에서의 상호작용과 지원은 구성원의 문제해결과 성장에 중요한 역할을 한다.

chapter 05

사회복지실천의 접근

학습목표

1. 사회복지실천의 통합적 접근을 이해한다.
2. 통합적 접근의 주요 이론 및 관점을 이해한다.
3. 통합적 접근을 기반으로 한 실천 모델을 이해한다.

01 사회복지실천 관점: 통합적 접근

1) 사회복지실천 지식 기반

사회복지실천은 개인의 욕구와 환경이 조화되지 않을 경우 생기는 문제에 대한 개입이다. 사회복지실천의 목적은 개인과 환경 간 상호작용을 통해서 모든 사회구성원의 삶의 질을 향상시키는 것이다. 사회복지사들은 사회복지실천을 하는 과정에서 개인, 가족 또는 집단체계의 사회적 기능을 향상하기 위해서 이들 체계가 주변의 다른 사람들 그리고 그들의 생활에 영향을 미치는 사회체계들과 어떻게 상호작용하는가를 주시하면서 활동한다. 즉, 문제의 원인을 사정하고 문제해결을 시도하려 할 때, 문제해결 방안을 개인의 변화에서만 찾을 것이 아니라 그 개인의 문제 또는 역기능에 영향을 미치는 주변 사회 환경의 변화에서 찾아야 한다. 따라서 사회복지실천 과정에는 환경과 개인 간 상호작용을 향상하고 구체적인 변화를 초래하기 위해 지식을 활용하고 이론을 적용하는 과정이 필요하다.

사회복지사들은 어떤 때는 개인, 어떤 때는 환경, 어떤 때는 개인과 환경 간의 상호작용 양상을 변화시키기 위한 전략을 구사하지만, 이 모든 전략은 결국 개인과 환경의 상호작용 성격을 변화시키기 위한 것이다(남연희 외, 2021).

전미사회복지사협회(National Association of Social Workers, 1981)는 실천 현장에서 "사회복지실천의 목적은 모든 사람의 삶의 질을 향상하기 위해 개인과 사회 사이의 상호 유익한 상호작용을 증진하거나 복구시키는 것이다(The purpose of social work is to promote or restore a mutually beneficial interaction between individuals and society in order to improve the quality of life for everyone)"라고 밝히고 있다.

이러한 목적을 달성하기 위해 사회복지사는 여러 사람과 함께 다음의 세 가지 유형의 활동을 한다. 첫째, 개인과 개인 주변 환경의 타인 사이에 상호작용을 촉진한다. 둘째, 개인이 자기 능력을 확대하고 자신의 문제해결 및 대처 능력들을 향상할 수 있도록 도움을 제공한다. 셋째, 사회 및 환경과 관련된 정책에 영향을 준다(엄명용, 2005).

(1) 기본 이론

사회복지사는 사회복지실천의 틀과 실천의 원리들을 이해해야 하며 구체적인 실천 활동을 위한 실천 기술 및 기법들을 학습하고 훈련해야 한다. 기본 이론은 행동을 기술하고 설명하며 어떤 문제가 왜, 그리고 어떻게 진전되는지에 대한 설명을 제공한다. 개인으로부터 환경에 이르기까지 다차원적인 삶의 이슈를 다루는 사회복지 학문의 특성상 사회복지실천 분야에서 활용되는 지식은 사회과학 및 인접 학문의 지식을 포함하는데, 기본 이론은 심리학을 비롯해 문제가 발생하는 사회적 맥락에 대한 이해를 돕는 사회학, 정치학, 경제학, 문화인류학 등의 기초 사회과학 지식을 포함하며, 이는 사회복지실천에 중요한 배경지식을 제공한다. 인간 발달, 성격, 가족체계, 사회화, 조직기능, 정치권력 등과 관련된 이론뿐 아니라 빈곤, 가정폭력, 정신장애, 범죄 등의 구체적인 사회문제 유형과 관련된 이론들도 여기에 해당한다. 이런 기본 이론들은 인간 및 사회현상에 대한 이해와 설명을 제공하지만, 이를 어떻게 변화시킬 수 있을지에 대한 지침을 제공하기 어렵다(김혜영 외, 2022).

(2) 사회복지실천 준거 틀

사회복지실천 준거 틀은 인간의 행동이나 상황, 사회 환경을 바라보는 시각과 설명을 제공하며, 또한 어떻게 변화시킬 수 있을 것인가에 대한 지침을 제공한다. 쉐퍼와 호레이시(Sheafor & Horejsi, 2008)는 실천 준거 틀을 실천 관점, 실천 이론, 실천 모델의 세 가지 범주로 구분하여 설명하였다.

① 실천 관점

실천 관점은 실천에 대해 생각하고 조망하는 방법으로, 사회적 기능을 바라보는 개념적 렌즈처럼 배경이 되는 현상과 특정 현상을 확대하거나 초점을 두게 한다. 사회복지실천 분야에서 인간과 사회 환경 사이의 관계를 사정하기 위해 공통으로 사용하는 대표적이고 포괄적인 관점으로 생태체계관점을 들 수 있다. 생태체계관점은 사회복지사가 서비스 이용자를 '환경 속의 개인'이라는 맥락에 초점을 맞추는 사회복지실천이다. 일반체계론적 관점은 사회복지사가 사회체계 또는 일반체계의 측면에서 서비스 이용자의 문제와 행동을 조명하고 변화를 위해 노력하도록 하는 것이다.

② 실천 이론

실천 이론은 실천 관점보다는 구체적인데, 어떤 행동이나 상황에 대한 설명을 제시하고 어떻게 그런 행동이나 상황이 변화될 수 있는지에 대한 체계화된 지식을 의미한다. 사회복지실천에는 이러한 지식체계가 단일적으로 존재하는 것이 아니라 한 개 이상의 이론들에 근거를 두고 실천가들의 개입을 더욱 쉽게 해 주는 역할을 한다.

③ 실천 모델

실천 모델은 어떤 개입을 도출하는 데 유용한 개념과 원리의 총합이다. 실천 이론과 달리 인간 행동에 관한 특정 설명에 얽매이지 않으며 대부분의 경우 실제적인 경험이나 실험을 통해서 개발되고 보편화되었다. 이론이나 모델들은 각각 하위의 여러 가지 모델들을 가지고 있는 것도 있다.

2) 사회복지실천의 관점

(1) 전통적 방법의 한계와 통합적 접근의 등장 배경

사회복지실천의 3대 방법론인 개별 사회복지실천, 집단 사회복지실천, 지역사회 조직사업은 제한된 특정 문제 중심의 개입으로 진행되었다. 전통적 사회복지실천 방법은 점점 복잡한 문제 상황에 대한 적절한 개입이 어려워졌다. 그뿐만 아니라 지나친 분화와 전문화는 사회복지 서비스의 파편화를 초래했고, 다양한 문제와 욕구를 가지고 있는 클라이언트는 그 문제와 욕구를 해결하기 위해 여러 기관을 찾아다녀야 하는 부담이 발생하였다. 전문화 중심의 교육훈련 또한 사회복지사의 분야별 직장 이동에 도움을 주지 못한다는 지적도 생기게 되었다. 또한 공통 기반의 부재는 사회복지사의 전문적 정체성을 확립하는 데 장애요인이 되기도 했다. 따라서 전통적 방법론의 한계를 극복하기 위하여 사회복지실천에 대한 통합적 방법의 필요성이 제기되었다. 개인의 문제를 개인과 환경과의 관련성 속에서 일어나는 삶의 문제로 이해하고, 다양한 방법으로 체계적이고 복합적으로 접근할 필요가 생긴 것이다. 전문화되어 있는 세 가지 실천 방법을 하나의 통합된 실천의 가치, 지식, 목적 및 기술 체계로 묶는 통합 작업이 전개되면서 통합적 사회복지실천 방법론이 대두되었다.

이것은 다양한 인간관계뿐만 아니라 사회공동체, 이웃, 조직, 가족, 집단 등을 변화시켜 궁극적으로 사회적 기능을 최대화한다는 것이다. 즉, 사회복지사가 개인, 집단, 지역사회에서 제기되는 사회문제에 도움을 주기 위해 활용할 수 있는 여러 원리나 방법을 하나로 통합하는 것이다. 이러한 통합적 접근에 대한 움직임은 1929년 밀퍼드 회의에서 개별 사회복지실천방법론을 기본으로 하는 8개 영역을 공통 요소로 정리하면서 시작되었다.

전미사회복지사협회(NASW)가 1958년에 출간한 「사회복지실천의 작업 정의」 보고서를 시작으로 1960년대와 1970년대 미국에서 사회복지실천의 통합적 방법론에 대한 관심이 확대되었다. 미국의 사회복지실천 통합화는 사회복지사의 역할이 개별사회복지사, 집단사회복지사, 의료사회복지사 등 세분됨에 따라 다양한 서비스를 받아야 할 복지대상자가 여러 종류의 사회복지사를 찾아가야 하는 불편을 해소하기 위해 논의되기 시작하였다(권향임 외, 2015). 사회복지 외부의 환경에서도 사회체계이론, 생태체계이론 등의 이론들이 사회복지실천 이론으로 활용되면서 복잡한 문제에 대해 접근하게 되었다. 따라서 통합적 방법론은 사회복지 내외의 환경적 욕구에 의해서 중요한 방법론으로 등장하게 되었다.

우리나라에서는 1976년에 핀커스와 미나한의 『사회사업방법론: 통합적 접근』이 번역되어 소개되면서 통합적 방법론에 대한 관심이 시작되었다. 1996년에는 한국사회복지사학회의 학술대회 주제로 '한국 사회복지의 통합적 접근'이 다루어졌으며, 그 후 통합적 접근이라는 용어는 제너럴리스트 실천, 일반주의 관점이라는 용어와 함께 사용되면서 '환경 속의 인간'에 대한 총체적이고 다차원적인 수준에서 접근하는, 사회복지실천의 공통되는 기반을 반영하는 주요 접근 방향을 제시하는 용어로 사용되고 있다(김혜영 외, 2022).

(2) 통합적 접근의 개념

사회복지실천에서 통합적 접근이란 사회복지사가 개인, 집단, 지역사회에서 제기되는 사회문제에 활용할 수 있는 방법론들을 복합적으로 통합하여 공통된 하나의 원리나 개념을 제공하는 방법의 통합화를 의미한다. 즉, 전통적 방법의 전부 또는 일부를 조합하여 교육함으로써 한 명의 사회복지사가 다양한 방법을 통합적으로 사용하여 클라이언트의 문제해결 과정에 개입하는 것이다. 이러한 통합적 관점을 통해 사회복지사는 전문직으로서의 정체성을 확보함과 동시에 개입을 환경 속에서 바라보는 전문적 관점을 확립할 수 있다.

(3) 통합적 접근의 형태

통합적 접근의 형태는 결합적 접근방법, 중복적 접근방법, 단일화 접근방법의 세 가지 측면으로 살펴볼 수 있다(전재일 외, 2015).

① 결합적 접근방법

결합적 접근방법은 클라이언트가 경험하고 있는 문제와 상황에 따라 전문적으로 분화된 각종 방법을 단독으로 또는 여러 가지 방법을 임기응변식으로 하는 방법이다. 사회복지사가 현재보다 고도의 교육과 훈련을 받아야 가능하다는 한계점이 있다.

② 중복적 접근방법

중복적 접근방법은 각 방법의 원리와 기술을 비교해서 나타나는 공통성, 차이, 유사성, 다양성을 확인하고 이들 방법 간에 상호 관련성을 조합하여 사용하는 접근방법이다. 상이한 현실적 상황에서 어떠한 조합이 가장 가능할 것인가 하는 한계가 있다.

③ 단일화 접근방법

단일화 접근방법은 전문직으로서 사회복지실천의 공통 기반을 재확립한다. 방법을 특징짓는 총체적 관점과 틀을 확정해 방법의 재편성을 도모해 나가는 방법이다. 이 접근방법을 일반적 접근방법이라고도 하며, 실제로 통합적 접근방법과 혼용된 용어로 사용되고 1970년대에 통합적 방법을 지향하는 학자들에 의해 강조되어 세 가지의 통합적 방법 중에서 사회복지실천에 가장 실용적으로 사용되고 있다.

(4) 통합적 접근의 특징

통합적 접근은 다음과 같은 특징을 가진다.

- 통합적 접근은 사회복지실천에 본질적인 개념, 활동, 기술, 과업 등에 공통으로 적용할 수 있는 원리나 개념 등이 있다고 전제한다.
- 통합적 접근의 관점은 클라이언트의 잠재성을 인정하며, 이들 잠재성이 개발될 수 있다고 보는 미래지향적인 관점을 가진다.
- 사회복지의 지식은 과거의 심리, 내적인 정신 역동적 측면으로부터 상황 속의 인간을 이해하고자 하는 일반체계이론까지 확대된 개념을 사용한다.
- 통합적 접근은 인간 중심의 접근과 환경 중심의 접근으로 나누어 인간이나 환경에만 개입하는 것이 아니라 인간과 환경의 상호작용에 초점을 두기 때문에 두 체계 간의 공유영역에 개입한다.
- 통합적 접근은 다양한 체계에 개입한다. 즉, 개인, 가족, 집단, 지역사회 등 규모가 다른 체계에 접근한다. 사회복지사는 생태체계관점을 취하여 미시, 중범위, 거시 수준 등 다양한 수준에 개입한다.
- 클라이언트의 존엄성을 인정하고 클라이언트의 참여, 자기 결정, 개별화를 극대화할 것을 강조한다.

02 통합적 접근의 주요 이론 및 관점

1) '환경 속의 인간' 관점

사회복지실천 패러다임은 1900년대 초반부터 정신분석이론이 지배적이었으나, 1920~1930년대는 세계대전과 대공황 등 사회경제적 급변을 겪으면서 인간과 사회 환경의 영향과 상호작용에 관심을 돌리게 되었다. 1970년 이후 체계이론과 생태학이론의 영향으로 인간을 환경 속의 개인이라는 관점으로 바라보게 되고, 다양한 상황 속에서 인간의 행동을 이해하고자 하는 '환경 속의 인간'의 실천 관점이 대두되었다. 이러한 관점은 인간이 심리적인 특성 외에도 환경 혹은 상황에 영향을 받는 존재임을 강조한다. 즉, 인간은 다양한 환경체계들과 교류하고 상호 영향을 주고받으며 균형, 안정, 항상성을 유지한다.

'환경 속의 인간' 개념은 사회복지실천에서 인간이 경험하는 각종 사회복지적 문제의 원인을 개인 또는 환경 중 어느 한쪽의 결함으로만 보지 않고 개인적 요소와 환경적 요소가 서로 영향을 끼쳐서 나타난 결과로 보는 시각이다. 인간을 이해하기 위해서 개인의 내적 특성뿐만 아니라 환경 혹은 주변 상황까지 모두 고려해야 함을 강조하는 대표적인 관점이다.

(1) '환경 속의 인간' 관점의 특성

'환경 속의 인간' 관점에서 바라보는 인간과 환경의 관계는 다음과 같은 특성이 있다(이승연 외, 2022).

- 환경 속에서 하나의 통합된 총체인 인간은 외부체계와 끊임없이 상호작용을 하며 상호의존하는 존재로서 인간은 자신의 요구를 맞게 환경을 수정시킬 수 있으며 환경의 요구에 맞게 자신을 변화시킬 수 있는 능력이 있다.
- 인간과 환경은 분리될 수 없으며 동시에 고려해야 한다. 환경 속의 인간이란 개인에 대한 환경적 요구, 개인의 내부적 요구, 환경적 지지, 극복 능력 혹은 적응 능력을 포함한다.
- 개인에 대한 영향이나 개인이 속해 있는 환경에 관심을 두는 것이 아니라 사람들이 생활 과업을 성취하고, 고통을 덜며, 소망과 가치를 실현할 수 있는 능력에 영향을 주는 인간과 사회환경 간의 상호적 관계 또는 상호작용에 관심을 둔다.

(2) '환경 속의 인간' 관점의 사회복지실천에 기여

'환경 속의 인간' 관점이 사회복지실천에 미친 영향은 클라이언트에게 발생하는 문제의 원인을 개인과 환경의 상호작용에 초점을 맞춤으로써 어느 한쪽의 결함으로 보는 것이 아니라 개인과 환경 간의 상호작용으로 보게 된다는 것이다. 이러한 '환경 속의 인간' 관점을 사회복지실천에 적용하면 사회복지사는 사회적 맥락을 고려하여 문제를 사정하고, 개인과 환경 간 상호작용 증진을 위해 환경의 변화를 시도하거나 개인의 역량을 강화해야 한다. 또한 문제해결 방안을 개인의 변화는 물론, 주변 환경의 변화에서도 찾을 수 있다. 따라서 이와 같은 통합적 접근방법은 전통적 방법의 한계를 인식하고 사회복지실천 분야의 상호작용을 강조하는 서비스 전달 과정의 방법적 변화를 가져왔다는 점에서 큰 의의가 있다.

(3) 통합적 접근의 주요 이론과 관점

생태체계관점은 통합적 접근의 기본 관점으로, 생태학과 일반체계이론이 결합된 관점이다. 생태체계관점을 이해하기 위해서는 생태학과 일반체계이론에 대한 이해가 선행되어야 한다. 통합적 접근의 관점과 실천 모델들은 체계이론과 생태학이론 그리고 이 두 이론을 통합한 생태체계이론을 기반으로 하고 있다. '환경 속의 인간'이 제시하는 개념적 틀을 실천적 의미로 구체화한 것이 생태체계관점이기도 하다.

환경 속의 인간 관점 → 생태체계관점
(생태학) + (일반체계이론)

그림 5-1 환경 속의 인간 관점과 생태체계관점의 관계

2) 일반체계이론

체계란 상호의존적이고 상호작용하는 부분들로 구성된 전체, 즉 부분 간에 관계를 맺고 있는 일련의 단위들이라고 할 수 있다. 체계이론은 체계를 구성하는 요소들의 속성과 이들 간의 상호작용의 속성을 이해하고 복잡한 체계 내부에서 일어나는 상호작용의 특성을 파악

하기 위한 이론이다.

일반체계이론(general system theory)은 '전체는 부분의 단순한 총합 그 이상이다'라는 말로 지칭되는 상호작용의 복합적 상황을 분석하는 방법이다. 일반체계이론의 개념이 다소 추상적이라 실천에 적용하기 어려워 인간사회의 심리사회적 구조와 그 관계를 설명하기 위해 사회학 분야에서 파슨스(Parsons)가 사회체계이론을 발달시켰다. 그 후 사회복지실천 분야에서는 핀커스와 미나한의 4체계이론의 개발로 이어지게 되었으며, 콤튼과 갤러웨이(Compton & Galloway) 등도 6체계이론의 개념과 기술을 도입·소개·제안하게 되었다.

사회체계이론이란 일반체계이론의 개념을 개인, 집단, 조직, 지역사회 등 사회체계에 확대 적용한 이론으로, 인간을 둘러싸고 있는 다양한 사회체계들을 규명하고 개인과 다양한 체계 간의 상호 관련성 및 의존성에 관심을 두는 이론이다. 사회체계(social system)는 가족, 소집단, 지역사회를 포함하여 학교, 교회, 사회기관과 같은 다양한 사회단체들을 포함한다. 이러한 체계들은 각 개인 환경의 일부가 되며, 이러한 체계의 요구를 환경적 요구라고 한다. 기본적으로 체계이론의 핵심은 사회체계 간의 상호작용과 상호의존성이다. 만약 사회체계 중 일부가 변화한다면 그 체계 내에서도 변화가 있을 뿐만 아니라, 다른 체계로까지 변화를 파생시킨다. 즉, 사회체계는 상호의존적이기 때문에 어떤 체계에서 변화가 일어나면 다른 근접 체계에도 영향을 미친다고 본다.

(1) 체계의 구조적 특성

일반체계이론의 주요 개념은 경계, 개방체계와 폐쇄체계, 위계, 항상성, 안정상태, 역동적 평형상태, 투입, 전환, 산출, 피드백 등이 있고 그 내용을 살펴보면 다음과 같다(길귀숙 외, 2018).

① 경계

살아 있는 체계는 정보의 교환을 통하여 조직되고 기능하는 물질과 에너지로 구성되는 체계로 간주되며, 이 체계는 시간과 공간 속에 존재하며 경계를 가지고 있다. 경계는 외부 환경으로부터 구별되고 독특한 정체성을 제공하는 선택된 변수들로 구성된 둘레로 정의된다.

② 개방체계와 폐쇄체계

체계이론에서의 중심적인 개념은 그 체계를 개방적인 것으로 본다는 점이다. 이것은 체계의 계속성과 변화의 본질적인 요인이 환경과의 상호교환 속에 관여되고 있음을 의미한다. 개방체계는 환경으로부터 투입을 받아들이며, 산출을 생산하여 환경으로 보낸다. 환경 및 그 환경과의 상호교류가 체계의 존립에 기본이 된다. 인간 체계가 성장하고 발전하는 것은 개방성이다. 폐쇄체계는 다른 체계들과 상호작용하지 않는다. 투입을 받아들이지 않으며 산출을 생산하지도 않는다. 이러한 체계들은 엔트로피라는 성질을 가지고 있다. 이것은 체계 요소들의 분화가 적어지고 조직과 기능이 상실되는 경향을 의미한다. 이러한 경향은 경계의 개념으로 나아가야 한다.

③ 위계

체계의 부분들은 여러 가지 방식으로 서로 연결되어 있다. 위계의 개념은 모든 체계의 기본 단위들이 활동이나 에너지 기능들을 위해서 상위체계에 의존하며, 또한 이것의 하위체계에 방향을 제시해 주어야 하는데 이러한 하위체계 사이의 관계를 위계라 한다. 예컨대, 가족체계는 부부 하위체계, 부모-자녀 하위체계, 형제 하위체계, 자매 하위체계로 구성되어 있다.

(2) 체계의 진화적 특성

체계에는 다음과 같은 진화적인 특성이 있다(임은희, 2010).

- 항상성: 체계는 지속적인 변화의 상태에 놓여 있는 동시에 또한 역동적인 균형상태를 유지하고 있다. 체계가 생존을 위해 환경과 성공적으로 타협할 수 있는 능력을 말한다.
- 안전상태: 부분들과의 관계를 유지하고 쇠퇴해서 붕괴하지 않게 하려고 에너지가 계속해서 사용되는 상태를 의미한다.
- 규칙성: 모든 살아 있는 체계는 시간이 지남에 따라 반복적인 상호작용 패턴을 발달시키게 되는데 이러한 반복적 상호작용 패턴을 행동 규칙이라 한다.

(3) 체계의 행동적 특성

① 환경과 상호작용

체계와 환경은 상호작용을 하는 특성이 있다. 체계가 작용하는 방식과 어떻게 그것이 변화되는지에 관한 투입, 전환, 산출, 환류의 과정을 가진다.

- 투입: 체계가 환경으로부터 에너지, 사물, 정보 등을 받아들이는 방법을 의미한다. 투입체는 일단 체계 내부로 입수되고 나면 영향을 받으며, 변형되고, 규제받고, 체계의 기능 수행을 위해 활용된다.
- 전환: 이러한 투입체가 활용되는 단계를 전환이라고 하는데 일단 이러한 처리 과정이 시작되면 체계는 적극적으로 환경에 반응하게 된다.
- 산출: 체계가 환경에 적극적으로 반응하는 단계이다.
- 환류(피드백): 정보의 투입에 반응하는 행동을 가져오며 새로운 정보에 의사소통의 조직망을 의미한다. 긍정적 환류는 체계적 목적과 관련하여 올바르게 행동하고 있으며, 이와 같은 종류의 행동이 더욱 요구된다는 것을 의미한다. 반면 부정적 환류는 체계가 목표 달성을 어렵게 하는 정도를 전달하며 체계 행동의 수정을 가져오게 된다.

② 상호의존

전체로서의 체계는 통합된 부분이나 요소로 구성되며 이러한 요인들은 상호 관련되어 있으며 서로 영향을 미친다.

③ 균형

균형은 집단이 산출보다 투입을 더 많이 가지고 있음을 나타낸다. 기능적인 집단은 균형이 유지될 때만 계속 존재할 수 있다.

(4) 체계이론이 사회복지실천에 미친 영향

- 체계이론은 사회복지실천의 개념적 틀을 제공하여 환경 속의 인간 관점에서 모든 주변 변수가 상호 관련된 전체라는 시각을 갖춘 틀로 전환되는 기초를 제공하였다.
- 하나의 생활체계를 구성하는 개인, 개인의 사회적 환경, 물리적 환경 등은 각각 개별적으로 존재하는 것이 아니라 상호작용하여 하나의 전체라는 시각에 대한 관점으로 발전하였다.
- 클라이언트 문제가 개인의 병리 현상이기보다는 체계 간의 긴장, 갈등에 의한 체계적인 속성을 강조하였다.
- 체계 부분 속에서의 변화가 전체에 영향을 미칠 수 있다는 인식을 제공해 줌으로써 개

입의 유용한 방법을 제시하였다.

- 체계이론은 하나의 분석틀을 제공할 뿐, 문제 상황을 변화시키기 위해 사회복지사가 구체적으로 어떤 행동, 어떤 처방을 해야 할지를 알려주지는 않는다.
- 체계이론은 사회복지사가 소속되어 있는 기관, 사회복지사, 클라이언트, 사회복지사의 활동 목적을 달성하기 위해 사회복지사가 접촉해야 할 주변 체계들을 동일한 상호교류의 장에 놓고 고찰할 수 있는 시각을 제시하였다. 사회복지사는 문제 상황과 분리되어 있다가 어떤 시점에서 문제 상황에 개입하여 일방적인 처방 및 치료를 하는 우월적 존재가 아니라 문제상황과 동일한 활동의 장에서 문제 상황에 영향을 주기도 하고, 문제 상황으로부터 영향을 받기도 하면서 변화매개 체계로서 활동하는 존재라는 시각을 제시하였다(엄명용 외, 2015).

3) 생태학이론

생태학이라는 용어는 유기체와 환경 간의 상호작용을 연구하는 생물학에서 유래된 것으로 독일의 생물학자 헤켈(Haeckel)에 의해 1866년 최초로 학문 분야에 소개되었다. 생태학에서 사용하는 개념들은 인간과 환경, 그리고 그들의 상호관계를 중요시한다.

사회복지실천에서 생태학적 접근은 클라이언트를 환경과의 상호작용 속에서 이해할 때 개인이 속한 다양한 시스템(가족, 학교, 직장 등)과 이 시스템들 간의 상호작용을 분석함으로써, 보다 포괄적이고 체계적인 개입을 가능하게 한다. 이러한 접근법은 개인의 문제를 단순히 개인적인 문제로 보기보다는 그들이 속한 환경적 요인들을 함께 고려하여 문제를 해결하려는 접근방법이다. 이러한 개념들은 복잡하고 어려운 상황에 있는 클라이언트에 대한 이해를 증진하는 데 도움이 되었다. 생태학의 주개념으로는 적응, 스트레스, 대처 능력과 같은 상호교류, 에너지 등이 있다.

사회복지실천에서 생태학적 접근의 영향으로 본 사례들을 예를 들면, 가정폭력 문제를 다룰 때 생태학적 접근은 피해자뿐만 아니라 가해자, 가족 구성원, 사회적 지원 시스템 모두를 고려한다. 이를 통해 문제를 더 잘 이해하고, 효과적인 해결책을 모색할 수 있다고 본다. 사회복지사는 클라이언트의 다양한 환경적 요인을 고려하여 보다 포괄적이고 체계적인 개입

계획을 세울 수 있다.

1950년대에 이르러 생태학적 관점은 지역사회와 환경에 대한 인간의 집합적인 적응과 기능적인 상호의존성에 초점을 두었다. 1960년대 와서 생태학적 관점이 가족 문제에 적용되면서 어스왈드(Auerswald, 1968)는 가족에게 영향을 미치는 체계를 설명하는 가운데 생태학적 체계접근이라는 용어를 제시하였다. 그 이후 1979년 브론펜브레너가 인간 발달에 대해 연구하는 가운데 체계론적 관점을 확대하여 생태학적 체계이론이라는 용어를 사용하였다.

4) 생태체계이론

일반체계이론에 생태학이론을 결합한 생태체계이론은 체계의 다양한 부분들 사이와 인간, 환경의 공유 영역에서 일어나는 상호작용과 상호교류를 강조함으로써 '환경 속의 인간'에 대한 견해를 강조한다.

(1) 생태체계이론 개념

생태체계이론은 인간과 환경의 상호보완성을 설명하는 데 초점을 두며 인간과 환경이 총체적으로 상호작용하는 것으로 보고 있다. 즉, 인간은 자신을 둘러싸고 있는 주위 환경을 중심으로 구조화된 생태체계 속에서 끊임없이 상호작용을 주고받으며 발달하는 것으로 간주한다. 따라서 생태체계이론은 개인적 요인뿐 아니라 환경적 요인을 동시에 고려하여 양자 간 상호작용과 상호보완에 관심이 있다. 다음의 개념은 이러한 관계를 설명하고 있다.

① 적응

생태체계는 생존하기 위해 환경에 의해 항상 변하며 지속적으로 환경에 적응한다. 또한 생명체들은 환경이 그들의 욕구에 적합하도록 환경을 변화시키고 이러한 변화에 적응해야만 한다. 사람은 새로운 상황에 처함에 따라 그 상황의 요구에 적응하고, 그의 존재로 말미암아 구조적으로 상황을 변화시킨다. 이러한 적응은 인간의 내적 영향력과 생태적 환경의 영향력에 의해 이루어지는 상호의존적 과정이다.

② 공생

공생이란 상호작용을 통하여 한쪽 또는 상호이익을 주는 두 종 간의 빈번한 상호작용을 말한다. 공생에는 상호부조, 편리공생, 기생 등이 있다. 상호부조는 서로 도움을 주는 관계인 반면, 편리공생은 다른 종에게 해로움도 유익함도 주지 않고, 한 종만 도움을 얻는 공생관계를 의미한다.

사회복지사가 클라이언트의 환경을 사정할 때 인간과 환경의 상호작용을 이해하기 위해 이 개념을 활용할 수 있으며 사회복지사가 클라이언트에 개입할 때 상호부조와 편리공생을 최대화하도록 노력해야 한다.

③ 전문화

변화하는 환경에 성공적으로 대처하기 위하여 적응해 가는 형태를 전문화라고 한다. 전문화는 경쟁을 감소시키는 결과를 가져오는 이점이 있지만, 고도로 전문화된 종은 급변하는 환경의 영향에 더 취약하다고 할 수 있다. 이러한 개념은 직업훈련 기회에 관해 의사결정을 해야 하는 클라이언트를 원조할 때와 기관이 사명을 바꾸어야 하는지 등을 다룰 때 유용하게 적용될 수 있다.

④ 활동 공간

활동 공간이란 특정한 종이 생태체계 안에서 생존하며 건강을 유지하고 재생산하기 위하여 요구되는 물리적·화학적·생물학적 요인을 말한다. 다시 말하면 종이 효과적으로 기능할 수 있는 특정한 장소나 환경을 의미한다.

⑤ 스트레스

스트레스는 생명력이자 한 체계를 활동으로 몰아가는 에너지이다. 살아 있는 체계, 즉 외부와 지속적인 교류를 하는 체계 내에 긴장 상태가 전혀 존재하지 않는 것은 불가능하다. 사회복지실천에서 사회복지사는 함께 일하는 체계 내에 또는 그 체계와 다른 체계들 사이에 긴장이 존재하는가, 존재한다면 그것이 어떻게, 어떤 목적으로 적용하는지를 분석해야 한다.

⑥ 수용 능력

수용 능력이란 하나의 생태에서 생존할 수 있는 종의 최대 개체 수를 말한다. 만약 종의 개체 수가 생태체계의 수용 한계를 넘어서게 되면 질병이나 기근, 약탈 등이 발생하여 해당 종의 개체 수를 감소시킨다.

⑦ 적합성

적합성은 개인의 적응적 욕구와 환경적 특질이 부합되는 정도를 의미하는데, 환경이 적절한 시간에 적절한 방식으로 필수적인 사회자원과 지지를 제공해 준다.

⑧ 호혜성

호혜성이란 발달과 생존을 위해 필요한 자원을 환경으로부터 받고, 환경은 생명체의 산물을 통해 보다 분화하고, 더욱 풍부하고 다양하게 생명체를 지원하게 되는 원리이다. 그러나 이러한 호혜적 관계가 항상 순조로운 것만은 아니다.

⑨ 경쟁, 상호교류, 상호의존, 대처

경쟁은 생태학적 공동체를 형성하는 주요 과정으로, 자원이 제한된 경우 생태체계를 구성하는 수많은 종이 생존을 위해 경쟁하게 되는 것을 말한다. 상호교류는 인간이 다른 환경의 사람과 의사소통하고 관계를 맺는 것을 의미한다. 상호의존은 한 개인이 다른 사람이나 집단에 의존·의지하는 것을 말하며, 대처는 스트레스에 대응할 때 개인과 환경 간의 적합성을 회복시키거나 높여 주는 행동 양식을 말한다.

(2) 생태체계의 환경

생태체계이론에서는 다양한 체계 수준에서 이루어지는 개인들과의 관련성을 강조한다. 이러한 다양한 체계의 수준을 브론펜브레너(1979)는 생태학적 환경이라고 규정하고 이러한 체계들 사이에는 위계질서가 존재한다고 보았다. 이들 4체계는 다음과 같이 다양한 형태로 존재하며 각각의 경계와 자율성을 가지면서도 다른 체계와의 긴밀한 상호작용을 전제로 하는 위계를 갖게 된다.

① 미시체계

미시체계는 가족과 같은 직접적인 환경 내에서의 활동, 역할, 그리고 대인관계 유형을 말한다. 미시적 수준 환경은 가족 내에서 겪는 개인적 경험을 포함하며, 같은 환경 내의 어떤 개인도 같은 경험을 갖지 않는다는 점에서 개인에게 특별한 것이라고 할 수 있다. 미시적 환경은 한 개인이 생활하게 될 삶의 유형을 결정해 주는 것이기 때문에 개인의 성장 발달에 있어서 매우 중요한 것이다.

예 아동의 부모, 친구, 학교 등

② 중간체계

중간체계는 학교 및 가족과 같은 개인을 둘러싸고 있는 두 가지 이상의 환경에서 일어나는 과정과 연결성을 말한다.

예 교회, 직장, 여가, 아동의 학교와 가정 간의 관계, 형제간의 관계, 가정과 또래 집단과의 관계 등

③ 외체계

외체계는 두 가지 이상의 환경 사이에서 일어나는 연결성과 과정으로서, 이 중에 최소한 한 가지 체계는 직접적으로 개인을 둘러싸고 있지 않은 체계이다.

예 부모의 직장, 대중매체, 정부 기관, 교통·통신시설, 문화시설 등

④ 거시체계

거시체계는 민족 집단체계와 같이 특정 문화유형이나 보다 광범위한 사회적 맥락을 의미한다.

예 경제, 정책, 주택, 사회, 법, 관습, 문화 등

생태체계관점에서는 클라이언트 개인을 원조할 경우라도 위에서 제시된 4체계 내부 및 체계들 사이의 관계 질을 고려하지 않고는 클라이언트를 완전히 이해할 수 없다고 본다. 따라서 이 관점에서는 사회적 관계망을 개인의 생활공간에서 중요한 변인으로 보고 클라이언트 행동은 개인, 가족, 집단, 조직, 지역사회, 문화체계 등의 다차원에서 이해되어야 한다고 본다.

(3) 사회복지실천에의 적용

생태체계이론은 상황적·환경적 맥락 속의 인간, 인간과 환경의 호혜적 상호작용과 교류, 진화적 변화로서의 발달, 개인과 환경의 적합성, 적응과 같은 개념들을 사회복지실천에서 고려하고 적용할 수 있게 하였다. 특히 '환경 속의 인간' 맥락에 초점을 유지하게 하며, 인간의 욕구와 문제를 인간 혹은 환경 자체의 산물이 아니라 상호교환의 산물로 본다. 개인·가족·집단·지역사회를 상호연계 속에서 이해할 수 있게 한다는 점에서 사회복지실천의 통합적 접근을 뒷받침해 주는 주요 개념 틀이자 관점이다.

개인, 가족, 집단, 지역사회의 복합적 기능과 상호연관성이나 역동적인 네트워크를 이해할 수 있게 하는 것은 클라이언트에게 중요한 체계와 하위체계 및 상위체계의 존재를 인식함으로써 보다 포괄적이고 효과적인 사정과 평가를 할 수 있도록 할 뿐 아니라 변화가 어느 체계에서든 일어날 수 있다는 가능성을 제공한다. 또한 '환경 속의 인간'으로서 클라이언트의 문제 및 욕구를 해결하기 위해 전체 관련 체계의 다양한 차원에서 실천 방법과 기법, 기술을 적용할 수 있도록 실천 영역을 확장하는 데 기여하였다. 사람과 환경은 분리된 것이 아니라 지속적으로 교류하는 존재이므로 개인을 이해하기 위해서는 개인과 환경 간의 상호작용과 교류를 분석해야 한다.

03 통합적 접근의 실천 모델

1950~1970년대 사이에 사회복지실천 통합적 모델이 많이 개발되었다. 여기에서는 통합적 접근의 대표적인 사회복지실천 모델인 핀커스와 미나한의 4체계 모델, 펄먼의 문제해결 모델, 저메인과 기터만의 생활 모델, 골드스타인의 단일화 모델에 대해 살펴보기로 하겠다.

1) 4체계 모델

핀커스와 미나한(1973)은 일반체계이론의 체계 개념을 바탕으로 사회복지실천의 기초가 되는 4가지 체계, 즉 변화매개 체계, 클라이언트 체계, 표적 체계, 행동 체계를 제시하였다. 인간은 만족할 만한 삶을 영위하기 위해 주변 환경의 체계에 의존하기 때문에 사회복지실천은 이러한 체계에 초점을 맞추어야 한다. 이러한 체계는 첫째, 가족, 친구, 동료 같은 비공식적인 자원 체계, 둘째, 회원으로 구성되는 지역사회집단이나 협회와 같은 공식적 자원 체계, 셋째, 병원, 학교와 같은 사회적 자원 체계이다. 즉, 클라이언트의 문제를 해결하고 도움을 주기 위해서 다양한 자원 체계의 연계를 통해 클라이언트와 환경 간의 상호작용을 향상하는 것을 강조한다(길귀숙 외, 2018).

(1) 변화매개 체계

변화매개 체계는 클라이언트의 문제를 해결하고 도움을 주기 위해 여러 가지 자원 체계를 연계하고 노력하는 변화매개인을 의미한다. 즉, 사회복지사와 사회복지사가 소속된 기관과 조직을 말한다. 클라이언트의 문제를 해결하고 변화를 위해 다양한 체계를 확인하고 계획을 수립하여 실천을 통해 서비스와 자원을 제공한다.

(2) 클라이언트 체계

클라이언트 체계는 사회복지 서비스가 필요한 개인, 가족, 집단, 기관, 지역사회 등이 포함되며 도움이 필요한 사람을 말한다. 즉, 변화매개 체계에 서비스를 요청하거나 도움을 받는데 동의하고 스스로 참여하는 사람들을 의미한다.

(3) 표적 체계

표적 체계는 변화매개 체계가 목표를 달성하기 위해 영향을 미치거나 변화시킬 대상을 의미한다. 클라이언트 체계와 중복될 수도 있으며 그렇지 않을 수도 있다. 표적 체계는 대부분이 비자발적인 경우이므로 변화를 도모하기 위해서는 협력을 기반으로 목표를 설정하고 달성하기 위해 노력해야 한다.

(4) 행동 체계

행동 체계는 변화매개 체계가 목표를 달성하기 위해 함께 상호작용하는 사람들을 의미한다. 클라이언트 체계의 문제를 해결하기 위해 사회복지사는 다양한 행동 체계와 함께 협력하여 일한다. 행동 체계에는 클라이언트 체계를 변화시키기 위해 함께 노력하는 가족, 친구, 이웃, 전문가 등이 해당한다. 클라이언트 체계의 문제해결과 변화를 위해 사회복지사는 다양한 행동 체계를 개발한다.

2) 6체계 모델

콤튼과 갤러웨이는 4체계 모델에 전문가 체계와 응답-의뢰 체계를 추가하여 6체계 모델을 제시하였다. 전문가 체계와 응답-의뢰 체계의 내용은 다음과 같다(김혜영 외, 2022).

(1) 전문가 체계

전문가 체계는 전문성을 강화하고 전문직의 위상을 높이기 위해 노력하는 전문가단체, 전문가를 육성하는 각종 협의체, 전문직들이 활동하는 기관의 연합체 등으로 구성된 체계를 말한다.

전문가 체계란 사회복지사들이 기관을 변화시키거나 사회적 변화의 옹호자로서 행동할 때 활용하는 체계로, 사회복지사의 행동에 영향을 미친다. 그 예로는 사회복지사협회를 말할 수 있는데, 이러한 전문가 체계는 사회복지사들의 활동에 정당성을 부여하고 사회복지사들의 가치와 윤리 등을 마련하여 실천하게 하며, 사회복지사가 속한 기관에서 자기 영향력을 증가시키거나 사회활동의 변화가 필요할 때 전문가 체계의 지원을 받을 수 있다.

(2) 문제 인식 체계(응답-의뢰 체계)

문제 인식 체계는 클라이언트가 법원이나 경찰, 외부 기관 등에 의해 강제로 사회복지기관을 내원하는 경우를 말하는데, 일반 클라이언트 체계와 구분하기 위해 사용된다. 서비스를 요청한 사람은 의뢰 체계이고 법원이나 경찰, 외부 전문가 등의 요청으로 강제로 사회복지기관에 오게 된 체계를 응답 체계라 할 수 있다.

3) 문제해결 모델

사회복지실천에 있어서 가장 폭넓게 사용되는 문제해결 모델(problem-solving model)은 1920년대 진단주의 학파의 입장에서 1930년대 기능주의 학파의 견해를 받아들인 통합 모델로, 펄만에 의해 소개되었다. 인간의 삶 자체가 끊임없이 지속적인 문제해결의 과정이라는 가정에 따라 문제를 사회복지실천의 변화 표적으로 제시한 모델이다(이종복 외, 2015). 문제해결 모델은 개인과 환경은 분리해서 이해할 수 없다는 생태체계적 관점과 일치하며, 문제의 발생과 관련된 개인의 환경과 관계망 등 다양한 변수를 고려하는 측면에서는 현대적 접근방법이다. 사람들이 일상에서 다양한 문제를 경험하고 해결하는데 특정 문제에 고통받고 어려움을 느끼는 것은 그 문제 때문이 아니라 그 문제를 해결하는 태도나 능력이 부족하기 때문이라고 본다. 이러한 문제해결 모델은 초기 단계부터 사회복지사와 클라이언트가 함께 적절한 과정을 거쳐 단계적으로 실천할 수 있는 것으로부터 최종적 목표에 도달하는 특징이 있다.

펄만의 문제해결 모델 구성요소(4P이론)

① **사람**(person)

문제로 인해 도움을 요청하는 사람, 즉 클라이언트를 의미한다. 여기서 클라이언트란 주로 개인을 의미하며 때때로 가족도 중요하게 다루어진다. 사람과 관련한 특징은 다음과 같다(장인협, 1995).

- 인간의 행동은 목적과 의미가 포함되어 있다. 사람은 행동에 의하여 만족을 얻거나 욕구 충족을 한다.
- 행동이 그 사람에게 행복을 주고 있는지 아닌지는 그의 성격 구조와 관계가 있다.
- 성격의 구조와 기능은 그가 경험하게 되는 신체적·심리적·사회적 환경과의 지속적인 상호작용에서 생기는 유전적인 능력의 산물이다.
- 사람은 인생의 어떠한 단계에서도 생태적이며 양육적인 하나의 산물일 뿐 아니라 현재와 미래에 걸쳐서 연속하여 일어나는 과정 속의 존재이다.
- 사람들의 행동은 인간과 문화가 그 사람이 지닌 지위와 사회적 역할에 대하여 갖는 기대에 따라서 형성되고 평가된다.

② **문제**(problem)

문제란 개선이나 조정을 필요로 하는 어려움을 말한다. 클라이언트가 호소하는 어려움은 개인과 환경 사이의 상호작용 과정에서 나타나게 되는 충족되지 못한 욕구, 사회적 기능상의 문제, 대인관계상의 문제 등이 있다.

③ **장소(place)**

장소란 도움이 필요한 클라이언트에게 서비스를 제공해 주는 공간을 말한다. 일반적으로 사회복지 기관은 사회복지실천과 기술적인 발전으로 인해 지역사회, 클라이언트의 가정, 온라인을 통한 가상의 공간까지도 실천의 장소로 이해될 수 있다.

④ **과정(process)**

과정이란 클라이언트가 호소하는 문제들을 해결하기 위한 체계적인 연결고리를 의미한다. 일반적으로 문제해결 과정은 사정, 계획, 개입, 평가의 단계로 진행된다. 문제해결의 과정은 문제해결에 무엇을 내포하는가를 이해하기 위해서는 일반적인 문제해결 과정에서 일어나는 장애 요인들에 대한 검토가 우선되어야 하며, 클라이언트가 문제에 관여하여 대처함으로써 현재의 생활과 장래의 생활에도 안정성을 가지게 된다. 또한 문제해결을 위해서는 그것을 필요로 하는 사람들에게 물질이나 기회가 주어져야 한다.

4) 생활 모델

생활 모델은 1970년대 초기에 저메인과 기터만이 생태체계관점을 출발로 삼아 사회복지실천 분야에 도입하여 개발하였다. 생활 모델은 개인, 가족, 집단, 지역사회에서 인간과 환경의 조화를 증대하는 것에 역점을 두는 실천 모델이다. 개인과 집단은 모두 강점이 있다고 보는 것으로 개인과 집단이 잠재 능력을 발휘하도록 하고 환경의 긴장 요인을 줄여 성장 촉진의 교류를 회복하고자 한다. 클라이언트의 문제를 개인의 장애로만 파악하지 않고 생활환경 내에서도 파악하는데, 개인이 환경과 교류하는 데 균형이 깨지면 스트레스가 발생한다고 보는 것이다.

5) 단일화 모델

골드스타인(Goldstein)은 사회체계 모델, 사회학습모델 또는 문제해결 모델, 과정 모델 세 가지 준거 틀을 통합하여 단일화 모델로 체계화하였다. 과정 모델의 내용을 강조하며 사회복지실천 과정을 역할 유도단계, 핵심 단계, 종결 단계로 설명하였다. 사회학습에 관한 사회복지사의 기능에 더 많은 관심을 두었다. 사회학습을 매우 광범위한 의미로 제시하였으며 개인, 소집단 체계의 변화를 목표로 국한하지 않고 큰 체계(조직, 지역사회)가 변화될 수 있다고 강조하였다.

표 5-1 통합적 방법론 모델

구분	4체계 모델	단일화 모델	문제해결 모델	생활 모델
대표 학자	핀커스와 미나한	골드스타인	콤튼과 갤러웨이	저메인과 기터만
방법의 초점	인간과 사회환경(자원체계)과의 상호작용	유기체로서의 개인, 역동적 사회체계 및 양자 상호작용	개인과 상황의 상호작용 전체	인간과 환경 간의 상호교류 속의 적용 균형
방법의 목적	① 사람들의 문제해결과 대체 능력 강화 ② 사람들과 자원 체계와 결합 ③ 체계의 효과적·인도적 활용의 촉진 ④ 사회정책의 발전과 개선의 공헌	① 사회적 학습의 촉진·강화 ② 사회변화(자원의 확보, 활용)	① 문제해결 ② 클라이언트, 워커의 공동관계 형성 ③ 합리적 정의 수행	① 인간생활상의 문제해결 ② 인간의 적응 능력 지지, 강화 ③ 스트레스 경감 ④ 대처를 위한 사회자원의 동원
사회복지사의 기능	① 문제 평가 ② 자료수집 ③ 최초 접촉 ④ 계약 ⑤ 행동 체계 구성 ⑥ 행동 체계 유지·조성 ⑦ 영향력 행사 ⑧ 변화 노력 종결	① 지식과 정보 인식 ② 전략(조사, 개입, 평가)	① 자료의 수집과 평가 ② 개입 전략 제공	① 생활 과업 원조 ② 사회적 조직망과 물리적 장의 관여 ③ 시간적 배열 활동
사회복지실천의 과정	① 문제 인식 ② 자료수집 ③ 진단 ④ 개입 ⑤ 평가와 종결	① 욕구의 공식화 ② 정보 탐색 ③ 해결 방법의 공식화 ④ 결과 비교 ⑤ 해결 방법 검증	① 접촉 단계(문제의 명확화, 목표의 명확화, 예비 계약, 탐색과 조사) ② 계약 단계(평가, 활동 계획의 공식화, 예후 예측) ③ 활동 단계(계획의 시행, 종결, 평가)	① 초기 단계(준비, 참가) ② 진행 단계(생활 변천, 환경의 문제, 대인 과정 개입) ③ 종결 단계(평가와 종결)

학습 정리

1. 통합적 접근은 사회복지사가 개인, 집단, 지역사회에서 발생하는 다양한 문제에 대응하기 위해 여러 가지 방법론을 결합하여 사용하는 것이다. 이는 전통적 방법론의 한계를 극복하고, 복잡한 문제 상황에 대한 효과적인 개입을 가능하게 한다. 통합적 접근은 환경과 개인 간의 상호작용을 중시하며, 다양한 체계 수준에서의 개입을 포함한다. 이러한 접근은 클라이언트의 잠재성을 인정하고, 클라이언트의 참여와 자기 결정권을 강조한다.

2. 통합적 접근의 기본 관점은 '환경 속의 인간'으로, 이는 인간이 심리적 특성뿐만 아니라 환경적 요인에도 영향을 받는 존재임을 강조한다. 생태체계이론은 일반체계이론과 생태학이론을 결합하여 인간과 환경의 상호작용을 설명하며, 사회복지실천에서의 개입을 보다 포괄적이고 효과적으로 한다. 이러한 관점은 클라이언트의 문제를 개인과 환경의 상호작용으로 보고, 이를 해결하기 위해 개인과 환경 모두에 개입하는 것을 목표로 한다.

3. 사회복지실천에서 통합적 접근을 적용한 대표적인 모델로는 핀커스와 미나한의 4체계 모델, 펄먼의 문제해결 모델, 저메인과 기터만의 생활 모델, 골드스타인의 단일화 모델 등이 있다. 4체계 모델은 변화매개 체계, 클라이언트 체계, 표적 체계, 행동 체계로 구성되며, 각 체계 간의 상호작용을 중시한다. 문제해결모델은 문제, 사람, 장소, 과정의 4P 요소로 구성되어 단계적인 문제해결 과정을 제시한다. 생활 모델은 생태체계관점을 바탕으로 개인과 환경의 상호작용을 통해 문제를 해결한다. 단일화 모델은 다양한 실천 관점과 이론을 통합하여 체계화한 모델이다.

Part 03

사회복지실천의 방법: 관계 형성과 면접

사회복지실천론

Theories of Social Work Practice

chapter 06

관계 형성

학습목표

1. 관계 형성에 대하여 이해한다.
2. 사회복지실천관계의 기본 요소를 이해한다.
3. 관계 형성의 방해요인을 이해한다.

01 관계 형성에 대한 이해

사회복지실천과정에서 사회복지사와 클라이언트의 상호작용이 원활히 이루어지기 위해서는 상호 간에 좋은 관계가 유지되어야 한다. 사회복지실천에서의 관계는 클라이언트로 하여금 클라이언트의 문제해결과 클라이언트를 둘러싸고 있는 환경 사이에서 보다 나은 적응을 이루어 가도록 개인의 능력과 가족, 집단, 지역사회의 자원을 적절히 동원하고 활용할 수 있도록 돕는 사회복지사와 클라이언트 간의 태도와 감정의 역동적 상호작용이라 할 수 있다.

02 사회복지실천관계의 기본 요소

1) 타인에 대한 관심과 도우려는 열망

타인에 대한 관심은 클라이언트에게 일어난 일에 대해 책임감, 배려, 존중, 타인에 대한 이해 및 클라이언트의 더 나은 삶에 대한 바람, 클라이언트의 삶과 욕구에 대한 조건 없는 긍정적 인정 등 진심 어린 관심을 가지며, 이들의 감정에 대해 교류할 수 있어야 하며, 도우려는 열망은 클라이언트로 하여금 자신의 삶을 스스로 선택하고 통제하는 능력을 향상시키도록 도우려는 깊은 열망으로서, 사회복지사의 헌신적 자세를 의미한다.

면담할 때 클라이언트를 처음 만나서 혹은 면담 도중에라도 관심을 기울이는 것이 매우 중요하다. 내가 당신에게 집중하고 있다는 것을 알려 줄 때 클라이언트는 이야기를 하려고 하며, 마음 깊은 이야기를 할 수 있다. 관심 기울이기는 경청과 비슷한 의미로 관심을 기울이고 있다는 표현은 크게 언어적인 것과 비언어적인 것이 있다. 언어적 방식으로 관심을 기울이려면 다음에 설명할 대답하기("응.", "네."), 최소 반응(격려하기, 맞장구치기: "그래?", "그래서?", "대단한데!", "와!"), 메시지 확인(반복하기, 부연하기, 요약하기: "집으로 돌아갔다?", "그럼 아버지가 어머니를 때렸단 말인가요?", "그러니까 지금까지 어머니로부터 인정을 받은 적은 한 번도 없다는 말이군요."), 반영하기("친구가 당신을 속여서 배신감을 느꼈군요."), 공감하기("친구가 당신을 속인 것 같다는 생각이 들어서 심한 배신감이 들었겠군요.") 등 모든 언어적인 적절한 반응들이 언어적 관심을 기울이는 표현이 될 수 있다.

한편 비언어적 관심 기울이기는 언어적인 것보다 더 중요할 수가 있다. 그 이유는 언어적인 것보다 더 비언어적인 것에 영향을 받기 때문이다. 비언어적 관심 기울이기는 SOLER로 요약할 수 있다. S는 Squarely(똑바로 바라보고), O는 Open(개방적 자세를 취하고), L은 Lean(상대방 클라이언트 쪽으로 기울이며), E는 Eye contact(시선을 부드럽게 맞추고), R은 Relaxed(사회복지사 스스로가 편안하고 자연스러운 자세를 취한다)하는 것으로, ① 클라이언트와의 위치 및 거리, ② 클라이언트와 마주 앉는 자세와 움직임, ③ 눈 접촉, ④ 표정, ⑤ 팔다리, ⑥ 신체접촉, ⑦ 목소리, ⑧ 활력 수준, ⑨ 기타 버릇 등이다.

(1) 클라이언트와의 위치 및 거리

앉을 때는 똑바로 마주 보기보다는 90도로 각을 지고 앉는 것이 좋다. 바로 마주 보고 앉으면 분위기가 딱딱해지거나 침묵이 지나치게 무겁게 지속될 가능성이 있다. 그렇다고 옆으로 나란히 앉으면 상대방을 관찰할 수 없어서 비언어적 메시지를 이해하기가 어렵기 때문에 90도로 앉아 조금 고개를 돌려 서로 개인적이고 깊은 대화를 나누다가 생각하거나 조금 관망하고 싶을 때 약간 고개를 돌려 편하게 제3의 소재를 쉽게 다룰 수가 있다. 클라이언트와의 거리는 팔이 미칠 수 있는 거리가 좋고 너무 가까우면 부담스럽고 너무 멀면 대화가 멀어진다. 클라이언트와 성별, 연령 등이 다르면 좀 더 멀리, 비슷하면 좀 더 가깝게 앉는다.

(2) 클라이언트와 마주 앉는 자세와 움직임

클라이언트와 앉을 때에는 뒤로 등받이에 기대지 말고 약간 클라이언트 쪽으로 기울여서 앉고 클라이언트의 중요한 발언이 나올 때마다 앞쪽으로 기울이는 것이 좋다.

(3) 눈 접촉

눈은 클라이언트와 부드럽게 일치시키되 째려보지 말고 자기보다 나이 많은 사람과 대화를 할 때에는 우리 문화에서 너무 눈을 쳐다보면 건방지다는 인상을 주므로 눈을 중심으로 약간 아래쪽으로 보는 것이 좋으며, 자기보다 연하일 경우에는 조금 위쪽으로 시선을 한 번씩 이동하는 것이 좋다. 하지만 중심은 눈에 두며 시선을 외면하지 말아야 한다.

(4) 표정

표정은 클라이언트와 똑같이 한다. 클라이언트가 인상을 쓰거나 미간을 찌푸리면 같이 찌푸린다. 클라이언트가 입을 벌리고 있으면 같이 벌리고 클라이언트가 코에 힘이 들어가 있으면 함께 힘을 준다. 그렇게 해야 클라이언트의 마음을 이해할 수가 있다.

(5) 팔다리

팔다리도 역시 클라이언트와 똑같이 한다. 팔짱을 끼거나 다리를 지나치게 벌리지 말고 건방지다는 인상을 주지 말아야 하며 기본적으로 클라이언트의 팔다리 자세를 취하면 클라이언트의 심정을 이해하는 데 도움이 된다.

(6) 신체접촉

클라이언트가 힘들어 할 때 클라이언트가 수용하는 범위 내에서 손을 잡아 주거나 안아 주거나 하면서 신체적 접촉으로써 위로와 힘을 주되 클라이언트가 사회복지사의 신체적 접촉을 허용하는지는 직접 물어보고 할 수 없기 때문에 사회복지사는 감수성이 높아야 한다.

(7) 목소리

목소리도 클라이언트와 똑같이 한다. 목소리의 빠르기, 크기, 음색 등도 같이 하고 목소리가 빠른 사람은 대체로 성격이 급하며, 느린 사람은 느긋한 성격이므로 사회복지사의 반응도 그것에 맞추어 주어야 한다. 크기도 마찬가지로 목소리가 큰 사람은 대체로 시끄러운 장소에서 일하며 고막이 상해 있거나 큰 소리에 익숙해져 있는 사람으로 이 사람에게 작은 목소리로 말하면 답답해한다. 음색도 비슷하게 맞추어 반응한다. 슬픈 목소리면 슬프게 즐거운 목소리면 즐거운 목소리로 반응해야 클라이언트와의 대화 분위기가 맞아떨어진다.

(8) 활력 수준

사회복지사는 클라이언트를 도와주려는 열정이 있어야 한다. 목소리와 태도, 자세 이 모든 것에서 클라이언트를 도와주려는 열정이 우러나오도록 하여야 한다.

(9) 기타 버릇

기타로는 필기를 하여 대화가 방해되게 하든지, 볼펜을 돌리거나 안경을 만지작거리거나 하는 이상한 손버릇이 나타나면 안 된다.

(10) 존경심 또는 보살핌

사회복지사는 클라이언트에 대한 관심과 존경심과 보살핌(respect or caring for someone)의 생각을 가지고 있음을 느끼게 한다. 사회복지사도 클라이언트가 자신의 인생에 대하여 무엇인가 할 수 있는 능력을 갖고 있다는 것을 확신하고 있다는 감정을 클라이언트에게 전달하는 표현이다.

(11) 공감, 감정 이입 또는 이해

공감(empathy)은 사회복지사가 도움의 상황에 있는 클라이언트에게 클라이언트가 느끼는 상황을 같이 느끼고, 클라이언트가 경험하는 경험을 똑같이 경험할 수 있는 능력이다. 감정 이입은 사회복지사가 원조과정 중 자신의 관점을 유지하면서 클라이언트의 느낌과 경험에 몰입할 수 있는 능력으로, 사회복지사가 클라이언트의 입장에서 보고 느낄 수 있는 능력이다. 이해(understanding)는 상대방의 마음을 읽고 상대방의 눈을 통해 세상을 볼 수 있는 능력으로, 클라이언트와 관계하는 일의 상황에서 구체적으로 나타날 때 클라이언트의 감정, 욕망, 가치, 신념, 지각을 정확하고 민감하게 감지하는 능력이다. 이러한 사회복지사의 이해를 클라이언트에게 충분히 의사소통을 통해 전달할 수 있는 능력의 표현을 의미한다.

클라이언트와 감정 이입이 가능할 때 사회복지사는 클라이언트의 경험과 느낌을 비교적 정확하게 이해할 수 있고 적극적 경청을 통해서 클라이언트에 대해 계속적 주의를 기울임으로써 클라이언트가 어떻게 느끼는지를 가리키는 비언어적 단서들에 대해 민감성을 갖고 관찰함으로써 도달할 수 있다.

(12) 전문적 구체성

대부분의 사람은 일련의 사건들을 종합하여 일반적이고 추상적인 개념으로 요약하여 생활한다. 클라이언트는 대개 이러한 일반적이고 추상적인 용어로 자신의 고민을 호소하게 되는데, 이에 사회복지사는 클라이언트가 그것을 구체적으로 표현하도록 이끌어 주어야 한다. 정확한 의사소통을 위해서는 클라이언트의 욕구와 문제에 대한 정확한 이해가 필요하며, 또한 클라이언트도 자신의 욕구와 마음을 보다 구체적으로 이해할 필요가 있다. 이를 위해서는 클라이언트가 보다 개방적인 자세에서 자신을 탐색할 수 있도록 하며, 클라이언트가 말하지 않거나 못하고 있는 점이 무엇인지를 구체적으로 탐색할 필요가 있다(남미애·윤숙자, 2021, p. 36). 구체성(concreteness)은 클라이언트로 하여금 자신의 행동과 사고, 감정을 자신의 독자적 방법으로 정확하게 묘사하거나 표현할 수 있도록 도와줄 수 있는 능력으로, 사회복지사는 클라이언트가 자신의 경험과 감정을 구체적이고 독특하게 표현하여 자신만의 독자성을 나타낼 수 있도록 도와주어야 한다.

(13) 진솔성과 일치성

진솔성(genuineness)은 사회복지사가 클라이언트와의 관계에서 나타내는 반응이 순간순간 그가 내적으로 경험하고 느끼는 바와 합치되는 상태를 의미하는 것으로, 가식적이지 않은 있는 그대로의 모습을 진솔하게 나타내는 것을 말한다(남미애·윤숙자, 2021, p. 35). 일치성(being real)은 사회복지사가 클라이언트와 관계를 맺을 때 일관성 있고 정직한 개방성을 유지하고, 대화의 내용과 행동이 항상 일치하면서도 전문가로서의 자아와 가치체계에 부합해야 함을 의미한다.

이러한 진솔성, 일치성을 갖기 위해 사회복지사는 자신에 대한 정직한 인식과 사회복지사와 클라이언트에게 동일한 의미로 작용하는 전문가의 역할과 기관의 절차 및 정책에 대한 분명한 인식과 타인에 대한 관심, 수용, 헌신 등 전문적 관계에서 요구되는 기본 요소들에 대한 내면화 등을 추구해야 한다.

(14) 직접성

직접성(immediacy)은 사회복지사와 클라이언트의 상호관계 작용 속에서 당면하고 경험하는 행동과 감정, 사고에 있어서의 현실을 정확히 묘사하고 명확히 하며 진지하게 토의하면서 바로 그 장면에서 그러한 현실을 직접 수정할 수 있는 능력으로서, 사회복지사는 어떤 관계나 상호작용에 관하여 사회복지사가 어떻게 느끼고 있는지를 클라이언트에게 표현할 수 있고 피드백을 주기도 한다.

(15) 수용과 기대

수용(acceptance)과 기대(expectation)는 사회복지사의 비심판적이고 무비판적인 태도뿐만 아니라 클라이언트의 감정에 대한 존중 및 클라이언트에 대한 현실적 믿음을 의미한다. 수용과 기대는 단순히 판단하지 않는 태도라기보다는 적극적으로 이해하려는 태도를 말하며 클라이언트를 수용하기 위해서는 먼저 클라이언트의 상황과 감정을 이해하려고 노력하는 자세가 필요하다.

(16) 헌신과 책무

헌신(commitment)과 책무(obligation)는 원조 상황에서의 일관성 있는 책임감으로, 사회복지사와 클라이언트의 상호작용에 책임감을 갖지 않고서는 의미 있는 관계를 유지할 수 없다. 사회복지사와 클라이언트가 함께 관계의 목적과 조건, 상호의존적 관계 교류를 위해 헌신을 다할 때 클라이언트는 안전하다는 느낌을 갖게 된다.

전문적 관계에서의 헌신은 일반적으로 일정한 의무를 함께 요구하고 있다. 사회복지사의 의무는 관계를 맺을 때 예약된 시간과 장소, 클라이언트의 문제에 대한 초점 유지, 성장과 변화를 가져오는 관계 제공 등 필수적 절차상의 계약조건을 최대한 지키는 것이다. 클라이언트에게 기대되는 일반적 의무는 클라이언트가 지닌 문제와 상황에 대처하는 정직하고 개방적 태도와 약속된 시간과 주어진 과제 등 전문적 관계에서 지켜야 할 최소한의 행동을 의미한다. 예를 들어, 면접을 위해 정해진 시간과 장소에 정확히 오는 것 등을 포함한다.

사회복지사의 책무는 관계과정에서 필수적인 절차상의 조건들(미리 예약된 시간과 장소뿐 아니라 위기 상황에서도 나타나는 것, 클라이언트의 문제에 대해 함께 움직이는 데 초점을 두는 것, 공유와 성장·변화를 가져오는 관계를 제공할 것 등)을 최대한으로 충족시킬 책임을 포함한다. 만약 이러한 의무가 정당한 이유나 설명 없이 지켜지지 않는다면 클라이언트는 사회복지사에 대한 신뢰를 잃게 될 것이며 자신을 중요하게 생각하지 않는다는 의미로 받아들여 관계를 형성하기 어렵게 된다(Compton & Gallaway, 1989).

또한 헌신은 클라이언트와 클라이언트 체계에의 몰입으로 요약될 수 있고, 절대적 지속성, 클라이언트에 대한 일관성(항구성), 책임 있는 수행, 타인의 지위나 개인성 유지 등으로도 의미화할 수 있다. 사회복지사의 헌신적 자세는 도우려는 열망과도 연결된다. 클라이언트로 하여금 자신의 삶을 스스로 선택하고 통제할 수 있는 능력을 향상시키도록 도우려는 깊은 열망은 원조관계 전문가에게 필수적인 자질이라 할 수 있다(Compton & Gallaway, 1989). 클라이언트의 삶의 문제에 대한 집중과 클라이언트를 위한 서비스에 기꺼이 자신을 내주는 사회복지사의 마음은 클라이언트의 신뢰를 얻는 데 중요한 요소가 될 수 있을 것이다. 이 열망이 깊을수록 사회복지사는 도움을 제공하기 위해 지속적으로 지식과 기술을 개발하는 모습을 보일 것이고, 클라이언트의 욕구와 안녕이 우선적인 관심사가 될 것이다. 또한 제공된 서비스의 질을 검토하고, 클라이언트에 대한 서비스를 향상시키기 위해 기관, 프로그램 혹은 정책의 변화를 위해 노력하게 될 것이다. 클라이언트는 눈으로, 마음으로 사회복지사의 도우려는 열망을 확인하게 될 것이고, 충분한 원조관계 및 라포르(rapport) 형성이 될 수 있을 것이다(도광조, 2021, p. 50).

(17) 자아실현

자아실현(self-actualization)은 인간의 욕구 가운데 가장 최상에 위치하는 욕구이다. 모든 인간의 문제와 난관에 당면해서도 유머감각을 유지할 수 있는 능력으로, 클라이언트의 문제를 성장의 기회로 본다.

(18) 자기노출

자기노출은 사회복지사가 도움의 상황에서 적절하다고 생각되는 자신의 경험을 클라이언트와 함께 나눌 수 있는 능력으로, 사회복지사와 클라이언트의 관계가 일대일의 동등한 인격적 관계일 때 효과적 도움의 기술로 활용될 수 있다. 자기노출에는 감정을 표현하는 것과 자신의 경험을 이야기하는 것이 있다. 사회복지사의 자기노출은 클라이언트의 자기노출을 유도할 수 있다. 이와 같이 사회복지사의 자기노출을 통해 친화관계(라포르)가 강화되고 신뢰가 증가되면서 클라이언트는 자신의 문제에 대해 새로운 시각을 가질 수 있지만 부정적 감정까지 노출하게 되면 갈등을 일으킬 수 있다.

사회복지사는 자기노출 시 다음과 같은 점에 주의해야 한다. 첫째, 자기노출의 초점이 사회복지사에게 맞춰져서는 안 된다. 둘째, 어느 정도의 친화관계(라포르)가 형성되어 클라이언트가 개인적 관계를 맺고자 할 때까지 직접적 경험의 노출은 최소화해야 한다. 셋째, 클라이언트의 개입 목표, 역할 기대, 문화적 배경 등을 고려하여 오해가 없도록 사용해야 한다. 넷째, 성격의 불안정성, 무능력에 대해 지나치게 솔직한 자기노출은 피해야 한다. 다섯째, 클라이언트의 반응에 따라서 자기노출의 양과 형태를 조절해야 한다. 여섯째, 긍정적인 면과 부정적인 면 모두를 균형 있게 사용하여 문제 인식 향상, 동기 제공, 감정의 정상화를 유도해야 한다. 일곱째, 자기노출의 내용과 감정이 일치되어야 한다(Anderson & Mandell, 1989: 양옥경, 2006, p. 152 재인용).

(19) 대응 혹은 직면

대응 혹은 직면(confrontation or telling like it is)이란 사회복지사가 클라이언트의 이야기를 경청해 온 결과, 어떤 모순점이나 다른 점이 발견되면 이를 클라이언트에게 이야기해 주는 것으로, 클라이언트의 상황에 대한 공감적 이해를 바탕으로 하여 그의 행동을 명확히 하거나 검토·분석하여 적절히 도전함으로써 상대방으로 하여금 자신의 행동, 사고 그리고 행동 내에 포함된 왜곡된 점 내지 이들 상호 간에 존재하는 모순점들을 극복할 수 있도록 도와줄 수 있는 능력이다. 이러한 대응 혹은 직면은 클라이언트와 사회복지사가 파악한 현실이 일치하고, 다루고자 하는 내용이 합의될 때에만 가능하다.

(20) 따뜻함

따뜻함(warmth)이란 클라이언트의 안녕과 복리를 위하여 언어적이고 비언어적인 방법으로 보살핌과 관심을 전달할 수 있는 능력이다.

(21) 권위와 권한

권위(authority)는 클라이언트와 기관에 의해 사회복지사에게 위임된 권한(power)으로, 사회복지사는 일정한 지식과 경험을 보유하고 일정한 지위에 있음으로써 사회복지실천 전반에 영향력을 미칠 수 있는 권한을 가지고 있다.

전문적 관계에서의 권위는 첫째, 사회복지기관 내에서의 사회복지사로서의 위치와 기능적 역할로부터 나오는 제도적인 면에서의 권위와 둘째, 전문가인 사회복지사에게 정보와 조언을 구함으로써 클라이언트가 사회복지사에게 부여하는 심리적인 면에서의 권위가 있다.

사회복지사는 클라이언트를 돕는 관계에 있어 권위나 권력의 남용이 없이 자기 자신에 대한 정직한 태도, 즉 나는 누구이며 진실로 무엇인지에 대해 알아야 하고, 사회복지실천기관의 정책과 전문가의 역할에 대한 분명한 지식이 있어야 한다.

2) 사회복지실천관계의 원리

비에스텍(Biesteck)은 도움을 구하는 모든 사람에게는 공통적인 기본 감정 및 태도 유형이 존재한다고 보고, 사회복지실천관계의 기본을 사회복지사와 클라이언트와의 태도 및 감정의 상호작용으로 간주하여 관계의 7대 원리를 제시하였다.

(1) 개별화

개별화(individualization)란 클라이언트의 독특한 자질과 클라이언트가 놓인 특수한 환경을 이해하는 것으로, 사회복지사가 클라이언트를 원조할 때 개개인에게 상이한 원리나 방법을 활용하여 개별성을 지닌 특정한 인간으로 대우하는 것이다(Biesteck, 1973, p. 25).

사회복지실천은 클라이언트에게 초점을 두고 있으며 개인의 문제 제시에 따라 개별적으로 조정이 이루어지고 목표가 수립되며 사회적 서비스는 특별한 입장을 둘러싸고 있는 특수한 환경에 기초를 두어야만 한다. 개별화의 원리는 인간이 개별성만을 강조하고 공통성을 배제한다는 것을 의미하는 것이 아니라 인간은 개별적이며 같은 인간으로서가 아니라 개인차를 가진 인간으로서 취급되어야 한다는 인간의 권리에 기초를 두고 있다.

① 클라이언트의 권리와 욕구

인간은 누구나 본질적으로 공통성을 지니고 있는 한편, 각 개인마다 특수성을 지니고 있다. 각 개인은 소질과 환경, 타고난 재능과 의지적 활동 등이 각기 다르며, 상이한 생활경험과 내적·외적 자극을 가진다. 이와 같이 클라이언트가 필요로 하는 도움도 다르기 때문에 사회복지사는 각 클라이언트의 특수한 욕구를 충족시키고 문제를 해결하는 데 있어서 클라이언트 자신의 능력과 자원을 활용하도록 각기 다른 방식으로 도와야 한다.

② 사회복지사의 역할

개별화를 위해서 사회복지사는 다음과 같은 역할을 해야 한다.

- 자신의 편견이나 선입견에서 탈피
- 인간행동 및 사회환경에 관한 지식에 근거하여 클라이언트를 이해
- 클라이언트의 언어표현 내용과 표정, 몸짓, 침묵 등에 대한 경청 및 관찰능력이 있어야 함
- 클라이언트의 이야기와 감정 표현, 행동이 변화를 나타내는 속도에 보조를 맞출 수 있는 능력을 갖추어야 함
- 클라이언트의 감정을 직관적으로 파악할 수 있는 민감성과 반응이 있어야 함

- 클라이언트의 상황과 진행상황에 대한 예견능력이 필요

③ 개별화의 방법

첫째, 클라이언트의 입장을 이해하고 그가 처한 상황에 대해 배려해 주어야 한다. 둘째, 클라이언트에게 자신의 비밀이 존중되고 있다는 안도감과 신뢰감을 주어 자신이 존중되고 있음을 느끼게 해 준다. 셋째, 약속시간 엄수와 약속한 면담시간을 잘 지킴으로써 클라이언트 자신이 존중받고 있음을 느끼도록 해 주어야 한다. 넷째, 사회복지사는 클라이언트에게 적절한 도움과 안내를 위해 면담 전 클라이언트에 관한 정보를 파악하여야 한다. 다섯째, 클라이언트의 능력에 맞게 전 과정에 참여하도록 도와주어야 한다. 여섯째, 상담의 원칙을 따라 진행되지만 각 클라이언트에 따라 융통성 있게 적용되어야 한다.

(2) 의도적 감정 표현

의도적 감정 표현(purposeful expression of feeling)은 클라이언트의 부정적 감정을 자유로이 표현하고자 하는 욕구에 대한 인식으로, 사회복지사는 클라이언트의 본능과 충동, 감정과 정서 등 억압된 감정의 표현을 비난하지 않고 경청하며, 치료적 목적을 위해 감정을 자극하여 표현을 촉진시키도록 하여 클라이언트로 하여금 긍정적이고 건설적인 행동을 자유롭게 할 수 있게 하는 순기능이 있다(Biesteck, 1973, p. 35). 클라이언트의 자유로운 감정 표현을 통하여 클라이언트가 진술한 문제가 클라이언트에게 무엇을 의미하고 있고, 어떻게 문제를 보고 있으며, 클라이언트가 문제에 대해서 어느 정도 집착하고 있는지 클라이언트의 약점(weakness)에 대한 이해와 더불어 클라이언트의 강점(strength)을 파악하여 적절한 평가를 내리는 데 도움이 된다.

클라이언트의 감정 표현은 표현 그 자체를 위해서라기보다 수용을 받으려는 욕구, 개인으로서 취급받으려는 욕구, 사회복지기관으로부터 받고자 하는 도움, 클라이언트와 사회복지사 간의 관계수립을 위한 목적, 클라이언트 자신의 문제해결에 참여하려는 욕구 등 어떤 목적을 위해서 이루어지는 것이다.

① 의도적 감정 표현의 필요성

사회복지에 있어서 모든 클라이언트의 문제나 욕구는 기본적으로 심리사회적으로 정서적 요소를 가지고 있다. 의도적으로 감정을 표현하도록 하는 목적은 첫째, 클라이언트의 내부에

있는 압력이나 긴장을 완화시켜 주어 클라이언트 자신의 문제를 보다 분명하게 객관적으로 볼 수 있도록 도와준다. 둘째, 클라이언트의 감정 표현의 내용을 기초로 하여 클라이언트의 문제와 욕구의 단서, 약점과 단점, 관점 등을 이해함으로써 보다 더 정확한 조사와 진단, 개입, 치료가 이루어질 수 있다. 셋째, 클라이언트의 감정 표현에 대해 경청하는 자세와 태도를 갖는 것은 클라이언트에게 심리적 지지의 효과를 나타낸다. 넷째, 클라이언트의 욕구와 문제, 즉 클라이언트의 부정적 감정에 대한 대처방법과 해결 방안을 모색할 수 있다. 다섯째, 클라이언트의 감정이 표현됨으로써 사회복지사와 클라이언트 상호 간의 이해가 증진하게 되고 상화 간에 관계가 심화된다.

한편 의도적 감정 표현은 건설적인 제한 내에서 인식되어야만 한다. 첫째, 기관 안에서 처리될 수 없는 감정, 둘째, 클라이언트가 표현할 준비가 되지 않은 감정, 셋째, 사회복지사에게 책임을 전가하는 감정 표현, 넷째, 사회복지사의 관심을 끌거나 수용을 시험하는 감정 표현 등 각 사례에서 사회복지과정의 목적을 증진시키기 위하여 면담의 방향을 유지하는 데 도움이 된다.

② 사회복지사의 역할

사회복지사의 역할은 주로 클라이언트가 편안하게 자신의 감정을 표현할 수 있도록 허용적 환경을 조성하는 것이다. 사회복지사는 클라이언트가 자신의 감정을 마음 놓고 털어놓을 수 있는 환경을 조성해 주기 위하여, 첫째, 클라이언트가 편하게 긴장을 풀고 마음의 안정을 얻을 수 있게끔 여유 있는 태도를 갖고, 둘째, 사소한 일로 마음이 혼란스럽지 않게 시간적·정신적 여유를 가지며, 셋째 클라이언트에 대한 사회복지사의 관심과 경청의 허용적 태도로 클라이언트가 자신의 욕구와 문제에 대해 편하게 이야기할 수 있게 하고, 넷째, 클라이언트의 감정을 표현하도록 격려하고, 다섯째, 클라이언트의 변화 속도에 민감하게 반응하며, 여섯째, 비현실적 보장이나 지나친 해석, 일방의 해석으로 진행하지 않는다.

③ 의도적 감정 표현의 방법

가. 조사에 관련된 감정 표현

클라이언트에게 자신의 방식으로 이야기를 하도록 허용할 때 사회복지사는 조사를 위한 매우 귀중한 자료를 얻을 수 있다. 조사를 위한 자료에 관련된 감정 표현은 몸짓, 웃음, 얼굴표정 및 행동의 비언어적 의사소통으로, 클라이언트의 진정한 감정과 반응 형태 및 방어를 이해하는 단서가 된다.

나. 사정에 관련된 감정 표현

감정 표현은 사정에 도움이 된다. 사정이 아무리 정교하고 보충되거나 변화할지라도 사회복지사는 즉시 진정한 문제의 성질에 관한 어떤 관념을 계통적으로 설명하기 시작한다. 이러한 계통적 설명은 일반적으로 인간에 관한 지식과 사회복지실천관계에서 나타나는 개인에 대한 지식에 기초를 둔다.

다. 치료에 관련된 감정 표현

클라이언트의 감정 표현은 그 자체가 치료적 방법으로, 유익한 감정 해소의 경험만이 아니라 일어날 수 있는 좋지 못한 억압감도 예방하는 가치를 가진다.

(3) 통제된 정서적 관여

통제된 정서적 관여(controlled emotional involvement)는 클라이언트 상황과 사회복지사 자신의 개인적 감정을 분리하는 것을 말한다. 이것은 클라이언트 감정의 의미에 대한 이해, 민감성, 목적의식을 가지고 적절히 반응하는 것이다. 따라서 사회복지사는 면접 과정에서 자신이 하고 싶은 생각이나 감정을 마음대로 표현하는 것이 아니라 전문적 관계 및 면접목적을 인식하고 클라이언트에게 도움이 되도록 자신의 감정을 통제·조절해서 반응해야 한다. 이를 위해서는 사회복지사 자신의 정서, 감정, 행동에 대한 민감성과 통찰이 선행되어야 한다. 그리고 클라이언트에 대한 존중과 진정성, 수용, 공감적 이해가 수반되어야 한다(남미애·윤숙자, 2021, p. 40).

① 민감성

민감성(sensitivity)은 사회복지사가 클라이언트의 말하는 태도에서 클라이언트의 감정을 관찰하고 경청하여 파악하는 것으로, 말의 속도와 주저함, 어조와 안색, 자세와 복장, 손의 움직임 등은 클라이언트의 감정에 대한 실마리가 되며 표현되는 것이다.

② 이해

이해란 클라이언트 문제에 대해 클라이언트 자신이 갖는 감정의 의미를 사회복지사가 이해하는 계속적 과정이다. 인간 행동에 대한 지식은 감정의 의미를 이해하는 데 필수적인 것으로 사회복지사가 클라이언트를 이해하기 위해서는 인간행동에 대한 지식을 습득해야 된다. 이러한 지식은 심리학, 정신의학, 기타 사회과학, 자신의 생활경험이나 전문적 직업실천의 반성에서 얻을 수 있고 클라이언트의 감정의미를 알게 해 주고 이러한 모든 감정이 클라이언트에게 무엇을 의미하는지를 이해하게 해 준다.

③ 반응

반응(response)이란 사회복지실천기술 가운데 가장 어려운 부분으로 사회복지사가 클라이언트 문제와 관련된 감정을 파악하며 그 감정의 의미를 이해하고 감정에 대응하는 것이다. 사회복지사는 클라이언트에게, 첫째, 클라이언트를 개별화시키고, 둘째, 클라이언트의 변화와 흐름에 맞게, 셋째, 전문적 목적에 맞게 전문적 반응을 해야 한다. 클라이언트의 감정에 대한 동일시와 언어적·비언어적 상호작용으로 인해 마음에서 우러나오는 반응으로 사회복지사의 가치와 지식에 근거한 전문가의 판단과 전문성에 의하여 끊임없이 조절·조정·통제된 것을 의미한다.

(4) 수용

수용이란 클라이언트의 현실을 있는 그대로 받아들이는 것으로, 클라이언트의 장점과 약점, 좋은 성격과 나쁜 성격, 긍정적이고 부정적인 감정, 건설적이고 파괴적인 행동 등을 있는 그대로 이해하고 다루어 나가는 것이다. 수용은 클라이언트가 있는 그대로의 자신을 표면에 내세우고, 그러한 자기 자신을 바라보는 것에 안도감을 갖게 도와주며 클라이언트가 자신의 문제나 현실을 있는 그대로 인지하고, 방어기제와 감정의 얽매임에서 풀려나와서 해방감과 자유를 느끼게 하도록 하는 치료적 목적이 있다.

① 클라이언트의 욕구

클라이언트는 현재의 생활환경 중 어떤 면에서 만족하지 못하고 변화를 필요로 하지만 환경적 억압이나 그의 성격 때문에 변화할 수 없는 개인이다. 그렇지만 클라이언트는 자신의 약점과 실패를 그 나름대로 알고 있으며, 또한 그 자신에 대한 존엄성과 개인으로서 가치의 개념을 가지고 있다.

클라이언트는 한편으로는 도움을 받기 위하여 자신의 결점을 사회복지사에게 나타내야 한다는 것을 알고 있으며, 다른 한편으로는 사회복지사가 자신을 개인으로서 대하지 않을까 봐 두려워하는 양가감정을 가진다. 클라이언트는 문제와 관련하여 자신을 수용할 수 없는 감정으로부터 보호하려고 하기 때문에 수용적 분위기를 조성하는 것이 중요하며 클라이언트는 자신을 수용함으로써 자신에 관한 태도에 변화를 가져오게 되며, 자조의 강한 의지를 가지게 된다.

② 사회복지사의 역할

사회복지사가 클라이언트에게 정서적으로 반응하기 위해서는 첫째, 클라이언트의 욕구와 문제, 클라이언트가 처한 상황과 환경을 고려하여 반응하고, 둘째, 클라이언트의 자조(self-help) 욕구와 잠재력, 생활능력을 성장시키기 위한 촉진자로서 반응하며, 셋째, 사회복지사는 목적에 대한 명확한 인식, 성격과 행동 양식에 대한 지식, 클라이언트의 수용 등 이성적이고 감정적인 면에서 자기를 수용하고, 자신의 감정이나 태도를 이해할 수 있어야 한다.

③ 수용의 장애요인

사회복지사가 클라이언트를 수용하는 데 있어서 장애가 되는 요인은 첫째, 인간의 행동 양식에 관한 불충분한 지식, 둘째, 사회복지사 자신에 관한 불충분한 이해, 셋째, 사회복지사의 감정을 클라이언트에게 주입시키기, 넷째, 편견과 선입관을 가지기, 다섯째, 현실적으로 보증할 수 없는 재보증, 여섯째, 수용과 승인에 대한 혼돈, 일곱째, 클라이언트에 대한 존경심의 상실, 여덟째, 과잉동일시 등과 같다.

(5) 비심판적 태도

비심판적 태도(non-judgemental attitude)란 클라이언트의 문제나 욕구에 대한 잘못의 여부를 따지거나 클라이언트에게 어느 정도의 책임이 있는가 등을 판단하지 않고 클라이언트의 태도와 기준 또는 행동에 대해서만 평가하는 것이다. 비심판적 태도는 어떤 개인으로서의 클라이언트를 심판하는 것이 인간의 기본적 권리에 반대되며 치료에도 유해하다는 인식에 기초한 사회복지사의 내면적 확신으로, 이러한 확신이 클라이언트와의 관계에서 역동적 힘이 되기 위해서는 순수한 사고 수준에서의 반응은 불가능하며 사고나 감정의 두 가지 요소를 포함하여야만 한다(Biesteck, 1973, p. 90).

① 클라이언트 욕구

원조를 받기 위하여 사회기관에 온 클라이언트는 도움은 받고 싶지만 심판받고 싶지는 않은 양가감정(ambivalent)을 가지고 있다. 클라이언트는 죄악감, 열등감, 고독감을 가지고 있으므로 비판에 극도로 민감하며 자기방어적 태도로서 안전을 찾으려 하기 때문에 클라이언트가 사회복지사에게 심판적 태도를 조금이라도 느끼면 상호 간에 관계 형성은 될 수 없다.

② 비심판적 태도의 가치와 기준

비심판적 태도는 사회적·법률적·도덕적 기준이나 가치체계에 대한 무관심이나 거부나 클라이언트의 잘못 여부를 심판하는 것이 아니라 클라이언트의 태도와 가치 기준 및 행동을 객관적으로 평가하는 것이다.

비심판적 태도의 가치와 기준이 사회복지실천활동을 효과적으로 수행하는 데 필요한 이유는 첫째, 사회복지사는 사회적 책임을 가지고 있고, 둘째, 사회복지사가 가치체계나 기준에 무관심하다고 해서 클라이언트에게 어떠한 도움을 줄 수 있는 것은 아니며, 셋째, 사회복지사는 자기 성격의 통일성을 유지하기 위하여 자기 자신의 가치기준과 반대되는 기준에 무관심할 수 없기 때문이다.

이와 같이 사회복지사의 비심판적 태도는 클라이언트의 억압된 감정을 풀어내어 있는 그대로의 자신을 수용하게 되는 중요한 역동적 요소로서 클라이언트를 비판하기 위해서가 아니라 클라이언트를 이해하고 필요한 원조를 제공하는 데 도움을 주기 위한 것이다.

③ 비심판적 태도의 전달

사회복지사는 클라이언트에 대한 비심판적 태도를 최초의 면담에서는 직접 표현하기보다는 간접적 어조나 태도로 전달하는 것이 바람직하다. 클라이언트에 대한 사회복지사의 비심판적 태도는 언어적 반응으로 전달할 수도 있지만 주로 면담할 때 어조와 태도로 클라이언트에게 전달된다. 그러므로 사회복지사가 비심판적 태도를 전달하려고 하기보다는 클라이언트가 스스로 느끼게 하는 것이 필요하다. 최초의 면담에서 비심판적 태도가 특히 요구된다. 사회복지사가 비심판적 태도를 가지거나 전달하는 데 장애가 되는 요인들은 편견과 선입견, 사회복지사에 대한 적개심과 같은 클라이언트의 부정적 감정의 표현과 같다.

(6) 클라이언트의 자기결정

클라이언트의 자기결정(self-determination of client)은 외부의 영향을 받지 않고 스스로 선택하고 결정하며 생활하고, 다른 사람의 충고를 받지 않고 행동하거나 결정할 자유를 의미하며 자율성의 의미를 가지고 있다. 자율성이란 우리가 동의한 것만 행하고 자유롭게 맡은 의무를 제외하고는 어떠한 의무도 받아들이지 않고 자신이 주체적 역할을 하는 것으로 자기결정의 차원을 강조하고 있다.

클라이언트의 자기결정이란 사회복지실천에서 클라이언트가 자신의 선택과 결정을 할 수 있는 자유와 권리, 그리고 욕구를 실제로 인식하여 사회복지사와 클라이언트가 지역사회와 문제해결에 이용 가능한 적당한 자원을 발견하고 활용할 수 있도록 원조하고, 클라이언트 스스로 삶의 방향을 결정하는 것으로, 클라이언트의 자기결정의 권리는 클라이언트의 능력과 법률, 도덕의 테두리 또는 사회기관의 기능의 범위에 따라 제한받는다(Biesteck, 1973, p. 112).

① 클라이언트의 권리와 요구

클라이언트의 권리와 요구는 주체성 회복의 요구로, 인격의 발전이란 클라이언트가 스스로 선택과 결정의 자유를 주체적으로 행사해야만 가능하다. 클라이언트가 사회복지기관의 서비스를 받는다고 자신의 기본적 권리를 양도한다는 것은 아니며, 사회복지사는 전문적 능력을 가지고 클라이언트가 자신의 능력을 동원하고 지역사회 내의 자원을 활용할 수 있도록 도울 수 있다고 믿는다. 클라이언트는 어떤 선택이 자신에게 유익한가를 알고자 하며, 각 선택에 대한 사회복지사의 평가를 받아들이며 스스로 문제를 해결할 수 없다고 느끼고 사회복지사의 심리적 지지를 필요로 할지라도 자신이 결정할 자유를 가지고 싶어 한다.

② 사회복지사의 역할

사회복지사는 클라이언트가 지역사회와 그 자신의 성격에서 유용하고 적절한 자원을 발견하고 활용하도록 도와줌으로써 자기 지향을 위한 권리를 존중하고 욕구를 인지하며, 잠재력을 발휘하도록 자극하고 도와줄 의무를 가진다. 사회복지사의 역할은 클라이언트가 자기결정원리와 일치된다고 생각되는 긍정적 역할과 이와 모순된다고 생각되는 부정적 역할로 설명될 수 있다.

사회복지사의 긍정적 역할은 첫째, 수용적 태도와 심리적 지지로서 클라이언트가 방어기제와 정서적 긴장을 제거하여 자신을 있는 그대로 볼 수 있도록 도와주어야 하고, 둘째, 클라이언트의 내적 자원을 발견하고 활용할 수 있도록 자극을 주어야 하며, 셋째, 클라이언트에게 적당한 사회자원에 대한 정보를 제공하여 클라이언트 스스로 사회복지사가 제공한 자원을 선택하며 활용하도록 하고, 넷째, 사회복지사의 수용적 태도와 심리적 지지를 통해 클라이언트가 스스로 자기와 자기 문제를 이해하고 내외 자원을 활용하여 자기문제를 해결할 수 있는 인간관계를 만들어 주어야 한다.

사회복지사의 부정적 역할은 첫째, 사회복지사가 문제해결의 중요한 책임을 맡고 클라이언트에게는 종속적 역할만 하도록 허용하고, 둘째, 클라이언트가 요구하는 서비스에 관계없이 클라이언트의 사회적·정서적 생활의 사소한 면을 도우려고 하며, 셋째, 직접적으로나 간접적으로 클라이언트를 조종하려고 하며, 넷째, 통제적 방식으로 설득하는 점이다.

③ 자기결정의 한계

클라이언트의 신체적·정신적 능력을 넘고 도덕을 위반하며 법을 어기고 사회기관의 규정을 벗어난 자기결정에는 한계가 있다.

첫째, 클라이언트의 자기결정은 클라이언트의 능력 범위 내에서 이루어져야 하며, 클라이언트에게 자기결정의 능력이 없다면 객관적 평가를 해야 한다.

둘째, 클라이언트의 자기 생활에 대한 선택과 결정은 도덕적 범위 내에서 이루어져야 하며, 부도덕한 행동으로의 선택과 결정에 대한 바른 안내가 필요하다.

셋째, 클라이언트의 자기결정은 법적인 범위 내에서 이루어져야 한다. 합법적이지 못한 극단적이고 일방적인 선택과 결정에 대해서 올바른 정보 제공 등 안내가 필요하다.

넷째, 클라이언트의 자기결정이 서비스를 제공받는 기관의 규정과 기능의 범주 안에서 유기적으로 이루어져야 한다. 클라이언트의 자기결정은 사회복지사와의 상호작용, 사회복지 자원인 서비스 제공기관과의 유기적 상호관계 내에서 이루어져야 한다.

(7) 비밀보장

비밀보장(confidentiality)은 모든 클라이언트의 기본적 권리에 기초한 사회복지사의 윤리적 의무이며 사회복지 서비스를 제공하기 위한 기본 요건으로, 전문적 관계에서 알게 되는 클라이언트에 관한 정보를 지켜 주는 것이다. 그러나 클라이언트의 권리가 절대적인 것은 아니다. 비밀보장은 클라이언트의 비밀을 보존하는 데 목적이 있는 것이 아니라 클라이언트의 다른 권리를 보호하기 위하여 필요한 수단이다(Biesteck, 1973, p. 121).

① 비밀보장의 종류

자연적 비밀(the natural secret)은 개인의 전과나 범죄, 비행에 관한 정보로 본인의 명예를 훼손하거나 양자, 사생아, 혼열아 등의 사실이 알려지면 본인 또는 관계자들이 당혹할 정보이다. 계약적 비밀(the promised secret)은 클라이언트가 본인의 명예는 훼손되지 않지만 본인이 사람들에게 알리고 싶지 않은 후처, 재혼, 기아, 쌍둥이 등 개인의 사생활에 관한 정보이다. 위탁적 비밀(the entrusted secret)은 클라이언트가 사회복지사 이외의 제삼자에게 알리는 것을 꺼리는 정보로, 사회복지사와 클라이언트 간의 상호 신뢰에 의해서 지켜지는 정보이다.

② 집단비밀

클라이언트의 사례에 대한 정보가 기관 내 다른 직원에게 전달되지 않으면 도움이 되지 않을 때 관련인에게도 정보가 상호 유통된다. 이와 같은 경우에 사례의 비밀이 사회기관 내에 전달되지만 관계직원은 외부에 대하여 이 비밀을 보호할 의무가 있다. 이것이 집단비밀이며, 이것을 기관 내에서는 대외적으로 보호할 의무가 있다.

집단비밀은 첫째, 사회복지사가 어떤 자유계약의 사회복지사가 아니라 사회복지관의 대리자이거나, 둘째, 기관이 비밀정보를 기관 내의 다른 직원에게 알리지 않고서는 효과적 서비스를 제공할 수가 없는 경우 고려될 수 있다. 이와 같이 비밀정보가 여러 사람에게 알려지더라도 비밀을 보존할 의무가 면제되는 것이 아니라 그 의무는 그 비밀을 함께 알고 있는 모든 사람들에게 부여되는 것이다. 사회복지사는 클라이언트의 사생활을 존중해야 하며 전문적 서비스 과정에서 알게 된 모든 정보에 대한 비밀을 보장해야 한다.

사회복지사는 첫째, 전문적 이유에 의해서만 클라이언트의 승인 없이 클라이언트의 비밀 정보를 다른 사람과 이야기해야 하며, 둘째, 클라이언트에게 어떤 상황에서 비밀보장의 한계와 정보가 어떤 목적으로 수집되고 어떻게 활용되는지를 충분히 말해야 하며, 셋째, 클라이언트에 관한 어떤 공식적 기록에 대하여 올바른 이해를 하도록 도와야 하고, 넷째, 클라이언트에게 기록에 대하여 올바르게 이해시킬 때 기록에 포함되는 다른 사람의 비밀을 보호하는데 유의해야 하며, 다섯째, 클라이언트의 행동에 관한 제삼자의 관찰을 허용하거나 녹음하거나 기록하기 전에 클라이언트의 승인을 받아야 한다.

③ 비밀보장의 한계

첫째, 클라이언트 자신의 내부적 딜레마로, 클라이언트가 비밀보장의 권리와 다른 권리와의 모순충돌 발생 시 이를 해결하기 위하여 두 권리의 경중을 비교하여 보다 중요한 쪽을 택하여야 한다. 둘째, 타인의 권리와의 충돌로, 양 권리를 비교하여 더 중요한 권리를 택해야 하며, 비밀보호가 제삼자에게 손해를 미치리라는 명백한 증거가 나올 때까지 존중되어야 한다. 셋째, 사회복지사의 권리와의 충돌로, 클라이언트의 비밀보장으로 인해 사회복지사의 권리가 박탈되는 것을 의미한다. 넷째, 사회기관의 권리와의 충돌로, 클라이언트의 비밀을 지키기 위해 고유의 법적 권한이 부여된 기관의 사회적 사명과 권한을 넘어섬으로 사회적 의무에 반하는 조치이다. 다섯째, 사회적 권리와의 충돌로, 사익과 공익, 개인과 사회의 권리 사이에 충돌이 일어나는 것이다. 사회는 공공의 이익을 촉진시키며, 사회질서와 평화 등을 유지하여 시민의 복지를 적극적으로 증진시키기 위해 한 시민으로서 사회공동의 복지증진에 협력할 의무가 있다.

이와 같이 클라이언트의 비밀을 보장하려고 할 때 초래하게 되는 딜레마의 해결은 비밀을 지킴으로써 위에서 말한 다섯 가지의 다른 권리가 침해된다는 증거가 명백해질 때까지 우선되어야 한다.

사회복지실천관계의 원리를 정리하면 〈표 6-1〉과 같다.

표 6-1 사회복지실천관계의 원리와 초점

관계의 원리	관계의 초점
개별화	모든 클라이언트는 개별적 욕구를 가진 존재로 개별화해야 한다.
의도적 감정 표현	클라이언트가 감정을 자유롭게 표현하도록 해야 한다.
통제된 정서관여	클라이언트의 감정에 민감성과 이해로서 반응해야 한다.
수용	클라이언트를 있는 그대로 인정하고 받아들여야 한다.
비심판적 태도	클라이언트를 심판하거나 비난하지 않아야 한다.
클라이언트의 자기결정	클라이언트의 자기결정을 최대한 존중해야 한다.
비밀보장	클라이언트의 비밀을 보장해야 한다.

03 관계 형성의 방해요인

사회복지사와 클라이언트의 관계는 변화의 중요한 도구로, 사회복지사와 클라이언트의 상호관계에서의 문제점은 변화를 방해할 뿐 아니라 양자 간의 관계를 단절하여 사회복지실천 과정 도중에 사회복지실천개입을 중단시키기도 한다.

1) 클라이언트의 불신

사회복지사가 클라이언트와의 관계에서 클라이언트의 상처, 실망, 분노, 두려움, 거부감, 그리고 그 밖의 부정적 감정의 반응을 인지하지 못하고 기술적으로 다루지 못한다면 원조과정에서 큰 장애물로 확대될 수도 있다. 클라이언트의 불신은 대부분 사회복지사와의 관계가 있기 이전의 중요한 다른 관계의 경험으로부터 유래된다. 지금까지 격려와 인정을 받아 보지 못한 사람은 사회복지사를 신뢰하고 의지하는 것이 쉽지 않기 때문에 비난과 거부, 상처를 미리 예상하여 방어적 태도를 보이게 되므로 클라이언트의 자기노출은 어려워지고 더 이상의 변화를 기대할 수 없다.

클라이언트에게 부정적 감정의 반응을 낳을 수 있는 사회복지사의 전형적 행동의 예는 다음과 같다.

- 클라이언트가 경험하는 중요한 감정을 인식하지 못하는 것
- 클라이언트가 비난이나 비방으로 해석할 수 있는 메시지를 보내는 것
- 태만해지거나 클라이언트를 무시하는 것
- 클라이언트가 성장하고 있음을 인정하지 못하는 것
- 내용이나 시간상 적절하지 않게 직면을 사용하는 것
- 클라이언트가 이전에 밝힌 중요한 정보에 대해 기억하지 못하고 있음을 나타내는 것
- 게으름을 피우거나 약속을 취소하는 것
- 졸리거나 침착하지 못해 보이는 것
- 반대하거나 논쟁하거나 과도하게 충고하는 것
- 클라이언트가 계획한 행동과정을 인정하지 않는 것
- 클라이언트 또는 클라이언트 집단의 반대편에 서 있는 것처럼 보이거나 실제로 그렇게 하는 것
- 토의를 좌지우지하거나 클라이언트를 자주 방해하는 것
- 클라이언트가 실행하기에 어렵다고 느끼는 조언이나 과제를 주는 것
- 비자발적 클라이언트에게 법적 명령을 넘어서는 힘을 생활 영역에 사용하는 것 등으로 사회복지사의 실수, 클라이언트의 오해와 관련

2) 전이

전이(transference)는 클라이언트가 어린 시절 가졌던 누군가에 대한 바람과 원망, 사랑과 두려움 등의 무의식적 감정들을 사회복지사에게 보이는 비현실적 인식과 반응으로, 상황에 맞지 않는 비현실적 왜곡을 낳아 변화에 대한 강한 저항을 일으킨다.

전이 반응을 다루기 위해서는 클라이언트가 표현하는 것을 인식해야 한다(Hepworth et al., 2002, p. 574).

- 집착하거나 의존적인 방법으로 또는 지나치게 칭찬이나 재확신을 얻으려는 방법으로 사회복지사에게 관계하는 것

- 지나친 칭찬이나 비위를 맞추면서 사회복지사를 기쁘게 하려는 것
- 사회복지사에게 개인적 질문을 많이 하는 것
- 사회복지사와 논쟁하거나 괴롭히면서 도발적으로 행동하는 것
- 사회복지사의 흉미를 묻는 것
- 사소한 이유로 약속을 자주 변경하는 등 특별한 관심을 끌려는 것
- 사회복지사를 식사나 파티 등에 초대하여 사교상 관계하려는 것
- 사회복지사에 대해 꿈이나 환상을 갖는 것
- 방어적으로 반응하거나 거부당한다고 느끼거나 현실적 이유 없이 비난이나 벌을 예상하는 것
- 개인적 호감을 표현하거나 선물을 주는 것
- 시시덕거리거나 야한 옷을 입거나 애정 어린 행동을 하는 등 유혹하듯 행동하는 것
- 사회복지사가 약속을 취소하거나 연기하는 경우 퇴행하거나 파괴적인 방법으로 행동하는 것
- 면담할 때 이상하게 조용하거나 산만하거나 조는 것
- 약속시간에 늦거나 정해진 시간 이상으로 머물려고 하는 것
- 클라이언트의 평소 스타일과 현저하게 다른 스타일의 옷을 입거나 행동하는 것

3) 역전이

역전이(countertransference)는 사회복지사가 클라이언트를 마치 자신의 과거 어떤 인물인 것처럼 느끼고 무의식적으로 그렇게 반응하는 것이다. 전이와 마찬가지로 역전이 반응도 강한 비현실적 감정으로 심각한 왜곡을 낳게 되고 건전한 변화를 방해한다. 역전이는 왜곡된 인식과 감추어진 부분, 소망과 치료를 방해하는 감정반응과 행동을 만들어 내면서 관계를 악화시킨다(Hepworth et al., 2002, pp. 576-577).

- 클라이언트에게 지나친 관심을 갖는 것
- 클라이언트에 대해 끊임없이 에로틱한 환상을 가지거나 꿈을 꾸는 것
- 클라이언트와 면담하는 것을 두려워하거나 즐거워하는 것

- 특정 클라이언트와 한 약속에 계속 늦거나 잊어버리는 것
- 클라이언트와 특정문제에 대해 이야기하는 것을 불편해하거나 방어적으로 느끼는 것
- 클라이언트를 향해 적대감을 느끼거나 클라이언트와 공감을 잘 살 수 없는 것
- 클라이언트의 어려움에 대해 다른 사람들을 배타적으로 비난하는 것
- 끊임없이 지루함과 졸림을 느끼거나 클라이언트를 내버려 두는 것
- 클라이언트를 감동시키거나 클라이언트에게 감동을 받으려고 지나치게 노력하는 것
- 클라이언트를 잃는 것에 대해 지나치게 염려하는 것
- 클라이언트와 논쟁하거나 클라이언트의 비난과 고발에 방어적이 되거나 상처를 입는 것
- 지나치게 염려하고 클라이언트가 스스로 할 수 있는 일을 대신해 주는 것
- 클라이언트의 성생활에 대해 이상하게 호기심을 갖는 것
- 특정 유형의 클라이언트를 받아들이거나 좋아하는 데 어려움을 느끼는 것 등

4) 저항

저항(resistance)은 터놓고 논의하지 않고 고의적이든 아니든 어떤 방법으로든 변화 노력을 방해하고, 주저하며, 중지하는 것이며, 치료적 작업과정을 방해하는 어떤 행동이나 태도로, 사회복지사와 클라이언트의 관계에서 변화를 방해하는 힘을 의미한다. 저항이론(reactance theory)은 변화에 대한 반대를 고려하는 데 유용한 관점을 제공한다.

(1) 저항의 유형

사회복지실천과정에서 보이는 저항 유형을 살펴보면 다음과 같다.

- 갑자기 말을 하지 않거나 할 말이 생각나지 않거나 혹은 말하고 싶지 않다고 하는 침묵의 경우로, 이는 매우 명백한 저항이다.
- 쓸데없는 이야기를 장황하게 하다가 막상 핵심주제는 그냥 뛰어넘거나, 중요하지만 고통스러운 이야기를 꺼내면서 마치 못 들은 것처럼 또는 더 중요한 얘기가 생각났다는 듯이 행동하면서 혹은 주변 이야기를 늘어놓는 행동 등 핵심에서 벗어난 주제를 말하는 것도 저항의 한 형태이다.

- 잘될 리가 없거나, 해 봤자 뻔한 일이라거나, 해 봤자 소용없다는 식으로 계속 잘 안 될 것이라는 무력함을 표현하는 것으로, 이런 반응은 변화를 원하지 않는 것으로 오히려 사회복지사를 무력하게 만들기도 한다.
- '별로 심각한 이야기는 아니고, 시간이 지나면 해결되며, 어떻게 되겠지.' 하는 식의 반응으로, 이는 문제를 직면하지 않고 변화에 대한 노력을 기울이지 않으려고 하고 문제를 축소하거나 마술적 해법을 기대하는 것이다.
- 지각하거나 결석하는 것, 면담 중 안절부절못하며 몸을 움직이거나 지루해하며 하품을 하는 등은 저항의 심리를 행동으로 나타내는 것이다.

(2) 저항의 원천

저항의 원천은 인간의 양가감정에서 찾을 수 있다. 즉, 인간은 변화를 원하여 도움을 청하면서도 동시에 익숙한 것을 버리고 새로운 행동을 해야 하는 것에 대한 두려움으로 변화에 대한 저항을 가지게 된다. 또 다른 저항의 원천은 서비스와 개입에 대한 잘못된 이해를 가지고 있거나 익숙하지 못한 상황에 직면하는 것이 두려워 저항을 보일 수 있다(Hepworth et al., 2002, p. 580). 이런 경우 서비스와 기관의 특성을 제대로 설명해 주고 익숙하지 않은 상황인 경우 사회복지사가 시범을 보여주거나 역할극을 통해 상황에 익숙해지도록 돕는다.

5) 변화를 방해하는 관계 다루기

(1) 변화에 대한 저항 다루기

변화에 대한 저항 다루기(managing opposition to change)는 저항이 변화로의 진전을 심각하게 방해할 때만 사용하는 것이 좋다. 목표 달성을 심각하게 방해할 때는 저항을 다루는 것을 최우선으로 한다. 이때 저항의 저변에 있는 현재의 감정에 초점을 두어 토론한다. 현재의 부정적 감정이 전에 있었던 일 때문이라 하여도 그에 대한 현재의 감정을 묻는다. 이 기법은 저항을 인식하여 해결하는 이득 외에도 부정적 감정을 표현함으로써 대인관계에서의 부정적 감정을 효과적으로 다룰 수 있는 경험을 제공한다.

(2) 긍정적 재해석

긍정적 재해석(positive connotation)은 클라이언트의 부정적이고 바람직하지 못한 감정들에 사회복지사가 긍정적 의미를 부여하는 것으로, 이 기법의 목적은 왜곡된 관점을 제공하고자 하는 것이 아니라 클라이언트의 자기방어를 줄이고 손상되기 쉬운 자존감을 보호하고자 하는 것이다. 클라이언트의 행동에 담겨 있는 의미가 사회복지사의 유리한 지위에 의해 긍정적이거나 부정적으로 보일 수 있음을 인식하게 된다. 발전에 방해가 되는 것으로 보일 때 반대는 부정적 의미이지만 클라이언트의관점에서 보면 똑같은 행동도 긍정적 의도를 가질 수 있다.

긍정적 재해석의 목적은 클라이언트가 스스로 방어를 최소화하고 자신의 상처받기 쉬운 자존심을 보호하며 강점 관점으로 일관되게 행동하는 것이다. 중요한 것은 클라이언트가 자신의 부적절한 반응이 왜곡된 인지에서 기인하는 것임을 알고 이후에 자신의 감정을 직접 표현할 수 있도록 하는 것이다(Hepworth et al., 2002, p. 583).

(3) 문제를 성장의 기회로 재정의하기

문제를 성장의 기회로 재정의하기(redefining problems as opportunities for growth)는 긍정적 재해석과 재명명과 관련이 있다. 클라이언트와 사회복지사는 모두 문제를 부정적으로 보는 경향이 있다. 더욱이 클라이언트는 행동의 치료과정에서 새로운 행동을 시도하는 것을 필요악으로 본다. 따라서 새로운 행동은 문제와 필수과정을 다시 처방하여 답답하고 자기파괴적 행동에서 자유로워지는 도전과 성장을 위한 기회로 삼도록 도울 수 있다. 재명명은 불편, 두려움, 변화에서 얻을 수 있는 이점인 긍정을 강조한다. 이 기술을 사용할 때 극단적 낙관주의 태도를 보이지 않는 것이 중요하다. 두려움과 위협은 클라이언트에게 너무나 현실적인 것이어서 지나친 낙관은 클라이언트에 대한 이해 부족을 의미하는 것일 수도 있기 때문이다. 재명명은 클라이언트의 문제를 최소화하지도 새롭게 행동하는 데 있어 반성하는 두려움을 무시하지도 않는다. 클라이언트가 자기 문제에 대해 부정적 요소뿐만 아니라 긍정적 요소를 포함하는 전체적 관점에서의 차이를 가능하게 한다(Hepworth et al., 2002, pp. 583-584).

문제를 성장의 기회로 재규정하는 것은 문제가 분명히 변화되어야 하는 것임에 틀림없지만 지나치게 부정적으로만 볼 것이 아니라 이것을 성장과 도전의 기회로 인식하게 되는 것이다. 이러한 기법은 두려워하고 불안해하는 클라이언트에게 문제에 대한 낙관적 관점을 제공하고 아무리 어려운 상황도 생각하기 나름이라는 좀 더 확대된 시각을 제공한다.

(4) 반대 유형에 직면하기

반대 유형에 직면하기(confronting patterns of opposition)는 변화를 방해하는 부정적 감정과 생각, 행동을 클라이언트가 인식하도록 돕는 것으로, 매우 직접적인 방법으로 클라이언트가 자신의 행동과 생각, 감정, 사이의 모순을 발견하지 못할 때 효과적이나 클라이언트가 받아들일 준비가 되어 있지 않은 상태에서 하면 오히려 역효과가 나타나기 쉽다. 유도질문은 적극적인 직면의 형태로서 역시 존중하는 태도로 전달해야 하며 클라이언트가 자기 사고와 가치, 믿음과 행동 사이의 잠재적 모순을 고찰하도록 질문하며, 클라이언트 자신을 낙인찍도록 요구하는 질문보다 사실과 관련된 내용을 질문할 때 효과적이다.

절박한 상황인 경우 문제를 일으키는 사고와 계획, 가치와 믿음 간의 관계를 서술 형태로 진술하는 단호한 직면을 사용할 수 있다. 효과적인 단호한 직면은 첫째, 관심의 표현, 둘째, 클라이언트의 목적, 믿음, 노력에 대한 기술, 셋째, 목적, 믿음, 노력과 단절되고 일치하지 않는 행동 또는 행동의 부재, 넷째, 모순된 행동으로 일어날 수 있는 부정적 결과 등이다.

> 나는 당신이 원하기, 믿기, 애쓰기(바라는 결과를 설명) 때문에 걱정이 된다.
> 그러나 당신은 ___________는(도) ___________(모순되는 활동, 행동, 게으름)는(도) ___________
> 가능한 부정적 결과를(을) 만들어 낼 수 있다.

(5) 전이와 역전이 다루기

사회복지사는 과거의 대상과 달리 모든 상황을 파악하고 통제할 수 있는 안전한 대상이 되어 주며 동시에 클라이언트가 그 딜레마를 신경증적으로 다루지 않도록 해석함으로써 그 관계를 치료적으로 만들 수 있다. 사회복지실천 개입과정에서 전이는 변화를 방해하는 요인이므로 전이반응을 없애도록 노력해야 한다. 따라서 클라이언트의 반응이 비현실적임을 지적하고 현실적 사회복지사에 대한 관점을 가지도록 도와주고, 사회복지사에 대한 감정을 전에 다른 사람에게도 느낀 적이 있는지 알아보고 그것이 어디서 유래되었는지를 클라이언트가 깨닫도록 도와준다.

사회복지사가 전이반응을 다루는 데 있어 다음과 같은 지침이 유용할 것이다. 첫째, 클라이언트의 반응이 비현실적이지 않으며 사회복지사의 행동에 기인한 것일 수 있다는 가능성을 항상 고려해야 한다. 둘째, 클라이언트가 과거 어떤 중요한 사람이 그렇게 했듯이 사회복지사가 치료에 도움이 안 되는 방법으로 반응하기를 기대한다면 그러한 기대를 거절하고 다른 식으로 반응하는 것이 중요하다. 셋째, 그러한 감정이 언제, 어떤 방식으로 나타나는지 살펴 왜곡된 인지의 원인을 클라이언트가 스스로 확인하도록 도와야 한다. 넷째, 클라이언트는 자기감정의 비현실적 근원을 구분해 내고 그러한 감정을 유발한 왜곡을 인식한 후 사회복지사의 실제 감정을 공유해야 한다. 다섯째, 사회복지사가 감정을 살피고 난 후 클라이언트가 다른 관계에서도 유사한 반응을 경험했는지 알아보도록 도와야 한다(Hepworth et al., 2002, pp. 574-575).

일반적으로 역전이를 해결하는 첫 단계는 자기성찰이다. 자기성찰은 감정, 반응, 인식 그리고 행동의 원칙을 발견하기 위해서 스스로 분석적으로 대화는 것과 관련이 있다. 자기성찰은 흔히 사회복지사가 클라이언트와 관계하는 데 현실적 관점을 성취하거나 되찾도록 돕는다. 자기감정에 대해 생각하고 신선한 생각을 얻도록 동료나 슈퍼바이저와 이 주제에 대해 토론하고 자문을 받아야 한다. 반복적으로 역전이 반응에 말려드는 사회복지사는 대인관계에 영향을 미치는 다년간 해결되지 않은 감정적 충돌이 있다. 클라이언트에게 역기능을 초래할지도 모르는 병리적 사회복지사는 스스로 전문적 도움을 받아 자신의 어려움을 해결해야 하며, 그 밖에 어떤 사람은 이러한 전문직에 적합하지 않을 수 있고, 그래서 자신을 위해 그리고 클라이언트와 전문직업을 위해 직업을 바꾸는 것을 고려해야 한다(Hepworth et al., 2002, p. 577).

학습 정리

1. 사회복지실천에서 사회복지사와 클라이언트 간의 관계는 상호작용을 통해 클라이언트의 문제해결과 환경 적응을 돕는 역할을 한다. 이러한 관계는 태도와 정서의 역동적 상호작용으로 구성되며, 클라이언트의 자원 활용을 촉진하고 문제해결을 위한 지원을 제공한다. 이를 위해서는 사회복지사가 클라이언트와 신뢰를 형성하고, 열린 자세로 접근하며, 클라이언트의 감정을 존중하고 이해하는 것이 중요하다.

2. 효과적인 사회복지실천관계를 위해 사회복지사는 자아인식, 타인에 대한 관심, 도우려는 열망, 공감능력, 전문적 태도 등을 갖추어야 한다. 클라이언트와의 관계를 촉진하기 위해서는 비언어적 관심 기울이기, 경청, 공감, 진솔성 등의 기술이 필요하다. 또한 클라이언트의 위치와 거리, 눈 접촉, 표정, 팔다리 움직임 등 비언어적 요소도 중요한 역할을 한다. 이러한 구성요인들을 통해 클라이언트와의 신뢰관계를 형성하고, 효과적인 문제해결을 도모할 수 있다.

3. 관계 형성의 방해요인으로는 클라이언트의 불신, 전이, 역전이, 저항 등이 있다. 클라이언트의 불신은 이전의 관계 경험에서 비롯될 수 있으며, 사회복지사가 이를 인지하지 못하면 원조과정에 큰 장애가 될 수 있다. 전이는 클라이언트가 과거의 감정을 사회복지사에게 투사하는 것이며, 역전이는 사회복지사가 클라이언트를 특정 인물로 인식하고 반응하는 것이다. 저항은 클라이언트가 변화에 대해 주저하거나 중지하는 태도로, 이러한 방해요인들을 효과적으로 다루기 위해서는 클라이언트의 감정과 생각을 이해하고, 적절하게 대응하는 것이 중요하다.

chapter 07

면접

학습목표

1. 면접의 개념과 특성을 이해한다.
2. 면접의 방법과 기술을 이해한다.
3. 면접의 구조와 유형을 이해한다.

01 면접의 이해와 종류

1) 면접의 이해

(1) 면접의 개념

사회복지면접은 사회복지사와 클라이언트 간에 어떤 목적으로 가지고 특정한 내용에 초점을 맞추어 나가는 일종의 의사소통으로, 인간의 행동과 반응에 대한 전문적 지식과 정교한 인간관계기술을 갖춘 사회복지사가 클라이언트와 그의 문제를 이해하고 원조한다는 목적을 가지고 의도적으로 이끌어 나가는 전문적 대화라고 할 수 있다.

(2) 면접의 특성

사회복지면접의 특성으로는 첫째, 면접이 이루어지는 특정한 기관의 상황적 특성을 말하는 전후관계(context)나 장(setting)이 있고, 둘째, 개입목적에 관련된 내용들로 의사소통이 제한되는 목적지향적이며, 셋째, 사회복지사와 클라이언트가 목적 달성을 위해 함께 활동해야 한다는 한정적이며 계약적인 특징이 있고, 넷째, 면접과정에서 사회복지사와 클라이언트의 역할이 서로 다르다는 특수한 역할관계를 수반한다(Compton & Galaway, 1994, p. 274).

(3) 면접의 목적

사회복지면접은 대개 문제 상황에 처한 클라이언트에 대한 정보를 수집하고 도움을 제공하는 것이 목적이다. 문제를 파악하여 문제 상황에 처한 개인과 그 상황을 이해하고 적합한 원조방법을 제공하여 문제를 효과적으로 해결하려는 것이다.

면접의 구체적인 목적은 다음과 같다.

면접의 목적

① 클라이언트의 욕구와 문제를 파악하기 위한 자료수집
② 치료관계의 확립과 유지
③ 클라이언트에게 정보 제공
④ 원조과정에서의 장애 파악과 제거
⑤ 목표달성을 위한 활동 파악과 이행
⑥ 원조과정의 촉진

출처: Brown(1992). Handbook of social work practice. p. 102.

면접의 목적과 관련해서 사회복지사가 주의해야 할 점은 첫째, 문제상황에 대한 충분한 이해가 이루어지지 않은 상태에서 개입하려고 하면 효과적 문제해결을 할 수 없고 클라이언트의 실망과 분노를 초래하기 때문에 사회복지사는 도우려는 마음만으로는 부족하다. 서두르지 말고 클라이언트가 가진 문제와 그것을 둘러싸고 있는 상황, 클라이언트 개인에 대한 정보를 수집하는 작업을 우선해야 한다. 둘째, 열의가 지나친 나머지 자기가 일하고 있는 사회복지기관의 기능이나 사회복지사로서의 역할을 넘어서는 개입이 있어서는 안 된다. 일반적으로 사회복지기관은 기관의 목적과 재정, 지역사회의 특성에 따라 활동의 종류나 범위가 제한되어 있기 때문에 기관에 소속된 사회복지사는 자기 기관의 기능에 따라 할 수 있는 일이 한정되어 있으므로 사회복지사는 자기 기관의 특수한 기능과 활동의 범위을 명확히 인식하여 클라이언트의 욕구가 소속 기관의 서비스 범위를 넘어설 때에는 다른 기관에 의뢰하는 것이 효과적이다(엄명용, 2005, p. 235).

(4) 면접의 조건

전문적인 면접은 면접이 이루어지는 장소와 면접시간, 면접기록과 같은 구조적 요인들이 특징으로 사회복지면접은 시간과 공간이라는 물리적 환경, 보존을 위한 기록, 비밀보장과 같은 구체적 요건을 필요로 한다. 면접의 물리적 조건들은 클라이언트의 태도와 가정, 반응 등에 중요한 영향을 주기 때문에 조용하면서 프라이버시가 보장되고, 클라이언트 욕구를 충족하기에 가장 편리한 환경을 제공하고 사회복지사가 면담시간 동안만큼은 온전히 클라이언트에게 집중할 수 있는 환경이 필요하다.

생산적 면접을 위한 환경적 요소

① 적절한 통풍과 조명
② 쾌적한 실내온도
③ 답답하거나 갇힌 느낌이 들지 않을 정도의 넓은 공간
④ 면접공간에 어울리는 가구와 실내장식
⑤ 등을 편안하게 받쳐 주는 의자
⑥ 비밀을 이야기할 수 있을 정도의 독립적 공간
⑦ 주의가 산만해지지 않도록 방해받지 않는 분위기
⑧ 참여자 사이의 개방적 공간

출처: Hepworth et al. (2002). Direct social work practice: Theory and skills.

효과적 면접을 위해 다음과 같은 점을 고려해야 한다.

첫째, 면접실은 면접이 진행되는 데 큰 영향을 끼친다. 따라서 권위적이고 딱딱한 느낌을 최대한 피하고 평안하고 마음의 여유를 느낄 수 있도록 통풍이 잘되는 곳에 구성하는 것이 좋다. 이를 위해서는 클라이언트가 신체적 불편을 느끼지 않도록 자리 배치와 조명의 조도와 배열을 고려하여 적절한 그림 등을 게시하며, 커피 등 음료와 다과 등이 있으면 마음을 안정시키는 데 도움이 된다.

둘째, 면접은 사회복지사와 클라이언트 상호간 약속에 의해 시간이 정해지고, 그 시간은 예기치 못한 급한 사정이 없는 한 반드시 지켜져야 한다.

셋째, 면접시간은 면접의 목적에 따라 다르기 때문에 최적의 시간을 제시하기는 어려우나 일주일에 1회, 1회 면접에 50분이 일반적이며 클라이언트의 주의집중능력과 의사소통, 기관의 사정을 고려하여 융통성 있게 조정되어야 한다. 적절하게 시간제한을 두는 것은 클라이언트를 하여금 자기가 하고 싶은 이야기를 사전에 한 번쯤 생각하고 정하도록 동기를 부여하게 할 수 있다.

넷째, 사회복지사는 면접 중에 가능하면 전화나 다른 사람과의 접촉을 피하고 온전히 클라이언트에게 몰두해 주는 것이 좋다. 사회복지사가 클라이언트에게 집중함으로써 클라이언트 자신이 존중받는다고 느껴 상호 신뢰와 정직한 의사소통이 이루어지게 된다.

다섯째, 면접은 실천을 위한 정보수집의 도구이며 그 자체가 치료적 효과를 갖기 때문에 면접에서 진행된 내용을 기록으로 남기는 것은 정보수집과 개입방법의 점검과 확인, 면접과정을 이용한 교육 등 다양한 목적을 위해 매우 중요하다. 과정 전체나 중요 사항을 메모하기도 하고, 경우에 따라서는 면접 자체에 더 열중하기 위해 녹음기를 사용하거나 비디오로 녹화를 하기도 한다. 그러나 기록은 면접의 부수적인 요인이므로 면접의 흐름을 깨지 않도록 주의해야 하고 면접보다 우선해서는 안 되며 사전에 클라이언트의 동의를 얻는 것이 필요하다.

여섯째, 사회복지면접에서 사회복지사가 반드시 지켜야 하고 클라이언트에게도 확인시켜 주어야 하는 것은 비밀보장의 책임이다. 클라이언트가 자기와 관련된 정보가 외부에 노출되거나 최소한 악용되지는 않을 것이라는 점을 확신해야 자기의 속마음을 솔직히 밝힐 것이기 때문이다.

2) 면접의 종류

사회복지면접은 사회력과 사회조사를 위한 정보수집면접과 서비스의 적격성(eligibility)을 평가하고 결정하는 진단을 위한 사정면접과 클라이언트와 클라이언트의 사회적 상황의 효과적 변화를 위한 치료적 면접으로 구분할 수 있다. 그러나 이러한 분석을 위한 분류는 명확히 구분할 수 없고 서로 중복될 수 있다. 실제 면접에서는 여러 가지 목적을 동시에 가지게 되는 것이 일반적이다.

(1) 정보수집면접

정보수집면접은 클라이언트를 클라이언트의 상황 속에서 바라봄으로써 클라이언트의 문제를 보다 더 잘 이해하기 위하여 클라이언트와 클라이언트의 환경에 대한 필요한 정보를 수집하거나 사회조사를 하기 위한 것으로, 클라이언트의 개인적이고 사회적 문제와 관련된 인구사회학적 배경과 개인성장발달사에 관한 정보를 수집하는 것이다. 이를 위해서는 첫째, 인구사회학적 요인인 클라이언트의 성별, 나이, 학력, 결혼상태, 주소 등, 둘째, 현재의 문제를 조사하여 현재의 문제상황과 과거에 유사한 문제의 존재 유무, 치료 경험 및 형태, 치료기관 등과 같은 과거력(past history)도 포함, 셋째, 가족력(family history)으로 클라이언트의 원가족을 중심으로 부모와의 관계와 형제자매와의 관계, 가족의 문화와 핵가족을 중심으로 부부관계와 부모-자녀와의 관계 등, 넷째, 개인력(personal history)으로 클라이언트의 성장 배경과 발달단계상의 문제, 학교생활과 교우관계, 직장생활과 결혼생활 등, 다섯째, 클라이언트의 사회적·직업적 기능의 정도에 관한 정보수집을 한다. 클라이언트의 문제를 바르게 이해하고 클라이언트를 효과적으로 돕기 위해서는 상황에 따라, 즉 클라이언트의 유형과 문제 영역, 기관의 성격에 따라 초점을 두는 정보가 다를 수 있음을 기억해야 한다.

(2) 사정면접

사정면접은 구체적 서비스를 위한 의사결정으로서, 서비스를 위한 평가와 적절성의 결정을 하기 위한 것이며 클라이언트가 특별한 서비스를 받기 위한 적격성이 있는가를 사정하기 위해 실시된다. 예를 들어, 기초생활수급자와의 면접은 클라이언트가 수급자로서의 자격이 있는지를 결정하기 위해 이루어지며, 입양신청자와 면접의 경우 클라이언트에게 아동을 입양시켜도 되는지의 여부를 결정하기 위한 것이며, 정신장애인과의 면접일 경우 사정면접을 통해 어떤 치료방법을 사용할 것인지를 결정한다.

클라이언트의 현재의 문제상황과 문제해결 목표, 목표달성을 위한 개입방법의 결정 등이 사정면접에서 이루어짐으로써 이를 바탕으로 사정기관이 클라이언트에게 어떤 서비스를 제공할 것인지를 결정하게 해 준다.

(3) 치료적 면접

치료적 면접은 클라이언트와 클라이언트의 상황을 변화시키도록 클라이언트에게 사회적 기능향상을 도모하여 보다 더 효과적으로 사회적응을 하도록 변화시키기 위한 것으로, 클라이언트의 감정과 태도, 행동상의 변화가 일어나도록 돕는다.

3) 의사소통

면접의 기본 단위는 대화이고, 대화는 의사소통의 한 방법으로 사회복지개입이 성공적이기 위해서는 사회복지사와 클라이언트 두 사람 사이의 대인관계가 지속되어야 하고 대인관계를 유지하기 위해서는 명확하고 안정적인 의사소통의 통로가 확보되어야 한다.

(1) 의사소통의 개념

의사소통은 두 사람 이상이 서로 의미를 주고받으며 점검하는 상호작용과정으로, 메시지의 송신자와 수신자가 있고, 송신자가 메시지를 기호화해서 송신(transmitting)하면 수신자는 메시지를 수신(receiving)하여 해독(decoding)하고, 자기의 피드백 메시지를 기호화하여 이를 다시 최초의 송신자에게 송신하게 되는 과정이 반복되는 것이다. 송·수신의 과정과 송신자나 수신자 편에서 메시지를 해독하는 과정에도 잡음(noise)이 있을 수 있다. 사회복지사가 사회복지실천에서 개인, 가족, 집단, 지역사회 등 어떤 클라이언트와 상호작용을 하든 간에 의사소통은 가장 기본적이며 필수적인 요소다(남미애·윤숙자, 2021, p. 44).

(2) 의사소통의 종류

일반적으로 언어를 통하여 의사소통을 하지만 때로는 말이 필요하지 않은 경우도 있다. 즉, 사람과 사람 사이 의사소통은 언어적인 것과 비언어적인 것 두 가지가 있다.

① 언어적 의사소통

언어는 사람의 태도나 생각과 같이 정교한 개념들을 가장 효과적으로 전달해 주기 때문에 가장 간편하고 만족스러운 방법이라고 할 수 있지만 언어를 사용하는 사람들이 같은 단어를 서로 조금씩 다른 의미로 사용하기도 하고, 특별한 감정이나 뉘앙스를 표현하는 방법이 서로 다를 수도 있고, 어휘의 풍부함과 제한으로 인한 차이 등 개인적 차이로 인한 편차도 크고 자기의 감정이나 생각을 말로 표현하는 데 익숙하지 않은 경우가 많기 때문에 사회복지사는 다양한 방법으로 클라이언트와의 언어적 의사소통을 격려할 수 있다.

첫째, 클라이언트가 말을 하는 사이에 긍정적인 지지적 언어반응을 해 줌으로써 클라이언트로 하여금 사회복지사가 자신에게 관심을 가지고 경청하고 있음을 알려 주고, 둘째, 클라이언트에게 자신의 말을 다시 한 번 생각해 볼 여유를 주며, 셋째, 클라이언트의 감정에 대한 반응으로 사회복지사가 감정 이입적 의사소통을 위해 감정을 표현하고, 넷째, 클라이언트의 장점을 찾아내서 강조해 줌으로써 장점을 활용하여 문제해결의 가능성을 모색할 수 있게 해 주고 자존감과 가치를 회복할 수 있게 하며, 다섯째, 클라이언트에게 정보를 제공하고, 여섯째, 클라이언트의 말을 요약하며, 일곱째, 클라이언트의 말을 해석해 주는 방법이 있다.

한편 사회복지사의 언어적 반응 중에 클라이언트와의 언어적 의사소통을 방해하는 것도 있을 수 있다. 첫째, 지나치게 도덕적 판단을 하고, 둘째, 성급하게 해결책을 제시하며, 셋째, 비판이나 비난을 하고, 넷째, 위협을 하거나 지적 논쟁을 통해 설득하려 하며, 다섯째, 현실성이 없는 데도 의례적 동정이나 위로를 하는 것 등은 두 사람 사이의 관계를 악화시킬 수 있으므로 유의해야 한다.

② 비언어적 의사소통

비언어적 의사소통을 통해 첫째, 사회복지사의 반복적인 비언어적 행동을 사정하며, 둘째, 효과적인 의사소통을 방해하는 비언어적 양식을 제거하고, 셋째, 바람직한 비언어적 행동을 유지하고 증가시키는 세 가지 과업을 이루어 나가도록 하는 데 도움을 준다.

비언어적 의사소통은 언어적 의사소통의 내용과 상반된 메시지를 전달하거나 더 사실에 가까운 정보를 주는 누설적 기능을 갖고 있기 때문에 면접과정에서 매우 중요한 정보의 근원이 되므로 사회복지사의 주의가 필요하다. 비언어적 의사소통을 원활히 하기 위해 주의를 기울여야 할 부분은 다음과 같다(Kirst-Ashman & Hull, 1993, pp. 209-212; Sheafor & Horejsi, 2006, pp. 143-145).

첫째, 문화에 따라 차이는 있지만 대개 관심이 있거나 열의가 있으면 사람들은 서로 대화하는 상대에게 눈을 마주치고(eye-contact), 지루하거나 관심이 없고 불안한 경우에는 눈을 잘 마주치지 않는다.

둘째, 미소와 얼굴 찌푸리기, 고개를 끄덕이거나 흔드는 것, 입을 우물거리는 것, 인상 쓰는 것 등 얼굴표정(facial expressions)은 생각과 감정을 전달하는 매우 중요한 표현적 부분으로 사회복지사는 얼굴표정이 생각과 말의 내용과 서로 상반되는 일이 없도록 주의해야 한다.

셋째, 사회복지사는 클라이언트의 자세(posture)와 몸동작(body movements)에 대한 비언어적 의미를 이해하고 편안하고 개방적인 자세를 취하도록 하는 것이 좋다. 일반적으로 다리를 꼬거나 팔을 가슴에 교차시키고 몸을 경직시키는 것은 방어적 태도를 나타내며, 팔과 손이 몸의 가장자리에 있거나 뻗는 경우 타인에 대한 개방성을 나타내고, 주먹을 쥐면 분노나 불안의 표시를 나타내며, 손발을 까딱이거나 다리를 떠는 등 안절부절못하는 동작은 불안이나 신경질적 태도 또는 무엇인가에 몰두해 있음을 나타낸다.

넷째, 목소리의 어조(tone of voice)를 통해 클라이언트의 감정을 읽을 수 있다. 크고 힘이 있는 어조는 공격적이며, 약하고 잘 들리지 않는 어조는 철회와 두려움과 약함을 나타내고, 단조로운 어조는 흥미가 없다는 것을 나타낸다.

다섯째, 의상과 장신구, 머리 모양의 선택은 자신이 어떤 사람인지 또는 어떤 사람이고 싶은지에 대한 메시지이며 자신의 정체성과 소속에 대한 정보를 밝혀 주는 것으로, 클라이언트의 옷차림과 외양(dress and appearance)을 통해서 많은 정보를 얻을 수 있는 동시에 사회복지사의 옷차림은 어느 정도 보편적인 스타일이 무난하다.

이러한 의사소통의 기법들은 사회복지사와 클라이언트 상호 간에 이루어지는 것으로, 특히 사회복지사는 의사소통의 상호적 특성에 관해 유의하여야 한다.

표 7-1 사회복지사의 비언어적 의사소통 목록

구 분	바람직한 비언어적 의사소통	바람직하지 않은 비언어적 의사소통
얼굴표정	•문화적으로 금지된 때를 제외한 직접적 눈맞춤 •따뜻하고 관심 어린 얼굴표정 •클라이언트와의 동등한 눈높이와 시선 •다양하고 생기 있는 적절한 얼굴표정 •편안한 입모양과 미소 짓는 표정	•눈 마주침을 회피함 •사람과 사물에 대한 고정된 시선 •신경질적으로 눈썹 치켜뜨기 •클라이언트보다 높거나 낮은 눈높이 •지나친 고개 끄덕임 •하품 •경직되고 딱딱한 얼굴표정 •부적절한 미소 •입술 꽉 다물거나 물어뜯기
자세	•팔과 손의 자연스러운 자세: 적절한 움직임 •몸을 약간 앞으로 숙인 자세: 주의 깊으면서도 편안한 자세	•경직된 몸의 자세: 팔짱 끼기 •클라이언트에 대해 비스듬한 자세 •손가락 만지기 •의자 흔들기 •앞으로 숙이거나 책상에 발 올리기 •손과 손가락 물기 •강조하기 위해 손가락으로 가리키기
목소리	•크지 않으면서 분명히 들을 수 있는 목소리 •따뜻한 어조의 목소리 •클라이언트의 메시지에 대해 감정의 뉘앙스와 정서적 어조를 반영하는 목소리 •적당한 빠르기의 말	•중얼거리거나 들을 수 없게 말하는 소리 •단조로운 목소리 •더듬거리는 말 •문법적으로 틀린 말을 자주 사용 •긴 침묵 •과도하게 생기발랄한 말투 •느리거나 빠르거나, 끊는 말투 •신경질적인 웃음 •계속해서 목 가다듬기 •크게 말하기
신체적 근접성 (physical proximity)	•적절한 의자 간격	•지나치게 가깝거나 간격을 둠 •책상이나 다른 장벽 너머로 말하기

(3) 나-전달법

효과적인 의사소통을 위해 유용한 의사소통방법에는 '나-전달법(I-message)'이 있다. 이것은 사회복지사가 의사소통할 때 필요한 기술인 동시에 클라이언트가 가족이나 주변 사람과 대화할 때도 효과적으로 사용할 수 있는 기술이다. 따라서 사회복지사가 나-전달법을 잘 사용하는 것은 명확한 의사소통에 도움이 될 뿐만 아니라 클라이언트에게 효과적인 의사소통을 위한 모델을 제시하기 때문에 여러 측면에서 유용하다.

나-전달법은 나를 주어로 하면서 내 감정과 느낌을 중심으로 메시지를 전달하기 때문에 상대방을 비난하지 않는 방법으로 상대방 행동의 영향을 표현할 수 있다. 일방적으로 이것은 크게 어떤 구체적인 행동에 대한 간결한 묘사, 그 행동으로 인해 느낀 감정, 그 행동으로 인해 받은 분명한 영향에 대한 설명의 세 가지 영역으로 구성된다(남미애·윤숙자, 2021, p. 50).

예 "당신이 저와의 면접 약속시간을 지키기 않고 2시간이나 늦게 찾아왔을 때(구체적 행동 묘사) 저는 놀라고 당황했습니다(느낀 감정). 왜냐하면 저는 11시로 예정된 당신과의 면접이 끝나면 2시까지 법원에 가서 다른 분을 면접하기로 계획되어 있는데, 다음 일정에 차질이 생기게 되었거든요(분명한 영향)."

(4) 클라이언트 감정에 대한 이해

인간이 서로 교류하는 방법은 크게 지식, 정보, 감정으로 나눌 수 있는데, 그중 감정을 나누는 것은 성별, 연령, 학력, 관심 분야 등에 관계없이 누구와도 교류할 수 있는 가장 쉽고 효과적인 방법이다. 즉, 사람들이 지식이나 정보에 대해서 이야기하는 것은 연령, 학력, 관심 분야 등에 따라 한계가 있을 수밖에 없지만, 감정을 나누는 것은 5세 유아와 80세 할머니 간에도 가능하고 초등학생과 대학생 간에도 가능하다.

더불어 사회복지사가 클라이언트와 얼마나 잘 의사소통하고 이해하는가 하는 것은 사회복지사가 클라이언트 감정을 얼마나 정확하게 포착하고 클라이언트가 느낀 감정을 공감해 주는가와 관련이 깊다. 여러 가지 어려움에 노출된 클라이언트는 자기감정에 압도되어 적절한 방법으로 감정을 표현하지 못할 뿐 아니라, 심지어는 복잡한 감정이 뒤섞여 있어 자기감정이 무엇인지도 잘 모를 수 있다. 사회복지사는 클라이언트가 이 상황에 대해 어떤 감정을 느끼며 그런 감정을 갖는 자신에 대해 어떤 감정을 갖는지를 이해할 수 있도록 도와야 한다. 더 나아가 자기감정의 본질을 이해하고 적절하게 잘 통제할 수 있도록 도와주어야 한다(남미애·윤숙자, 2021, p. 51).

① 감정 자각하기

친밀한 인간관계를 위해서는 자신이 느끼고 있는 감정을 분명히 파악하고 표현하는 일이 무엇보다 중요하다. 그러나 자기감정에 대해 관심을 두지 않거나 억압하거나 혹은 외부에 지나치게 초점을 맞추면서 살아왔다면 감정을 자각하는 일은 쉽지 않다.

자기감정을 적절하게 표현하기 위해서는 느낌에 관련된 어휘들을 많이 알고 그것들을 일상생활에서 직접 사용하는 것이 도움이 된다. 자신이 경험하고 있는 것이 어떤 감정인지를 알게 되면 그 감정을 해결하면 된다(남미애·윤숙자, 2021, p. 51).

② 부정적 감정을 정확히 표현하기

감정을 정확하게 자각하는 것과 마찬가지로 감정을 적절하게 표현하는 것 역시 쉬운 일이 아니다. 확인된 감정을 좀 더 정확하게 표현하기 위해서는 다음과 같은 절차에 따라 연습하는 것이 도움이 된다.

첫째, 부정적 감정이 발생한 사건이나 상황에 대한 객관적 서술이다. 우리는 상대방의 어떤 말이나 행동에 대해 부정적 감정을 느끼면 상대방을 비난하기 쉽다. 비난을 받으면 대부분의 사람은 방어적이 된다. 상대방을 덜 방어적이게 하려면 감정을 배제한 채 상황을 있는 그대로 서술하는 것이 필요하다. 그래야 문제해결의 가능성이 높아진다.

둘째, 부정적 감정을 느끼게 된 상황이나 사건에 대한 의미부여 및 해석이다. 어떤 상황에 부딪히면 순간적으로 그 상황에 의미를 부여하게 되고, 뒤이어 그 의미 때문에 어떤 감정이 발생한다. 그러나 곧바로 우리가 부여한 의미는 배경으로 물러가고 단지 감정만 강하게 드러난다. 따라서 이 단계에서는 자신이 느끼는 부정적 감정이 무엇인지 파악하고 그 상황이나 사건에 대해 자신이 어떤 의미를 부여하고 어떻게 해석했는지를 검토해야 한다.

셋째, 부정적 감정을 느꼈을 당시의 시간 또는 그 감정을 얼마나 오랫동안 가지고 있었는지에 대해 설명한다. 힘들어했는지를 좀 더 명확하게 알아차릴 수 있도록 도와주는 하나의 지표가 된다.

넷째, 부정적 감정의 강도 표현이다. 부사나 형용사를 사용하여 감정의 강도를 표현한다. 예를 들어, 거지가 동냥하듯 비굴한 느낌, 지붕을 뚫고 하늘까지 치솟는 것 같은 분노, 바위로 짓누르는 듯한 답답함 등의 표현이 있다.

다섯째, 부정적 감정에 대한 감정의 기술이다. 상황에 대한 의미부여로 어떤 감정이 발생하면 거기서 그치지 않고 그에 대한 판단으로 자기와 관련된 또 다른 감정이 발생하는 경우가 있다. 예를 들어, 직장 상사로부터 질책을 당한 순간 '이런 질책은 나를 무시하는 부당한 처사다.'라는 의미를 부여하면 분노와 억울한 감정이 생긴다. 그러나 연이어 '윗사람한테 화를 내서는 안 된다.'라는 가족규칙이 떠오르면 곧바로 죄책감이 들게 된다. 감정을 표현할 때는 이러한 감정까지 표현하는 것이 중요하다.

여섯째, 부정적 감정과 유사한 감정을 느꼈던 과거의 경험을 진술한다. 예를 들면, "아버지가 우리를 두고 떠났을 때 이런 감정을 느꼈어요."라고 이야기하는 것이다. 이렇게 표현하는 것은 상대방이 자신의 입장에서 공감할 수 있도록 해 준다(남미애·윤숙자, 2021, pp. 53-54).

02 면접기술

1) 분위기 조성 및 관찰

효과적 면접을 이루어가기 위해서는 인간의 상호 교류에 대한 분석과 이해뿐 아니라 클라이언트를 이해하고 도우려는 진정한 마음을 전달하는 것이 무엇보다 중요하다(Anderson & Goolishian, 1992).

사회복지실천현장에서 사용되는 면접기술은 분위기 조성, 관찰, 경청, 질문, 요약과 해석기술 등을 들 수 있다(Johnson, 1989, pp. 189-193).

(1) 분위기 조성

면접은 클라이언트와의 상호작용이 특징적이므로 서로에 대한 이해와 개방성을 촉진시키는 방향으로 분위기가 형성되도록 심리적으로 편안한 분위기를 만들어야 한다. 이런 분위기 형성을 위한 중요한 특성으로 공감, 진심, 온화함을 들 수 있다(Johnson, 1989, p. 192).

공감은 사회복지사가 클라이언트를 수용하고 관심이 있음을 전달하는 능력으로, 클라이언트의 감정을 공개적으로 수용하고 인정하는 것이다. 진심은 사회복지사의 언어적 표현과 비언어적 표현이 일치함으로써 클라이언트에게 사회복지사가 믿을 만한 사람임을 전달하는 것이며, 온화함은 친밀하고자 하는 욕구를 전달하는 것으로, 이러한 친밀감 속에서 클라이언트는 긍정적이고 부정적인 감정을 표현할 수 있고 가치 있는 존재로 느낄 수 있게 된다.

면접 분위기 조성은 면접 시작부터 이루어지는데, 면접이 이상적으로 시작되려면 먼저 사회복지사가 자신을 간단히 소개하고 가벼운 대화를 나누며 클라이언트가 일상적 대화에서 점차 자신의 문제로 대화의 초점을 변화시키는 게 필요하다. 가벼운 대화가 끝나면 클라이언트의 관심과 문제에 초점을 두고 면접을 진행해 나간다.

(2) 관찰

관찰은 클라이언트가 말하고 행동하는 모든 것에 주의를 기울임으로써 클라이언트나 클라이언트의 욕구와 문제를 이해하는 데 필요한 정보를 얻는 것으로, 경청과 더불어 사회복지실천을 위한 면접과정에서 매우 중요한 기술이다.

사회복지사가 관찰해야 할 내용은 첫째, 클라이언트의 앉은 자세와 얼굴색, 땀을 흘리는지와 음성의 고저 등 신체언어, 둘째, 클라이언트가 처음 꺼내는 말과 종결하는 말, 셋째, 클라이언트가 특정 주제가 나올 때마다 화제를 바꾸려고 할 때, 넷째, 한 가지 주제를 반복적으로 제시하는 경우, 다섯째, 경우에 따라 클라이언트의 진술이 일관되지 않고 앞뒤 내용이 엇갈릴 경우, 여섯째, 언제, 어떤 대화 도중에 침묵이 발생했는지를 정확히 파악하는 것 등이다.

사회복지사는 클라이언트를 자신의 관점에 따라서 관찰하고 판단하기 때문에 자신의 관찰이 정확하다고 생각해서도 안 되며 또한 쉽게 속단해서도 안 된다. 관찰을 통해 얻은 클라이언트에 대한 정보가 다른 정보와 일치하는지를 판단하여 사용해야 한다.

2) 경청 및 요약·해석

(1) 경청

① 경청의 의미

경청(active listening)이란 나의 모든 것을 집중하여 상대방과 업무에 그 가치를 보여주는 것이다.

경청의 효과를 살펴보면, 첫째, 말하는 사람으로 하여금 말하기 쉽게 해 주며, 둘째, 즐거운 사람이 되고 말하는 사람으로부터 호감을 사고, 셋째, 많은 사람의 말을 들음으로써 많은 지식이나 정보를 얻을 수 있고, 넷째, 말하는 사람을 이해하게 되고 진의를 포착할 수 있고, 다섯째, 상대방의 본심을 파악하여 적절하게 대응할 수 있고, 여섯째, 구체적으로 도움을 얻을 수 있고, 일곱째, 상대방의 말 속에 담긴 허점이나 틀린 부분을 끄집어 낼 수 있는 비판능력을 얻고, 여덟째, 인격 형성에 도움을 얻고, 아홉째, 자기가 하는 일을 반성하게 되고 자기 나름대로 사물을 보는 방법을 익히게 되고, 열째, 자신의 생각과 비교해 봄으로써 생각과 행동의 객관성으로 사회적으로 성장할 수 있다.

② 경청의 태도

가. 수용

수용은 경청의 과정에 깔린 총체적 태도이며 사회복지사 역할의 중심이 된다. 수용은 찬성과 똑같은 것이 아니다. 어떤 사람을 수용한다는 것은 상대가 말하거나 행하는 모든 것을 찬성하거나 동의할 것을 요구받는 것이 아니다. 수용은 찬성하거나 반대하는 것이 아니며, 충고하거나 비평하는 것이 아니며, 설명하거나 안심시키는 것이 아니며, 의문을 가지거나 정밀탐색을 하는 것이 아니며, 침묵하는 것이 아니다. 오히려 수용은 모든 집중과 에너지를 클라이언트가 의미하는 것을 이해하는 과정에 투입하는 것이며 그 의미를 정확하게 상대에게 되비추는 것에 투입하는 것으로, 상대방을 가치 있는 인간 존재로서 받아들이기를 요구받는 것이다.

나. 반영적 생각하기를 학습

사회복지사는 개인적 경험 때문에 일정한 방법으로 이야기를 해석하는 경향이 있다. 클라이언트는 전혀 다른 의도를 가지고 있음에도 사회복지사는 다른 결론을 생각해 낼 수 있다는 것이다. 반영적으로 생각하는 것은 상대가 말하는 내용에 담긴 다를 수 있는 느낌과 깔린 의도와 의미들을 고려한다는 것이다. 클라이언트가 자신의 의도를 이야기로 표현하는 과정에서 많은 종류의 왜곡을 받기 쉽다. 클라이언트 자신이 의미하는 것을 언제나 명확하게 말하지는 않기 때문이다. 반영적으로 생각하는 것은 사회복지사 자신의 해석이 단지 추측이며 실제적 의미에 부합하지 않을 수도 있다고 상기함으로써 이 과정을 의식할 수 있게 한다.

"당신은 다음과 같이 생각하는가?"라는 질문을 통해 클라이언트가 의미를 상세히 설명하기 위해 단순히 "예.", "아니요."가 아닌 그 이상을 이야기하고 싶은 강한 욕구를 느끼고, 클라이언트로 하여금 계속 말하도록 조장함으로써 사회복지사는 의미에 대한 하나의 가설을 형성하며 클라이언트와 함께 그것을 체크하여 클라이언트가 그의 의미 속으로 더 깊이 탐색하며 그것에 대하여 더 말하는 것으로, 이것은 장애물의 이용이라기보다는 치료적 관계를 창조하는 과정의 추구이다.

다. 반영 형성

이상적 반영은 질문보다는 서술의 형태를 취한다. 동일한 반영을 서술로 함은 더 많은 수용을 전달하며 클라이언트를 덜 혼란스럽게 한다.

라. 반사의 깊이

반영의 차원은 반영의 깊이로 사회복지사는 클라이언트의 이야기를 전부 혹은 일부를 반복함으로써 클라이언트로 하여금 표현을 계속하도록 도와주는 놀라운 힘을 가지고 있다. 반영에는 단순한 반영(simple reflection)과 의미된 바를 추구하여 약간의 도약을 위한 부분적 바꿔 말하기(partial rephrasing), 언급된 전체 내용(whole paraphrase)을 취하여 거기에 존재할 것으로 믿는 의미를 부가하여(adding meaning) 전체를 바꾸어 말하기가 있고, 가장 깊이 있는 반영은 언급된 것의 단순한 반복 대신에 의미를 첨가하고 그것에 깔려 있는 느낌을 포착하는 것으로서 반영적 경청에 숙련된 사회복지사는 이들을 혼합하여 사용한다.

마. 지나침 대 못 미침

사람은 아주 사소한 것에 영향을 받을 수 있다. 클라이언트는 자신의 표현이 과장되는 것보다는 실제보다 더 작게 표현될 때 사회복지사의 반영을 더 잘 수용한다. 일반적으로 더 강한 표현을 선택함으로써 그것을 과장하는 지나친 반영은 상대로 하여금 그 느낌을 부인하게 만들거나 최소한 그것이 너무 강하다는 것을 부인하게 만드는 효과를 가진다. 이것은 그 흐름을 방해하는 것처럼 보이며 상대로 하여금 느낌의 공유를 중단하거나 되돌아가 버릴 수 있다. 따라서 그 느낌의 강도를 줄여 설명함으로써 축소된 못 미침의 편에 서는 실수를 하는 것이 더 나을 것이다.

바. 갈등 반사

사회복지사에게 상당한 기교를 요구하는 또 다른 상황은 한 사람이 어떤 일에 대해서 최소한 두 개의 다른 상태를 느끼는 때이다. 이러한 갈등은 예를 들어, "당신은 아이들을 갖는 것이 좋다고 생각한다. 그리고 또한 그 생각이 너를 약간 겁나게 한다." 이렇게 두 개의 측면을 다 반영하는 것이 바람직하다. 왜냐하면 만약 사회복지사가 논쟁의 한 측면만을 반영하면 클라이언트는 반대의 측면을 취하기 시작할 가능성이 많기 때문이다. 또한 어떤 클라이언트는 갈등의 한 면을 더 많이 논쟁하면 할수록 그 측면에 전념하게 된다는 점을 고려하여 한 번에 두 가지 측면 모두를 취하도록 하여 클라이언트가 두 가지 측면을 다 믿거나 느낌으로써 그것을 밖으로 나타내도록 믿고 내버려 두어 하나의 깨끗한 거울이 되어 도와준다.

사. 유추 사용

유추란 하나의 사실이 다른 어떤 것과 어떻게 비슷한지를 나타내는 것으로, 두 물건 사이의 유사성을 찾는 것이다. 이것은 사회복지사가 클라이언트를 진정으로 이해한다는 것을 보여주는 것이 된다. 정확한 유사성을 선택하기 위해서 사회복지사는 클라이언트와 클라이언트가 생각하는 방식에 대하여 알 필요가 있다. 훌륭한 반사적 유추를 형성하기 위해서 클라이언트가 진정 어떻게 느끼는지, 어떠한 이미지가 클라이언트를 위한 느낌을 가장 잘 포착할 것인지를 이해할 필요가 있다.

아. 반사를 사용하지 않을 때

반영적 경청은 매우 가치 있는 기법으로 사회복지사가 클라이언트에 대해 이전보다 더 잘 이해하도록 도와주며, 클라이언트로 하여금 성장하도록 도와주고 그들 자신들에 관한 새로운 것들을 발견하도록 도와준다. 그러나 반영이 모든 것에 대한 해결책은 아니며 사회복지사는 다른 것을 해야 할 필요가 있을 때가 있다. 클라이언트가 원하여 충고와 지시를 해야 할 때, 사회복지사가 어떤 것을 알기 위하여 질문할 때이다. 반영적 경청은 클라이언트를 변화하도록 돕기 위한 첫째 단계이며 상담의 첫 국면을 위한 중심적 기법이다.

③ 경청의 초점

경청한다는 것은 사회복지사가 클라이언트가 말하는 것에 초점을 맞추는 것이다.

가. 클라이언트의 이야기 경청

클라이언트의 이야기 속에는 클라이언트의 경험과 행동, 정서가 섞여 있다. 인간의 활동은 사고와 감정과 행동으로 나누어진다. 따라서 클라이언트의 이야기 속에는 외적 행동과 내적 행동이 있고 자기경험이나 내·외적 행동과 관련된 감정과 정서인 정동(affect)이 있다. 경험과 행동 그리고 정서는 클아이언트의 일상생활 속에 상호 관련되어 있고 클라이언트의 이야기에는 이 세 가지가 섞여 있다. 따라서 클라이언트의 이야기 속에서 이러한 요소들을 정리해 볼 필요가 있다.

● 경청

클라이언트의 대부분은 자신에게 일어난 일에 대해 말하는 것에 많은 시간을 소비한다. 경험을 듣고 이해하는 것은 대단히 중요하지만 다른 사람이 했거나 하지 않은 일들에 대해 말하기 때문에 다소 수동적인 면이 담겨 있으며 문제의 탓을 상대방 혹은 세상 전체로 비난하는 의도가 내포되어 있다. "아내는 집 안에서 하루 종일 아무 일도 안 해요. 집에 오면 집 구석이 엉망입니다. 내가 일에 전념할 수 없는 것은 당연하죠." 어떤 클라이언트는 내적 경험을 이야기하기도 한다. "한시도 그를 잊을 수가 없어요." 이 문장은 행동을 말하는 것처럼 보이지만 경험을 표현하고 있다. 클라이언트가 자신의 삶에서 일어나는 문제 상황을 제대로 처리하지 못하는 이유 중 하나는 지나치게 수동적이거나 자신을 희생자로 여기기 때문이다.

● 행동

누구나 문제행동을 불러일으킬 행동을 하지만 문제를 벗어나고 기회를 발달시킬 수 있는 행동은 잘 하지 않는다. 클라이언트도 마찬가지다. "우울한 감정이 심할 때도 의사가 준 약은 먹지 않습니다." 어떤 클라이언트는 자신의 경험, 즉 어떤 일이 있었는지 거리낌 없이 이야기하지만 어떤 클라이언트는 유난히 꺼리는 경우가 있다. 그 이유는 개인적 책임감을 빼고 이야기할 수 없기 때문이다.

● 정동

감정, 정서, 기분인 정동(affect)은 항상 우리 마음에 흐르는 강물과 같아 때로는 평화롭고 원만하게 흐르지만 때로는 소용돌이치기도 한다. 이러한 정동은 이롭기도 하지만 위험하기도 하다. 정동은 클라이언트가 처한 문제상황과 활용하지 못한 기회에 일어나는 중요한 부분을 차지하고 있다. 첫째, 정동은 우리 삶에 깔려 있다. 즉, 감정과 정서와 기분은 클라이언트의 관점, 결정, 의향이나 제안 속에 스며 있다. 둘째, 우리의 삶의 질에 영향을 미친다. 우울증에 걸린 클라이언트는 불행한 사람이다. 셋째, 감정과 정서와 기분은 우리의 행동을 이끌어 나가는 원동력이다.

클라이언트의 문제상황에서 감정과 정서와 기분이 하는 역할과 기회를 찾아 살아나가려는 의욕을 이해하는 것은 상담과정에서 중심적 부분을 이룬다. 훌륭한 사회복지사는 마음속에 일어나는 경험과 정서를 나타내는 언어적·비언어적 단어나 힌트를 놓치지 않는다. 클라이언트가 자신의 관심사나 원하는 것을 이야기할 때 경험과 행동, 정서가 어떻게 얽혀져 있는지 주의 깊게 경청하는 것이다.

나. 클라이언트의 관점 경청

클라이언트들은 자신들의 이야기를 통해 보다 나은 미래의 가능성을 탐색하고 목표를 설정하며 계획을 세우고 계획수행에 걸림돌을 검토하거나 자신의 관점을 드러낸다. 관점은 클라이언트의 개인적 평가를 말한다. 관점을 충분히 표현하려면 관점 자체, 이러한 관점을 가지게 된 이유, 관점을 살린 사례, 이를 수정할 수 있는 열린 마음까지 모두 표현하는 것이다. 자신의 관점은 설득의 형태를 띤다. “나는 이렇게 생각하는데 왜 다른 사람들은 그렇지 않은가?” 하고 의아해한다. 관점은 클라이언트의 신념과 가치와 태도 및 확신을 드러낸다. 그중 문제상황이나 활용하지 못한 기회와 관련된 관점에 대해서는 경청하고 이해해야 한다.

다. 클라이언트의 결정 경청

우리는 이따금 결정하려고 하거나 결정한 것을 남에게 말한다. 보통 이러한 결정은 당사자나 주변 사람에게 영향을 미친다. 결정을 충분히 나눈다는 것은 결정 그 자체와 결정하게 된 이유, 자신과 타인에 대한 영향과 그 결정의 재검토 여부 등을 상세히 밝히는 것이다. 사회복지사는 이러한 결정을 하게 된 이유와 그 영향을 주제로 삼음으로써 도전의 명분을 찾을 수 있다.

라. 클라이언트의 자원

클라이언트가 말하는 문제만 듣는다면 주로 문제에 대해 이야기하는 것으로 끝나게 되어 클라이언트를 제대로 돕지 못하는 결과가 되고 만다. 사회복지사의 의무는 모든 클라이언트는 나름대로 장점을 가지고 있기 때문에 클라이언트가 가진 자원을 찾아내어 이 자원을 문제상황에 대처해 나가고 기회를 포착하여 살려 나가는 데 쓰도록 돕는 것이다.

④ 비언어적 메시지와 수정반응 경청

클라이언트는 비언어적 행동을 통해 메시지를 전달한다. 이러한 메시지를 읽을 수 있는 능력은 좋은 관계를 형성하는 데 도움이 된다. 사회복지사는 이러한 메시지를 왜곡하거나 과대 해석하지 않고 읽는 방법을 학습할 필요가 있다. 비언어적 메시지는 우리가 진정으로 말하고자 하는 것에 대한 메시지를 드러낸다. 아무리 방어가 심한 클라이언트라 하더라도 자기도 모르게 튀어나오는 이러한 비언어적 행동을 통해 본심을 드러내게 된다. 진정한 메시지는 밖으로 새어 나온다.

가. 확인 또는 반복

비언어적 행동은 긍정적 대답을 하면서 눈을 반짝거리거나 목소리가 밝은 것 등 말로 한 것을 확인하거나 반복하는 기능을 한다.

나. 부정 또는 혼란

비언어적 행동은 문제를 지적했을 때 말을 더듬거리거나 입술을 떠는 등 말로 한 것을 부정하거나 혼란에 빠뜨릴 수 있고 또한 진실한 메시지를 전달하기도 한다.

다. 강화 또는 강조

비언어적 행동은 말한 내용을 강화시키거나 강조한다.

라. 강도조절

비언어적 행동은 언어적 메시지에 정서적 색채를 입히거나 강도를 더해 주며 감정의 정도가 어느 정도인지 알려 준다.

마. 통제 또는 조화

현재 진행되고 있는 일을 통제하거나 조절하기 위해 대화 중에 사용하기도 한다. 비언어적 행동을 읽을 때는 신중을 기해야 한다. 사회복지사는 클라이언트를 분석하기 위해서가 아니라 이해하기 위해서 경청한다. 비언어적 행동은 단지 읽는 것만으로는 충분하지 않다. 그 의미에 대한 실용적 지식을 가지려면 특정 상황에서 클라이언트의 비언어적 행동을 유심히 관찰하고 그 의미를 파악하는 연습과 경험을 통해 학습해야 한다. 또한 사회복지사는 클라이언트가 말하는 것을 경청하는 한 인간임을 기억하고 양적인 것이 아니라 질적인 면이 중요함을 인식해야 한다(Egan, 2003).

⑤ 들은 내용의 처리: 사려 깊은 의미의 탐색

사회복지사는 클라이언트의 이야기와 관점, 결정을 사려 깊게 처리해야 한다(Egan, 2003).

가. 핵심 메시지와 감정 확인

사회복지사는 클라이언트의 말 중 무엇이 중요한지 임상적 판단과 자신이 이해한 것을 검토해야 한다.

- 여기서 가장 중요한 점은 무엇인가?
- 가장 중요한 경험과 행동은 무엇인가?
- 이야기의 주제는 무엇인가?
- 클라이언트의 관점은 어떤 것인가?
- 클라이언트에게는 무엇이 가장 중요한가?
- 클라이언트가 이해해 주기를 바라는 것은 무엇인가?
- 클라이언트의 말에 들어 있는 결정은 무엇인가?
- 클라이언트가 제안하고자 하는 것은 무엇인가?

나. 상황 속의 클라이언트 이해

언어적 메시지와 비언어적 메시지만으로 클라이언트의 삶을 다 이해할 수 있는 것은 아니다. 클라이언트가 처한 문제상황과 활용하지 못한 기회를 이해하자면 클라이언트의 문화와 성격, 개인적 생활양식과 민족성, 주요 경험과 교육, 경제적 지위 등 다양한 차이를 고려해야 한다. 클라이언트의 이야기 속에는 이러한 주요 요인들이 내포되어 있다. 유능한 사회복지사는 이러한 넓은 상황 또는 맥락을 통해 클라이언트의 말을 경청한다. 사회복지사는 클라이언트를 체계 속의 인간으로 이해해야 한다.

다. 특정 관점이나 경향의 경청

숙련된 사회복지사는 클라이언트의 이야기와 관점, 결정과 의향, 제안을 경청할 뿐만 아니라 클라이언트가 내비치는 그의 독특한 관점이나 경향까지 경청할 수 있어야 한다. 이것은 클라이언트로 하여금 자신의 문제를 보다 깊이 탐색하고 도전이 필요한 맹점을 찾게 하는 데 필요한 경청으로, 사회복지사는 클라이언트가 사실과 다르게 경험하는 차이와 왜곡, 부조화를 탐지할 수 있어야 한다. 예를 들어, 실제로 미인임에도 불구하고 자신이 못났다고 생각한다.

라. 빠뜨린 부분 고려

클라이언트는 문제나 기회에 대하여 이야기할 때 정작 주요한 부분을 빠뜨리는 경우가 있다. 경험과 감정, 행동에 대한 자신의 관점을 이야기하면서 그 이면의 것이나 영향에 대해서는 한마디도 하지 않는다. 결심을 밝히면서도 그 이유에 대하여 밝히지 않는다. 앞으로 취할 행동을 말하면서 왜 그 방향으로 가는지에 대해서 주변 사람에게 어떤 영향을 줄지, 어떤 능력이 요구되는지 얼마나 유연하게 대처할 것인지를 말하지 않는다. 사회복지사는 클라이언트가 무슨 이야기를 넣고 빠뜨리는지 주목할 필요가 있다.

⑥ 사회복지사 자신에 대한 경청

사회복지사가 상담하면서 자신과 대화하는 것을 내적 대화라고 한다. 유능한 사회복지사가 되려면 클라이언트뿐만 아니라 자기 자신에게도 귀를 기울여야 한다. 그래야 클라이언트에게 도움을 주기 위해 무엇을 할 것인지 클라이언트와 함께하고 클라이언트의 말을 경청하는 데 무엇이 방해가 되는지 알 수 있을 것이다. 이것은 긍정적 형태의 자기인식이다. 내적 대화는 주의를 분산시킬 수도 있고 상담에 도움을 줄 수도 있다. 예를 들어, "내가 클라이언트를 언짢게 하고 있구나. 면접을 재개하기 위해서는 조처를 취하는 것이 좋겠군." 또는 "내가 왜 이러지, 내 마음이 방황하고 있구나. 내일 할 일에 대하여 생각하고 있구나. 이를 떨쳐 버려야 되겠다." 등이다(Egan, 2003).

⑦ 경청의 방해요인

경청에서 주의해야 할 것은 침묵을 다루는 방법으로, 면접이 서툰 사람일수록 면접 중의 침묵을 부담스러워하지만 면접에서 침묵은 몇 가지 의미가 있다. 클라이언트가 자기 생각을 정리하여 표현하기 위하여, 말을 하는 도중 감정이 격해져서 이를 다스리기 위해서, 정말 할 말이 없어서 침묵할 수도 있다. 이와 같이 각각의 경우 이를 분별하기 위해서 가장 좋은 방법은 침착하고 개방적인 마음으로 클라이언트의 말을 주의 깊게 경청하는 것이다.

가. 부적절한 경청 태도

● 적극적 경청의 결여

상대방의 말을 듣는 척하지만 사실 제대로 귀를 기울이지 않는 때가 많다. 사회복지사가 많은 사람들에게서 비슷한 종류의 말을 여러 번 듣다 보면 이 이야기가 클라이언트 고유의 이야기라는 사실을 망각하고 마음이 흐트러질 수 있다.

● 부분적 경청

부분적 경청은 겉으로만 대충 듣는 것으로, 클라이언트가 하는 말의 일부분만 듣고 정작 클라이언트가 말하려는 본질은 듣지 못한다. 클라이언트는 이를 잘 포착한다. 클라이언트는 말하기를 중단하게 된다. 그리고 화제를 바꾸기도 한다. 이러한 경청은 클라이언트를 이해할 수도 없고 관계 형성도 이루어지지 않는다.

● 녹음기 같은 반복

클라이언트가 사회복지사와 면접과정에서 의사소통을 할 때 사회복지사가 단순히 몸만 함께 있는 것을 바라지 않고 심리적, 사회적, 정서적으로 함께 있기를 원한다. 클라이언트에게 주의를 집중하여 경청하는 것은 반복되는 녹음기가 아니라 심리적·사회적·정서적 면을 포함하는 사회복지사 자체를 필요로 하는 것이다.

● 리허설

경험이 많은 사회복지사라도 클라이언트에게 할 말을 되뇌다 보면 듣지 못할 때가 있다. 숙련된 사회복지사는 열심히 경청할 뿐이다. 사회복지사의 반응은 클라이언트로 하여금 문제대처과정으로 앞으로 나아가는 데 큰 도움을 준다. 클라이언트가 잠시 말을 멈추면 자신도 잠시 멈추며 클라이언트가 한 말을 생각한다. 같이 잠시 멈춘다는 것은 나는 지금 당신에게 반응하고 있고 신중하게 반응하고 싶다는 의미를 준다. 멈추는 것도 경청을 하고 있기 때문이다(Egan, 2003).

나. 부적절한 비언어적 행동

부적절한 비언어적 행동을 살펴보면 다음과 같다. 첫째, 사회복지사가 클라이언트와 시선을 마주치지 않고 외면하면서 눈을 감거나 시계를 보거나 방안을 둘러보거나 상체를 뒤로 젖힌 상태 등은 클라이언트와의 면접이 재미없음으로 비추어지게 한다. 둘째, 클라이언트의 말을 몇 마디만 듣고 상대방의 의미를 다 이해했다는 듯이 참을성 없는 머리 끄덕임을 시작하는 것이다. 셋째, 클라이언트가 말하는 동안 차를 젓거나 책상 위의 어떤 것을 만지거나 피부를 문지르는 등은 듣는 것을 견뎌야 한다는 일종의 권태를 전달한다.

이 모든 것을 다 나타내는 사회복지사는 극히 드물다. 물론 개인적 습관인 부단한 웃음, 열중하는 우거지상, 깐닥깐닥 움직이는 머리 등 누구라도 비언어적·개인적 습관을 보유하고 있는데, 이러한 단순한 행위들을 통해 비언어적으로 클라이언트에게 부주의를 전달할 수 있기 때문에 사회복지사는 자신을 관찰할 기회를 가져야 한다.

⑧ 경청의 방해요소

자기 자신의 관점과 신념, 느낌, 판단과 견해, 반응 등은 사회복지사에게 하나의 방해요소로 작용하기도 한다. 사회복지사는 자신이 아닌 클라이언트의 반응에 대하여 반응하여야 한다. 고든(Gordon, 1969)은 면담과정에서 경청에 있어서의 걸림돌에 대하여 다음과 같이 기술하고 있다.

경청의 걸림돌

① 명령 또는 지시
② 경고나 위협하기
③ 충고와 제안, 해결책 제시하기
④ 논리적 설득과 논쟁, 강의하기
⑤ 도덕 가르치기, 설교하기, 그들의 의무 말하기
⑥ 판단과 부장, 비난하기
⑦ 동의와 인정, 칭찬하기
⑧ 망신 주기와 비웃기
⑨ 해석과 분석하기
⑩ 안심시키기와 동정, 위로
⑪ 질문과 탐색하기
⑫ 회피하거나 주의를 돌리거나 주제 바꾸기

가. 왜곡된 경청

왜곡이 대화의 걸림돌로 작용한다. 사회복지사가 의도하지 않은 한 측면이나 의식하지 못한 가운데 실수를 범하기도 한다. 이러한 왜곡된 경청은 진정한 대화의 필요한 개방적 처리과정에 방해가 된다.

나. 여과된 경청

우리는 사회화 과정을 통해 자신과 타인 및 주변의 세상을 듣는 데 다양한 여과장치를 발달시켜 왔다. 개인적·가족적·사회문화적 여과장치들은 우리가 경청하고 행동하는데 우리도 모르게 작용하는 다양한 형태의 편견을 주입시키기도 하다. 여과장치가 강하면 강할수록 편견은 심해진다. 의식적이든 무의식적이든 편견은 이해를 왜곡시킨다. 사회복지사는 자신에 대해 아는 것이 매우 중요하다. 그래야 경청할 때 왜곡시키는 경향이나 편견을 찾기 쉬워진다.

다. 평가적 경청

대부분의 사람들은 상대방의 말을 주의 깊게 경청한다 하더라도 평가적 자세를 취하는 경우가 많다. 상대방의 말을 들으며 '좋다·나쁘다, 맞다·틀리다, 옳다·그르다, 믿을 만하다·그렇지 못하다, 호감이 간다·가지 않는다, 관련이 있다·없다'고 판단하여 쉽게 충고를 하게 된다. 충고로 이어지는 평가적 경청은 클라이언트를 의기소침하게 만든다. 따라서 먼저 클라이언트의 말을 이해해 주고, 그 다음 필요하다면 이를 깨닫게 하여 극복시키거나 클라이언트로 하여금 자기 스스로 도전하게 해야 한다. 이러한 측면에서는 평가적 경청도 생산적 측면이 있다.

라. 정형화된 경청

정형화되는 것이 어느 정도 타당성이 있다 하더라도 우리는 정형화되는 것을 좋아하지 않는다. 사회복지사 훈련과정에서 망상증, 신경증, 성격장애, 경계선장애 등으로 분류하는 방법을 배운다. 이런 분류는 클라이언트에 대한 이해라기보다는 해석이라는 사실을 망각하는 경우가 있다. 공부하면서 배운 것이 상대방의 말을 경청하면서 조직화시켜 주는 구실도 하지만 한편으로는 경청을 왜곡시킬 가능성도 있다.

마. 인간 중심보다 사실 중심의 경청

어떤 사회복지사는 클라이언트에 대한 사실만 충분히 수집되면 마치 치료가 되는 듯 생각하여 정보수집을 위해 질문공세를 퍼붓는다. 이러한 질문은 사실을 수집할 수는 있을지 몰라도 사람을 잃게 만든다. 따라서 클라이언트가 놓인 상황을 경청하면서 주제와 주요 메시지에 초점을 맞추려고 노력해야 한다.

바. 동정적 경청

대부분의 클라이언트는 불행한 일들을 경험하고 타인으로부터 희생당하고 있는 사람이기 때문에 사회복지사는 동정하기 마련이다. 동정심이 넘치다 보면 클라이언트가 하는 이야기를 왜곡하기 쉽다. 동정은 클라이언트로 하여금 자신에 대한 연민을 더욱 강화시키게 되고 문제대처행동을 하는 데 장애로 작용한다.

사. 가로막기

가로막는 것은 경청의 중지라고 할 수 있다. 그러나 중간에 말을 가로막는 것(interrupting)을 장애요인으로 분류하는 것은 조심스럽다. 면접은 대화이기 때문이다. 말을 가로막는 것이 유익하기도 하고 해로울 수도 있다. 사회복지사가 클라이언트에게 해야 할 말이 있다고 해서 가로막고 나서면 해롭고 사회복지사가 부드러운 제스처와 더불어 "여러 가지 관점을 제시하셨군요. 제가 제대로 이해했는지 궁금하군요."라고 말하면서 개입할 때는 경우가 다르다. 문제 대처에 도움을 촉진하는 것이라면 유용하지만 문화적 차이를 고려해야 한다. 사회복지사가 제대로 경청하지 못하는 이유는 열린 마음으로 경청하는 것과 클라이언트의 말을 모두 인정하는 것이 같은 것이라는 그릇된 가정 때문이다. 열린 마음으로 경청하면 많은 것을 배우고 이해할 수 있다(Egan, 2003).

⑨ 경청의 장애 극복

열린 마음으로 경청하는 사람은 새로운 아이디어를 기꺼이 탐색하고 다른 의견들을 들으려고 한다. 메시지를 받아들이며 왜곡 없이 의미를 이해하려고 끝까지 노력한다. 열린 마음의 사회복지사는 참을성을 갖고, 신뢰를 구축하고, 주의집중을 방해하는 소음을 통제하고, 이야기의 흐름에 초점을 유지하고, 선입견과 편견에 의한 가정을 통제하고, 클라이언트의 사적 세계에 대한 반응으로서의 정서적 성숙과 기술, 용기를 주며, 경청이 동의를 의미하지 않는다는 것을 알고, 서로 다른 생활과 문화에 대한 차이를 인식함으로써 경청의 장애를 극복할 수 있는 기술을 사용할 수 있다.

표 7-2 경청장애 극복하기

문 제	상담의 선택
•잘못된 언어 선택과 생각을 말로 표현하는 데 있어서의 어려움 등 언어 문제	•의미를 정확하게 하기 위한 질문 •의미의 단서가 되는 비언어적 의사소통에 신중한 주의
•불완전하고 모호하며 불명확한 메시지	•더 상세한 사항과 구체적인 예 탐색 •이해를 확인하기 위한 환언 •말하고자 하는 메시지의 정확한 정의 요구
•관계의 문제점과 신뢰의 쟁점으로 인해 클라이언트 자신의 감정과 생각 잠재의식에서 검열	•공감 •상호 관계와 신뢰의 쟁점에 대한 개방적 논의 자극 •좀 더 천천히, 질문을 줄여 나감 •비방어적 반응을 통한 개방적 자세
•소음과 사생활 부족 등 외적 방해	•좀 더 개인적인 현장이 가능한 장소로의 이동
•사회복지사의 피로와 집중하기 어려움, 지루함과 듣기의 어려움 등 내적 방해	•사회복지사 자신의 건강을 위한 계획과 실행 •시간관리 개시 •상담 연기 •정신적으로 주요한 부분의 세부사항을 요약하는 집중력 증진 훈련 •요약, 환언, 공감
•상담자가 자신의 가치들과 반대되는 생각을 다룰 때 객관성 상실	•객관성을 흐리게 하는 개인적 쟁점을 다루는 슈퍼비전과 자문 •다른 생각을 탐색하기 위한 스스로의 훈련
•사회복지사와 클라이언트 사이에 문화적 장벽 존재	•문화적 가치와 쟁점을 이해하기 위한 클라이언트의 도움과 면담의 스타일 적용 •통역 또는 클라이언트와 같은 문화권의 사회복지사에게 클라이언트 의뢰
•클라이언트가 두서없이 말하거나 장황하게 말하는 등 사회복지사를 압도	•주제와 우선순위를 확인하기 위한 요약 •면담 흐름을 통제하기 위한 선택적 중단과 개입
•클라이언트의 부적절한 침묵	•침묵의 의미 이해 노력과 적절한 반응
•웅얼거림과 말더듬, 속삭임 등 클라이언트의 말에 대한 문제	•클라이언트 스타일에 친근해질수록 감소 •클라이언트에게 크게 이야기하도록 요청

출처: Egan(2003). 유능한 상담자(제석봉, 유계식 역). 재구성.

(2) 요약과 해석

요약은 클라이언트의 생각과 행동, 감정들을 사회복지사의 언어로 정리해 줌으로써 사회복지사가 클라이언트의 말을 주의 깊게 경청하고 있었음을 보여주는 동시에, 자기가 정확히 이해했는지를 확인하는 수단이다. 반영적 성격을 가지고 있어서 클라이언트의 잘못된 부분을 바로잡아 주면서 자기의 경험을 기술하는 방법을 한 번 더 심사숙고하게 만들어 주는 효과가 있다.

해석은 클라이언트가 미처 알지 못하고 있는 클라이언트의 문제까지 이해할 수 있게 되는 방법으로, 사회복지사는 클라이언트가 명확히 이야기해 주지 않거나 인정하지 않으려 할 때라도 클라이언트의 이야기의 내면으로 들어가서 피상적인 의미 이상의 것을 이해해야 할 때가 있다. 사회복지사는 클라이언트의 말과 행동의 숨은 의미에 대한 해석이 끝났더라도 클라이언트가 자기 힘으로 사회복지사가 해석한 내용과 같은 결론에 도달할 수 있게 되기까지 기다려 주는 것이 필요하기 때문이다.

3) 질문

질문은 클라이언트를 돕고 필요한 정보를 얻어 내며 대화의 초점을 바로 잡기 위해 꼭 필요하다. 질문을 너무 많이 하면 클라이언트가 혼란을 느끼게 되고 너무 적게 하면 클라이언트에게 면접의 부담을 지나치게 많이 지우게 되기 때문에(Garrett, 1942) 질문은 클라이언트의 속도에 맞추어 적절한 시점에서 이루어져야 한다.

질문에는 개방형과 폐쇄형 질문의 두 가지 유형이 있는데, 일반적으로 폐쇄형 질문(closed-ended question)보다 개방형 질문(opened-ended question)이 더 많은 사실을 알려 준다. 질문을 할 때 되도록 피해야 하는 질문도 있다. 첫째, '왜'로 시작되는 질문(why question), 둘째, 클라이언트의 응답을 어느 한 방향으로 이끌어 가려는 유도형 질문(leading question), 셋째, 너무 여러 가지 질문을 한꺼번에 묻는 중첩형 질문(stacking question) 등이다.

(1) 질문의 의미

상담면접과정에서 질문은 특정한 주제와 테마에 초점을 두게 하여 클라이언트가 그들의 삶을 방해하는 문제를 해결하기 위한 선택사항들을 발견할 수 있도록 하는 것으로, 일련의 질문은 문제 탐색과 목적 설정, 문제해결로 클라이언트를 체계적으로 이끌며 생각을 유발시키는 질문을 함으로써 클라이언트가 통찰을 촉진할 수 있는 반성적 과정을 시작하도록 자극한다. 사회복지사는 클라이언트가 간과할 수 있는 주제와 아이디어, 감정을 클라이언트 스스로 검토하도록 이끌어 감으로써 자각을 촉진하며 클라이언트에게 문제를 분석하고 문제에 반응하는 논리적 방법을 가르침으로써 클라이언트의 사고와 문제해결과정에서 관련 사항을 연계시키고 유형을 밝혀내는 것을 도울 수도 있다.

① 질문할 때의 오류

잘못된 질문은 엉뚱한 대답을 낳고, 클라이언트의 반감을 사거나 면담을 피상적 수준에 머무르게 하며, 무뚝뚝한 질문은 클라이언트의 감정을 무시하거나 클라이언트에게 비판 또는 소홀히 취급당한다는 느낌을 줄 수 있고, 시의적절하지 않은 질문은 상담을 서두르게 하거나 신뢰가 확립되기 전 종결을 요구하여 클라이언트를 놀라게 할 수도 있다. 따라서 질문할 때의 오류들을 정리해 볼 필요가 있다.

가. 전문용어

질문이 효과적이기 위해서는 질문이 분명하고 이해하기 쉽게 클라이언트의 언어나 문화와 관련하여 일관되게 제시되어야 한다.

나. 유도질문

유도질문은 클라이언트가 특별한 견해에 동의하고 사회복지사가 클라이언트의 최대의 관심사일 것이라고 여기는 해결책을 클라이언트가 받아들이도록 유도하는 계획인 숨긴 의제로 원하는 대답이 나오도록 클라이언트를 조종하는 것으로, 질문을 어떻게 하는가에 따라 대답에 큰 영향을 미친다. 유도질문은 종종 사회복지사가 클라이언트와 논의해야 하는 진정한 관심사를 모호하게 만든다. 클라이언트가 바람직한 결과를 이끌어 나가기를 바라는 마음에서 자신들의 감정이나 견해를 해결책의 형태로 간접적으로 나타내는 것이다(Hepworth et al., 2002, p. 180). 하나의 대안을 선택적으로 강조함으로써 클라이언트의 선택의 자유를 제한하지 않도록 사회복지사가 선호하는 대안으로 대화에 영향을 주지 말아야 한다.

다. 과도한 질문

과도한 질문은 클라이언트로 하여금 심문이나 질문공세를 받는 듯한 느낌을 줄 수 있기 때문에 다음 면접시간에 나타나지 않거나 점점 더 방어적이 되어 피상적이고 구체적이지 않게 대답하며 간단한 반응을 보이게 된다. 이처럼 과도한 질문은 클라이언트에 대한 정보를 많이 끌어내지 못하게 되고, 관련 정보를 수집하는 데 있어서 비생산적이고 비효과적이게 되며(Hepworth et al., 2002, p. 179), 클라이언트를 질리게 하며 당황스럽고 혼란하고 피로를 느끼게 할 수도 있다. 한편 질문을 하지 않는 것도 너무 많은 질문을 하는 것과 마찬가지로 심각한 문제가 될 수 있기 때문에 사회복지사는 질문과 반응을 확인하는 요약 반응과 클라이언트의 감정에 대한 공감적 반응의 조화를 유지하도록 항상 주의하는 것이 중요하다.

라. 복수질문

복수질문은 동시에 두 개 이상의 질문을 하는 것으로, 질문이 서로 보완적이라면 둘째 질문은 첫째 질문을 보충하거나 명쾌하게 설명하기 위해 동시에 이루어질 수 있다. 그러나 서로 다른 방향으로의 복수질문은 복합적이고 모순되는 요구로 클라이언트를 혼란스럽게 할 수 있다. 일반적으로 사회복지사는 한 번에 한 가지 이상의 질문을 하고 싶은 충동을 제어할 필요가 있으며, 질문에 대한 클라이언트의 대답을 기다려야 한다.

마. '왜'라는 질문

'왜'라는 질문은 정당화를 요구하는 경향이 있고 어조 또한 종종 판단과 불인정, 충고를 드러내기 때문에 조심스럽게 사용되어야 한다. '왜'라는 질문은 자신의 행동을 설명하고 정당화하도록 요구하고 통찰력을 요구하는 경우가 자주 있다. 그 반응으로 클라이언트는 대답을 꾸며 내거나 그 질문에 대답할 수 없을 때 스스로 어리석다고 느끼게 되어 자신을 방어할 필요를 느끼고 그 상황을 벗어나 피하거나 아니면 공격할 수도 있다. '왜'라는 질문보다 '무엇'이란 질문이 보다 효과적인 질문이라 할 수 있다.

② 클라이언트가 질문에 대답하지 않을 때

때때로 클라이언트가 질문에 대답하지 않거나 혹은 그들의 대답이 표면적일 수 있다. 사회복지사는 클라이언트가 대답하기를 꺼리는 몇 가지 이유를 생각해 보아야 한다(Egan,

2003). 따라서 질문에 대답을 꺼리는 이유들을 정리해 볼 필요가 있다.

가. 질문을 이해하지 못한다

클라이언트는 듣지 못했기 때문에 질문을 이해하지 못할 수도 있다. 역량 있는 사회복지사는 전문적 용어와 은어 사용을 피하고 클라이언트의 요구와 기대에 맞게 변화시킨다. 사회복지사는 클라이언트에 대한 모델로서 사회복지사가 효과적 듣기와 응답기술을 보여줄 때 클라이언트는 그것들을 모방하려는 경향이 있다.

나. 목적을 이해하지 못한다

클라이언트는 면접과정과 특정한 질문의 목적에 대해 알 권리가 있다. 사회복지사는 면접의 어느 시점에서라도 질문을 하는 이유에 대해 분명하게 밝힐 준비가 되어 있어야 한다. 첫째, 꼭 필요한 정보를 얻기 위해, 둘째, 클라이언트의 대화를 쓸모 있는 쪽으로 돌리기 위해 질문하여 클라이언트로 하여금 면접의 과정과 질문의 목적에 대해 알 수 있도록 할 필요가 있다.

다. 대답을 모른다

어떤 질문은 클라이언트가 대답하기 어렵다. 클라이언트의 현재 이해 수준을 넘어서는 통찰력이나 설명을 필요로 할 수도 있다. 때때로 클라이언트는 그들의 생각과 내적 감정을 명확하게 표현할 수 없다.

③ 질문과 서로 다른 문화 간 의사소통

상담과 질문방법이 문화적으로 편향되지 않도록 주의할 필요가 있다. 다양한 문화구성원과 효과적 관계를 가지려고 할 때 사회복지사는 정형화와 지나친 일반화를 피할 필요가 있다. 〈표 7-3〉은 질문을 적절히 사용하기 위해 고려해야 할 사항이다.

표 7-3 질문을 위한 지침서

하지 말아야 할 것	해야 할 것
전문적 특수용어와 은어, 사투리 등을 사용한다.	낯선 어휘를 사용하지 말고 편견 없는 평범한 언어를 사용한다.
클라이언트에게 질문공세를 퍼붓는다.	일련의 여러 질문기술로 클라이언트에게 존중과 관심을 나타내며 동기를 부여하고 격려하고 면접의 균형을 맞추고 면접에 다양성을 더한다.
한 번에 한 가지 이상의 질문을 한다.	한 번에 하나의 질문을 하고, 질문 후에는 잠깐 멈추어서 클라이언트에게 대답할 시간을 준다.
클라이언트와 그들의 대답을 통제하기 위한 유도 질문을 한다.	요약, 공감과 같은 반응은 이해를 확인하는 데 있어서 중요하다는 것을 기억한다.
비난 또는 판단을 나타내는 '왜'라는 질문을 한다.	클라이언트에 대한 수용성으로서의 '무엇'이라는 질문을 사용한다.
부적절하고 때에 맞지 않는 질문으로서 알아야 할 이유가 없거나 또는 대답을 얻어야 할 권리가 없을 때 질문을 한다.	면접의 목적을 확신하고 특정한 목적을 위해 질문을 한다.

출처: Egan(2003). 유능한 상담자(제석봉, 유계식 역). 재구성.

④ 질문의 유형

사회복지사가 다양한 질문방법을 사용할 때 면접의 활력이 증진되고 좀 더 효율적인 시간의 사용이 가능해지며, 질문기법의 효율성은 질문시점과 관계의 성질, 면접의 목적과 참가자의 기분을 포함한 여러 가지 요소에 의해 결정된다(Egan, 2003).

가. 폐쇄성 질문

일반적으로 구체적 정보를 이끌어 내는 데 있어서 폐쇄형 질문은 화제를 규정하고 클라이언트의 반응을 몇 마디의 말이나 단순히 "예."라는 대답이나 무응답으로 제한하게 된다(Hepworth et al., 2002, p. 142). 폐쇄형 질문은 "예." 또는 "아니오."로 쉽게 대답될 수 있어 사실을 확인하고 구체적 정보를 획득할 수 있게 한다. 이와 같이 폐쇄형 질문은 주로 필수적인 사실적 정보를 도출하는 데 사용되며, 면접 초기 회기 동안은 거의 사용하지 않다가 클라이언트가 빠뜨린 자료로 아이들의 이름과 나이, 직장과 결혼날짜, 의료적 사실과 원가족에 관한 자료 등을 알아내기 위해 초기 이후에 사용한다.

지속적으로 이루어지는 폐쇄형 질문은 데이터를 재빨리 모으는 데는 효율적 방법이지만 지나친 폐쇄형 질문은 클라이언트를 짜증나게 하고 클라이언트가 심문받거나 제한당하는 것 같은 느낌을 가지게 할지도 모르기 때문에 사회복지사는 폐쇄형 질문을 다양한 면접 전략, 특히 적극적 경청기술과 결합하여 사용함으로써 부정적 효과를 최소화시킬 수 있다.

나. 개방형 질문

개방형 질문은 5W(누가, 무엇을, 어디서, 언제, 왜)와 1H(어떻게) 질문으로, 클라이언트에게 자신이 선택한 방식으로 대답할 수 있는 커다란 자유를 제공하여 그들은 대답의 정도를 자신이 원하는 만큼 스스로 정할 수 있다. 개방형 질문은 클라이언트가 더 광범위한 표현을 하도록 하며, 클라이언트 스스로 가장 관계 깊고 중요하다고 생각하는 것을 표현할 여지를 남겨둔다. 개방형 질문은 일반적으로 더 풍성한 정보를 이끌어 낼 수 있기 때문에 의사소통을 시작하기 위해서, 문제를 가진 클라이언트의 생활 측면을 드러낼 수 있도록 하기 위해서 상담 초기에 더 비중 있게 사용된다(Hepworth et al., 2002, pp. 142-145).

다. 간접질문

내새적 질문인 간접질문은 질문처럼 삭용하는 표현법으로, 간접질눈의 단어는 직접적인 개방형·폐쇄형 질문보다 덜 위협적이며, 공감과 같은 다른 기술과 결합되어 단조로움과 계속되는 질문의 위협을 깨뜨리는 데 효과적이다.

표 7-4 질문의 유형

유형	설명	장점	단점	예
폐쇄형 질문	•'예' 혹은 '아니요'로 대답 가능한 질문	•구체적 정보 제공 •사실, 결론, 또는 동의 확인 •초점을 제한함으로써 면담의 속도를 늦춤 •클라이언트가 대답하기 쉬움	•대답을 제한 •반복될 때 클라이언트가 심문받는 것 같은 느낌을 받음	•"오늘 밤 부모모임에 갈 건가요?" •"당신이 말하고 싶었던 것을 모두 말했나요?"
개방형 질문	•더욱 확장된 대답을 촉진하는 질문	•제한되지 않은 대답 가능 •클라이언트에게 대답에 대한 통제권을 줌으로써 권한 부여	•대답하는 데 더 많은 시간을 소비함 •클라이언트가 대답하기에는 좀 더 도전적	•"오늘 저녁 계획은 무엇인가요?"
간접 질문	•질문처럼 작용하는 표현법	•전통적 질문보다 덜 위협적	•클라이언트가 응답하지 않을 수 있음	•"당신이 오늘 저녁에 계획이 있는지에 관심이 있습니다."

출처: Egan(2003). 유능한 상담자(제석봉, 유계식 역). 재구성.

(2) 구체성

한 사람의 감정과 경험을 전달하며 완전히 이해되기 위해서는 구체성을 띠어야 한다. 의사소통이 구체적일 때 서로 단어와 구절, 생각과 느낌, 행동을 이해할 수 있다. 구체성은 메시지가 분명하고 구체적 의미를 전달하는 정도이다. 사회복지사는 정확성을 증진시키고 토론에 집중하며 질문의 초점을 심화시키기 위해서 구체성을 시도한다.

클라이언트가 구체적으로 반응할 수 있도록 돕기 위해 다양한 방법으로 개념화할 수 있도록 구체성을 추구하는 반응은 다음과 같다(Hepworth et al., 2002, pp. 147-154).

① 인식의 확인(checking out perceptions)

인식의 확인은 클라이언트가 불충분하고 이중적이며 복잡한 메시지로 표현하거나 사회복지사가 클라이언트의 메시지를 완전히 듣지 못했거나 그 의미를 이해하지 못했을 때 필요하다. 사회복지사가 클라이언트의 메시지를 정확하게 들었는지에 대해 명료화하고 확인하는 반응은 클라이언트와의 신뢰관계 형성에 있어서 필수적이며, 사회복지사가 클라이언트의 문제를 이해하기를 원한다는 것을 전달하는 데 있어서 중요하다. 명확한 반응은 클라이언트로 하여금 감정과 다른 관심사에 관계된 자신의 생각을 뚜렷하게 하고 재구조화할 수 있도록 하며, 결국 자아의식과 성장을 격려한다는 점에서 도움이 된다.

② 애매모호하거나 익숙하지 않은 용어의 의미를 명료화하기(clarifying the meaning of vague or unfamiliar terms)

클라이언트는 표현에 있어서 복합적 의미가 있는 용어를 사용하거나 아주 색다른 방법으로 용어를 사용하는 경우, 정확한 의미는 명료화를 요청하거나 그 행동이 실제로 드러난 사건의 예를 통해서 가장 잘 드러난다.

③ 클라이언트에게서 도출된 결론의 근거 탐색하기(exploring the basis of conclusions drawn by clients)

클라이언트는 때때로 마치 자신이 사실을 입증하는 것처럼 견해나 결론을 제시한다. 사회복지사는 클라이언트가 가지고 있는 어려움을 정확하게 사정하기 위해서 클라이언트의 견해나 결론이 근거하고 있는 부가적 정보를 반드시 이끌어 냄으로써 클라이언트의 왜곡된 사고

유형을 사정하여 클라이언트의 잘못된 결론에는 도전해야 한다.

④ 클라이언트의 진술 개별화 돕기(assisting clients to personalize their statements)

클라이언트의 메시지는 화제의 초점에 따라 나를 가리키는 자아에게 초점(focus on self), 그들, 사람들, 누군가 등의 대상 혹은 특정인의 이름을 가리키는 다른 사람에게 초점(focus on others), 우리나라는 대상을 가리키는 집단이나 자신과 다른 사람들 사이의 상호관계에 초점(focus on the group or mutual relationship), 사건, 제도, 상황, 생각 등의 대상을 가리키는 내용에 초점(focus on content)으로 구분한다.

⑤ 구체화 감정 도출하기(eliciting specific feelings)

클라이언트가 자신의 메시지를 개별화하고 감정을 표현할 때 사회복지사는 클라이언트가 경험한 것을 명료하게 하는 정보를 이끌어 낼 필요가 있다. 예를 들어, 구체성이 결여된 감정 상태인 '기분이 상한', '좌절한', '불편한', '안락하지 않은', '당황한', '귀찮은' 등의 일반적인 감정이 아닌 ~하다는 것에 대해 "좀 더 명확하게 이야기해 줄 수 있나요?", "어떻게 ~하다는 느낌을 받나요?"와 같이 구체적 감정상태를 이끌어 낼 필요가 있다.

⑥ 과거에서 지금 - 여기로 초점 맞추기(focusing on the here and now)

가까운 현재와 관계되는 메시지들이 구체성이 높다. 클라이언트의 감정과 경험이 일어날 때의 감정에 초점을 맞추는 것은 사회복지사가 직접적으로 반응과 행동을 관찰할 수 있게 한다.

⑦ 클라이언트의 경험과 관련된 세부사항 도출하기(eliciting details related to client's experience)

사회복지사는 클라이언트의 경험을 밝히는 정보를 이끌어 내는 질문으로서 '어떻게' 혹은 '무엇'으로 시작하는 질문으로 클라이언트가 구체적 자료를 말하도록 도울 수 있다.

⑧ 상호작용 행동에 관한 세부사항 도출하기(eliciting details regarding interactional behavior)

상호작용 사건에서 실제로 어떤 일이 일어났는지를 지적하는, 즉 그 사건이 일어나기 전에 무슨 일이 일어났는지, 참가자가 무슨 말을 하고 어떤 행동을 했는지, 클라이언트가 경험한 특정한 생각과 감정은 무엇인지, 그 사건 뒤에는 어떤 결과가 발생했는지를 정확하게 지적함으로써 사회복지사는 클라이언트의 관점과 결론에 안주하기보다 무엇이 일어났는지에 대한 세부사항을 이끌어 내는 것이다.

⑨ 사회복지사의 표현 구체화하기(specificity of expression by social workers)

사회복지사가 구체적으로 이야기하고 의미를 명료화하며 진술을 개별화하고, 결론의 근거를 증명할 때 클라이언트는 오해를 적게 하고 그들 자신의 감정이나 생각을 덜 거부한다.

표 7-5 구체성 촉진

클라이언트 반응	분석	반응 선택
•"자살에 대해 강렬한 느낌을 가지고 있어요."	•클라이언트는 자신의 정서적 반응인 관점을 면접하는 사람이 자세히 이해할 만큼의 충분한 정보를 제공하지 않는다.	•"그 감정을 설명해 보세요." •"그 감정에 관해 이야기해 주세요."
•"화가 납니다."	•사회복지사가 화라는 단어에 개인적 의미를 부여하게 되는 자연적 경향을 막기 위해서 추가적 조사가 필요하다.	•"화요?" •"화났다는 게 무슨 의미인가요?"
•"남편 없이 혼자서 아이를 키운다는 게 어떠할지 이해하기를 바라요."	•다른 클라이언트와의 개인적 경험이나 일이 사회복지사가 가정하기에 좀 더 개방적일 수 있도록 한다.	•"모든 이의 경험은 서로 다릅니다. 당신의 경우는 어떠한지 들었으면 좋겠네요."
•"우리 관계에서 빠진 것이 몇 가지 있어요." •"우리 가족은 이상해요." •"전 많은 것을 배웠어요."	•세부내용이 부족하다.	•"무엇이 빠진 건가요?" •"어떤 방식으로 이상한가요?" •"당신이 배운 것은 무엇인가요?"
•"나는 싫증 났어요."	•목표대상이 빠졌다(이 사람이 누구 혹은 무엇 때문에 싫증이 난 것인가?).	•"누구에게 싫증 났나요?" •"무엇에 싫증 났나요?"
•"그녀는 정말로 꽤 늙었어요."	•화자의 관점이 불분명하다.	•"그녀는 몇 살인가요?"
•"나는 그가 약간의 존중을 보여주길 바라요."	•희망하고 있는 행동적 반응이 세부적이지 않다.	•"만약 그가 존중을 보인다면 구체적으로 어떤 행동을 할까요?"
•"모든 사람은 자신의 관점에 관한 권리가 있어요."	•클라이언트의 관점이 개별화되지 않았다.	•"당신의 관점은 무엇인가요?"
•"때때로 포기하고 싶어요."	•때때로는 막연한 수식 어구다. 포기한다는 말이 정의되어 있지 않다.	•"당신이 때때로라고 말할 때 그것은 얼마나 자주를 의미하나요?"

출처: Egan(2003). 유능한 상담자(제석봉, 유계식 역). 재구성.

(3) 면접의 핵심질문

구조화된 질문은 면접과정에서 예기치 않은 길로 빠질지도 모르는 위험으로부터 사회복지사와 클라이언트가 바람직한 방향으로의 면접이 이루어지도록 안내한다(Egan, 2003).

① "무슨 일로 오늘 여기 오셨나요?"

"무슨 일로 오늘 여기 오셨나요?"라는 질문은 면접의 이유와 방향을 확립하는 과정을 시작하게 한다. 클라이언트는 사회복지사에게 더 많은 신뢰를 가지게 되고 좀 더 위험한 정보나 감정을 공유하려고 결정할 수 있고 클라이언트의 통찰력을 높여서 다른 방향으로 면접을 끌고 가게 할 수도 있다. 따라서 사회복지사는 초점 변화에 민감해야 하며 적절할 때에는 합의한 내용의 변화를 기꺼이 협상해야 한다는 점이 중요하다. 클라이언트가 우선적으로 생각하는 것과 무엇에 집중하고 있는지를 발견하고자 시도해야 한다.

② "저에게서 무엇을 기대하시나요?"

"저에게서 무엇을 기대하시나요?"라는 질문은 역할을 명확히 하는 데 있어서 중요하다. 물론 이 동의는 항상 변경될 수 있지만 클라이언트와 사회복지사가 면접과정에서 각자의 역할을 이해한다는 것은 중요하다.

③ "당신의 상황에 관해서 제가 알아야 할 것이 무엇인가요?"

"당신의 상황에 관해서 제가 알아야 할 것이 무엇인가요?"와 같은 개방형 질문은 클라이언트가 즉각적 관심 분야를 확인하고 탐색하고자 하는 의지를 나타내도록 권한을 주며 클라이언트에게 사회복지사가 자신의 요구와 바람을 존중할 것이라는 의사를 전달하고 클라이언트에게 상담자가 가정을 하지 않을 것이며 기꺼이 경청하고 알아 나갈 것임을 나타낸다. 따라서 클라이언트의 상황을 알기 위한 질문 세 가지의 중요한 영역들을 정리해 볼 필요가 있다.

가. 감정적 영역

클라이언트가 어떻게 느끼는가는 면접 작업에서 매우 중요하며 문제해결의 선결조건이다. "어떻게 느끼나요?"라는 질문은 감정을 나타내고 클라이언트가 그들의 문제에서 감정적 요소를 탐색하도록 격려하는 하나의 방법이다. 질문은 감정의 표현을 격려하며, 공감을 표현하는 적극적 경청기술은 감정에 대한 작업에서 기초가 된다.

나. 인지적 영역

사람들이 자신의 어려움에 관해 어떻게 생각하느냐 하는 것은 종종 문제 그 자체보다 중요하다. 혼잣말은 우리가 스스로에게 주는 정신적 메시지를 의미한다. 부정적 혼잣말은 MOANS(must, ought, always, never, and should)로 다음과 같다.

예 나는 성공해야 한다. 그렇지 못하면 나는 쓸모가 없다. 모든 것이 완벽해야만 한다(must).
나는 그것을 할 수 있어야 한다(ought).
나는 항상 일을 망친다(always).
나는 절대로 직업을 구할 수 없을 것이다(never).
나는 다르게 느껴져야만 한다(should).

대조적으로 긍정적 혼잣말은 자신감을 심어 주고 스스로에게 힘을 주며 무력하다는 감정의 피해의식 상태에서 사람들을 끌어내어 개개인이 엄격하고 처벌과 같은 강요를 스스로 부과하지 않고 위기를 현실적으로 처리할 수 있도록 한다. 사회복지사는 자아존중, 동기, 비이성적 사고와 같은 중요한 주제와 관련하여 가치 있는 단서를 얻을 수 있다. 이에 따라 그들은 직접적으로 클라이언트의 부정적 혼잣말에 도달할 수 있다. 인지적 영역의 탐색을 자극할 수 있는 질문은 다음과 같다(Shebib, 1997, p. 81).

예 "이 문제에 대해 스스로에게 무엇이라고 말하나요?"
"당신 안의 목소리가 무엇이라고 말하나요?"
"스스로에게 어떤 자기패배적 메시지를 주나요?"
"스스로에게 무엇을 말하고 있나요?"

다. 행동적 영역

클라이언트가 문제에 대해서 무엇을 하고 무엇을 하지 않고 있는지를 알아보는 것으로, 그러한 정보는 평가를 위해서 중요하다. 그것은 사회복지사에게 클라이언트가 해결책을 찾고 조사하는 데 적극적인지 아니면 그들이 포기해 버렸는지에 관해 말해 준다. 행동적 영역을 탐색하기 위한 몇 가지 질문은 다음과 같다.

예 "무엇을 해오고 있나요?"

"문제가 발생하기 직전에 무엇을 하나요?"
"어떻게 반응하나요?"
"무엇을 했나요?"
"뭐라고 말했나요?"
"문제를 다루는 당신의 방법이 변했나요?"
"당신이 이러한 주제를 처리하는 방법으로는 어떤 것들이 있나요?"

④ "~이 무엇을 의미하나요?"

중심적 질문으로 표현의 명확성을 보장하고 세부사항과 사례의 제시를 격려하며 사회복지사가 의미에 대해 잘못된 가정을 하는 것을 막으며 면담을 표면적 이해에서 세부적이고 구체적인 탐색으로 이동시킨다. 이 질문은 상담 작업을 평가하는 것으로서, 사회복지사와 클라이언트가 면접의 진행과정을 재검토하고 성취 정도를 확인함으로써 상담관계를 검토하고 계약을 변화시키는 데 도움을 준다.

⑤ "지금까지 우리가 정리한 것이 무엇인가요?"

"지금까지 우리가 정리한 것이 무엇인가요?"라는 질문은 면접과정을 평가하는 것으로서, 사회복지사와 클라이언트가 면접의 진행과정을 재검토하고 성취 정도를 확인함으로써 면접관계를 검토하고 계약을 변화시키는 데 도움을 준다.

⑥ "우리가 빠뜨린 것이 무엇인가요?"

"우리가 빠뜨린 것이 무엇인가요?"라는 질문은 클라이언트에게 놓쳤을지도 모르는 주제와 감정에 대해 이야기할 수 있는 기회를 제공하고, 클라이언트가 일부 세부사항을 공유하는 것에 대해 주저할 때 공유 쪽으로 분위기를 이끌 수도 있으며, 클라이언트에게 내용의 통제권을 주고 그들의 요구가 토론되고 있다는 것을 확인시키는 마지막 기회를 제공함으로써 클라이언트에게 권한을 부여한다.

(4) 면접전환

면접전환(interview transition)은 대화가 한 주제에서 다른 주제로 넘어갈 때 발생하며 면접과정에서 자연스럽게 발생할 수도 있고 면접의 목적을 심화시키기 위해서 계획될 수도 있다.

면접전환은 특정 이슈의 토론이 끝나고 다음으로 넘어갈 때, 토론이 다른 영역의 생각을 촉발시키거나 그 전에 토론한 영역과 연결될 때, 주제가 너무 위협적이거나 고통스러워서 긴장을 줄이기 위해 주제 변화가 필요할 때, 주제가 면접의 목적과 관련성이 별로 없거나 관련성을 잃어버렸을 때, 면접의 한 단계에서 다른 단계로의 변화가 필요할 때 전환된다(Egan, 2003).

전환에는 자연적·전략적·통계적 단계, 연결 또는 결합 등 다섯 가지 유형이 있다.

① 자연적 전환(natural transition)

토론이 두 주제 사이의 분명한 관련성을 가지고 하나의 주제에서 다른 주제로 부드럽게 흘러갈 때, 즉 클라이언트가 면접의 한 부분으로 새로운 테마를 언급하고 사회복지사가 그 정보를 사용하여 새로운 주제로 넘어갈 때 발생한다.

② 전략적 전환(strategic transition)

사회복지사가 선택 가능한 여러 주제 중에서 선택을 해야 할 때 발생하며, 어느 문제에 초점을 맞출 것인가? 어느 감정에 초점을 맞출 것인가? 아니면 문제와 감정 모두에 초점을 맞출 것인가? 사회복지사가 어떻게 반응하느냐 하는 것이 면접의 방향에 영향을 끼치는 전략적 전환이다.

③ 통제적 전환(control transition)

한 주제에서 다른 주제로 너무 빨리 이동하는 것은 면접을 피상적으로 만들지도 모른다(Shebib, 1997). 사회복지사는 면접의 흐름을 조정해야 할 책임을 가지며 면접의 방향을 관리하기 위해 다양한 상황에서 통제적 전환을 사용한다. 통제적 전환은 클라이언트를 지배하기 위해서가 아니라 면접시간이 생산적이라는 것을 보충하려는 전문가로서의 의무를 실행하기 위해이다. 사회복지사와 클라이언트는 통제를 공유해야 하며, 사회복지사는 클라이언트의 요구를 기반으로 하여 면접의 과정을 설정하기 위해서 클라이언트에게 가능한 한 많은 권리를 부여해야 한다.

카두신(Kadushin)은 통제에 개방적 면접요소를 토론해야 할 주제, 토론할 주제의 순서, 각 주제의 초점, 정서성의 수준, 하나의 주제에서 다른 주제로의 전환을 주도하는 사람으로 제시하였다. 사회복지사는 면접의 목적에 대해 클라이언트와 협상하는 데 면접의 흐름을 감독하고 통제할 의무가 있다. 사회복지사가 주제 전환을 다루는 한 가지 좋은 방법은 그 전환을 공개적으로 표현하고 서서히 그 의미를 탐색하는 것이다.

④ 단계전환(phase transition)

단계전환은 한 단계의 작업과 다른 단계의 작업을 연결한다. 속도조절을 위한 일반적 지침은 다음과 같다. 첫째, 새로운 관계와 첫 만남에서는 좀 더 천천히 넘어가도록 하라. 둘째, 클라이언트 간의 차이점을 예상하라. 셋째, 면접 내내 똑같은 강도 혹은 점점 증가되는 강도를 유지하는 것을 기대하지 마라. 위협적이지 않거나 요구가 덜한 주제로 주기적 휴식시간을 갖는 것은 클라이언트에게 힘을 불어넣는다. 넷째, 덜 요구하는 질문과 대답으로 면접을 마무리하라.

⑤ 결합전환(linking transition)

결합전환은 생각들을 연결하거나 융합하기 위해 사용되며 클라이언트가 주제에 관해 새로운 방식으로 생각하도록 자극함으로써 강력한 효과를 가질 수 있고, 서로 다른 사건을 분명하게 결합함으로써 문제를 새로운 관점에서 이해하게 하고, 곤경의 근원을 다른 것에서 찾아야 하며, 어려움을 완화시키기 위한 새로운 행동을 하게 한다.

03 면접기록

1) 면접의 기술

(1) 반영

반영은 말 속에 내재되어 있는 감정과 의미를 표면으로 이끌어 내서 마치 거울처럼 클라이언트에게 보여주고 되돌려 주는 것이다. 이것은 클라이언트의 탐색을 돕는 가장 중요한 기술 중 하나로, 클라이언트에게 자신의 감정이나 생각을 파악하고 명료화하고 표현하도록 돕기 위해 사용한다. 크게 감정의 반영과 내용의 반영으로 구분된다(Evans et al., 2000: 남미애·윤숙자, 2021, p. 58 재인용).

(2) 명료화

명료화는 클라이언트의 이야기가 모호하거나 구체적이지 않는 경우, 이해되지 않는 것이 있는 경우 클라이언트로 하여금 보다 명확하게 이야기하도록 질문하는 것이다(남미애·윤숙자, 2021, p. 59).

(3) 바꾸어 말하기

바꾸어 말하기(paraphrasing)는 클라이언트가 진술한 내용의 어의적 뜻을 다시 말하는 것이다. 반영이 감정이나 메시지의 정서적 요소에 초점을 둔 것이라고 한다면, 바꾸어 말하기는 말의 뜻에 초점을 맞추어 다시 말하는 것이다(남미애·윤숙자, 2021, p. 60).

(4) 요약하기

요약하기는 면담과정 중 일정 시간 동안 클라이언트가 한 말의 주된 내용, 감정, 의미를 한데 모아서 간략하게 정리하는 것을 의미한다(남미애·윤숙자, 2021, p. 61).

(5) 침묵 다루기

효과적인 침묵을 다루는 것은 원조과정에서 매우 중요하다. 클라이언트는 다양한 이유로 면담 도중에 침묵할 수 있다. 침묵은 크게 두 가지 유형으로 대별해 볼 수 있는데, 하나는 건설적인 침묵이고 다른 하나는 문제성 침묵이다. 건설적 침묵은 침묵의 이유가 면접의 목적과 관련이 있고 클라이언트의 문제해결에 도움이 되는 경우다.

건설적 침묵이 일어나는 경우에는 침묵을 깨뜨리지 않고 침묵을 누릴 권리를 존중해 주고 기다려 주는 것이 필요하며, 문제성 침묵에서는 적절한 시기에 적절한 방법으로 개입하는 것이 필요하다(남미애·윤숙자, 2021, pp. 61-62).

(6) 직면하기

직면이란 클라이언트의 문제해결과 관련된 사항에서 말과 행동 간의 일치되지 않는 점을 클라이언트가 알 수 있도록 하는 기술이다. 직면은 클라이언트의 면담목적과 관련이 있어야 하며, 사회복지사와의 신뢰성 있는 관계가 형성되고 난 다음 적절한 시점에 사용해야 한다.

또한 직면은 모호하거나 추측성의 정보에 근거하면 안 되며, 사회복지사의 분노의 표현이나 보복이나 앙갚음을 위해 사용해서는 안 된다. 직면의 사용 시에는 클라이언트가 명확히 알 수 있는 말과 행동과 관련된 것에 초점을 맞추고 클라이언트에 대한 존중의 마음과 따스한 분위기를 유지하는 것이 필요하다(남미애·윤숙자, 2021, p. 66).

2) 기록

(1) 기록의 중요성

기록은 사회복지실천현장에서 다양한 클라이언트의 욕구와 문제를 해결하도록 돕기 위해 서비스의 책무성을 높여 주며 사회복지사의 원조기술을 증가시켜 서비스의 질을 향상시켜 주는 데 매우 유용하기 때문에 사회복지사와 클라이언트 모두에게 성장의 수단을 제공하는 면에서 중요하다.

현대 사회에서 사회복지실천과정에 대한 책무성이 강조되고 있고, 사회복지 관련 업무의 점검, 평가 및 인증 시스템이 강화되면서 그 어느 때보다도 기록이 중요해지고 있다. 특히, 클라이언트나 전문가의 인권, 사회복지사의 법적 책임에 대한 논의가 이루어지기 시작하면서 기록의 중요성이 강조되고 있다.

(2) 기록의 목적

사회복지실천과정에서 기록의 중요한 목적은 사회복지실천의 책무성, 효율성, 지속성, 만족도 등의 질적 향상을 통한 실천을 증진하는 것이라 할 수 있다. 기록의 목적을 정리하면 다음과 같다.

기록의 목적

- 사회복지실천의 문서화
- 사례의 지속성 및 연속성 확보
- 슈퍼비전 및 자문의 활성화
- 행정적 자료로의 사용
- 효과적인 서비스 제공을 위한 모니터링
- 전문가 간 원활하고 활발한 의사소통
- 클라이언트와의 정보 공유 및 제공
- 조사 연구 및 통계자료로 사용

사회복지실천의 기록은 사회복지사가 개입한 사례를 첫 단계부터 종결과 사후지도까지의 전 과정을 합당한 형식을 갖춘 틀에 따라 객관적으로 서술하는 일로, 사회복지사는 서비스 내용을 기록을 통해 설명하고 평가하여 클라이언트와 기관 및 지역사회에 대한 자기 책임성을 다하여야 한다. 사회복지실천기록은 정보를 보존하고, 기관 내외의 전문가들과의 사례에 대한 의사소통과 연구를 가능하게 하며, 슈퍼바이저가 적절한 교육과 지도감독을 할 수 있도록 해 주어 궁극적으로 서비스의 질을 높일 수 있게 해 준다(엄명용, 2005, pp. 249-250).

(3) 기록의 내용

기록의 내용은 첫째, 활동일시와 장소, 둘째, 활동목표, 셋째, 프로그램의 내용과 목표달성 전략, 넷째, 참석자, 클라이언트의 과제수행 여부의 점검과 결과기록, 프로그램 실시 내용, 면담종결 시의 피드백, 다음 회기의 활동내용, 과제 부여, 준비사항 등의 활동내용, 다섯째, 평가, 여섯째, 다음의 활동계획이다.

기록의 방법은 녹음기나 비디오카메라를 통하여 전 과정을 녹화한 다음 이를 재검토하면서 풀어 쓰는 방법과 면담 중 사회복지사가 간단한 메모로 중요한 사항을 정리하였다가 면접이 종료된 후 다시 기록하는 방법이 있다. 면접과정에서 사회복지사가 지나치게 기록에 몰두하면 클라이언트가 불편해하고 면접의 진행에 방해가 된다(엄명용, 2005, pp. 250-251).

(4) 기록의 유형

사회복지실천현장에서 사용되는 기록 유형은 메모기록, 최소기본기록, 요약기록, 이야기체 기록과 문제중심기록, 과정기록, 녹음 및 녹화기록 등이 있다.

① 메모기록

메모(memos)는 회기 후에 기록을 작성하는 데 보다 편리하게 해 주며, 면접의 흐름을 방해하지 않아야 하며 면접보다 더 중요하여서도 안 된다. 실제 면접 도중 메모에 치중하다 보면 클라이언트의 말에 덜 주의를 갖게 되고 면접보다 메모에 더 신경을 쓰게 된다. 메모를 적게 하면서 모든 것을 기억할 수 있는 메모를 사용하여 클라이언트의 이야기에 집중하여야 바람직하다. 메모를 하는 이유는 클라이언트를 더 많이 이해하고, 면접에 대한 평가 또는 지도감독을 받기 위한 것이라고 반드시 양해를 구하여야 한다(임은희, 2004, pp. 144-145).

② 최소기본기록

최소기본기록(minimum basic recording)은 단순하고 경제적인 기록양식으로, 기본적인 신상정보인 클라이언트의 이름, 주소, 전화번호, 직업과 수입, 가족이나 친척의 주소와 전화번호와 면담날짜, 클라이언트의 주요한 문제, 목적, 개입계획, 클라이언트의 반응, 탐색이 필요한 영역, 필요한 자원, 클라이언트를 위해 필요한 행동과 종결상태를 포함한다(엄명용, 2005, p. 251).

③ 요약기록

요약기록(summary recording)은 사실별, 인물별 등 표제별로 요약·기술하는 것으로서, 반드시 자료의 출처를 밝히고, 사례의 중요한 부분을 집약한 것으로 기록의 분량을 절약하며 사례의 진행방향을 명확하게 하여 사회복지사의 시간을 절약하게 해 준다. 요약기록은 사회복지기관에서 가장 많이 사용되는 것으로, 사례의 전체적 자료, 사회조사, 행동계획, 시간의 흐름에 따라 변화된 상황, 개입활동, 중요한 정보 등을 요약하여 기록하는 것이다(임은희, 2004, pp. 141-142).

④ 이야기체기록

이야기체기록(narrative recording)은 시간대별로 서술하거나 요약체로 기술하며 융통성이 있어서 중요하다고 간주되는 것은 모두 기록할 수 있기 때문에 임상실무를 기록하는 데 유용하다(Sheafor & Horejsi, 2006, p. 190). 일반적으로 사회복지실천과정 단계에 따라 요약하는 것이 효과적이며 요약의 내용에는 면접일시와 대상, 장소, 문제 탐색, 표적 문제의 진행 상태, 사회복지사의 과업수행이 포함되고, 마지막으로 종결 단계의 문제 상태와 사후지도 계획이 포함된다. 이야기체기록은 사회복지사의 재량에 많이 의존하며 시간이 많이 소모되고 정보를 쉽게 복구하기가 어렵다(엄명용, 2005, p. 252).

⑤ 문제중심기록

문제중심기록(Problem-Oriented Record: POR)은 개입과 점검 과정에서 추가적인 정보를 진행 노트에 기록하고, 양적 정보는 체크리스트, 표 또는 그래프로 구성된 진행도(flow chart)에 기록하며, 기록자의 코멘트를 첨가하는 방식이다. 문제중심기록은 문제를 파악하기 위한 자료수집, 문제의 규정과 구체적 문제 목록 작성, 개입 계획 수립, 개인의 수행 및 점검으로 구성된다. 이를 통해 개입의 초점을 명확히 하여 효율성을 높이고, 단순한 기록을 넘어 문제해결 접근법을 반영한다. 그러나 클라이언트의 욕구와 자원, 강점보다 문제에 집중함으로써 클라이언트를 부분적으로 구성하여 체계적이고 통합적인 쟁점들을 왜곡시키고, 기계적이라는 단점이 지적되기도 한다(Sheafor & Horejsi, 2006, p. 192).

문제중심기록의 대표적인 방법은 주관적·객관적 사정계획(SOAP)으로, 자세한 내용은 다음과 같다.

가. 주관적 정보: 클라이언트 입장에서 보는 상황에 대한 정보

주관적 정보(Subjective information: S)는 클라이언트의 병력, 생활양식과 가정생활, 정서와 태도, 클라이언트의 목표와 치료에 대한 반응, 클라이언트의 사례나 현 상태에 관련된 다른 정보 등을 기재함으로써 클라이언트가 상황을 어떻게 인식하고 느끼는가를 나타낸다. 클라이언트의 자기보고에 의하기 때문에 독립적이거나 외적 타당도는 없다.

나. 객관적 정보: 전문가의 관찰, 임상적 검사, 체계적 자료수집으로 이루어진 정보

객관적 정보(Objective information: O)는 면접기록지에서 나온 클라이언트의 병력이나 현 문제와 관련된 클라이언트의 병력, 객관적 검사 또는 측정이나 관찰의 결과, 이미 클라이언트에게 제공되는 서비스와 치료 등 전문가의 직접적 관찰과 임상적 실험, 체계적 자료수집 등에 얻어지며, 독립적으로 검증될 수 있다.

다. 분석평가: 주관적이고 객관적인 정보를 검토하여 얻은 전문가의 결론

분석평가(Assessment: A)란 주관적 정보와 객관적 정보 사이의 관계, 단기목표와 서비스 혹은 치료계획에 대한 정당화, 클라이언트의 주요 문제들에 대한 명확화, 치료에 대한 정당화, 치료에 있어서 클라이언트의 변화와 진전에 대한 토의, 클라이언트의 재활 가능성과 이유에 대한 토의, 처음의 면접과 검사 동안 정보획득에 있어서의 어려움에 대한 설명 등 주관적이고 객관적인 자료의 중요성을 분석하고 정리하여 그 결과에 의하여 클라이언트의 문제에 대한 전문가의 생각으로, 치료 전의 견해(impression)와 해석(interpretation), 사정 등이다.

라. 계획: 전문가의 문제해결 방안

계획(Plan: P)에는 클라이언트가 받아야 할 서비스의 횟수와 치료의 장소, 치료의 평가와 재평가에 대한 계획, 종료계획, 타 기관으로의 의뢰 등 앞으로의 진단과 치료에 대한 계획, 클라이언트와 가족에 대한 교육계획 및 추적계획이 포함되어 전문가가 특정한 문제를 제기하거나 해결하는 방법을 나타내고 행동으로 도울 수 있는 것이어야 한다.

⑥ 과정기록

과정기록(process recording)은 사회복지사가 어떻게 말했고, 이에 대해 클라이언트가 어떤 태도로 반응했고, 이에 대해 사회복지사가 어떻게 해석하고 반응했는지 면접과정 중에 일어난 모든 일을 있는 그대로 시간적 흐름에 따라 기록(임은희, 2004, p. 144)하는 것으로, 사회복지사가 클라이언트와 클라이언트의 상황을 연구하기 위해 클라이언트의 말과 행동, 사회복지사의 말과 행동, 관찰, 신념 및 추측 등 기억할 수 있는 모든 것을 기록한다. 정확한 피드백을 얻을 수 있어 실습생이나 직원교육에서 사정기술, 또는 면접기술 등의 훈련에 유용하고 동료나 슈퍼바이저 또는 자문가들이 사회복지사가 문제를 극복하는 방법에 대해 제안을 만드는 기초 자료로서 검토할 기록을 원할 때 사용될 수 있으나 시간이 많이 걸리고 면담과정에서 일어난 의사소통의 모든 것을 기억하거나 기록할 수 없는 번거로움 등이 있다. 면접의 전 과정이 꼭 기록되어야 할 경우 오히려 비디오 촬영을 활용하는 방법을 쓰는데, 이때에는 물론 클라이언트의 동의를 얻어야 한다.

⑦ 녹음 및 녹화기록

녹음이나 녹화는 면접의 전 과정을 기록해 주며, 언어적·비언어적 표현까지 기록해 주므로 사회복지사나 클라이언트로 하여금 자신들의 말과 행동을 되돌아보게 해 주고 상호작용 과정상의 문제를 파악하도록 도움을 준다. 녹음 및 녹화 역시 클라이언트의 사전 동의하에 클라이언트나 사회복지사가 방해받지 않는 상황에서만 가능하다(임은희, 2004, p. 145).

학습 정리

1. 사회복지면접은 사회복지사와 클라이언트 간의 의사소통 과정으로, 클라이언트의 문제를 이해하고 해결하기 위해 특정한 목적과 내용을 가지고 진행되는 전문적 대화이다. 이 과정은 클라이언트의 상황과 문제를 깊이 이해하고, 적절한 개입 방법을 모색하기 위한 정보를 수집하며, 클라이언트의 삶의 질을 향상시키기 위해 설계된다. 사회복지면접은 특정한 기관의 상황적 특성, 목적지향적 의사소통, 한정적이며 계약적인 성격, 그리고 사회복지사와 클라이언트 간의 역할 관계라는 특성을 가진다.

2. 효과적인 사회복지면접을 위해 필요한 기술로는 공감, 진정성, 온화함, 경청, 관찰, 질문 등이 있다. 면접의 분위기를 조성하기 위해서는 클라이언트가 편안하게 자신의 문제를 이야기할 수 있도록 심리적으로 편안한 환경을 제공해야 한다. 관찰은 클라이언트의 언어적 표현과 비언어적 행동을 유심히 살피는 것이며, 이를 통해 클라이언트의 욕구와 문제를 이해하는 데 필요한 정보를 얻는다. 경청은 클라이언트의 말을 주의 깊게 듣고 이해하는 것으로, 클라이언트의 감정과 생각을 명확히 파악하는 데 도움을 준다.

3. 면접의 구조는 면접의 시작, 중간, 종결 단계로 구성된다. 시작 단계에서는 사회복지사가 클라이언트와의 신뢰관계를 형성하고, 면접의 목적과 진행 방식을 설명한다. 중간 단계에서는 클라이언트의 문제를 심층적으로 탐색하고, 이를 해결하기 위한 전략을 모색한다. 종결 단계에서는 면접에서 다룬 내용을 요약하고, 다음 단계의 계획을 세우며 면접을 마무리한다. 면접의 유형으로는 정보수집면접, 사정면접, 치료적 면접이 있으며, 각각의 목적과 방법에 따라 다르게 진행된다. 정보수집면접은 클라이언트의 상황과 문제를 파악하기 위한 것이며, 사정면접은 클라이언트의 서비스 적격성을 평가하기 위한 것이다. 치료적 면접은 클라이언트의 사회적 기능 향상을 목표로 한다.

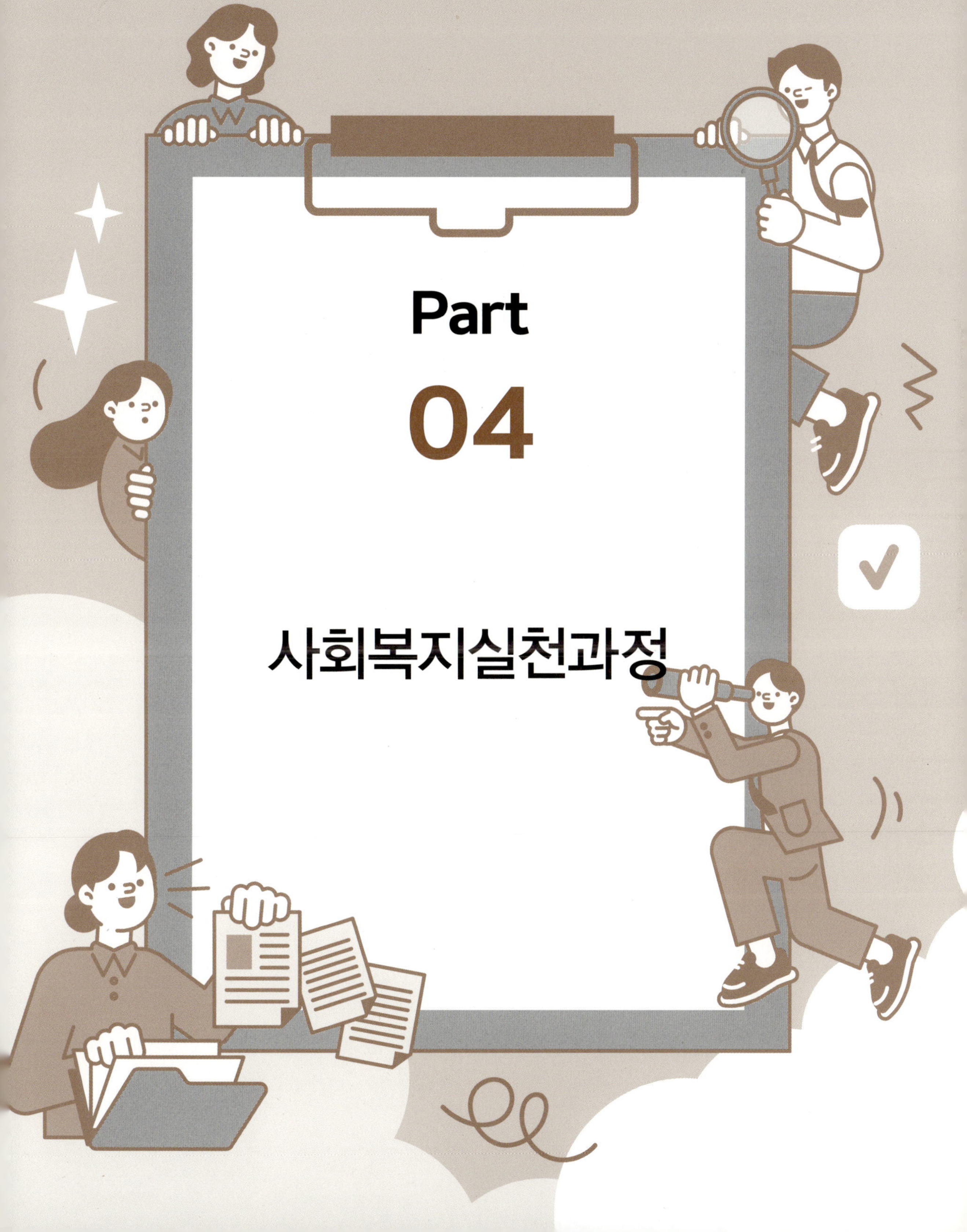

Part 04

사회복지실천과정

사회복지실천론
Theories of Social Work Practice

chapter 08

접수 및 자료수집

학습목표

1. 접수의 개념과 특성을 이해한다.
2. 접수 양식을 이해하고 활용법을 익힌다.
3. 자료수집의 개념과 특성을 이해한다.
4. 자료수집의 방법과 출처를 이해한다.

사회복지사에게 자기문제의 해결에 도움을 얻고자 하는 사람은 어떠한 과정과 방법으로 사회복지사와 최초로 접촉하게 되는가? 사회복지사는 사회복지실천을 어떻게 시작해야 할 것인가? 구체적으로 무엇부터 해야 할까? 그리고 도움을 필요로 하는 그 사람에게 어떻게 대응해야 하는가? 필요한 서비스는 무엇인가? 그 사람이 필요한 서비스를 적절히 제공해 줄 수 있는가? 등 이러한 질문들에 대한 답이 사회복지실천의 초기 단계에서 일어나는 원조활동인 것이다. 이는 원조과정을 시작하는 첫 단계로서, 먼저 사례의 적격 여부를 판별하여 접수를 결정하고 접수된 사례에 대해서는 클라이언트와 긍정적인 원조관계를 수립함으로써 클라이언트의 참여를 도모하면서 개입에 필요한 자료를 수집하는 단계이다(김기태 외, 2019; 길귀숙 외, 2021).

사회복지기관들은 기관별로 사업의 내용이나 서비스의 수준이 이미 결정되어 있으므로 그 기관에 소속한 사회복지사는 기관의 목적과 서비스 내용에 충실해야 한다. 만약 기관과 담당 사회복지사가 제공할 수 있는 서비스의 범위 밖에 있는 문제나 욕구를 가진 사람을 클라이언트로 접수하였다면 대단히 곤란한 문제가 발생하게 된다. 왜냐하면 그 사람의 문제해결이나 욕구충족이 불가능해지기 때문이다(김기태 외, 2019).

접수 단계는 매우 주의를 필요로 한다. 왜 그럴까? 원조 관계를 시작하는 처음의 태도는 이후의 전 과정에 큰 영향을 미치기 때문이다. 원조관계의 초기에 클라이언트가 사회복지사에 대해 많은 의심을 하는 것은 흔히 있는 일이다. 예를 들어, 어떤 회의와 불신을 가질까? 낯선 사회복지사에 대해 클라이언트는 이 사람이 진정으로 나를 생각해 줄까? 나를 존중해 줄까? 이 사람은 진정 나의 얘기를 들어줄 정도로 내게 관심이 있는 것일까? 아니면 단지 내가 서비스에 대해 돈을 냈기 때문에 내게 관심이 있는 것은 아닐까? 내 문제가 사회복지사의 시간과 자원이 필요할 정도의 문제인가, 이 사람이 내 문제를 제대로 다룰 정도로 능력이 있는 것일까? 등이다(박주현 외, 2014).

따라서 이러한 불신을 해소하고 원조과정을 성공적으로 이끌기 위해서 사회복지사는 클라이언트가 사회복지사를 찾아오기 이전의 단계에 대해서도 이해할 수 있어야 한다(Sheafor et al., 1991, 1997: 박주현 외, 2014 재인용). 흔히 클라이언트는 사회복지사를 찾아오기 전에 우선 주변의 가능한 모든 자원, 즉 가족, 친구, 심지어 다른 전문직으로부터 도움을 구하고자 노력을 한다. 자신을 포함한 모든 원조자원이 불가능한 뒤에야 비로소 사회복지사를 찾아온다. 그렇기 때문에 이때쯤이면 클라이언트는 지치고 자신을 잃어 과연 자신의 문제가 해결될 수 있을지에 대해 매우 회의적 상태일 가능성이 높다. 즉, 클라이언트의 문제해결 경험은 원조과정에 대한 클라이언트의 동기에 영향을 미치기 때문에 이 단계에 따른 사회복지사의 이해가 필요하다(박주현 외, 2014).

이러한 목적을 위해 필요한 기술은 클라이언트의 감정과 기분을 미리 짐작하여 보는 것, 즉 예비 감정 이입으로서, 설먼(Shulman)은 이 과정을 '동조하기'라고 명명하였으며, 특별히 이 단계를 중시하여 사회복지실천의 한 단계로 구별하고 '예비단계'라고 하였다. 클라이언트가 원조를 긍정적으로 받아들이도록 하기 위해서는 기관에 대한 첫 인상이 중요하며 이러한 이유에서 사회복지사가 클라이언트와의 첫 번째 만남을 면밀히 준비하는 것이 필요하다. 면접장소에 대한 준비, 클라이언트에 대한 사전 지식, 옷차림과 긍정적인 기분 등 모든 것이 원조과정에 대한 클라이언트의 참여에 영향을 준다는 것을 명심해서 한다.

이처럼 사전 준비를 거친 후 클라이언트를 만나면서 변화를 지향하는 원조과정이 시작된다. 초기 단계의 원조과정에서 사회복지사가 완수해야 하는 주요 목표는 접수와 클라이언트의 참여 유도이다. 사회복지사는 먼저 클라이언트에게 자신의 목적과 역할, 기관에서 제공할 수 있는 서비스에 대해 명확히 설명해 주어야 한다. 이를 통해 그 기관과 사회복지사가 도움을 줄 수 있는지를 파악하여야 한다(박주현 외, 2014).

또한, 클라이언트의 문제와 욕구에 대해 대화하기로 잠정적인 합의를 하는 것도 이 단계에서 이루어지는 과제이다. 이 합의가 이루어져야 사회복지사와 클라이언트 간에 구체적인 작업이 시작되는 것이다. 즉, 이 단계가 본격적인 원조관계로 진입하기 위한 준비를 하는 단계이다. 따라서 이 시기에 가장 중요한 것은 클라이언트를 원조과정에 영입하는 것이며, 이를 위해 클라이언트와의 관계 형성, 저항감 해소, 양가감정의 수용과 대응, 클라이언트의 동기화 등이 사회복지사가 수행해야 할 중요한 과제이다.

01 접수의 개념과 특성

1) 접수의 개념

접수(intake)란 서비스 이용자(클라이언트)의 문제와 욕구를 확인하고 기관의 정책 및 목적에 따라 서비스를 받을 자격요건 유무와 기관에서의 서비스 제공을 할 수 있는지 여부를 판단하는 과정을 말한다. 즉, 서비스의 적격 여부를 판단하는 것이다. 기관에서 서비스를 제공할 수 있다고 판단하면 기관을 찾아온 사람은 비로소 클라이언트가 되며 적합한 서비스를 받게 된다(생각의 마을, 2020).

접수를 담당하는 사회복지사는 클라이언트와 가족에게 기관의 정책과 가능한 서비스, 클라이언트에게 요구되는 과정, 기관의 한계점 등을 설명해 주고 신청자의 욕구 내용을 사정하여 기관이 적합한 서비스를 제공할 수 있을지를 판단하게 된다. 접수 시 정확한 판단을 내리기 위해서는 우선 클라이언트의 상황을 잘 파악해야 한다. 클라이언트의 특성과 문제 또는 욕구의 내용, 그리고 클라이언트가 가지고 있는 자원과 대처능력에 대한 파악이 필요한 것이다(길귀숙 외, 2021).

초기 단계에서 접수는 전공에 대한 지식과 경험이 풍부한 사회복지사가 담당하는 것이 바람직하다. 왜냐하면 어떤 사람이 처음으로 사회복지사와 접촉을 하고, 이 접촉결과를 토대로 클라이언트의 적격성을 결정하기 때문이다. 이 단계에서는 전적으로 적격성의 여부를 클라이언트의 진술과 사회복지사와의 면담, 클라이언트가 제공하는 자료에 의존하여 판단하기 때문에 접수 담당 업무는 이론적인 지식과 기술을 갖추고 실무 경험이 풍부해야 한다. 자칫 판단을 잘못하게 되면 서비스 범위 밖에 있는 사람을 클라이언트로 접수하게 되어 혼란을 초래할 수도 있다. 그런 경우 접수를 취소하거나 철회하여 다른 기관으로 의뢰해야 할 것이다. 무엇보다도 이러한 곤경의 발생은 클라이언트의 문제해결을 보다 어렵게 하는 결과를 초래하게 되기 때문에 신중하게 처리되어야 한다. 따라서 서비스가 전문화된 일부 사회복지기관에서는 이러한 업무를 전담하는 접수 담당 사회복지사를 두기도 한다(김기태 외, 2019).

접수과정은 다음과 같은 구체적인 활동과 결정을 수반한다. ① 가장 중요한 것으로 클라이언트의 문제와 욕구를 분명하게 확인한다. ② 문제가 확인되면 클라이언트와 사회복지사는 원조의 목적을 분명히 하고, 원조과정에서 기대하는 바가 무엇인지를 명확히 한다. ③ 클라이언트의 욕구가 기관의 자원과 정책에 부합되는지의 여부를 판단한다. 이러한 3가지 활동을 기초로 접수를 하고 이후에 클라이언트에 대한 서비스를 종결시키든지, 다른 기관으로 의뢰하든지, 다음 단계에서 서비스를 계속할지를 결정하게 된다(박주현 외, 2014).

2) 접수의 상황과 내용 파악

사회복지실천에서 사회복지사와 신청자 간의 최초 접촉의 형태는 다음의 몇 가지로 나누어 볼 수 있다(김기태 외, 2019). 첫째, 도움이 필요한 신청자가 직접 서비스를 신청하는 것이다. 둘째, 신청자와 아주 가까운 관계에 있으면서 전문적인 도움을 희망하는 사람(예: 가족 구성원, 친구, 이웃, 교사, 목회자 등)을 통해서 신청하는 경우이다. 셋째, 정부기관이나 공공기관 또는 사회복지 관련 기관에서 의뢰되어 오는 경우가 있다. 넷째, 사회복지사 또는 사회복지기관 등의 사회복지사체계의 인지와 판단에 의하여 접촉이 이루어질 수 있다. 다섯째, 이상의 네 경우 중 두 가지 이상이 혼합되어 접촉이 이루어지는 경우도 있다.

사회복지사와 신청자 간의 최초의 접촉에서 반드시 파악되어야 하는 핵심적인 내용은 신청자가 요청하고 있는 원조의 내용, 해결하고자 하는 문제, 충족되어야 할 욕구 등이다. 하지만 이 단계에서 문제나 욕구, 원조의 구체적인 내용을 파악하고 사정한다는 것은 여러 가지 이유로 인해서 어렵기 때문에 전적으로 신청자가 서술하거나 진술하는 내용과 신청자가 제시하는 자료와 정보, 그리고 사회복지사와의 면담을 통해서 제시되고 밝혀진 내용에 의존하여 초기 사정을 하게 된다. 즉, 신청자의 진술과 제시한 자료에 의지하여 원조 여부를 결정하게 되는 것이다. 따라서 가급적 신청자와 신청 내용에 관한 객관적인 자료와 정보를 확보하는 것이 중요하다(김기태 외, 2019).

3) 접수 단계에서 사회복지사가 해야 할 일

(1) 문제 확인

문제 확인은 잠재적 클라이언트의 문제와 욕구, 기관에 기대하는 바가 무엇인지 확인하는 것이다. 문제에 대해 심층적으로 분석하기보다 표면적으로 나타나거나 호소하는 사안을 통해서 현재 드러난 문제와 욕구 파악에 초점을 둔다(생각의 마을, 2020).

문제 확인은 주로 클라이언트가 기관을 찾아온 이유가 되며 지적되는 문제와 관련해 그가 드러내는 감정에서부터 출발한다. 문제 확인은 현재 클라이언트가 문제로 호소하는 것에서 시작하여 그 문제의 성격이 어떤 것인지, 그리고 그 문제가 클라이언트에게 얼마나 중요한 것인지, 무엇 때문에 이런 문제가 발생했는지 그 원인에 대한 탐색을 하게 된다. 클라이언트가 호소하는 문제가 때로는 근본적인 문제가 아닐 때도 있고 같은 문제에 주어진 의미가 클라이언트마다 다르게 나타날 수 있다(길귀숙 외, 2021).

클라이언트의 문제 확인은 관계 형성과 동시에 이루어지며 서로에게 영향을 미치는 활동이다. 주의 깊고 사려 있게 문제를 파악하려는 사회복지사의 태도는 밀도 있는 정보를 수집하는 것뿐만 아니라 사회복지사에 대한 클라이언트의 신뢰감을 높여 주어 관계 형성에도 긍정적으로 이바지한다(Hepworth & Larsen, 1986, 1990: 박주현 외, 2014 재인용). 예를 들어, 사회복지사의 감정 이입적 반응은 관계 형성을 성공적으로 이끌 뿐만 아니라, 문제 상황을 둘러싼 클라이언트의 느낌을 이해함으로써 문제에 대한 이해도를 높이게 된다. 이처럼 하나의 사회복지사 반응이 여러 개의 과제를 동시에 달성한다는 것은 각 과제가 상호 긴밀히 관련되어 있음을 보여주는 것이다(박주현 외, 2014).

(2) 의뢰 여부 결정

의뢰란 클라이언트의 문제와 욕구를 확인해 본 결과, 그 기관에서 해결할 수 없을 때 다른 적합한 기관으로 클라이언트를 보내는 것을 말한다. 의뢰를 하게 되는 이유는 다음과 같다. ① 기관의 인력 부족, ② 필요한 전문기술을 가진 인력 부재, ③ 클라이언트의 문제가 기관의 목적과 기능에 부합되지 않을 때, ④ 그 기관보다 다른 기관이 클라이언트의 문제해결에 더 적합하다고 판단될 때, ⑤ 클라이언트의 문제에 우선적 책임을 지는 기관이 있을 때 등(Epstein, 1980: 박주현 외, 2014 재인용)이다.

그러므로 적절한 의뢰를 하기 위해 사회복지사는 자신의 기관은 물론, 다른 기관의 정책과 자원, 지역사회의 여타 자원에 대해 소상히 파악하고 있어야 한다. 이를 통해 사회복지사는 클라이언트로 하여금 모든 가능한 서비스를 받을 기회를 줄 수 있어야 한다. 또한, 클라이언트를 다른 기관으로 연결하는 것으로 의뢰가 완결되는 것이 아니라, 그 기관의 서비스로 연결될 때 비로소 완결된다는 것을 명심해야 한다. 의뢰된 후 서비스로 연결되지 못하고 실패하는 경우도 있다. 이는 클라이언트의 문제와 욕구, 의뢰하는 기관의 정책과 서비스에 대한 충분한 파악이 미처 되지 않은 채 서둘러 의뢰가 이루어졌기 때문이다(박주현 외, 2014).

성공적 의뢰를 위한 지침

- 사회복지사는 의뢰의 이유를 분명히 해야 한다. 이를 위해 클라이언트의 문제를 확인하여 명확하게 정의하며, 확인된 문제를 클라이언트가 동의해야 한다.
- 의뢰를 확정하기 전에 사회복지사는 자신이 소속된 기관이 보유하고 있는 모든 자원을 고려하여 도움의 가능성을 다시 한번 검토해야 한다.
- 클라이언트의 동의를 얻은 후 의뢰를 결정한다.
- 의뢰하려고 고려하는 기관의 자원을 정확하게 평가하여야 한다. 다른 기관의 자원을 과대평가하여 클라이언트를 보내면 그 의뢰는 실패할 가능성이 높다.
- 다른 곳에 의뢰하기 전에 친구, 친척, 이웃 등 클라이언트의 비공식 자원 체계의 동원 가능성을 다시 한 번 점검한다.
- 의뢰되는 기관의 이름, 전화번호, 위치, 찾아가는 방법, 그 기관에 가서 만나야 할 사람의 이름을 알려 준다.
- 클라이언트가 있는 자리에서 의뢰되는 기관의 담당자와 전화를 하고, 가능하면 클라이언트와 기관 담당자가 직접 통화할 기회를 준다.

- 의뢰되는 기관에서 받게 될 서비스의 내용과 한계를 정확하게 알려 주어 모든 문제가 해결될 것이라는 비현실적 기대를 갖지 않도록 한다.
- 의뢰를 받는 기관은 나름대로의 정책과 목적이 있고 그에 따른 클라이언트의 수혜자격 기준이 있다. 따라서 섣불리 클라이언트에게 서비스에 대한 장담을 해서는 안 된다.
- 클라이언트가 다른 기관이나 다른 전문가에게 의뢰되는 것에 거부감을 느끼거나 버림받았다는 느낌을 갖지 않도록 배려한다.
- 의뢰된 기관에서 클라이언트가 서비스를 적절히 받았는지 사후 확인한다.
- 의뢰결과에 대해 추적평가를 하여 의뢰서비스 기술을 향상시킨다.

출처: 박주현 외(2014). 사회복지실천론.

(3) 관계 형성(라포르 형성)을 통한 클라이언트 참여 유도

클라이언트의 참여는 성공적인 개입의 필수적인 조건인데 사회복지실천현장에는 자발적인 클라이언트도 있지만 비자발적인 클라이언트도 많기 때문에 라포르의 성립을 통해 참여를 유도하는 것은 사회복지사의 매우 중요한 능력이다. 클라이언트의 참여를 유도하기 위해서는 클라이언트와의 관계 형성, 동기화, 저항감 해소와 양가감정의 수용과 같은 과업이 요구된다(길귀숙 외, 2021).

라포르 성립을 위해 사회복지사는 우선 클라이언트가 가지고 있는 저항을 이해하고 가능한 한 해소해야 한다. 클라이언트는 사회복지사와 만남에서 자신과 관련된 모든 체계들은 변화노력을 시작하는 데에 대한 저항과 양가감정을 경험하게 된다. 저항감은 양가감정에 기인하는 반응으로, 원조과정의 성공적인 진행에 큰 영향을 준다. 특히 비자발적인 클라이언트들은 자발적인 클라이언트들보다 저항감이 강하기 때문에 사회복지사에 대해 적대적이며 방어적인 태도를 취하게 된다. 만일 사회복지사가 지나치게 권위적이거나 심판적인 태도를 보인다면 변화를 원하지 않는 클라이언트들은 더욱 위축되고 반발하게 될 수 있다(길귀숙 외, 2021).

사회복지실천과정에 참여하게 되는 클라이언트는 사회복지사와의 관계가 중요하다. 클라이언트는 문제해결과정에서 이미 자신과 주변의 가능한 모든 비공식적인 자원의 실패를 경험하고 도움을 요청하러 오는 사람이므로 사회복지사는 클라이언트를 맞이하는 자신의 감정을 검토하여 클라이언트의 초기 반응에 잘 대응할 수 있도록 준비해야 한다. 사회복지사의 클라이언트에 대한 태도는 관계의 질을 결정짓게 되고, 클라이언트의 원조과정에 대한 참여 동기에도 큰 영향을 주게 된다. 사회복지사는 클라이언트가 원조를 신청하게 된 것이 자발적인지 비자발적인지를 파악하고, 클라이언트가 전하는 메시지의 진정한 의미를 들어주며, 고통을 나눈다는 자세를 보여야 한다. 관계에는 감정 이입, 인정, 온정, 진실성이라는 요소가 필요하다. 관계 형성에 필요한 기술로는 의사소통기술이 가장 기본적이다. 언어적 의사소통 방법으로는 클라이언트에 대한 관심과 경청을 보여주는 지지적 언어반응 해 주기, 클라이언트의 의도를 정확히 파악하기 위해 클라이언트 언어를 재구성하기, 클라이언트의 감정 표현을 위해 감정에 대해 성찰적 반응 보여주기, 그리고 클라이언트의 문제를 보다 확실하게 하기 위해 인식을 명료하게 해 주기, 해석, 정보 제공, 클라이언트 장점의 강조, 사회복지사 자신을 적절한 수준으로 노출함으로써 관계 형성을 용이하게 하기, 그리고 클라이언트의 말을 요약해 주기 등이 있다. 또한 의사소통은 언어로 이루어지는 것보다 비언어적인 신체적 관여로 이루어지는 부분이 훨씬 더 많다. 비언어적 의사소통기법을 잘 알고 있으면 클라이언트를 보다 잘 이해하고 관계 형성에 도움을 받을 수 있을 것이다(길귀숙 외, 2021).

비자발적 클라이언트에 대한 개입방법

① 클라이언트의 메시지를 이해하기 위해 비언어적인 단서들을 찾는다.
⇨ 언어적 메시지보다 비언어적 메시지들이 더 많은 정보를 준다. 클라이언트가 말로 표현하지 않더라도 시선, 태도, 눈맞춤 등 비언어적인 단서들을 유심히 살펴야 한다.

② 클라이언트의 저항을 고려하여 대응이나 직면은 자제한다.
⇨ 직면은 클라이언트의 행동과 생각, 생각과 생각의 불일치를 스스로 인식하도록 직시시키는 기법인데, 사회복지사와 클라이언트의 관계 형성이 잘 안 된 상태에서 적용하면 오히려 장애요인이 된다. 따라서 비자발적 클라이언트에게 적용하는 것은 바람직하지 않다.

③ 양가감정을 인식하도록 클라이언트에게 성찰의 기회를 준다.
⇨ 비자발적 클라이언트는 자신이 원해서 기관에 찾아온 것이 아니기 때문에 변화에 대해 저항감을 갖고 있다. 클라이언트가 갖는 양가감정을 인식하도록 하고 그것을 수용하면 클라이언트의 저항감이 해소되면서 관계 형성에 도움이 된다.

④ 사회복지사 개인의 경험을 노출할 경우 역전이를 주의한다.
⇨ 사회복지사가 클라이언트와 유사한 경험이나 생각들을 표현하는 것이 사회복지사의 자기노출 혹은 자기개방이다. 이때 사회복지사는 클라이언트를 과거의 어떤 인물과 동일시하는 역전이가 발생하지 않도록 주의해야 한다.

출처: 생각의 마을(2020). 에쎕 사회복지실천론.

(4) 양가감정 수용과 저항감 해소

① 양가감정 수용

양가감정(ambivalence)이란 '변화를 원하는 마음과 변화를 원하지 않는 마음이 동시에 공존하는 마음 상태'를 의미한다. 변화에 앞서 누구나 양가감정을 가질 수 있으므로 사회복지사는 클라이언트의 양가감정을 수용해야 한다. 사회복지사도 클라이언트의 양가감정을 받아들이며, 클라이언트에게 '양가감정을 갖는 것이 자연스럽다'고 알려 주어 그가 이를 표현할 수 있도록 한다(생각의 마을, 2020).

이러한 감정은 사회복지사와의 만남과 의사소통, 원조과정에서의 참여를 방해하여 결과적으로 더 이상 원조과정이 진행될 수 없는 상황을 불러오기도 한다. 즉, 원조과정의 진행여부는 양가감정의 수용과 저항감을 어떻게 해소하는가에 달려 있다고 해도 과언이 아니다(박주현 외, 2014).

② 저항감 해소

변화에 대한 저항감(resistance to change)은 '변화를 하지 않으려는 마음' 혹은 '도움을 수용하기 꺼리는 마음'을 의미한다. 저항감은 변화에 대한 두려움과 변화가 불가능하리라는 생각에서 비롯되며, 이는 개입 과정에서 비협조적인 태도나 행동 등으로 표현된다. 사회복지사가 클라이언트의 양가감정을 수용해 주면 클라이언트의 저항감이 해소될 수 있다(생각의 마을, 2020).

초기 단계에서 사회복지사가 주의를 기울여야 하는 것은 변화에 대한 클라이언트의 저항감이다. 사람은 현재의 상태를 계속 유지하고 싶은 경향이 강하여 작은 변화에도 불편감을 느끼는 경우가 대부분이다. 더욱이 원조과정은 클라이언트가 지금까지 익숙한 생각, 태도, 행동 등에 변화를 일으키게 되고 이것이 클라이언트에게는 나름대로 균형을 와해시키는 하나의 위협으로 느껴질 수 있으며 이러한 두려움이 원조 자체에 대한 저항감으로 나타나게 되는 것이다. 이처럼 원조과정에 대한 클라이언트의 저항감은 변화에 대한 두려움과 바람이 동시에 존재하는 양가감정에 기인하는 자연스러운 인간의 반응이다. 그러나 저항감은 이처럼 단순히 양가감정 때문만이 아니라 클라이언트와 사회복지사의 특성으로 말미암아 더욱 강화되기도 한다. 사회복지사는 자발적으로 찾아오는 클라이언트 외에 비자발적인 클라이언트에게 원조서비스를 수행하게 되는 경우도 많다. 이러한 클라이언트들은 전문적 원조나 어떠한 변화도 전혀 원하지 않는 상태에서 원조과정에 놓이게 됨으로써 강한 저항감을 가지고 사회복지사에게 적대적이며 방어적인 태도를 취하게 된다(박주현 외, 2014).

클라이언트의 저항감을 강화시키는 또 다른 요인은 사회복지사에게서도 찾아볼 수 있다. 사회복지사의 지나치게 권위적인 태도, 전문적 용어의 남용, 도덕적으로 심판하는 듯한 태도 등은 클라이언트의 수치심, 열등감 등을 자극하여 오히려 저항하는 태도를 유발하기 쉽다(박주현 외, 2014).

(5) 동기화

원조활동의 성패는 바로 변화에 대한 클라이언트의 동기에 달려 있으며 따라서 클라이언트를 변화과정에 적극적으로 참여시키기 위해서 동기를 유발시키는 것이 원조 초기과정의 주요 과제 중 하나이다. 동기란 고정된 것이 아니라 유동적인 것이므로 사회복지사는 동기부여에 필요한 기술을 습득하고 있어야 한다(박주현 외, 2014).

클라이언트가 변화하고자 하는 동기나 의지가 없다면 사회복지실천의 개입은 성공하기 어렵다. 따라서 클라이언트가 스스로 변화할 수 있다는 믿음과 용기를 가질 수 있도록 사회복지사는 적극적으로 동기를 부여해야 한다(생각의 마을, 2020).

① 낙담하고 더 이상의 변화를 기대하지 않는 클라이언트의 동기화

실제 실무과정에서는 이 과제가 매우 중요하고 또 그런 만큼 수행하기도 매우 어려운 과제이다. 왜냐하면 기관에 오는 클라이언트의 대부분은 문제 발생 즉시 찾아오기보다 오랫동안 문제를 겪으면서 처음에는 자신이 스스로 해결하려는 노력을 하고 다음에는 주변의 가능한 도움들을 찾아보지만 이 모든 노력이 실패하면서 실망·좌절하게 되어 기관에 찾아올 때면 거의 희망을 잃은 상태이기 때문이다(박주현 외, 2014).

이럴 경우 그동안 클라이언트가 겪은 고통을 이해하고 그가 지금까지 견뎌온 의지를 격려한다. 문제가 해결될 수 있다는 희망을 갖게 하여 변화를 향한 의지를 갖고 행동할 수 있도록 동기를 부여해 준다(생각의 마을, 2020).

② 비자발적 클라이언트의 동기화

클라이언트가 사회복지기관과의 강제적인 접촉에 대해 가질 수 있는 적대감, 수치심, 당혹감 같은 부정적 감정을 회피하거나 무시하지 말고 클라이언트가 표현할 수 있게 한다. 사회복지사가 그에 대해 공감하고 수용한다는 것을 표현한다. 클라이언트가 기관에 참여해야 하는 이유에 대해 사실적 정보를 제공한다. 그러면서 그가 자발성을 보일 때까지 인내심을 가지고 기다린다(생각의 마을, 2020).

비자발적인 클라이언트의 동기화 지침

① 희망을 갖게 하고 용기를 준다.

⇨ 억지로 기관을 찾게 된 클라이언트는 변화에 대한 희망이 많지 않거나 변화를 원하지 않는 경우가 많다. 이럴 때 기관에 찾아온 것을 칭찬하고 용기를 주면 변화의 동기를 가질 수 있다.

② 저항의 실체를 있는 그대로 이해한다.

⇨ 저항은 자연스러운 현상이다. 이를 있는 그대로 이해하고 클라이언트의 저항을 그대로 돕고 수용해야 한다.

③ 지금까지 견뎌온 것을 격려한다.

⇨ 사회복지기관을 찾아오기 전까지 힘들었을 클라이언트가 잘 견뎌온 것을 격려하면서 공감해 주고 클라이언트가 가진 잠재력과 내부의 힘을 끌어낸다.

④ 부정적인 감정을 표출하도록 유도한다.

⇨ 클라이언트가 가진 부정적 감정을 편안하게 이야기할 수 있도록 지금-여기에서 모든 것을 말해도 괜찮다고 말해 주는 것이 좋다. 부정적인 감정을 표출하는 것만으로도 치료 효과가 있고 또 진정으로 문제를 들여다볼 수 있게 됨으로써 문제를 해결하려는 동기가 마련된다.

출처: 생각의 마을(2020). 에셉 사회복지실천론.

로손시(Losoncy)의 용기를 주기 위한 사회복지사의 태도에 대한 지침

- 낙담해 있는 클라이언트를 있는 그대로 수용하여 "나는 아무런 조건 없이 현재 이 모습 그대로 당신을 받아들입니다."라는 의미를 전달한다.
- 클라이언트가 더 이상 거짓을 말하거나 위선적 혹은 가장된 모습을 보이지 않아도 됨을 느끼도록 비심판적인 태도를 취한다.
- 클라이언트의 느낌을 알고 공감한다는 것을 전달할 수 있는 감정 이입적 태도를 보인다.
- 클라이언트의 발전에 대한 진정한 바람을 보이며, 클라이언트가 매우 중요하고 가치 있는 사람이라는 의미를 전달한다.
- 클라이언트의 관심, 아이디어, 행동에 대해 진지한 열의를 보인다.
- 클라이언트가 두려움 없이 자신의 느낌과 생각을 자유로이 말할 수 있도록 비심판적인 태도를 취한다.
- 클라이언트의 사소한 변화에도 관심을 보인다.
- 동기가 낮은, 즉 자신 없어 하며 움츠린 클라이언트는 오랜 실패의 경험이 있기 때문에 이들을 동기부여하는 데는 오랜 시간이 필요하다. 따라서 사회복지사는 경청하고 이해하는 데에 인내심을 가져야 한다.
- 클라이언트가 보인 사소한 노력도 강화하며 지지해 준다.
- 자신에 대한 클라이언트의 부정적 언급이 가져오는 부정적 결과를 깨닫도록 도와준다.
- 클라이언트에게 용기를 주기 위해 가장 중요한 것은 사회복지사가 동기부여를 위해 최대한의 노력을 해야 한다는 것이다.
- 희망을 품게 하고 용기를 북돋아 준다. 이를 위해 사회복지사가 개입함으로써 불러올 수 있는 긍정적 결과에 대해 미리 알려 주는 것도 효과적인 방법이다.

출처: Zastrow(1992): 박주현 외(2014). 사회복지실천론. 재인용.

한편, 사회복지사가 명심해야 할 것은 클라이언트의 원조관계에 협조할 것인지 아닌지는 전적으로 클라이언트가 결정할 문제라는 것이다. 클라이언트를 원조관계에 참여시키기 위해 최선의 노력을 한 뒤에 마지막 결정은 클라이언트가 하는 것이며 그 결과에 대해 감수하는 것도 클라이언트이다. 다만 사회복지사는 클라이언트의 결정에 수반되는 긍정적·부정적 결과에 대해 알려 주어야 한다. 비자발적 클라이언트에게 변화에 대한 동기를 부여하는 것은 더욱 어려운 과제로서 각별한 주의와 기술이 필요하다(박주현 외, 2014).

02 접수양식

접수 내용을 기록하는 양식을 초기면접지라고 하며 사회복지사가 본격적인 개입을 준비할 때 필요한 정보를 제공해 준다. 초기면접지 자료들을 정확하게 잘 파악하는 것은 사회복지사의 과업이며 초기면접지를 통해 클라이언트에 대한 이해와 일차적인 수준의 개입계획을 그려볼 수 있다. 숙련된 사회복지사는 초기면접지의 자료만으로도 많은 정보를 유추해 낼 수 있다. 접수의 목적이 클라이언트의 문제가 무엇인지 그리고 그 문제를 기관에서 도울 수 있는 문제인지 결정하기 위한 것이므로, 다음과 같은 내용을 포함하여 기관마다 필요에 따라 내용을 첨가 사용할 수 있다(길귀숙 외, 2021).

1) 접수양식과 접수내용

① 초기면접지: 사회복지사가 신청사를 접수한 내용을 기록한 양식

② 접수양식에 포함되는 내용(생각의 마을, 2020)

- 클라이언트에 대한 기본 정보: 이름, 성별, 연령, 결혼관계, 연락처, 주소, 직업, 교육 정도 등
- 가족관계: 동거가족을 중심으로 가족원 이름, 연령, 교육 정도, 정서적 관계 등
- 주요 문제: 클라이언트가 사회복지사를 찾아오게 된 문제, 현재 겪고 있는 어려움 등
- 기관에 오게 된 동기 및 경로: 누구의 권유 혹은 소개로 오게 되었는지 등
- 의뢰 이유: 의뢰된 클라이언트라면 의뢰된 이유
- 사회복지 서비스 혹은 유사한 서비스 받은 경험: 과거에 사회복지 서비스를 받은 경험이 있는지에 대한 내용

2) 접수양식의 예

INTAKE DATE	
CASE NO.	
면 담 자	

결재	담당	팀장	부장	원장

초기면접지(양식 1)

<table>
<tr><td>접수번호</td><td colspan="4"></td><td colspan="2">일시</td><td colspan="2">년 월 일</td></tr>
<tr><td>면접자</td><td colspan="4"></td><td colspan="2" rowspan="2">장소</td><td colspan="2" rowspan="2">□가정 □내방 □전화
□지역사회 기관( )</td></tr>
<tr><td>면접참여자</td><td colspan="4"></td></tr>
<tr><td>면접경로</td><td colspan="8">□본인 요청( ) □사례관리자의 발굴
□기관 내부 의뢰( ) □타 기관 의뢰( )
□주민 의뢰( ) □기타( )</td></tr>
<tr><td>대상자 성명</td><td colspan="4"></td><td colspan="2">생년월일(연령)</td><td colspan="2"></td></tr>
<tr><td>주소</td><td colspan="4"></td><td colspan="2">연락처</td><td colspan="2"></td></tr>
<tr><td>후견인</td><td colspan="4">성명: (관계:)</td><td colspan="2">후견인 연락처</td><td colspan="2"></td></tr>
<tr><td>장애 유형/급</td><td colspan="4"></td><td colspan="2">건강 상태</td><td colspan="2">□양호 □질환( )</td></tr>
<tr><td>보호 구분</td><td colspan="8">□수급 □조건부수급 □저소득/차상위 □기타( )</td></tr>
<tr><td>주거 상태</td><td colspan="8">□자택 □전세 □월세 □영구임대 □기타( )</td></tr>
<tr><td rowspan="4">가족사항</td><td>관계</td><td>성명</td><td>나이/성별</td><td>직업</td><td>결혼상태</td><td>동거 여부</td><td>연락처</td><td>기타</td></tr>
<tr><td></td><td></td><td></td><td></td><td></td><td></td><td></td><td></td></tr>
<tr><td></td><td></td><td></td><td></td><td></td><td></td><td></td><td></td></tr>
<tr><td></td><td></td><td></td><td></td><td></td><td></td><td></td><td></td></tr>
<tr><td>대상자의 진술
(도움요청 내용)</td><td colspan="8"></td></tr>
<tr><td rowspan="2">면접자 평가</td><td colspan="8"></td></tr>
<tr><td>대상판정</td><td colspan="7">□대상(긴급 / 일반) □비대상(정보 제공 / 연계:)</td></tr>
</table>

초기면접지(양식 2)

<table>
<tr><td>대상</td><td colspan="8">□노인 □장애인 □아동 □여성 □청소년 □가족 □기타</td></tr>
<tr><td>성명</td><td colspan="2"></td><td colspan="2">성별</td><td colspan="2"></td><td>생년월일</td><td></td></tr>
<tr><td>주소</td><td colspan="2"></td><td colspan="2">연락처</td><td colspan="2"></td><td>비상연락처</td><td></td></tr>
<tr><td>결혼상태</td><td colspan="8">□미혼 □기혼 □별거( ) □이혼( ) □사망</td></tr>
<tr><td rowspan="4">가족 및
동거사항</td><td>성명</td><td>관계</td><td>연령</td><td>결혼</td><td>동거 여부</td><td>직업</td><td>연락처</td><td>기타</td></tr>
<tr><td></td><td></td><td></td><td></td><td></td><td></td><td></td><td></td></tr>
<tr><td></td><td></td><td></td><td></td><td></td><td></td><td></td><td></td></tr>
<tr><td></td><td></td><td></td><td></td><td></td><td></td><td></td><td></td></tr>
<tr><td>분류 생활보호</td><td colspan="8">□거택보호 □자활보호 □비법정영세인</td></tr>
<tr><td>분류 일 반</td><td colspan="8">□저소득가정 □실직가정 □모자부자가정 □소년소녀가정 □기타</td></tr>
<tr><td>주요 문제</td><td colspan="8">□경제문제 □건강문제 □주택문제 □정착문제 □정신건강
□아동문제 □가족문제 □자녀문제 □대인관계 □법률문제
□학교문제 □이성문제 □사회지원 □시설입소 □기타</td></tr>
<tr><td rowspan="2">경제 상태</td><td>월 소 득</td><td colspan="2">총 만 원</td><td colspan="2">직업</td><td colspan="3">□무 □유( )</td></tr>
<tr><td>소 득 원</td><td colspan="7">□연금 □생활보호 정착금(거택, 자활) □기타</td></tr>
<tr><td rowspan="2">건강 상태</td><td>건강 정도</td><td colspan="2">양호/보통/허약</td><td colspan="2">만성질환</td><td colspan="3">□무 □유( )</td></tr>
<tr><td>질 병 명</td><td colspan="2"></td><td colspan="2">유병기간</td><td colspan="3">년 개월</td></tr>
<tr><td>장애 유형</td><td colspan="8">□지체 □시각 □청각 □언어 □정신지체
□정신질환 □내부장애( ) □기타</td></tr>
<tr><td>주거 상황</td><td colspan="8">□자가 □전세 □월세 □영구임대 □기타
방 칸, 부엌 평, 거실 평, 총 평
난방: □기름 □가스 □연탄 □기타</td></tr>
<tr><td rowspan="7">필요한 서비스</td><td>가사</td><td>간병</td><td>정서</td><td>의료</td><td>이동</td><td>결연</td><td>교육</td><td>기타</td></tr>
<tr><td>세탁</td><td>병간호</td><td>말벗</td><td>물리치료</td><td>외출동행</td><td>결연후원</td><td>사회교육</td><td>미술치료</td></tr>
<tr><td>부엌일</td><td>병수발</td><td>정서지지</td><td>한방치료</td><td>행정업무</td><td>긴급현물</td><td>학습지도</td><td></td></tr>
<tr><td>집안청소</td><td>병원진료</td><td>안부전화</td><td>방문진료</td><td>금융업무</td><td>의형제</td><td></td><td></td></tr>
<tr><td>식사배달</td><td>투약관리</td><td>책읽기</td><td></td><td>등록대행</td><td>의부모</td><td></td><td></td></tr>
<tr><td>주택수리</td><td></td><td></td><td></td><td></td><td></td><td></td><td></td></tr>
<tr><td></td><td></td><td></td><td></td><td></td><td></td><td></td><td></td></tr>
<tr><td>대상자 판정</td><td colspan="8">□우선 □차선 □보류 □기타</td></tr>
</table>

<table>
<tr><td rowspan="4">면접 내용</td><td>〈클라이언트의 외양, 인지, 정서, 행동 등〉</td></tr>
<tr><td>〈표출된 문제의 심각성과 욕구의 정도〉</td></tr>
<tr><td>〈사회적 지원의 정도〉</td></tr>
<tr><td>〈강점〉</td></tr>
<tr><td>면접 소견</td><td></td></tr>
</table>

초기면접지(양식 3)

◆ 일반사항 ◆

이용자 번호		최초 접수일		최초 접수자		(사 진)
접수상담 No.		이용자 성명		성별		
생년월일			연락처			
주소						
혈액형		종교		결혼사항		
최종 학력		전공		병역여부	유 / 무 / 해당 없음	
욕구사항						

장애 구분		주장애 부위		부장애 부위	
중복장애 여부		주장애 원인		부장애 원인	
장애등록	등록 / 미등록	등록일자		장애명	
중증 여부		발생시기		발생 시 연령	세 개월
진단기관		보장구			
현 건강 상태					
보호자 성명		이용자와 관계		보호자 직업	
종결일		종결사유			
비고					

◆ 가족사항 ◆

성명	생년월일	관계	연령	학력	직업	동기 여부	연락처	기타
가족 내 장애/병력								

3) 접수 시 유의사항

잠재적 클라이언트에게 기관의 목적과 사회복지사의 역할, 기관에서 제공 가능한 서비스의 종류와 내용에 대해 명확하게 설명한다.

① 사회복지사는 클라이언트의 문제와 욕구를 명확하게 확인해야 한다. 표면적으로 드러난 문제보다 심층적인 접근으로 다가가야 한다.

② 서비스 제공이 적합하지 않은 경우 타 기관으로의 의뢰해야 한다.

③ 클라이언트의 참여유도를 유도한다. 클라이언트의 참여를 유도하는 방법으로는 관계형성, 클라이언트의 동기화, 양가감정 수용과 저항감 해소 등이 있다.

- 관계 형성: 긍정적 신뢰관계로 라포르 형성 및 원조관계를 수립한다.
- 클라이언트의 동기화: 변화하고자 하는 동기를 강화시켜 준다.
- 양가감정 수용과 저항감 해소: 자유롭게 표현하도록 한다.

④ 클라이언트를 개별화한다. 특정 문제를 가진 사람으로 유형화해서는 안 된다.

4) 접수 단계의 지침

- 클라이언트의 약속 준수와 클라이언트의 책임을 강조한다.
- 변화의 두려움은 당연한 것으로 알려 준다.
- 사회복지사는 문제를 잘 이해하도록 돕는 조력자이다.
- 클라이언트의 비현실적 기대는 충족되지 못함을 알려 준다.
- 기관의 목적, 사회복지사의 역할, 기관 제공 서비스를 설명한다.
- 비자발적 클라이언트는 변화의 동기를 부여한다.
- 클라이언트는 모두 개별화해야 한다.

5) 접수 및 관계 형성 과정

클라이언트-기관 간의 긍정적인 관계를 위해서는 클라이언트의 문제를 확인하고 클라이언트의 욕구와 기대를 확인하고 기관의 서비스 정보를 제공한다. 서비스 수혜 여부를 결정하고 서비스 수혜과정에 대한 안내 및 관련 서류 작성이 필요하다.

03 자료수집의 개념과 특성

1) 자료수집의 개념

접수 단계에서의 자료수집은 클라이언트의 문제를 이해 및 분석 그리고 해결하는 데 필요한 자료를 모으는 것이다. 또한 클라이언트의 문제와 욕구를 명확하게 하여 개입의 방향을 설정하는 것과 충분한 자료수집과 자료의 사정에 따른 문제규정 작업이 필요하다. 자료수집이란 정보를 모으는 일로서, 클라이언트 개인과 그의 환경에 관한 객관적 자료를 확보하려는 활동이다.

2) 자료수집의 특성

① 자료수집의 개념

- 개입 가능성 판단, 개입에 도움이 될 수 있는 자료를 마련하는 것

② 자료수집 단계의 과제

- 목표: 개입 가능성을 판단하고 개입에 도움이 될 수 있는 자료를 수집
- 사회복지사 과제: 클라이언트의 문제와 욕구를 명확히 함

③ 자료의 영역

- 접수 단계에서 파악한 클라이언트에 기본적인 정보: 이름, 연령, 성별, 학력, 주소, 종교, 직업, 소득, 가족관계 등
- 문제에 대한 깊이 있는 정보: 접수 단계보다 심층적 접근
- 개인력: 서비스 이용자의 영유아기, 학령기, 청소년기, 성인기, 노년기 등 생활주기에 따른 인간관계, 생활사건, 감정 등이 포함됨

- 가족력: 가족관계, 가족구성, 가족규칙, 의사소통방법 등 가족 구성원 간의 상호작용 패턴 등이 포함됨
- 클라이언트의 기능: 지적·정서적·신체적 기능, 대인관계 등
- 클라이언트의 자원: 현재 이용하는 서비스, 동원 가능 자원
- 클라이언트의 강점과 한계
- 클라이언트의 환경: 사람과 문제를 둘러싼 환경 이해

④ 자료수집의 정보 출처

- 클라이언트에게서 얻은 자료(서비스 이용자의 이야기): 제일 중요하며 상담한 정보의 출처이기도 하나, 서비스 이용자의 편견과 잘못된 인식, 강한 정서적 감정 등에 의해 왜곡되는 경우가 있음
- 클라이언트 가족에게 얻은 자료: 클라이언트의 객관적 상황을 파악하는 데 중요한 자료로, 특히 클라이언트가 자신의 상황을 이야기하기 어려울 때 중요함
- 객관적인 자료: 전문가나 기관으로부터 얻은 자료
- 클라이언트의 개인적 관계에서 얻은 자료: 지인을 통해 얻는 자료는 귀중한 정보가 될 수 있으나, 이런 부수적인 정보를 얻기 위해서는 서비스 이용자의 동의가 없어서는 안 됨
- 클라이언트에 대한 사회복지사의 개인적 경험: 사회복지사가 클라이언트를 응대하면서 축적한 클라이언트에 대한 지식으로, 중요한 정보가 됨
- 심리검사: 객관성과 타당성을 담보하고 있음
- 그 밖에 자료: 사례와 관련된 자료, 소문 등

자료수집은 실천 과정 내내 지속되지만 이 단계에서 더 집중적으로 진행된다. 또한 자료수집은 사정을 위해 먼저 수행되기도 하지만 사정을 진행하면서 추가적으로 수행하기도 한다. 즉, 자료수집과 사정은 거의 동시에 순환적으로 일어난다(생각의 마을, 2020).

3) 자료수집 단계에서 사회복지사가 해야 할 일

자료수집 단계에서 사회복지사의 과제는 개입 가능성을 판단하고 개입에 도움이 될 수 있

는 자료를 모으는 것이다. 이를 통해 사회복지사는 클라이언트의 문제와 욕구를 더 명확히 이해할 수 있다(생각의 마을, 2020).

접수 단계에서도 클라이언트의 문제와 욕구를 확인하지만 자료수집 단계에서도 문제와 욕구를 명확히 한다. 사정 단계에서도 문제와 욕구를 명확히 한다. 다만, 접수 단계에서는 클라이언트가 표현하는 문제와 욕구가 중심이 되며 이를 자료수집 단계에서 좀 더 자세히 확인한다. 그러나 사정 단계에서는 이전 단계에서 수집한 내용을 종합하고 전문가적인 지식과 판단을 동원하여 클라이언트의 진정한 문제와 욕구가 무엇인지 규정한다는 점에서 다소 차이가 있다(생각의 마을, 2020).

04 자료수집의 방법

1) 자료수집에 사용되는 정보의 출처

정보를 얻기 위한 자료의 출처는 매우 다양하다. 클라이언트가 직접 작성하고 이야기한 내용이 클라이언트를 이해하는 일차적 정보로 활용되지만, 클라이언트 주변 사람 및 전문가의 검사결과 등도 이차적 자료로 활용된다. 한 가지 자료만 갖고는 클라이언트를 제대로 이해하는 데 한계가 있다. 각 자료들은 각각 장단점이 있으므로 다양한 방법을 활용하여 수집하는 것이 좋다(생각의 마을, 2020).

(1) 클라이언트가 작성한 양식

많은 기관에서 첫 면접을 하기 전후에 클라이언트에게 이름, 주소, 전화번호, 고용주, 학력, 결혼상태, 문제의 서술, 가족 구성원의 이름 등이 내포된 일정 양식에 기재하도록 한다. 이러한 정보는 종종 클라이언트로 하여금 일정한 양식에 기재하도록 함으로써 가장 효과적으로 수집될 수 있다(김기태 외, 2019).

클라이언트가 작성한 양식은 클라이언트가 기관을 방문하여 접수면접을 하기 전에 자신과 주요 문제에 대해 작성한 초기면접지나 접수면접지 같은 양식으로 얻는 정보다. 클라이언트는 일차적인 정보제공자로서 가장 중요한 출처이므로 클라이언트가 작성한 양식은 객관적인 자료로 활용할 수 있다(생각의 마을, 2020).

(2) 클라이언트가 직접 이야기한 내용

클라이언트의 이야기를 통해 얻을 수 있는 정보는 그가 보고하는 문제, 감정, 문제해결을 위해 가지고 있는 자원, 지금까지의 문제해결을 위한 노력, 문제의 원인과 지금까지의 전개과정 등이다. 그러나 클라이언트의 진술은 주관적일 수 있으므로 본인의 편견이나 감정에 의한 왜곡이 있는지 주의해야 하며, 사실 확인이 필요한 경우 사회복지사는 클라이언트와 면담 후에 확인해 볼 필요도 있다(생각의 마을, 2020).

비록 클라이언트가 자신의 어려운 일과 자원을 매우 정확하게 서술한다 하더라도 사회복지사는 클라이언트로부터 직접 들은 내용이 때로는 당혹감, 편견, 왜곡된 지각 및 강한 정서적 감정에 의해 왜곡된다는 것을 알아야 한다. 예컨대, 남편이 자신을 버리고 떠난 부인의 경우, 이에 대한 강한 정서적 반응으로 인해 결혼생활의 파탄을 가져오기까지 그녀가 행한 역할을 객관적으로 보지 못할 수 있다. 어떤 경우 클라이언트는 고의로 정보를 숨기려고 하거나 심지어 왜곡하기도 한다. 예컨대, 학대부모의 경우 자신의 자녀를 학대한 사실을 부인하기도 한다. 알코올 중독자는 그 중독의 속성 때문에 자신이 음주문제를 가지고 있다는 것을 부정하기 쉽다. 교도소의 클라이언트는 그들의 비합법적 활동을 숨기려고 할 수 있다(김기태 외, 2019).

이러한 클라이언트의 다양한 반응과 이야기에도 불구하고, 그들 대부분은 초기 면접에서 사회복지사가 자신의 고통을 이해하고 있는지, 사회복지사의 전문성이 그들이 바라는 결과를 초래하는 데 유용한지 등에 대해 확실한 해답을 얻고자 한다. 이러한 경향은 개입 여부를 결정하는 중요 변수로 동기 형성에 많은 영향을 미친다. 이러한 점에서 초기 단계에서의 사회복지사는 여유를 가지고 적극적으로 경청하여 세심한 관찰을 하는 것이 바람직하다(김기태 외, 2019).

클라이언트의 이야기보다는 다른 부가적 정보가 제시될 때까지는 명확한 것으로 존중되어야 한다. 종종 아동보호서비스의 경우 문제가 존재하고 있다는 것을 클라이언트가 부정하는지의 여부를 이웃, 친척, 학교 교사 등으로부터 확인할 필요가 있다(김기태 외, 2019).

(3) 사회복지사가 관찰한 내용 및 클라이언트와의 직접적 상호작용 경험

사회복지사가 클라이언트와 이야기를 나누거나 상호작용하면서 관찰한 내용, 면담 전후에 클라이언트가 보이는 비언어적 행동(클라이언트의 몸짓, 얼굴표정, 손동작, 목소리의 크기나 고저, 계절에 맞는 옷차림과 위생상태, 정서표현의 적절성 등)을 통해 얻을 수 있는 정보다. 또한 클라이언트와 직접 상호작용을 하면서 느끼는 사회복지사의 개인적 경험은 클라이언트와 사회복지사 자신의 상호작용 패턴으로 클라이언트가 대개 제3자와 상호작용하는 유형을 짐작할 수 있게 해 주며 사회복지사 자신의 감정 자체도 문제행동을 이해하는 데 실마리를 제공해 줄 수 있다(생각의 마을, 2020).

(4) 클라이언트와 관련된 사람들로부터 수집한 정보

클라이언트의 가족이나 이웃, 친척, 친구, 교사, 직장동료 등으로부터 들은 이야기 등으로 자료 출처를 이용할 때에는 클라이언트의 동의를 얻어야 하며, 주변인으로부터 얻어진 정보들이 일관성이 있는지에 주목할 필요가 있다(생각의 마을, 2020).

친구, 친척, 이웃, 의사, 다른 사회기관, 교사, 고용주, 그리고 관련된 정보를 제공하는 다른 사람 등으로부터 수집할 수 있다. 어떤 경우 클라이언트는 다른 여러 기관으로부터 서비스를 받았을 수도 있다. 이러한 클라이언트에 대한 요약적 정보는 종종 이들 기관으로부터 수집한다. 특히 타 기관들 혹은 같은 기관 내 다른 부서에서 일하는 전문가들로부터 전해 듣는 정보들은 매우 가치 있을 수 있다. 그러나 이러한 정보들을 단정적으로 받아들이기보다는 제안지침을 활용하는 태도가 필요하다(Fox, 1993: 김기태 외, 2019 재인용).

사회복지사가 클라이언트를 직접 만나기 이전에 수집 가능한 부수적 정보들을 미리 확보·검토할 때의 유용성 여부에 관해서는 논쟁이 있어 왔다(Fox, 1993). 부수적 정보들을 미리 가짐으로써 문제나 클라이언트 자체에 대한 선입견을 가질 수 있다. 다른 한편으로는 사회복지사가 클라이언트의 문제 상황이나 역동성 등을 예견함으로써 좀 더 풍부한 감정 이입을 가질 수도 있으며, 초기 단계에서의 면접 목적 등을 명확하게 지니도록 도움을 준다. 어떤 사회복지사는 부수적 자료 원천을 간과해 버리는 오류를 범하기도 하는데, 그러한 경우 잠재적으로 가치 있는 정보는 수집되지 않는다. 가끔 어떤 사회복지사는 부수적인 정보를 수집하는 데 너무 많은 시간을 보내는 경우도 있다. 따라서 사회복지사는 어떤 정보가 필요한가를 결정함에 있어 신중할 필요가 있다. 그리고 부수적인 자료 원천으로부터 클라이언트에 대한 정보를 수집할 경우 그곳으로부터 정보를 수집해도 좋을지 등의 비밀보장 문제와 관련하여 클라이언트로부터 허락을 받는 것이 원칙이다(김기태 외, 2019).

(5) 각종 검사의 결과와 기록

성격검사나 지능검사, 적성검사, 자아존중감, 우울증검사(BDI), 알코올중독선별검사(CAGE), 다면적 인성검사(MMPI) 등과 같은 검사 결과(클라이언트를 이해하는 부수적 자료의 의미를 가지는 참고자료)를 정보로 사용할 수 있다. 이는 표준화된 기준을 제공해 주지만 역시 클라이언트의 면접 결과에 대한 부수적 자료의 의미를 가진다(생각의 마을, 2020).

대부분의 검사는 사회복지사가 해석을 하거나 사용하도록 만들어져 있지 않기 때문에 사회복지사가 활용할 경우에는 세심한 주의가 요망된다. 이러한 각종 검사는 심리학자들이 실시하고 해석하는 것이 원칙이다. 더불어 어떠한 검사라도 그 한 가지만으로 인간의 전체를 측정하거나 해석할 수는 없으므로 심리 검사의 경우 주로 두 가지 이상을 사용하는 경우가 대부분이다. 그리고 비록 검사의 결과가 인간에 대한 이해를 도모한다고 할지라도 이들 검사들이 사회복지사의 즉각적·임상적 관찰을 대신할 수는 없다(김기태 외, 2019).

(6) 그 밖의 자료

클라이언트 사례와 관계된 신문 자료, 투서 또는 소문 등이 있다(생각의 마을, 2020).

2) 자료수집의 과정

첫 면접 후에도 조사와 진단적 이해는 계속 진행된다. 각 면접에서 개인 및 상황에 관한 새로운 측면이 나타나면 그 사항을 추가한다. 사람들은 상호 신뢰적인 관계를 발전시킴에 따라 더 많은 사실들을 표현하게 된다. 비록 초기에 심리사회적 조사가 행하여졌더라도 사회복지사는 클라이언트와의 계속적인 접촉을 통하여 얻게 되는 새로운 중요 정보에 개방적이어야 하며 클라이언트의 감정과 반응에 대해서도 민감해야 한다(김기태 외, 2019).

사회복지사는 중요한 자료를 수집할 때 자유연상에만 의존하지 말고 적극적인 입장을 취할 필요가 있다. 클라이언트 스스로 어떤 정보가 필요한지 알 수는 없으며 자신의 문제를 이해하는 것과 관련하여 심적, 정서적으로 고통스러운 자료에 대해 도움 없이 말을 하지 못할 수도 있다. 가끔 호기심이나 지나친 관심으로 인해 클라이언트의 당면 문제와 관련이 없는 일상생활 영역을 조사할 수도 있다. 따라서 사회복지사는 클라이언트에게 질문을 하기 전에 이러한 질문을 왜 하는지에 대한 사회복지사 스스로의 동기를 생각해 보아야 할 것이다(김기태 외, 2019).

어떤 문제 영역에서는 그 문제의 자세한 사항에 대한 질문이 필요할 뿐만 아니라 그 문제와 클라이언트의 관련성에 대한 사항도 필요하다. 클라이언트가 '"나의 아내는 돈을 헤프게 쓴다."고 말하는 경우, 이것으로는 충분하지 않으므로 사회복지사가 어떤 식으로 돈을 많이 쓰는지 구체적으로 물어볼 필요가 있다. 예를 들면, "제가 이해할 수 있도록 설명해 줄 수 있겠습니까?"라고 질문할 수 있다. 실제로 과소비를 하고 있다면 아내의 성격 때문인지, 아내와 남편 간의 상호작용에 의한 것인지 등을 알아본다. 상호작용의 특성을 알아보는 방법은 직접적 질문보다는 클라이언트를 격려하는 형식을 취하여 감정을 발산하게 하는 것이 좋다(김기태 외, 2019).

한편, 클라이언트에 대한 자료수집에서 사회복지사는 클라이언트 초기의 발달사에 대하여 어느 정도로 취급해야 할 것인가를 생각해야 한다. 현재 문제가 있을 때 클라이언트 생활에 대한 탐구는 최근 몇 년 전 혹은 초기의 생활사에 대한 것일 수 있다. 그러나 가끔 클라이언트는 사회복지사가 연결시켜 주지 않는 한 자신의 문제가 어린 시절 및 청년기와 관련되어 있다는 것을 알지 못한다. 물론 초기 생활에 관한 탐구는 이 초기의 생활상황이 그 문제를 밝히는 데 도움을 준다는 구체적인 근거가 있을 경우에만 이루어진다. 이 탐구는 문제와 관련성이 있을 것 같은 일정 시기의 관계를 광범위하게 추구하기보다는 주제별로 이루어지는 경향이 있다. 가끔 클라이언트 개인 및 가족력을 파악하는 수단으로 가계도를 활용할 수 있다(김기태 외, 2019).

사회복지사는 케이스 조사 면접을 위하여 자신의 마음 속에 클라이언트와 그 상황에 대하여 수집하기를 원하는 정보의 형태에 관한 명확한 아이디어를 가지고 있어야 한다. 사회복지사가 구체적인 정보를 수집하는 데 지나치게 수동적이 되면 결과적으로 적절한 원조계획을 설정하지 못하고 비효과적으로 표류할 수 있다(김기태 외, 2019).

3) 자료수집의 내용

자료수집의 목적은 문제를 이해·분석하며 개입을 하기 위한 것으로, 사정을 위해 필요한 정보의 내용을 모으는 것이다(생각의 마을, 2020). 접수 시 문제를 확인하여 서비스를 제공할 것인지를 결정하기 위한 정보수집을 하였다면 자료수집은 위와 같은 자료의 출처로부터 얻은 자료를 클라이언트의 개인력, 가족력, 지적·정서적·신체적·행동적 능력, 문제해결 능력 그리고 클라이언트의 자원과 클라이언트의 강점과 약점, 한계 등으로 재구성하여 사정에 필요한 자료로 준비하는 것이다. 자료수집에 포함되어야 할 내용은 다음과 같다(길귀숙 외, 2021).

① **문제에 관한 정보**: 클라이언트의 문제와 욕구, 문제에 영향을 미친 요인과 문제를 지속시키거나 악화시키는 요인에 대한 정보 등

② **최근까지의 상황**: 클라이언트의 현재 상황과 클라이언트가 기관에 오기 전까지의 상황, 과거에 이와 비슷한 문제에 대해 대처했던 방법 등

③ **클라이언트의 개인력**: 개인력은 클라이언트가 살아온 역사로, 영유아기, 학령기, 청소년기, 성인기, 노년기 등 발달주기에 따른 인간관계, 생활사건, 클라이언트 감정 등

④ **클라이언트의 가족력**: 가족상황과 가족관계, 현재의 가족구성 등

⑤ **클라이언트의 기능 수준**: 지적·정서적·행동적·신체적 기능 및 대인관계능력, 업무능력, 문제해결 능력 정도 등 클라이언트의 전반적인 기능 수준

⑥ **클라이언트의 강점과 한계, 동기**: 문제해결에 활용할 수 있는 클라이언트의 강점, 클라이언트의 한계, 동기 등

⑦ **클라이언트의 자원**: 클라이언트가 현재 이용하고 있는 서비스, 활용 가능한 자원 등

⑧ **클라이언트의 환경**: 사람 및 문제를 둘러싸고 있는 환경에 대한 정보, 클라이언트를 둘러싼 환경 특성에 대한 자료로 친밀한 관계 및 이웃과 지역사회에 대한 정보, 사회적 관계망, 주요 사회제도 및 서비스 프로그램에 대한 수혜 경험, 차별 및 소외 경험, 클라이언트를 둘러싼 환경 속에 있는 한계 등

학습 정리

1. 접수는 사회복지사가 클라이언트의 문제와 욕구를 확인하고, 기관의 정책과 목적에 따라 서비스를 제공할 수 있는지를 판단하는 과정이다. 이 단계에서는 클라이언트의 자격요건을 심사하고, 서비스 적합 여부를 결정하며, 클라이언트와 긍정적인 원조관계를 형성하는 것이 중요하다. 또한 클라이언트가 기관에 처음 방문할 때의 경험은 이후의 원조 과정에 큰 영향을 미치므로, 사회복지사는 클라이언트의 초기 불신과 저항을 해소하기 위해 노력해야 한다.
2. 접수 양식은 사회복지사가 클라이언트의 정보를 체계적으로 기록하고, 이를 통해 초기 면접과 자료수집을 효과적으로 진행하는 데 도움을 준다. 초기면접지에는 클라이언트의 기본 정보, 가족 관계, 주요 문제, 기관 방문 동기 및 경로 등이 포함되며, 이를 통해 클라이언트의 문제와 욕구를 명확히 파악할 수 있다. 또한 접수 양식을 통해 사회복지사는 클라이언트의 서비스 적합 여부를 판단하고, 필요한 경우 타 기관으로의 의뢰를 결정할 수 있다.
3. 자료수집은 클라이언트의 문제를 이해하고 해결하기 위해 필요한 정보를 모으는 활동이다. 자료수집은 접수 단계에서 시작되며, 클라이언트의 문제와 욕구를 명확히 하여 개입 방향을 설정하는 데 중요한 역할을 한다. 자료수집은 클라이언트 개인의 정보뿐만 아니라, 환경적 요인, 가족력, 클라이언트의 기능과 자원, 강점과 한계 등 다양한 영역을 포괄한다. 이를 통해 클라이언트의 상황을 종합적으로 이해하고, 적절한 개입을 설계할 수 있다.
4. 자료수집에는 클라이언트가 직접 제공한 정보, 가족이나 주변인으로부터 얻은 정보, 전문가의 검사 결과, 사회복지사의 관찰 내용 등 다양한 출처가 활용된다. 각 자료는 클라이언트의 상황을 이해하는 데 중요한 역할을 하며, 종합적으로 분석되어 문제해결에 필요한 정보를 제공한다. 자료수집 과정에서는 클라이언트의 동의를 얻어야 하며, 수집된 정보의 정확성과 신뢰성을 검토하는 것이 중요하다. 이를 통해 클라이언트의 문제를 명확히 이해하고, 효과적인 개입을 계획할 수 있다.

chapter 09

사정

학습목표

1. 사정의 개념과 특성을 이해한다.
2. 사정의 영역을 이해한다.
3. 사정도구를 이해한다.

01 사정의 개념과 특성

1) 사정의 개념

사회복지실천과정은 사회복지사가 클라이언트와 클라이언트를 둘러싼 다양한 환경 내의 체계들을 변화시키기 위해 사회복지사로서의 전문적 가치와 지식, 기술에 기초하여 개입하는 과정이다. 사정이란 접수 과정의 문제 확인, 관계 형성, 의뢰 이후 클라이언트의 문제를 이해·분석·해결하는 데 필요한 자료를 모으는 자료수집 과정을 거쳐 수집된 자료를 바탕으로 분석·종합하는 과정을 말한다. 개입과정 전체에서 가장 핵심적인 부분이며, 문제를 판단하고 개입계획을 세우는 중요한 과정이다(길귀숙 외, 2021).

사정은 수립된 정보를 바탕으로 클라이언트의 문제 및 욕구의 성격과 원인을 규명하고, 개입을 위한 함의를 도출해 내는 실천활동으로, 클라이언트의 문제가 무엇인지, 그 원인은 무엇인지, 문제를 해결하거나 감소시키기 위해 무엇이 변화되어야 하는지에 대해 답하는 것이다.

사정은 클라이언트의 문제와 강점 및 약점, 자원을 이해하며 문제에 영향을 주는 환경을 파악하고 클라이언트와 환경 간의 상호교류를 이해하는 과정이다. 과정으로서의 사정은 사회복지사와 클라이언트 간에 발생하는 것으로, 클라이언트의 욕구와 강점에 관해 간결하면서도 체계적인 파악이 가능하도록 정보를 수집·분석·종합화하는 과정이다. 결과로서의 사정은 클라이언트의 문제, 자원, 관련 요소에 대한 이해를 통해 만들어진 문서화된 결과이다(생각의 마을, 2020).

궁극적으로 사정은 클라이언트와 치료자가 개입을 위한 표적문제를 결정하고 개입 목표를 설정할 수 있도록 돕는 것이다. 문제를 제시한 개인, 가족, 소집단, 기관, 지역사회를 보다 잘 이해하고 개별화하여 특수한 상황에 관련이 있는 요인을 발견하고 분석하는 것이 목적이다(길귀숙 외, 2021).

2) 사정의 특성

(1) 개입 과정 내내 계속되는 지속적 과정: 지속성

사회복지실천 초기 단계에서 사정이 집중적으로 행해지지만, 사회복지실천 과정 내내 지속적으로 이루어진다(생각의 마을, 2020). 물론 초기 사정이 제일 중요하지만 돕는 과정이 진행되는 동안 새로운 정보가 발견되기도 하고 새로운 이해가 생기기도 하므로 사정은 항상 계속되는 작업이다(길귀숙 외, 2021).

(2) 인간과 환경에 대한 이중초점을 갖는다: 이중초점

사정은 이중초점을 가진다. 이는 클라이언트의 문제와 자원 및 환경을 함께 고려한다는 것을 의미한다. 환경 속의 인간 관점을 반영하면서 클라이언트를 비롯한 인간에 대한 정보, 클라이언트를 둘러싼 환경에 대한 정보, 양자 간 관계에 대한 정보를 지속적으로 수립한다(생각의 마을, 2020).

(3) 클라이언트와 사회복지사의 상호작용 과정이다: 상호성

사정은 사회복지사 단독이 아니라 사회복지사와 클라이언트가 함께 참여하여 이루어지는 것이다. 사회복지사의 일방적인 판단이 아니라 클라이언트의 반응을 이해하고 반영시킨다. 클라이언트는 자신의 능력을 최대한 발휘하여 사정의 모든 면에 참여한다(생각의 마을, 2020). 사정은 상호작용 속에서 클라이언트의 반응을 이해하며 진행되는 과정이다(길귀숙 외, 2021).

(4) 사고의 전개 과정이 요구된다: 사고의 전개 과정

사정 과정은 수집된 정보를 바탕으로 전체적인 상황을 이해하는 사고의 전개 과정이다. 정보를 수집하고 그 정보의 의미에 대한 설명이 이어진다. 또한 전체 상황을 이해하기 위해 사실과 여러 요소의 의미를 종합한다(생각의 마을, 2020). 계속적으로 필요한 정보를 수집하고 수집된 정보들을 이용하여 클라이언트의 상황을 이해하며 부분적인 이해를 모아 전체적인 맥락에서 통합하여 사고하는 전개 과정이 있다(길귀숙 외, 2021).

(5) 수평적 탐색과 수직적 탐색 과정을 중시한다: 수평적 탐색과 수직적 탐색

초기과정에서는 우선 수평적 탐색(현재의 관계, 능력, 기능 등)을 중심으로 상황을 폭넓게 검토하고 클라이언트의 욕구를 발견한다. 점차 시간의 흐름에 따라 수직적 탐색(상황이나 욕구 충족에 가장 중요하다고 확인된 부분 등)을 종적으로 파악하여 과거력, 문제의 역사 등에 대한 정보를 수집하는 것이다(생각의 마을, 2020).

(6) 사정은 지식에 근거해야 한다: 지식 기반

클라이언트를 이해하기 위해 사회복지사는 지식적 근거가 있어야 한다. 즉, 이론적 근거나 실증적 근거에 기초를 두고 사정해야 한다. 인간 행동 및 발달에 대한 지식, 가족구조와 가족 기능에 관한 지식, 집단 및 지역사회에 대한 지식, 조직에 대한 지식, 체계에 대한 이론 등 다양하다(생각의 마을, 2020).

(7) 클라이언트의 문제를 규명한다: 욕구 발견과 문제 정의

사정을 통해 클라이언트가 생활하는 환경에서 클라이언트의 욕구가 무엇인지, 욕구 충족을 방해하는 장애물은 무엇인지 밝혀내고, 클라이언트의 문제가 무엇인지 규명한다(생각의 마을, 2020).

(8) 클라이언트의 강점을 발견한다: 강점 발견

사정 단계는 클라이언트의 문제나 한계를 밝혀내는 것도 중요하지만 문제해결에 도움이 될 수 있도록 클라이언트를 둘러싼 환경의 강점을 찾아내는 것도 중요하다(생각의 마을, 2020).

(9) 클라이언트의 문제와 욕구에 따라 개별화된다: 개별화

클라이언트의 문제와 욕구에 따라 사정 내용은 달라진다. 모든 사정은 클라이언트의 독특한 상황과 관련되어 이루어지므로 개별화된다고 할 수 있다(생각의 마을, 2020).

(10) 사정 단계에서는 판단이 요구된다: 판단

사정에서는 무엇을 고려하고 어떤 지식을 적용할 것인지, 클라이언트를 어떻게 참여시킬지, 관심사나 욕구를 어떻게 정의할지 등 많은 판단을 해야 한다(생각의 마을, 2020).

(11) 사정은 한계성이 있다: 한계

클라이언트와 클라이언트를 둘러싼 상황을 완벽하게 이해하는 데는 한계가 있으므로 완벽한 사정은 없다. 따라서 사회복지사는 한계를 인정하고 그에 따른 사정의 불확실성을 받아들여야 한다(생각의 마을, 2020).

3) 사정 단계에서 사회복지사가 해야 할 일

사정의 범주는 크게 욕구와 문제의 발견, 욕구와 문제를 좀 더 잘 이해하고 적절한 문제해결을 위한 정보의 발견, 정보의 수집과 분석을 통한 문제 형성이라고 볼 수 있다(길귀숙 외, 2021).

(1) 문제 발견

욕구와 문제를 발견하는 것은 사정의 제일 기초적인 단계이다. 우선 문제는 클라이언트가 제시한 문제에 초점을 두는데, 그 이유는 제시한 문제가 바로 클라이언트가 시급하다고 느끼고 있는 문제이며 그것 때문에 그가 도움을 청했기 때문이다. 그리고 제시된 문제는 사회복지사가 좀 더 깊이 탐색해야 할 영역이 어느 부분인지 알려 주기도 한다(길귀숙 외, 2021).

클라이언트가 제시한 문제에 초점을 두고 시작하여 제반 문제에 대해 탐색한다. 접수 과정에서 이미 클라이언트가 문제를 제시했지만 그것은 본질적인 문제가 아닐 수도 있다. 따라서 섣불리 '문제'라고 단정하지 말고 더 깊게 탐색한다(생각의 마을, 2020).

문제정의는 클라이언트 중심으로 그의 고유한 가치, 상황 속에서 정의되는 것이므로 사회복지사는 클라이언트의 문제에 대한 이해를 존중하고 그가 문제 정의를 잘하도록 도와주어야 한다(길귀숙 외, 2021).

(2) 정보와 자료수집

자료수집과 사정은 동시적이며 순환적인 과정이다. 따라서 문제를 심층적으로 이해하기 위해 계속 자료를 수집한다(생각의 마을, 2020).

브라운과 레빗은 사정 시 정보를 수집하는 유용한 지침으로 다음의 12가지 질문을 제시하였다(Brown & Levitt, 1979, pp. 408-415: 길귀숙 외, 2021 재인용).

① 문제체계에 누가 관련되어 있는가?
② 참여자들은 어떻게 관여하고 있는가?
③ 클라이언트가 문제에 어떤 의미를 부여하는가?
④ 문제행동이 어디서 일어나는가?
⑤ 언제 문제행동이 일어나는가?
⑥ 문제행동이 일어나는 빈도는 어느 정도인가?
⑦ 문제행동이 언제부터 있어 왔는가?
⑧ 문제와 관련하여 채워지지 않는 욕구는 무엇인가?
⑨ 문제에 대한 클라이언트의 정서적 반응은 어떠한가?
⑩ 클라이언트는 문제에 그 동안 어떻게 대처하여 왔으며 그것을 해결하는 데 어떤 기술이 필요한가?
⑪ 클라이언트가 어떤 장점과 기술을 가지고 있는가?
⑫ 필요로 하는 외적 자원은 무엇인가?

(3) 문제 형성(문제 규정, 문제 정의)

사정의 세 번째 영역은 클라이언트가 호소하는 문제와 욕구, 욕구 충족을 방해하는 요인들을 고려하여 문제를 형성하고 그것을 통해 목표설정과 개입계획을 세우는 것이다(길귀숙 외, 2021). 따라서 문제 형성은 수집한 정보를 분석하여 사회복지사가 전문적인 시각에서 문제를 판단하는 과정이다. 클라이언트가 호소한 문제와 충족되지 못한 욕구, 욕구 충족을 방해하는 요인을 고려하여 문제를 규정한다. 이때, '충족되지 못한 욕구가 무엇인가?'라고 질문하는 것이 중요하다. 클라이언트가 제시한 문제를 '충족되지 못한 욕구'로 바꾸어 재진술한다(생각의 마을, 2020).

존슨(Johnson, 1989, pp. 281-292)은 문제 형성을 하기 위해서는 첫째, 무엇보다도 우선 충족되지 못한 욕구를 찾아내고, 둘째, 어떤 요인들이 욕구 충족을 방해하는지를 고려해야만 한다고 했다. '충족되지 못한 욕구가 구체적으로 무엇인가?' 하는 것은 문제 형성에서 가장 중요한 질문이다. 즉, 클라이언트가 제시한 문제를 충족되지 못한 욕구와 필요로 바꾸어 재진술해야 클라이언트를 돕기가 쉽다(길귀숙 외, 2021).

사회복지사가 경계해야 할 잘못된 사정 형태

① 사정은 병리 혹은 문제들의 단순한 내용이나 이들 문제들에 라벨을 붙이는 과정이어서는 곤란하다. 그보다는 인간의 복잡성, 개체성, 존엄성 등을 모두 고려하는 사려 깊고 전체적인 시각이 사정에서 요구된다.

② 사정은 전문가 한 사람에 의한 일방적이면서도 추상적인 의견의 나열이 아니다. 클라이언트가 사회복지사와의 피드백 과정에 적극적으로 참여하면서 발생하는 상호 협력이 사정의 필수요건이라고 할 수 있다.

③ 사정은 문제의 분석만을 위한 한정적 활동이라고는 할 수 없다. 사정활동은 궁극적으로 클라이언트가 성장하고 변화해 나감에 따라 함께 변화하는 유동적이면서도 역동적인 과정이다.

④ 사정은 '오래 전에 무슨 일이 일어났는가?'를 단순히 회고하는 것뿐만이 아니라 '앞으로 성취하고자 하는 바가 무엇인가?'라는 미래 지향적 관점을 병행한다. 이는 클라이언트를 과거에 귀속시키기보다는 그의 삶의 지속성에 대한 존중을 내포하고 있다.

출처: 김기태 외(2019). 사회복지실천론.

02 사정 영역

1) 사정의 영역

사정은 종종 개입 모델을 반영한다. 기록이 기본적이고 일반적인 자료와 정보 중심의 경향을 보이지만 다양한 치료적 접근에 따라 독특한 정보를 필요로 한다. 실천 분야에서 활용되는 주요한 실천 기법들은 그 각각의 방법마다 독특한 사정 정보를 필요로 한다. 일반적인 사정에 포함되어 있는 표준화된 사정 자료 및 사회인구학적 자료와 더불어 각각의 방법에 독특한 부가적인 사정방법을 가지고 있다(길귀숙 외, 2021).

(1) 체계론적 사정

체계론적 사정(systems assessment)은 표준화된 자료의 수집과 클라이언트의 사회지지체계, 가족, 지역사회 및 관련된 사회 영역에 대한 자료를 부가해야 한다. 클라이언트의 사회체계를 기술하는 데는 흔히 세 가지의 구조화된 사정도구가 활용된다. 가족체계적 접근에서 발달된 가계도(genogram)와 생태도(ecomap)이며, 일반체계이론에 의해 개발된 사회네트워크 도표(social network diagram)이다(길귀숙 외, 2021).

(2) 정신역동적 사정

정신역동적 사정은 유아기의 발달력, 이혼, 유기, 학업 성취, 또래관계, 신체적·심리적 외상이나 치료, 입원, 신체적·성적 지향에 대한 부가적 정보를 필요로 한다. 보편적인 세 가지 사정도구는 로르샤흐(Rorschach)검사, 다면적 인성검사(MMPI), TAT(Thematic Apperception Test)검사이다. 이러한 검사는 인간의 잠재의식 속에 있는 사고과정을 사정한다. 주로 임상심리사에 의해 수행·해석되지만 검사결과는 정신역동적 사정의 일부로서 사회복지사들에게 활용된다(길귀숙 외, 2021).

(3) 행동적 사정

행동적 접근의 사정은 클라이언트의 분명하고 관찰 가능한 행동과 관련된 부가적인 자료를 필요로 한다. 행동적 사정에는 셀 수 있고, 그래프로 나타낼 수 있거나 측정될 수 있는 행동들이 일반적으로 포함된다. 식사 횟수, 체중 증가나 감소, 수면, 흡연, 음주, 부적절한 성행위, 구타나 싸움, 폭력 행동과 같은 구체적이고 특정한 행동들이다. 사정은 문제의 존재, 문제의 정도, 문제 기간과 횟수를 측정하는 것이다(길귀숙 외, 2021).

(4) 인지적 사정

인지적 접근을 하는 사회복지사는 인지적으로 관련된 사정 정보를 부가적으로 필요로 한다. 인지적 사정은 클라이언트의 핵심적인 신념이나 인지적 왜곡과 관련된 가정이나 확신을 묘사하는 진술을 포함한다. 또한 실행되지 않았던 과거의 반응이나 보상적 전략, 건설적이고 대안적인 반응에 대한 정보를 필요로 한다. 사정도구로는 세 칼럼 기법, 역기능적 사고의 매일 기록 등이 활용되어 역기능적인 자동사고의 패턴을 인식하는 도구로 사용된다. 세 칼럼 기법(three-column technique)은 부정적인 자동사고(negative automatic thoughts), 인지적 오해(cognitive distortion), 합리적 반응(rational response)을 기술하는 것이며, 역기능적 사고의 매일 기록(daily record)은 문제상황 기술, 연관되는 정서, 자동사고, 합리적 반응, 결과 등에 대해 기록하는 것이다(길귀숙 외, 2021).

(5) 심리사회적 사정

심리사회적 사정은 문제를 명명하고 확인하는 것뿐만 아니라 클라이언트의 강점을 확인하는 것을 포함하여 진행하는 과정이다. 환경 속의 인간(Person In Environment: PIE)의 관점과 유사한 인간은 심리적이고 신체적인 요소를 가지고 사회환경적인 요인과 상호작용한다는 관점이 생리심리사회적(biopsychosocial) 과정(전이, 대처기제, 방어기제, 자아기능, 정체성과 자아 형성, 개별화 등)과 발달과업의 과정(스트레스, 대처와 적응, 인지발달)에 초점을 두고 한 개인이 삶의 환경적·신체적·행동적·심리적·사회적 인자들 간의 상호 관련성을 찾는 것이다. 따라서 심리사회적 사정은 클라이언트의 과거력을 구체적으로 탐색함으로써 현재의 심리적인 문제와의 관련성을 정신역동적으로 파악함과 동시에 클라이언트의 환경적인 측면(가족, 친구, 이웃, 지역사회 등의 탐색, 자원 이용, 적응, 대처 등)을 파악하는 것을 포함한다(길귀숙 외, 2021).

2) 사정 시 활용되는 질문들

사정과정에서 사회복지사는 클라이언트의 문제원인에 대한 이해를 하는 데 많은 노력을 하게 된다. 이 과업을 이행하기 위하여 사회복지사는 클라이언트의 상황에 대한 이론적 관점을 적용한다. 이러한 사정의 결과는 개입의 길잡이가 되는데, 사정에는 포함되어야 할 구성요소가 있다. 사정의 구성요소는 사정을 위한 자료의 분류화와 관련이 있다. 이와 관련하여 브라운(Brown, 1992, p. 154)은 사정과정에서 사회복지사가 고려해야 할 질문 내용들을 열 가지로 유형화하고 있다. 이는 사정의 구성요소로서 다음과 같이 요약할 수 있다(김기태 외, 2019).

① **클라이언트 상황의 본질은 무엇이며 그 자체는 어떻게 나타내는가?**: 클라이언트가 직면하고 있는 상황과 상황의 본질은 무엇이며 그러한 상황이 현실적으로 어떠한 형태로 나타나고 있는가를 알아야 한다.

② **문제에 대한 클라이언트의 태도는 어떠한가?**: 클라이언트는 자신의 문제를 어떻게 보고 있는가에 대한 충분한 이해가 있어야 한다.

③ **클라이언트는 동기가 있으며 문제해결 능력이 있는가?**: 클라이언트는 자신이 직면한 문제를 해결하고자 하는 동기를 어느 정도 가지고 있으며, 그 문제를 해결할 수 있는 능력을 가지고 있는가를 파악하는 것이다.

④ **현재 문제가 실제적인 문제인가?**: 클라이언트는 자신이 의식하지 못하거나 또는 이 시점에서 직면하기를 싫어하는 어떤 문제가 있을 수 있다. 그리고 클라이언트는 실제적인 문제의 한 증상으로서 어떤 다른 문제를 표출할 수 있다. 따라서 현재 제시되는 문제가 실제적인 문제가 아닐 수도 있다.

⑤ **클라이언트는 왜 이 시점에서 도움을 구하는가?**: 클라이언트는 사회복지사에게 도움을 요청하기 전에 다양한 형태로 해결 노력을 하게 되는데, 그러한 구도에서 볼 때 왜 지금의 시점에서 사회복지사에게 도움을 요청하게 되었는가를 파악하여야 한다.

⑥ **문제의 지속기간은 어느 정도인가?**: 대개의 경우 클라이언트는 사회복지사와 원조관계를 수립하기 전에 상당한 기간 동안 문제가 지속되어 왔다. 따라서 문제의 발생과 진행과정을 알아야 한다.

⑦ **클라이언트의 강점과 약점은 무엇인가?**: 클라이언트에 대한 문제점이나 약점은 물론이고 강점이나 장점도 파악하여야 한다.

⑧ **클라이언트가 과거에 효과적으로 적용한 문제해결 기제는 무엇인가?**: 클라이언트가 행한 문제해결 노력에서 어느 정도의 효과가 있었던 기제는 무엇인가에 대한 탐구이다.

⑨ **클라이언트의 목표와 기관에 대한 기대는 현실적인가?**: 모든 클라이언트는 사회복지기관과 사회복지사를 찾아올 때 기대감과 바람을 가지고 온다. 이때 클라이언트가 가지고 있는 구체적인 목표는 무엇이며 기관과 사회복지사에 대하여 어떠한 기대를 가지고 있는가? 그리고 그 기대는 얼마만큼 현실적인가를 알아야 한다.

⑩ **개입에 누구의 관여가 필요한가?**: 사회복지사가 클라이언트 문제에 개입함에 있어서 도움을 받아야 하거나 함께 활동하여야 할 사람이 있는가를 알아내는 것이다.

사정 시 활용되는 질문을 문제에 대한 질문, 클라이언트에 대한 질문, 자원에 관한 질문으로도 구분할 수 있다(생각의 마을, 2020).

(1) 문제에 대한 질문

- 문제는 무엇인가?
- 어디서, 얼마나, 언제부터 문제가 발생했나?
- 주로 언제 그런 일이 생기는가?
- 문제는 얼마나 심각한가?
- 누가 이 문제에 관여되어 있나?
- 그런 일이 생길 때 주로 어떻게 했는가?
- 그 일로 가장 큰 영향을 받은 사람은 누구인가?

(2) 클라이언트에 대한 질문

- 클라이언트는 어떤 사람인가?
- 클라이언트는 자신의 문제를 무엇이라고 생각하는가?
- 클라이언트는 문제에 어떤 의미를 부여하는가?

- 클라이언트의 반응은 어떠한가?
- 문제에 대해 클라이언트는 어떤 노력을 해왔으며 효과는 있었나?
- 클라이언트의 욕구는 무엇인가?
- 클라이언트의 강점과 약점은 무엇인가?

(3) 자원에 관한 질문

- 문제를 해결하는 데 필요한 혹은 동원 가능한 자원은 무엇인가?

03 사정도구

사정도구를 사용하면 이미 수집된 자료를 쉽게 분석 및 이해할 수 있고, 또 다른 자료를 수집하는 것도 가능하다(생각의 마을, 2020).

1) 개인 또는 가족 사정도구

(1) 가계도

① 가계도의 개념과 유용성

가계도는 2~3세대 이상 걸친 가족관계를 도표로 제시하여 복잡한 가족패턴을 한 눈에 볼 수 있도록 한 가족 사정도구이다. 가족의 문제와 그 문제의 주요 요인을 알 수 있고, 가족구성과 가족구조, 가족의 생애주기, 세대 간 반복되는 유형, 가족 구성원의 역할과 기능을 분석할 수 있다. 가족 내 반복되는 정서와 행동상의 문제양상을 검토하는 데 유용하다. 사회복지사와 가족이 함께 작성하도록 한다(생각의 마을, 2020).

② 가계도를 통해 알 수 있는 내용

- 인구사회학적 특성: 성별, 나이, 출생, 사망, 종교, 직업 등
- 가족구조, 동거가족 현황, 가족 및 가족원의 관계: 부모·자녀관계, 친자식, 입양 혹은 위탁자

녀 등 법적 관계, 친밀, 소원, 밀착, 갈등 등

- 결혼관계: 결혼, 동거, 별거, 이혼, 재혼, 이혼 후 재결합 등
- 가족의 문제와 가족 문제의 주요 요인 및 가족패턴

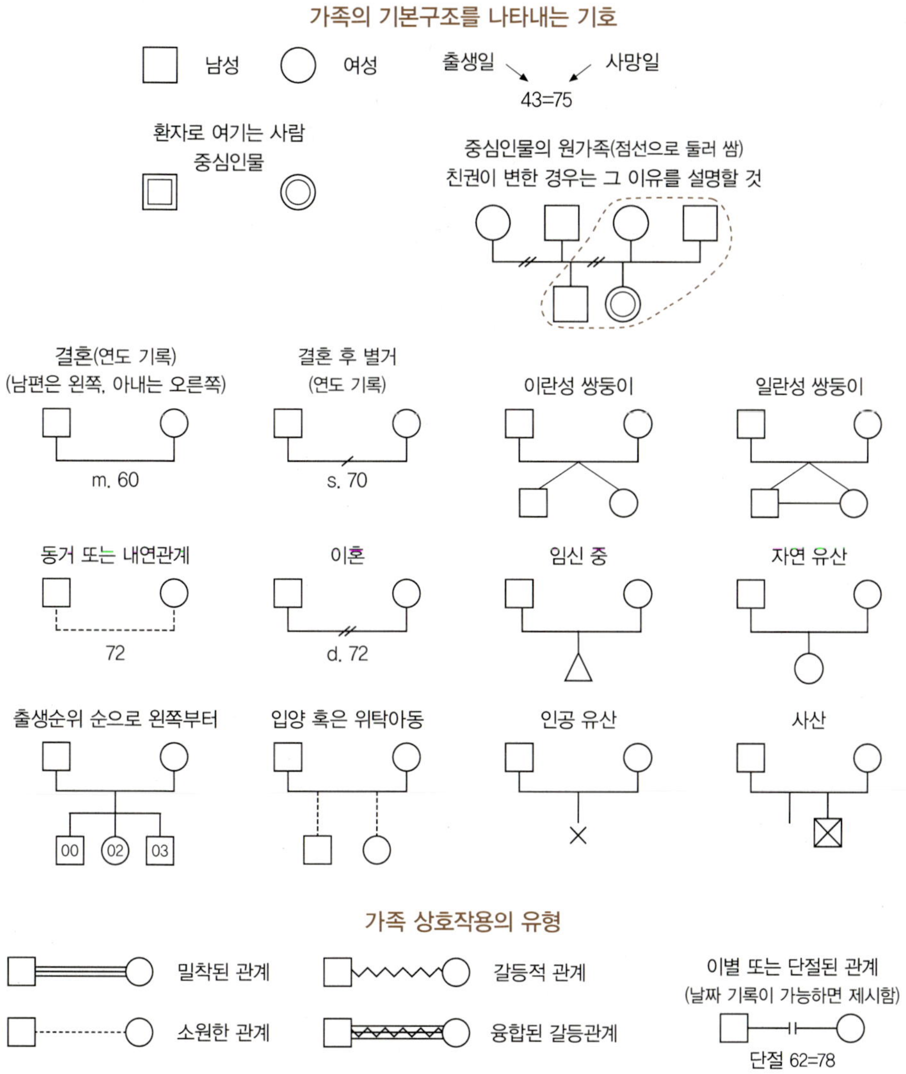

그림 9-1 가계도 기호

출처: 황철수(2007). 사회복지실천론.

가계도의 가장 중심부인 가족 클라이언트의 원가족을 중심으로 조부세대 및 자녀세대 등을 포함한 3세대를 작성하여 그림으로 나타내면 다음과 같다.

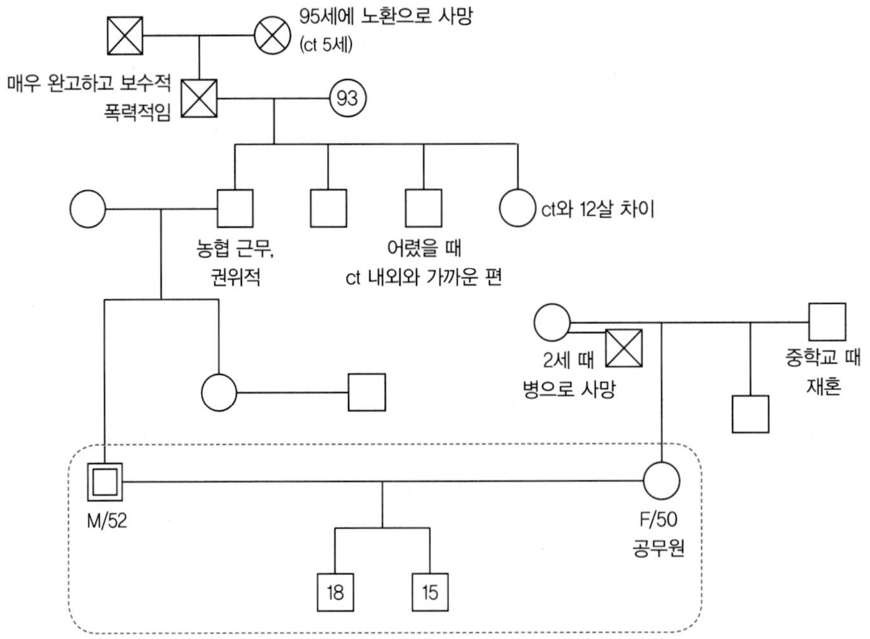

그림 9-2 가계도

출처: 엄명용 외(2007): 길귀숙 외(2021). 사회복지실천론. 재인용.

③ 가계도 작성 시 Tip

- 가족 역할과 가족관계에 대한 질문을 활용할 수 있음
- 가족 사망에 대한 원인 및 사망에 대처하는 자세, 사망에 어떻게 적응했는지에 대한 질문을 통해 가족 적응성을 확인할 수 있음
- 직업과 학교, 실업과 취업 여부 등을 통해 역할 수행의 성실도 및 역할 수행에서 오는 장애와 어려움을 확인할 수 있음
- 가족의 균형과 불균형의 특징, 가족 안의 삼각관계 유형, 세대를 통해 반복되는 유형 또한 일부 확인할 수 있음

(2) 생태도

① 생태도의 개념

생태도는 앤 하트만이 '환경 속의 인간' 관점을 도입하여 개인과 가족의 자원, 가족과 외부 환경 간의 상호작용을 묘사한 가족사정 도구이다(생각의 마을, 2020). 생태도는 기본적인 사회적 정보를 간편하게 기록하는 방법이므로 전통적인 사회력과 사례기록을 보완하는 역할을 한다.

② 생태도의 유용성

개인이나 가족 등 클라이언트와 클라이언트를 둘러싼 환경체계 간 관계를 표현함으로써 클라이언트에게 유용한 자원이나 환경, 스트레스 요인, 자원 흐름 등의 방향 등을 알 수 있다. 클라이언트를 생태학적 관점에서 이해하는 데 도움이 된다(생각의 마을, 2020).

③ 생태도를 통해 알 수 있는 내용(생각의 마을, 2020)

- 클라이언트를 둘러싼 환경에 있는 주요 자원이나 환경 및 그들 간의 관계
- 클라이언트에게 유용한 자원이나 환경
- 클라이언트에게 스트레스가 되는 체계
- 클라이언트와 환경체계 간 자원 교환의 정도, 에너지 흐름의 방향, 활성화되어야 할 자원
- 원의 크기는 자원의 양을 나타내기도 하고, 동일하게 그리기도 함

④ 생태도 그리기

- 생태도 중앙에 클라이언트에 해당하는 원을 그린 후, 원 주변에 클라이언트의 주요 환경적 요소들을 배치한다.
- 클라이언트는 개인이 될 수도 있고, 가족이 될 수도 있다. 실선이나 점선 등을 이용하여 클라이언트와 환경체계 간 관계를 나타낸다.
- 실선은 긍정적 관계, 굵은 실선은 강한 긍정적 관계, 점선은 약한 관계, 실선 위에 사선을 그린 것 혹은 지그재그 선은 갈등관계를 나타낸다.
- 화살표의 크기는 자원과 에너지 흐름의 방향을 나타낸다.

- 원의 크기는 자원의 양을 나타내기도 한다. 자원의 양에 관계없이 일정한 크기로 그리기도 하지만 자원의 많고 적음을 표현하기 위해 원의 크기를 이용하기도 한다.

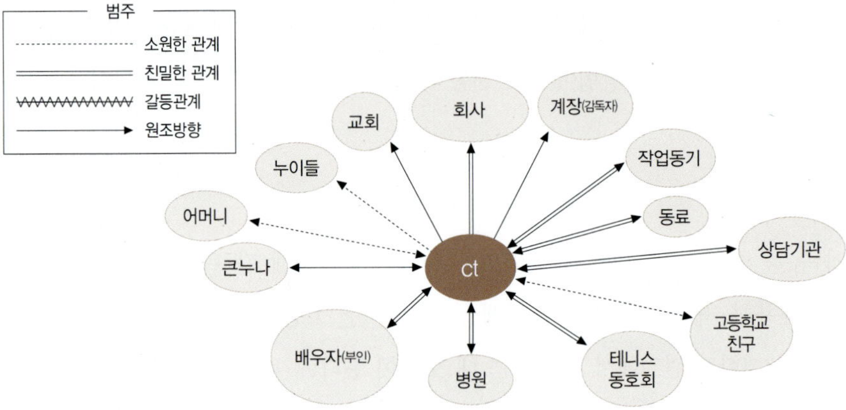

그림 9-3 생태도

출처: 엄명용 외(2007): 길귀숙 외(2021). 사회복지실천론. 재인용.

(3) 사회적 관계망 표(사회적 관계망 격자)

① 사회적 관계망 표의 개념

사회적 관계망이란 클라이언트에게 영향을 미치는 중요한 사람이나 체계를 의미한다. 클라이언트의 사회적 관계망에 있는 체계로부터 받는 지지의 종류와 정도, 원조의 방향, 접촉빈도 등을 평가하는 사정도구이다. 사회적 관계망 격자 혹은 사회적 관계망 그리드라고도 한다(생각의 마을, 2020).

② 사회적 관계망 표의 유용성

클라이언트는 사회적 지지가 부족한 경우가 많은데, 클라이언트의 문제를 효과적으로 해결하기 위해서는 클라이언트의 사회적 지지에 대한 사정이 필요하다. 사회적 관계망 격자를 사용하면 클라이언트에게 사회적 지지를 제공해 줄 수 있는 사회적 관계망을 파악할 수 있다. 또한 클라이언트의 관계망을 전체적으로 볼 수 있다. 사회적 관계망 격자는 개인의 사회적 지지체계뿐만 아니라 가족의 사회적 지지체계를 사정하는 데도 사용된다(생각의 마을, 2020).

③ 사회적 관계망 표를 통해 알 수 있는 내용

- 클라이언트의 사회적 관계망에 있는 중요한 인물
- 지지를 받는 영역: 가족원, 직장, 학교, 친구, 전문가 등
- 지지의 구체적 유형: 정서적 지지, 물질적 지지, 정보
- 지지의 성격(방향): 상호적 지지, 일방적 지지
- 개인적 친밀감 정도
- 접촉빈도: 클라이언트와 만나는 빈도
- 관계기간: 클라이언트와 알고 지낸 기간

사회적 관계망 표

클라이언트 이름: 김○○ / 조사일: 20××년 △월 □일

지지 제공자	생활 영역	물질적 지지	정서적	정보/충고	원조 방향	친밀감	만나는 정도	알고 지낸 기간
	①가족원 ②이웃 ③학교 ④직장 ⑤전문가 ⑥기타	①거의 없다 ②가끔 ③자주	①거의 없다 ②가끔 ③자주	①거의 없다 ②가끔 ③자주	①양방향 ②당신이 그들에게 ③그들이 당신에게	①거의 친하지 않다 ②가까운 정도 ③매우 친함	①1년에 서너 번 ②한달에 한 번 ③매주 ④매일	①1년 이하 ②1~5년 ③5년 이상
엄마								
할머니								
친구A								
친구B								
언니								
담임 선생님								

(4) 생활력도표

① 생활력도표의 개념

생활력도표는 클라이언트의 생애 동안 발생한 사건이나 문제가 발전해 가는 과정을 사정하는 도구이다. 클라이언트 삶에서 일어난 중요한 사건을 시간의 흐름에 따라 시계열적으로, 연대기적으로 작성한다. 아동과 청소년 대상의 활동에 유용하다(생각의 마을, 2020).

② 생활력도표를 통해 알 수 있는 내용

문제의 발생 시점과 문제를 촉발시킨 사건 등을 파악할 수 있으며, 사건 간 양상이나 관계를 파악할 수 있다. 클라이언트의 현재 기능수행에 영향을 미치는 발달단계상 특정한 시기의 생활경험을 이해할 수 있다.

생활력도표

클라이언트 이름: 박○○ / 조사일: 20××년 △월 □일

연도	연령	지역	가족	학교	건강	활동	문제
2000	1	경기도 안산	아버지 28 어머니 26		8개월 조산아로 태어남		선천성 심장 기형
2001	2	경기도 성남					화상
2003	4	울산	동생 1				남동생 출생
2005	6	울산		어린이집			심한 분리불안
2006	7	대구	어머니 가출				
2009	10	대구		성적 부진	다리골절	축구	병원 입원
2011	12	대구	아버지 재혼	가출			청소년쉼터

(5) 생활주기표

① 생활주기표의 개념

생활주기표는 클라이언트의 생활주기와 가족 구성원의 발달단계별 과업을 표로 작성한 사정도구이다(생각의 마을, 2020).

② 유용성

가족 구성원은 각각 서로 다른 발달단계에 있기 때문에 구성원마다 발달과업과 발달위기가 다르다. 가족생활주기표를 작성해 보면 가족 내 개별 가족원의 발달단계와 과업, 위기 등을 비교해 볼 수 있다. 가족체계 내에서 한 구성원의 발달을 위한 노력이 다른 구성원에게는 위기가 되거나 발달과업을 방해할 수도 있다. 생활주기표를 분석하면 어떤 과업이 달성되어야 하고, 어떤 발달위기가 해결되어야 할 것인지 인식할 수 있다(생각의 마을, 2020).

생활주기표

클라이언트 이름: 이○○ / 조사일: 20××년 △월 □일

가족성원	발달단계 및 연령별 발달과업								
	0~1	2~4	5~7	8~12	13~17	18~22	23~40	41~60	60~
아버지								×	
어머니								×	
누나			×						
클라이언트		×							

(6) 가족조각

① 가족조각의 개념

가족조각은 경험적 가족치료에서 사용된 기법이다. 가족원들이 공간적으로 쓰로 위치하여 가족관계를 몸으로 표현하여 가족의 상호작용 양상을 나타냄으로써 가족에 대한 이해를 돕는 기법이다(생각의 마을, 2020).

② 가족조각의 유용성

가족조각은 역기능적 가족 연합을 보여주고 관계를 재조정해야 함을 인식시켜 준다. 가족원은 가족 내 개인의 위치, 입장, 감정, 생각 등을 표현하고 다른 가족원의 조각을 보는 과정에서 통찰력, 이해, 공감, 동정, 후회, 미안함 등의 감정을 경험할 수 있다(생각의 마을, 2020).

③ 가족조각 방법(생각의 마을, 2020)

가족원 중 한 사람이 조각자가 되어 가족문제 혹은 가족 상황을 대변해 주는 상황이 드러나도록 나머지 구성원에게 자세를 취하게 만든다. 이 과정에서 가족원이 서로 웃거나 이야기하지 않는다. 가족조각이 끝나면 각자 조각 과정에서 느낀 바를 이야기해 본다. 이성적 측면보다는 정서적이고 감성적인 느낌이 더 중요하다.

이 과정이 끝나면 사회복지사는 가족원에게 가족이 바라는 방향, 원하는 모습을 다시 조각해 보도록 한다. 그리고 "가족이 앞으로 이렇게 변화가 가능하다면 어떻게 하고 싶으세요?"라고 질문한다. 앞에서 인식한 문제적 가족관계를 어떻게 변화시킬지 그 목표를 설정하게 하는 것이다.

2) 집단 사정도구: 사회도(소시오그램, sociogram)

(1) 사회도의 개념과 유용성

사회도는 상징을 사용하여 집단 구성원의 대인관계, 집단 구성원 간 사회적 유대관계를 측정하는 집단 사정도구로서 모레노(Jacob Moreno)와 제닝스(Hellen Jennings)가 개발하였다. 집단 내 구성원들 간의 질적인 관계를 파악하기 위한 도구로, 집단 구성원들의 수용, 거부 과정을 평가하는 방법으로 사용된다. 다양한 시점에서 사회도를 작성해 보면 집단원 간 관계의 안정성과 변화를 살펴볼 수 있다(생각의 마을, 2020).

(2) 사회도를 통해 알 수 있는 내용

- 집단 구성원의 성별(성별을 구분하기도 하고, 모두 원으로 표시하기도 함)
- 집단 구성원 간 선호도와 무관심, 배척 여부와 방향(일방, 상호)
- 하위 집단 형성 여부, 소외된 구성원, 삼각관계 형성 여부
- 집단원 간 결속의 강도(친밀한 구성원끼리는 가볍게, 소원한 구성원은 멀리 떨어지게 그림)

소시오그램

클라이언트 이름: 최○○ / 조사일: 20××년 △월 □일

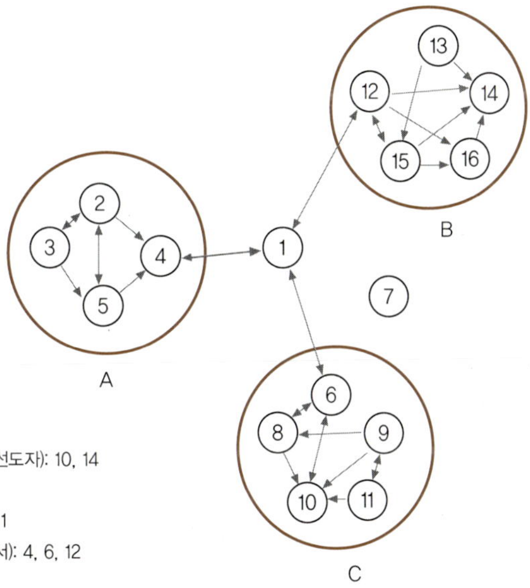

스타(여론선도자): 10, 14
고립자: 7
연결역할: 1
문지기(비서): 4, 6, 12

학습 정리

1. 사정은 클라이언트의 문제를 이해하고 해결하기 위해 필요한 자료를 수집·분석·종합하는 과정이다. 이는 클라이언트의 문제와 욕구의 성격 및 원인을 규명하고, 개입을 위한 계획을 수립하는 데 필수적이다. 사정은 지속적 과정, 이중초점, 상호작용 과정, 사고의 전개 과정 등의 특성을 가지며, 클라이언트와 환경 간의 상호작용을 이해하는 데 중점을 둔다.

2. 사정의 영역은 체계론적 사정, 정신역동적 사정, 행동적 사정, 인지적 사정, 심리사회적 사정 등으로 구분된다. 체계론적 사정은 클라이언트의 사회지지체계, 가족, 지역사회 등을 포함하며, 정신역동적 사정은 클라이언트의 발달력, 신체적·심리적 외상 등을 다룬다. 행동적 사정은 관찰 가능한 행동을 중심으로 하며, 인지적 사정은 클라이언트의 인지적 왜곡과 관련된 정보를 포함한다. 심리사회적 사정은 클라이언트의 문제와 강점, 환경적 요인 등을 종합적으로 평가한다.

3. 사정도구에는 가계도, 생태도, 사회적 관계망 표, 생활력도표, 생활주기표, 가족조각, 사회도 등이 있다. 가계도는 가족 관계와 문제의 주요 요인을 도표로 나타내며, 생태도는 클라이언트와 환경 간의 상호작용을 시각화한다. 사회적 관계망 표는 클라이언트의 사회적 지지체계를 평가하고, 생활력도표는 클라이언트의 생애 동안 발생한 중요한 사건을 연대기적으로 정리한다. 생활주기표는 클라이언트와 가족 구성원의 발달단계를, 가족조각은 가족 간의 상호작용 양상을 나타내며, 사회도는 집단 구성원 간의 관계를 평가한다.

부록 사정도구 예시

욕구사정 기록지

작성일	
작성자	(인)

수급자		키		생년월일	
관리번호		체중		성별/연령	

1. 신체상태(일상생활동작 수행능력) •표기: × - 완전도움, △ - 부분도움, ○ - 완전자립

항목	확인	항목	확인	항목	확인
옷 입고 벗기		세수하기		양치질하기	
식사하기		목욕하기		체위 변경하기	
일어나 앉기		옮겨 앉기		방 밖으로 나오기	
화장실 사용하기		대변 조절하기		소변 조절하기	

판단근거:

2. 질병상태 •표기: □에 V표 후 상세내용에 기술

질병 분류	질병명
내분비·대사성	□당뇨 □갑상선질환 □탈수 □영양상태 이상 □만성간염 □자가면역질환 □빈혈 □기타( )
소화기계	□위염 □위궤양 □십이지궤양 □변비 □간경변증 □기타( )
순환기계	□고혈압 □저혈압 □협심증 □심근경색증 □뇌혈관질환 □기타( )
근골격계	□관절염 □요통, 좌골통 □기타 척추질환 □골다공증 □기타( )
신경계	□치매 □뇌경색 □파킨슨병 □두통 □두통 외 통증 □기타( )
정신·행동장애	□신경증 □우울증 □수면장애 □기타( )
호흡기계	□폐결핵 □만성기관지염 □호흡곤란 □기타( )
눈·귀질환	□시각장애 □난청 □기타( )
비뇨·생식기계	□전립선비대 □요실금 □만성방광염 □기타( )
만성신장질환	□만성신부전증 □기타( )

구분	질병명
과거병력	
현 진단명	

판단근거:

3. 재활상태

•표기: □에 V표

확인			
□우측상지	□좌측상지	□우측하지	□좌측하지
□어깨관절(좌/우)	□팔꿈치관절(좌/우)	□손목 및 수지관절(좌/우)	
□고관절(좌/우)	□무릎관절(좌/우)	□발목관절(좌/우)	

판단근거:

4. 간호처치 상태

•표기: □에 V표

확인					
□기관지 절개관 간호	□흡인	□산소요법	□욕창간호	□경관영양	□통증간호
□장루간호	□도뇨관리	□투석간호	□당뇨발간호	□상처간호	

판단근거:

5. 인지상태(인기지능 저하, 정신상태, 감정, 문제행동 등)

•표기: □에 V표

구 분		확인
1	지남력	
2	기억력	
3	주의집중 및 계산	
4	언어적 기능	
5	판단력	
6	편집증과 망상	
7	환각	
8	배회	
9	반복적인 활동	
10	부적절한 활동	
11	언어폭발	
12	신체적 공격 또는 폭력행위	
13	우울	
14	일반적인 불안	
15	혼자 남겨짐에 대한 공포	

판단근거:

6. 의사소통

•표기: □에 V표

구분	확인	
청취능력	□들리는지 판단불능 □큰소리는 들을 수 있다. □정상(보청기 사용 포함)	□거의 들리지 않는다. □보통의 소리를 듣기는 하고, 못 듣기도 한다.
의사소통	□모두 이해하고 의사를 표현한다. □가끔 이해하고 의사를 표현한다.	□대부분 이해하고 의사를 표현한다. □거의 이해하지 못하고 의사를 전달하지 못한다.
발음능력	□정확하게 발음이 가능하다. □간혹 어눌한 발음이 섞인다.	□웅얼거리는 소리로만 한다. □전혀 발음하지 못한다.

판단근거:

7. 영양상태

•표기: □에 V표

구분	확인					
치아 상태	□양호	□불량	□의치	□잔존치아 없음		
식사 시 문제점	□식욕저하	□저작곤란	□연하곤란	□소화불량	□구토	□없음
식사 형태	□미음	□죽	□일반식	□당뇨식	□경관식	
도구 사용	□숟가락	□젓가락	□포크숟가락	□사용불가		
배설 양상	□정상	□설사	□변비	□복부팽만		

판단근거:

8. 가족 및 환경상태

•표기: □에 V표 후에 상세기재

구분	내용						
결혼여부	□기혼	□미혼	배우자 생존여부		□생존	□사망	
자녀 수	____________명						
주 수발자	□유	□무	주수발자 연령		____________세		
주 수발자 관계	□배우자	□자녀	□자부	□사위	□형제자매	□친척	□기타
주 수발자 경제 상태	□안정	□불안정	□연금생활	□생활보호			
동거인	□독거	□부부	□부모	□자녀	□손자녀	□친척	□기타

판단근거:

9. 자원이용욕구

•표기: □에 V표 후 상세기재

구분	확인			
종교	□기독교	□천주교	□불교	□기타(　　　　)
주 이용 의료기관			전화번호	
지역사회 자원	□급식 및 도시락 배달	□이미용	□주거개선사업	□기타(　　　　)

판단근거:

10. 수급자 및 보호자 개별 욕구

•표기: 서술형 작성

11. 총평

•표기: 서술형 작성

chapter 10

계약

학습목표

1. 계약의 개념과 중요성을 이해한다.
2. 계약의 내용과 형식을 이해한다.
3. 계약 단계에서의 사회복지사와 클라이언트의 역할을 이해한다.

01 계약의 개념과 중요성

1) 계약의 개념

목표가 정해지면 사회복지사와 클라이언트는 서로의 의무와 과업, 구체적 실천 활동을 위해 상호 약속하는 계약 단계로 들어간다. 계약이란 목표달성과 그것을 달성하기 위한 전략, 역할, 개입, 평가방법 등을 구체적인 활동 용어로 기술한 계획에 대해 사회복지사와 클라이언트가 서로 동의하는 것을 말한다(양옥경 외, 2004). 다시 말해, 계약이란 클라이언트와 사회복지사, 사회복지실천활동과 그 외 관련 체계가 성취할 목적 및 목표와 이를 달성하기 위해 누가(행동 주체), 무엇(과업)을, 언제(시간적 조건), 어떤 방법(실천방법)으로 할 것인지, 그 외 전반적인 운영사항(회합시간, 장소, 비용, 평가)에 대해 구체적으로 계획하여 상호 협의하는 과정이다(김혜영 외, 2022).

계약은 사회복지실천과정 동안 초점과 지향점을 제공하고, 문제해결을 촉진시키며, 실천목표 및 활동에 대한 계획을 사회복지사와 클라이언트가 분명하게 의사소통하게 하고, 클라이언트-사회복지사 관계에 초점을 유지시키며, 협력을 증가시키기 위한 도구로서의 기능을 한다(Hepworth et al., 2010).

2) 계약의 중요성

계약의 중요성은 다음과 같다. 첫째, 클라이언트 권리보장으로 개입 진행 시 적극적인 참여를 유도할 수 있다. 둘째, 계획을 수립하고 수행하는 데 클라이언트 통제 능력 증대로 클라이언트 스스로 역할을 인식하고 개입 활동의 성공 여부를 높여 준다. 셋째, 클라이언트의 충분한 의견 반영은 능동적으로 참여하게 만든다(목표를 달성하기 위한 중요한 요인이 될 수 있다). 넷째, 클라이언트에게 개입 구조와 구체성으로 문제와 과업을 수행하려는 동기를 촉진시킨다. 다섯째, 클라이언트와 합의된 목표로 클라이언트의 자아존중감 향상, 상황에 영향을 줄 수 있다는 자신감을 갖게 한다.

02 계약의 내용과 형식

1) 계약의 내용

계약에 포함되어야 할 내용은 다음과 같다. 서비스의 종류, 시간의 조건(기간, 빈도와 시간, 시작일), 사회복지사와 클라이언트의 역할 및 서명, 합의한 목표와 클라이언트의 기대, 계약의 변경 조건, 사용되는 개입 형태와 기법, 평가기법, 비용 등이다.

2) 계약의 형식

(1) 서면계약

서면계약은 가장 공식적인 계약 형태로 문서화하는 것으로, 사회복지사, 클라이언트 그 외 관련자들이 합의한 바를 분명하게 작성하여 서면 날인을 통해 계약을 하는 형태이다.

서면계약의 장점은 목표를 명료화하고, 우선순위를 정하며, 역할과 책임을 분명히 하고, 클라이언트와 사회복지사의 오해(갈등)를 최소화한다는 점을 들 수 있다. 자발적이고 적극적인 클라이언트는 물론, 비자발적인 클라이언트라 하더라도 클라이언트에게 분명하지 않은 상태에서 클라이언트 모르게 처리되지 않음을 보장해 준다는 점에서 유용하다. 서면계약의 단점은 계약과정이 복잡하고 문서를 준비하는 데 시간이 많이 걸린다는 점과 클라이언트가 처벌의 두려움으로 계약에 동의할 위험성이 있다는 점, 사소하지만 쉽게 개념화된 목표에 집중하면서 복잡하거나 성취하기 어려운 목표를 회피할 가능성, 클라이언트에 따라서는 서면 내용의 목표를 달성해 주어야 하는 사회복지사의 의무인 것처럼 인식하여 달성되지 않았을 경우 잘못된 개입(malpractice)으로 소송할 수 있다는 점 등을 들 수 있다(김혜영 외, 2022; 양옥경 외, 2004; Sheafor & Horejsi, 2008).

(2) 구두계약

구두계약은 사회복지사와 클라이언트 간 증서(서면) 없이 말로 계약을 맺는 방식이다. 즉, 말(언어)로 모든 목표와 실천활동, 역할, 시간을 분명하게 한다는 점에서는 서면계약과 유사하나 엄밀히 다른 계약이다.

구두계약의 장점은 서면계약보다 실용적이기 때문에 쉽고 편리하며, 계약 내용이 유동적이므로 융통성 있게 조정할 수 있어 거부감 없이 이루어질 수 있다는 점이다. 즉, 신속하고 비교적 쉽게 할 수 있으며, 서면서류에 서명하기를 거부하거나 불신감을 가진 클라이언트와 일할 때 유용할 수 있다는 것이다. 그러나 단점은 서면계약처럼 합의한 내용의 세부적인 사항을 클라이언트에게 제공하지 않기 때문에 구체적인 내용을 잊어버리거나 공식적이지 않다는 것이다. 또한, 클라이언트와 사회복지관 양자의 책무를 입증하는 근거가 없다는 것이다. 따라서 구두계약이라도 계약 내용을 간략하게 기록해 놓거나 클라이언트와 사회복지사 외 주위의 주요 인물에게 그 내용을 공언하는 것이 좋다(김효선 외, 2022).

(3) 암묵적 계약

암묵적 계약은 사회복지사와 클라이언트 간 문서화하거나 말(언어)로 분명하게 언급하지는 않지만 암묵적(자기의 의사를 밖으로 나타내지 않은)으로 개입의 전반에 대한 합의가 이루어진 것으로 보는 계약이다. 가장 비공식적이며, 사회복지 현장에서 자주 사용되기도 한다. 장점보다는 단점이 많은 계약으로, 클라이언트가 실제 동의하지 않은 부분에 대해 잘못 생각할 수 있고, 클라이언트가 계약의 모든 조건과 책임을 이해한다고 가정하지만 그렇지 않을 수도 있어 오해 가능성이 가장 큰 계약으로 주의를 요한다. 사회복지실천 현장에서는 위험성이 내포되어 있는 계약보다는 서면계약을 활용하는 것이 좋다.

03 계약의 요소

계약의 요소에 대해 존슨(1989)은 클라이언트가 합의한 목표와 시간제한, 구체적인 개입기법이 포함된다고 하였고, 헵워스 등(Hepworth et al., 2010)은 성취할 목표, 참여자의 역할, 사용되는 개입방법 및 기법, 시간조건(세션의 빈도와 길이), 과정평가 수단, 계약조정 관련 조항, 비용 등과 관련된 관리사항이 포함되어야 한다고 하였다. 아울러 계약은 실행활동을 위해 계획한 내용을 합의하는 과정으로, 목적과 목표, 행동전략에 관한 사항이 계약의 주요 요소가 되며, 행동전략으로서의 접근방법(개인기법), 참여자의 역할 및 과업, 시간적 조건, 평가방법이 구체적으로 기술되어야 한다. 계약서에 포함할 내용을 정리하면 다음과 같다.

표 10-1 계약서에 포함할 내용

포함 사항	구체적 내용
1. 구조적 요인	• 사례번호, 참석자 • 날짜, 시간 • 장소
2. 문제	• 클라이언트가 규정한 문제 • 사회복지사가 규정한 문제 • 개입활동을 위한 합의된 문제 개요 • 최종 목표
3. 최종 목표	• 명확하고도 구체적으로, 목표달성 정도가 측정될 수 있도록 기술

포함 사항	구체적 내용
4. 계획	•접근방법 •클라이언트의 과제 •사회복지사의 과제 •세션 내의 과제 •평가계획(목표와 과정에 대한 평가)
5. 비용	•합의된 목표를 달성하기 위하여 사용될 비용
6. 서명날인	•사회복지사 서명날인 •클라이언트 서명날인

04 계약 단계에서 사회복지사와 클라이언트의 역할

1) 사회복지사의 역할

사회복지실천에 있어 사회복지사는 첫째, 클라이언트가 문제를 충분히 이해하도록 도와주어야 한다. 둘째, 전문가로서 새로운 관점에서 문제를 볼 수 있도록 원조한다. 셋째, 클라이언트가 미처 생각해 보지 못한 문제의 해결책을 제시하고, 최종 결정은 클라이언트에게 있음을 명심해야 한다. 넷째, 목표성취에 장애가 되는 요인들을 예측하고 장애요인들을 극복하거나 최소화하는 전략을 수립할 수 있도록 원조한다.

2) 클라이언트의 역할

클라이언트의 역할은 첫째, 클라이언트는 계약 단계에 적극적으로 참여하여 자신의 감정이나 욕구, 원하는 바 등을 분명히 표현하고 계약에 반영될 수 있게 한다. 둘째, 문제를 해결하는 주체는 사회복지사가 아니라 클라이언트 자신임을 인식하고 사회복지사는 문제해결을 위한 협력적 동반자로 인식하고 참여해야 한다.

학습 정리

1. 계약은 목표 달성을 위해 필요한 전략, 역할, 개입, 평가방법 등을 구체적으로 기술한 계획에 대해 사회복지사와 클라이언트가 서로 동의하는 것을 의미한다. 이는 클라이언트와 사회복지사 간의 상호 협의 과정으로, 목표, 역할, 시간 조건, 평가방법 등을 구체적으로 계획하고 상호 협의하는 것을 포함한다. 계약의 중요성은 클라이언트의 권리 보장, 개입 활동의 성공 여부 증대, 클라이언트의 자아 존중감 향상 등을 통해 문제해결을 촉진하고 협력을 강화하는 데 있다.
2. 계약의 내용에는 서비스의 종류, 시간 조건, 사회복지사와 클라이언트의 역할 및 서명, 합의한 목표, 계약의 변경 조건, 평가 기법, 비용 등이 포함된다. 계약 형식에는 서면계약, 구두계약, 암묵적 계약이 있으며, 서면계약은 가장 공식적인 형태로 문서화하여 서명 날인을 통해 이루어진다. 구두계약은 서면 없이 말로 이루어지며, 암묵적 계약은 명시적으로 언급하지 않지만 개입 전반에 대해 합의가 이루어진 것으로 보는 계약이다.
3. 계약 단계에서 사회복지사의 역할은 클라이언트가 문제를 충분히 이해하도록 돕고, 새로운 관점에서 문제를 볼 수 있도록 원조하며, 문제해결책을 제시하고, 목표 성취에 장애가 되는 요인을 극복할 수 있도록 전략을 수립하는 것이다. 클라이언트의 역할은 자신의 감정이나 욕구를 명확히 표현하고, 문제해결의 주체로서 사회복지사와 협력하여 적극적으로 참여하는 것이다.

부록 계약서 예시

계 약 서

클라이언트 이름:
클라이언트 이름:

Ⅰ. 나(우리)는 ___________와(과) 나(우리)의 상황을 충분히 토의하였기에 이 계약서를 통해 나(우리)의 상황을 호전시킬 수 있는 확고한 목표를 달성하는 데 협조할 것을 약조하는 바입니다. 이러한 목표를 달성하기 위해 나(우리)는 나(우리)의 경험과 생활 사건들 그리고 이들에 대한 의견을 공유할 것을 동의합니다. 나(우리)는 이러한 목표들을 이루기 위해 필요로 되는 과제들을 상호 간에 계획하고 수행하는 데 열심히 참여할 것을 동의합니다.

우리의 초기 목표는 1. ___________
2. ___________
3. ___________

나(우리)는 과제를 함께 수행하는 동안 이러한 목표들은 더 첨가될 수도 있고 바뀔 수도 있음을 이해합니다.

Ⅱ. 나(우리)는 회합의 형식과 프로그램 내용은 아래와 같음을 동의합니다.
회합의 형식: 개인, 부부 또는 가족 연합, 집단
프로그램 내용이나 계획:

나(우리)는 각 회합은 ________년 ____월 ____일로 시작하여 ________년 ____월 ____일까지 총 ______회합으로 각 회합은 ____시간 동안 지속된다는 것을 이해합니다.

Ⅲ. 나(우리)는 ____________________을 통하여(측정방법을 기술) 각 __________회기마다(번호) 나(우리)의 발전에 대해 평가하는 데 참여할 것을 동의합니다. 나(우리)는 모든 치료가 끝난 후에 있게 될 추후평가에 참여할 것을 또한 동의합니다.

Ⅳ. 나(우리)는 전문적 서비스에 대한 비용에 대해 토의한 바, 각 회합의 비용은 __________원에 찬성합니다. 그리고 나(우리)는 이 비용을 __________으로 지불할 것입니다.

Ⅴ. 나(우리)는 동의한 내용을 검토하였으며, 오늘 ________년 ____월 ____일 이것을 지킬 것을 동의하는 바입니다.

클라이언트 서명		서명
서명		서명

Ⅵ. 나(우리)는 언제든지 동의한 내용을 다시 협상할 수 있음을 이해합니다.

Ⅶ. 나는 동의한 위의 내용을 읽었고, 위에서 기재된 목표들을 클라이언트들이 ________ 달성할 수 있도록 최선을 다해서 원조할 것을 서약합니다.

사회복지사 서명: ____________________ 년 월 일

chapter 11

개입

학습목표

1. 가족체계에서의 직접적 개입을 이해한다.
2. 집단체계에서의 직접적 개입을 이해한다.
3. 간접적 개입을 이해한다.

01 개입의 특징 및 과제

개입은 변화를 위한 원조과정의 핵심 단계로, 사회복지사와 클라이언트가 상호 합의한 목표를 위해 구체적인 행동을 하기 위한 단계로 일련의 전문적으로 수행되는 단계이다. 즉, 개입 단계에서는 사회복지사와 클라이언트가 간에 이미 협의되고 구체화된 목표들을 위한 개입 및 기술에 관환 계획을 행동으로 실행하는 단계이다.

1) 개입의 특징

개입은 사회복지사와 클라이언트가 합의된 목표(표적 문제)를 해결하기 위한 계획(목표와 계약)을 실천하는 단계(행동지향적 단계)이다. 구체적인 행동을 통해 의도적 변화를 일어나게 하는 지원 단계로, 사회복지실천과정에서 가장 핵심적 단계이다. 사회복지사는 개입기법(기술)을 계속 적용하면서 클라이언트의 변화과정을 관찰하고 유도하며, 목표가 달성되고 있는지 점검해야 한다.

2) 개입의 사회복지사 과제

(1) 구체적 변화 전략 수립

사회복지사는 클라이언트가 문제를 해결하려는 노력을 지원하기 위해 구체적이고 다양한 변화 전략을 수립한다. 목표 달성을 하더라도 여러 가지 방법이 있을 수 있기 때문에 클라이언트 각 개인의 문제를 해결하고, 개입 목표를 달성하기 위해 구체적이고 다양한 변화 전략을 수립한다.

(2) 직접적 개입, 자원연계, 사회적 지지, 교육, 정보 제공 수립

사회복지사는 클라이언트의 개입 목표를 달성하기 위해 다양한 개입 방법을 모색하여 변화가 일어나도록 한다. 이를 위해 직접적 개입을 위한 상담, 교육, 동기유발, 자원연계, 사회적 지지, 정보 제공을 수립하여 행동 변화 등을 통해 변화를 창출한다.

(3) 지속적인 점검을 통해 변화를 유지하고 평가

사회복지사는 클라이언트에게 변화가 일어나고 있는지 지속적으로 점검한다. 변화가 일어나고 있다면 이러한 변화가 지속적으로 유지하도록 지지하고 평가한 후, 클라이언트의 변화 및 목표 달성을 어렵게 하는 장애물이 있는지도 점검한다.

(4) 클라이언트 지속적 참여 유도, 개입 효과와 방법 지속 평가

사회복지사는 클라이언트가 설정했던 목표가 적절하지 못하거나 효과성이 없다고 판단되는 경우에는 목표를 수정할 수도 있고, 개입방법을 수정하여 클라이언트가 지속적으로 참여하도록 유도한다. 그런 뒤 이들을 목표를 이룰 수 있도록 개입 효과와 방법을 지속적으로 평가한다.

3) 개입에서의 사회복지사 역할

① 중개자

클라이언트가 필요로 하는 자원, 서비스를 연결해 주는 역할을 말한다.

예 알코올중독인 클라이언트를 알코올중독 치료를 받고 재활할 수 있도록 지역사회 내 병원, 직업훈련시설, 자활후견기관 등을 안내하여 서비스를 받을 수 있도록 한다. 학교 폭력 가해학생에게 분노조절 프로그램을 연결해 준다.

② 조력자/조정자

클라이언트 스스로 문제해결 능력을 가지고 대처할 수 있게 원조하는 역할을 말한다.

예 자아존중감이 낮은 청소년과 상담을 한다. 부부갈등을 겪는 부부를 위해 의사소통 상담이나 집단상담을 통해 관계를 개선할 수 있도록 원조한다.

③ 교사

클라이언트의 사회적 기능이나 문제해결 능력 향상을 위한 교육과 정보 제공, 적응기술을 익히도록 클라이언트를 가르치는 역할을 말한다.

예 다문화가족 아이들이 학교생활을 잘 적응할 수 있도록 상담 프로그램을 실시한다. 청소년 자녀를 둔 부모들에게 부모교육을 실시하여 자녀와의 관계 개선을 위한 교육을 실시한다.

④ 중재자

중재자는 미시, 중범위, 거시체계 사이의 논쟁과 갈등을 해결하는 역할을 말한다.

예 기관 간, 혹은 기관 내 등 체계 간 의사소통이나 갈등을 조정한다.

⑤ 옹호자

클라이언트가 자원에 접근하거나 자원을 획득할 능력이 부족할 경우 클라이언트를 대신하여 사회정의를 지키고 유지 목적으로 개인, 집단, 지역사회 입장에서 보호, 개입, 지지행동을 함으로써 이들이 자신의 권리를 찾고 정부와 지역사회의 자원을 이용할 수 있도록 원조한다.

예 장애인 차별문제에 대해 차별금지법률 제정 운동하기, 공식적으로 민원 제기하기, 외부 권위에 항의하기 등의 원조를 한다.

4) 개입에서의 고려사항

① 클라이언트의 문제가 무엇인지 명확히 파악한다.

② 클라이언트의 문제해결을 위한 방향과 가능한 방안을 찾아 정한다.

③ 클라이언트의 문제해결 방안에 관련된 정보를 수집한다.

④ 클라이언트와 관련된 수집된 자료를 바탕으로 대처행동을 의논한다.

⑤ 클라이언트의 심리검사와 심리진단, 자료 등을 참고로 바람직한 행동 절차 및 의사소통의 실제 계획을 수립하도록 한다.

⑥ 클라이언트의 문제해결을 위해 개입 단계에서 계획된 것을 실제 상황에 실천하도록 한다.

⑦ 클라이언트의 문제해결을 위한 개입 단계에서 실천결과를 평가하고 행동계획을 수정·보완한다.

개입수행과정에서 사회복지사가 염두에 두어야 할 원칙

① 경제성의 원칙: 선택된 활동은 사회복지사와 클라이언트의 시간과 비용을 최소화할 수 있는 것이어야 한다. 클라이언트가 스스로 할 수 있는 일은 사회복지사가 관여하지 말아야 하며 도움이 필요한 일에는 요구되는 도움만을 제공하고, 클라이언트가 혼자서 할 수 없는 일만 사회복지사가 한다.

② 클라이언트의 자기결정의 원칙: 개인의 전 과정을 통해 가능하면 클라이언트가 스스로 의사결정을 하도록 해야 한다.

③ 개별화의 원칙: 도움을 필요로 하는 특정 클라이언트 체계의 특성과 욕구에 맞도록 개입활동을 조정해야 하는데, 클라이언트의 능력과 상황에 맞는 접근이 필요하다.

④ 발달적합의 원칙: 개입의 전체 방향은 클라이언트 체계의 발달적 단계에 적합한 것이어야 한다.

⑤ 상호의존성의 원칙: 사회복지사 활동의 일부는 클라이언트의 활동에 달려 있다. 클라이언트의 활동과 클라이언트의 변화 능력을 고려한 후 개입이 출발되어야 한다. 사회복지사와 클라이언트의 활동은 서로에게 의존하고 있으므로 양측의 활동은 상호보완적이어야 한다.

⑥ 서비스 목표에 초점의 원칙: 사회복지사와 클라이언트의 모든 활동은 어떤 식으로든 두 사람이 합의한 계획의 목표에 부합되어야 한다.

출처: 이종복 외(2006). 사회복지실천론.

02 직접적 개입

직접적 개입은 클라이언트와 직접 관계하며 변화시켜서 클라이언트의 문제를 해결하는 개입 유형이다. 이러한 개입은 클라이언트 개인, 가족, 소집단체계에 사회복지사가 직접적으로 개입함으로써 사회적 기능이나 문제해결 능력, 대처능력을 향상시키는 방법으로, 클라이언트를 직접 변화시켜 스스로 문제해결을 하도록 돕는 방법이다. 즉, 직접적 개입은 주로 사회복지사와 클라이언트와의 대면관계에서 제공되는 상담, 교육, 치료를 의미한다(최혜지 외, 2013). 사회복지사는 클라이언트의 다양한 문제해결을 위해 개입하는 과정에서 기술을 사용하게 된다. 클라이언트와의 원조 관계에 있어 사회복지실천 현장에서의 전 과정이 개입 단계에서 모두 중요하게 다루어지지만 특히 사회복지사와 클라이언트의 상호 협력관계는 필수적이다. 이는 사회복지사가 클라이언트의 성장을 촉진하고 변화된 삶을 살아가도록 돕는 것이다.

직접적 개입의 목적은 첫째, 클라이언트 체계가 과업을 수행할 때 지지를 제공하고, 둘째, 계획된 변화가 일어나도록 클라이언트 체계를 원조하고, 셋째, 클라이언트 체계가 상호간 도움을 얻을 기회를 조성하고, 넷째, 클라이언트 체계에 자원, 문제해결, 행동실행에 관한 교육을 함으로써 클라이언트의 역량을 강화시키는 것이다. 이처럼 일대일의 관계를 기반으로 개인의 욕구와 문제해결을 도우려는 개인 수준의 직접적 개입의 초점은 주로 클라이언트의 생각, 감정, 행동을 변화시키는 데 있으므로 면접과 상담기술이 필수적이라고 할 수 있다. 즉, 개인 수준의 직접적 개입을 통하여 이와 같은 변화를 일으키려면 치료적 면접의 기술이 필요하다는 것이다. 치료적 면접의 목적은 클라이언트가 변화하도록 돕거나 사회적 환경이 클라이언트의 필요에 맞도록 변화하게 돕는 것이다(이원숙, 2008).

직접적 개입에서 주로 활용되는 개입 방법들을 살펴보면 다음과 같다.

1) 개인체계의 개입

(1) 의사소통기술

① 격려

클라이언트의 행동과 태도, 감정을 인정하고, 수용해 주며, 칭찬해 주는 기법이다. 문제해결 능력과 자질, 지식 등을 보유하고 있는 클라이언트에게 문제해결 능력과 동기를 최대화시켜 주는 데 매우 효과적이다. 격려는 클라이언트의 가능성에 대한 확신을 표현하는 기법이며, 클라이언트의 강점을 인정하고 지지하는 수단으로 활용될 수 있는 기술이다. 이 기술은 클라이언트가 건강한 판단력과 사고, 느낌을 가지고 있음에도 자신을 믿지 못하거나 합리적인 결정에 대해 의구심을 갖는 클라이언트에게 효과적으로 적용된다. 사회복지사는 재보증을 통해 클라이언트가 직면하고 있는 문제는 부정하되 그 문제에 다른 감정을 부정해서는 안 된다(김혜영 외, 2022).

예 클라이언트가 자신감이 없거나 지존감이 낮을 경우, 경험이 별로 없어시 실패에 대한 두려움을 가진 클라이언트에게 "지금까지 ○○ 씨는 사시면서 크고 작은 위기가 있었지만 포기하지 않고 적극적으로 살았기에 지금의 이 자리에 있다고 하셨지요? 이번에도 노력하신 것만큼 좋은 결과가 있을 것이라고 생각합니다."라며 클라이언트에게 자신감을 향상시켜 주는 기술

② 재보증

합리적이고 현실적인 생각과 결정에 대해서 클라이언트가 불안과 불확실성에 의구심을 가지고 있을 때 클라이언트의 능력에 대해 사회복지사가 신뢰를 표현하여 자신감을 주는 기술이다.

③ 일반화

클라이언트가 처한 상황이 자신에게만 일어나는 문제가 아니라 누구에게나 있고, 많은 사람들이 공통적으로 경험하는 것임을 지적해 줌으로써 문제에 대한 인식을 전환시켜 주는 기술이다.

예 사춘기 아들과 의사소통에 어려움을 겪고 있는 클라이언트에게 "학부모님들 대부분이 어려움을 가지고 있다."고 하여 이는 자신만이 문제를 겪는 것이 아님을 일반화시켜 주는 기술

④ 환기법

클라이언트의 내부에 억압된 분노, 슬픔, 죄의식, 불안과 같은 부정적 상황과 감정이 문제가 되거나 문제해결에 방해를 받는 경우 이를 적극적으로 표현하게 하여 감정 강도를 약화시키거나 해소시키는 방법이다.

예 돌아가신 아버지에 대한 분노감을 죄의식 때문에 억압하고 표현하지 못하는 성인 자녀에게 "어려서부터 친아버지에게 그런 심한 말을 들었으니 참 힘드셨겠어요. 그렇게 형제들끼리 비교하는 말을 계속 듣고 자랐다면 아무리 아버지라도 미웠을 것 같은데요."라고 사회복지사가 반응하자 자신은 아버지를 존경한다면서 아버지에 대한 어떠한 말도 아끼던 클라이언트가 자신도 모르게 눈물을 흘리면서 "안 미웠다고 하면 거짓말이겠지요. 그렇지만 그때는 그런 말을 할 용기가 없었어요."라고 대답을 한다면, 억압된 아버지에 대한 분노감을 표출하도록 돕는 기법

⑤ 재명명

어떤 문제에 대해 클라이언트의 부정적 의미를 긍정적 의미로 수정해 줌으로써 클라이언트의 시각을 긍정적으로 변화시키는 기법이다.

예 실직과 더불어 모든 것을 잃고 아내마저 떠나서 갈 곳이 없게 된 노숙자가 "제 인생은 이제 바닥입니다. 더 이상 어떻게 참아낼 수 있을까요?" 하고 반문하게 된다면 사회복지사는 "바닥이라는 것은 더 이상 나빠질 것이 없다는 뜻이기도 하지요. 더 이상 나빠질 수 없다면 이제 노력해서 좋아질 일만 남아 있다고 볼 수도 있지요."라고 했다면 이는 문제를 보는 관점을 긍정적으로 변화시켜 준 것이라고 볼 수 있다.

⑥ 초점화

클라이언트에게 간단한 질문을 하거나 문제를 다시 언급함으로써 자신의 문제에 초점을 두게 하여 제한 시간 효과를 보는 기술이다. 클라이언트가 자기 문제를 언어로 표현할 때 산만한 것을 점검해 주고 말 속에 숨겨진 선입견, 가정(假定), 혼란을 드러내어 자신의 사고 과정을 명확히 볼 수 있도록 해 주는 기법이다(송유미 외, 2023).

⑦ 직면

직면은 클라이언트의 감정과 경험 및 왜곡된 면을 인지시키기 위한 것으로, 클라이언트의 말과 행동 사이에 불일치가 나타나거나 모순점이 발견되면 이를 클라이언트에게 직접적으로 이야기해 주는 것, 즉 말과 행위 불일치나 모순에 주목할 수 있도록 해 주는 기법을 말한다.

직면 기술을 사용하기 위해서는 클라이언트가 받아들일 준비가 되었는지 고려하여야 하며, 충분히 신뢰가 형성되어야 한다. 또한 클라이언트 입장에서 지적을 받는 느낌을 줄 수 있으므로 사회복지사는 비난하거나 야단치는 느낌을 전달해서는 안 된다.

⑧ 도전

도전은 클라이언트가 문제를 회피하거나 왜곡하려고 할 때 사회복지사가 이를 격려함으로써 도전하게 하는 것이다.

⑨ 정보 제공

정보 제공은 클라이언트에게 문제해결이나 과업 수행에 필요한 정보 제공을 하는 기술이다. 클라이언트가 여러 정보 중에서 자신에게 가장 적합한 것을 선택할 수 있는 자유가 있다는 것을 인지시킬 필요가 있다. 또한 전달된 정보는 현재의 클라이언트의 교육 수준과 어휘 수준에 맞게 제공해 주어야 한다.

⑩ 조언

조언은 사회복지사가 클라이언트가 해야 할 것을 추천하거나 제안하는 것이다. 클라이언트가 미처 생각하지 못한 대안들을 제시하거나 대안 중의 하나를 추천하는 조언을 한다. 정보 제공은 클라이언트가 자신에게 적합한 정보인지의 여부를 판단한 후 이용하는 것이 자유로운 반면, 조언의 경우 클라이언트가 사회복지사의 선택을 분명히 알 수 있으므로 어떤 경우에는 원하지 않음에도 불구하고 조언을 따라야 한다는 부담을 느낄 수 있다.

사회복지사가 조언하기 위해서는 클라이언트의 내적 갈등과 현재의 상황을 파악하며, 성공적 문제해결을 위해 클라이언트가 실제 원하는 것이 포함된 모든 요소들에 대한 객관적이고 현실적인 평가에 근거해야 한다. 또한 사회복지사는 클라이언트의 상황과 능력을 바탕으로 조언해야 한다.

⑪ 재구조화

재구조화는 문제를 다른 시각으로 볼 수 있도록 하는 것으로, 클라이언트가 문제를 왜곡시키거나 부정적인 사고구조를 가지고 있을 때 새로운 방식으로 이해할 수 있도록 돕는 기법이다. 다른 표현으로는 재명명 혹은 재규정이라고도 한다.

(2) 행동을 변화시키기 위한 기술

① 모델링

모델링은 다른 사람이 행동하는 것을 보고 그대로 모방하는 것으로, 클라이언트에게 복잡하거나 새로운 행동을 가르치는 데 사용하는 기술이다. 즉, 관찰학습 통해 원하는 행동을 학습할 수 있게 하는 것이다.

② 타임아웃

클라이언트가 부정적인 행동을 했거나 또는 행동 수정을 해야 할 때 강화물이 많은 상태에서 강화물이 적거나 없는 상태로 옮겨 놓음으로써 바람직하지 못한 행동을 하지 못하도록 하는 방법이다.

예 아동의 나쁜 행동을 변화시키거나 수정해야 할 때, 아동으로 하여금 그 행동을 계속하도록 강화해 주는 모든 자극을 차단시키는 것을 말한다.

③ 토큰 강화

토큰 강화 기법은 다른 표현으로 토큰경제라고도 한다. 클라이언트의 바람직한 행동과 습관을 구체적으로 미리 정해 놓고, 그러한 행동이 개선될 때 그에 상응하는 토큰(강화물)을 줌으로써 체계적으로 강화해 나가는 것을 목적으로 한다. 이 기법은 클라이언트가 자신의 행동이 개선되고 있다는 사실을 알게 됨으로써 동기유발에 큰 효과가 있다.

예 어린이집 아동에게 잘한 행동에 대한 토큰으로 스티커를 주고, 모은 스티커로 좋아하는 선물과 교환하거나 상을 주는 것으로 행동을 강화해 볼 수 있다.

④ 행동 조성

행동 조성은 특정 행동 수준에 달성할 때까지 과제를 작은 단위의 행동으로 나누어서 부여하는 것으로, 처음에는 간단한 반응을 요구하지만 점차 강화물을 주는 기준을 까다롭게 하여 더 복잡하고 정교한 반응을 습득하게 하는 방법이다.

⑤ 행동계약

행동계약은 두 사람 이상이 서로 약속된 기간 동안 과제를 주어서 무엇을 할 것인가를 구체화해서 진술하여 계획하고 약속하는 것, 즉 해결능력을 향상시켜 주는 방법이다.

예 "당신이 정해진 어떤 것을 하면 나도 정해진 이런 것을 해 주겠다."라고 하는 것을 말한다.

⑥ 역할 교환

역할 교환은 클라이언트가 다른 사람 입장에서 바라보고 의견을 말하게 하는 기법으로, 역할 반전이라고 부르기도 한다. 이것은 클라이언트가 다른 사람들의 행동이나 감정에 대해 이해를 높이는 데 매우 효과적인 방법이다.

예 가족에게 적용할 경우 가족 내 두 구성원이 서로의 역할을 바꾸는 것을 말한다.

⑦ 시연

주어진 문제 상황을 어떻게 다룰 것인지에 대해 미리 연습해 두는 것이다. 클라이언트가 다른 사람과의 상호작용에서 상황에 맞는 적절한 행동을 할 수 있도록 반복적으로 미리 연습하여 직면할 상황에 대해 클라이언트의 두려움을 해소시키고 상황에 대응할 수 있는 자신감을 향상시키는 기법이다.

(3) 문제해결기술

① 문제해결기술의 필요성

문제해결기술은 일상생활에서 마주하는 문제에 대처하는 능력의 어려움을 겪고 있는 클라이언트에게 효과적인 방법과 수준으로 문제해결책을 찾아 어려움에 대처할 수 있도록 하는 것이다.

② 성공적인 문제해결을 위한 단계

성공적인 문제해결을 위한 단계를 살펴보면 다음과 같다.

- 1단계: 문제가 무엇인지 명확하게 인식하는 단계이다. 즉, 문제의 심각성, 범위 및 영향을 파악해야 한다.
- 2단계: 문제의 근본 원인을 찾아 문제 분석과 참여자 욕구를 발견하는 단계이다.

- 3단계: 원인 분석을 바탕으로 가능한 대안을 위한 브레인스토밍을 하는 단계이다. 이 단계에서는 창의적 사고가 중요하다.
- 4단계: 제시된 해결책 중에서 가장 효과적이고 실행 가능한 방안을 선택하는 단계이다. 이 단계에서는 참여자들의 욕구를 고려한 대안을 평가하여 선택한다.
- 5단계: 선택된 대안(해결책)을 실행에 적용하는 단계이다. 이 단계에서는 계획에 따라 조치와 필요한 자원을 배분한다.
- 6단계: 실행 후 문제해결 노력에 대한 결과를 평가하고, 필요한 경우 조정을 통해 문제가 완전히 해결하도록 한다.

(4) 사회기술 훈련

사회기술 훈련은 클라이언트가 생활하고 있는 환경 속에서 효과적으로 기능하는 데 필요한 사회적 기술을 습득하고 연습해 볼 수 있는 기회를 제공하는 훈련 과정이다. 사회기술 훈련 진행 순서를 살펴보면 다음과 같다.

① 학습 목적의 논의와 기술 설명
② 사회기술을 구성하는 요소 확인
③ 시범 및 대리 경험을 통해 자기효능감 높임
④ 각 요소를 이용한 역할극 시연
⑤ 역할극 평가 및 피드백
⑥ 과제 부여
⑦ 실제 삶의 상황에 사회기술 적용

(5) 자기주장 훈련

자기주장 훈련은 타인의 주장을 존중하며 자신의 감정이나 의견을 분명히 피력하는 훈련 과정이다. 이 과정에서 사회복지사는 클라이언트가 자기주장을 효과적으로 할 수 있도록 돕는 옹호자의 역할을 해야 한다. 자기주장 훈련 과정은 다음과 같다.

① 자기주장의 행동 유형이나 반응 요청을 거부하기

② 자신의 약점을 인정하기

③ 칭찬 수용하기

④ 긍정적 감정 표현하기

⑤ 행동 변화 요구하기

(6) 스트레스 관리(이완 훈련)

클라이언트가 스트레스 상황에서 적절하게 대처할 수 있게 원조하는 과정이다. 스트레스 관리가 필요한 클라이언트는 장기적 긴장으로 불안한 사람, 위기 상황에 처한 사람, 사건이나 상황을 예상하여 불안한 사람, 불면증에 시달리는 사람 등이다.

2) 가족체계의 개입

가족은 하나의 체계로서 당면하는 공동의 과제 및 내부에서 발생하는 다양한 역동으로 인해 그 자체가 사회복지실천의 주요 대상이 되어 왔다. 가족 수준의 실천에서 가족은 '전체로서의 가족(family as a whole)', '한 단위(unit)로서의 가족'으로 이해하고 접근한다. 가족 전체를 대상으로 하며 필요에 따라 부부 체계, 부모-자녀 체계, 형재자매 체계와 같은 하위체계를 대상으로 접근한다.

가족 수준의 실천에서 전반적으로 고려해야 할 사항은 다음과 같다. 첫째, 사회복지사는 개별 구성원으로부터 가족 전체로 관심의 초점을 넓히고 가족이 체계로 연결되어 있다는 것을 알아야 한다. 둘째, 가족의 문제와 욕구가 가족체계 내 상호작용, 환경과의 상호작용에서 발생할 수 있으며, 가족이 역기능적 상호작용에서 새로운 균형을 잡을 수 있도록 도와주어야 한다. 셋째, 가족은 일반 집단과는 달리 강한 결속력을 가진 집단이며 서로 간에 영향력이 매우 강하므로, 가족의 발달 과정 및 역사, 가족의 가치, 신념, 문화 등 가족의 맥락에 대해 이해하고 접근하는 것이 필요하다.

(1) 시작 단계

① 1단계

가족과 라포르를 형성하여 가족 구성원 모두와 신뢰관계를 맺어야 한다. 사회복지사는 가족 구성원 중 특정 구성원과만 관계를 맺거나 특정 구성원에게만 관심을 쏟지 않고 가족 모두와 신뢰관계를 맺어야 한다.

② 2단계 : 문제 표면화하기(문제가 무엇인지 설명하게 함)

가족 구성원 개개인이 문제 및 욕구를 정의할 때 그 문제를 어떻게 인식하고 있는지 표면화한다. 필요에 따라서 다른 가족의 간섭 없이 문제를 자유롭게 표현할 수 있도록 하고, 필요하다면 가족 구성원 각자와 면담을 할 수 있다. 가족의 문제가 무엇인지 설명하고, 개인의 책임으로 돌리지 않으며, 가족 전체의 문제로 인식시키고 가족 모두가 책임의식을 가지며 문제를 해결해 나갈 수 있도록 해야 한다.

③ 3단계 : 문제에 대한 합의 도출하기(가족 간의 문제 일치)

가족 공동의 목표를 설정하고 개입과정을 명확히 하면서 문제에 대한 합의를 도출해야 한다. 가족의 문제인식 및 변화 동기를 사정하고, 그것을 기반으로 가족이 공유할 수 있는 공동의 목표를 수립해야 하고, 목표 달성을 위해 가족 모두가 참여하여 행동할 수 있도록 한다.

④ 4단계 : 가족 구성원들의 상호 관련성 탐색하기

가족 구성원 모두와 계약을 해야 한다. 가족 구성원들의 상호 관련성을 탐색하며, 가족의 문제와 욕구를 결정하고, 개입 목표와 방법을 결정하는 것 등 가족 모두가 합의하는 과정이 필요한 단계이다. 만남의 시간, 장소뿐만 아니라 가족 구성원 개개인의 행동 과업에 대해서도 가족 구성원의 합의를 얻어야 한다.

(2) 보웬 가족치료 개입기법

보웬(Bowen)은 인간의 행동과 정신건강 문제가 개인 내부의 요인뿐만 아니라 가족 구성원 간의 복잡한 상호작용과 역사적 배경에 깊이 뿌리박혀 있다고 보았다. 이는 가족 구성원 각자가 자신과 타인을 보다 명확하게 이해하고 건강한 관계를 형성할 수 있는 길을 모색하게 한다. 보웬의 이론은 단지 가족치료에만 국한되지 않고 개인의 자아 발달, 대인관계 심리적 건강을 이해하고 개선하는 데 있어 근본적인 틀을 제공한다. 보웬의 가족치료 개입기법은 개인이 자신과 가족 구성원과의 관계 속에서 성장하고 발전할 수 있도록 지원하는 것을 목표로 하고 있다.

① 탈삼각화

탈삼각화는 가족체계 치료에서 건강한 가족으로 변화시키기 위해서 치료자가 가족의 문제를 개입하는 접근기법으로, 가족체계와 정서적으로 연류되지 않고 객관성 또는 중립성을 유지하여야 한다. 즉, 치료자가 제3자를 두 사람의 관계에서 분리시켜 가족 내에 형성되어 있는 삼각관계를 벗어나게 함으로써 가족원들이 자아를 분화하도록 돕는 기법이다.

② 가계도

가계도는 가족의 역사를 열거한 도표로, 보웬의 가족치료 개입기법에서 가장 중심적이고 중요한 기법이다. 가계도는 다세대가 겪어온 문제, 단절, 역할, 유형, 갈등, 삼각관계 등을 나타낸다. 가계도를 작성할 때는 과거의 주요 사건 사망, 결혼, 이혼 등의 날짜를 면밀히 검토·작성하는 것이 좋다. 이는 다세대에 걸친 가족 역사에 대한 정보를 조직화시키고 가족 과정과 미분화된 정서적 체계를 시각적으로 묘사해 준다. 이는 단순한 가족의 정보보다는 치료적 개념에서 가족 구성원들이 또 다른 자원으로 바라볼 수 있기 때문이다.

(3) 구조적 가족치료 개입기법

① 경계 만들기

경계 만들기는 가족 내의 하위체계 간 경계선이 애매모호하거나 너무 경직된 경우 또는 너무 밀착되어 있는 경우 가족 구성원들 사이의 경계선을 수정하는 방법 기술이다. 가족 간 재 구조화를 위해서 부부체계 간의 명확한 경계를 만들고, 부모와 자녀의 하위체계 간에서도 분명한 경계를 설정하여 부모의 지나친 관여와 간섭으로부터 자녀를 보호해 준다. 구조적 가족치료는 가족 구성원들 전체를 대상으로 하지만, 필요에 따라 각 하위체계별로 따로 진행할 수 있다. 치료사가 각 하위체계의 경계를 강화시키는 것은 가족 구성원들이 가진 명확한 경계로 관계를 건강하게 유지해 갈 수 있기 때문이다.

② 합류하기

합류하기란 치료자가 가족과 인간적인 관여를 하거나 혹은 가족의 현실적 상황에 들어가 함께 경험하고 공감하는 개입기법이다. 가족과 합류함으로써 라포르 형성(신뢰관계)을 하면서 다양한 방법으로 치료자가 가족과 정서적 과정을 함께하고, 가족의 스타일에 맞추면서 언어적·비언어적 의사소통을 하면서 가족구조를 변화시킬 수 있는 행동을 하는 것이다.

예 "나도 성격이 급해요.", "우리 집에도 그와 비슷한 일이 있어요." 등

③ 실연하기

실연은 면접 중에 가족 구성원간의 상호작용 유형을 실제로 재연시키는 것으로, 치료자는 가족 구성원의 역기능적 상호작용을 실제로 연기하도록 함으로써 가족의 믿음에 도전할 수 있다(이영실 외, 2015; Minuchim, 1974). 이전에 겪었던 가족갈등 상황을 치료적 상황으로 가져와 가족원들이 어떻게 대응하는지 실제로 재연해 보고 역기능적 가족 구성원 간의 상호작용을 수정하고 재구조화하는 기법이다.

예 "두 분이 여기에서 그 점에 관하여 직접 이야기해 보세요."라고 말하는 것

④ 긴장 고조시키기

가족 내의 불안감을 높이고 위기를 고조시킴으로써 대안적인 갈등해결방법을 사용하도록 돕는 기법이다. 이러한 개입은 강조(intensity) 기법을 통해 더욱 원활해질 수 있다. 강조는 가족 상호작용의 흐름을 막음으로써 가족의 예전 상태로 되돌아가지 않고 평형 상태에서 벗어나도록 하는 데 사용하며, 치료자가 목소리의 크기나 높낮이, 말의 속도, 적절한 단어를 선택함으로써 효과적으로 사용할 수 있다(이영실 외, 2015).

⑤ 과제 부여하기

가족 구성원 간의 상호교류에서 자연스럽게 개발될 수 없는 행동 등을 실연해 보도록 하며, 가족이 변화되어야 할 분야를 수정·개발시키기 위해 과제를 주는 기법이다(김현호 외, 2013; 황인옥, 2022).

(4) 경험적 가족치료 개입기법

① 가족조각

가족조각은 사티어(V. Satir)의 경험적 가족치료에서 사용하는 가족사정도구로, 클라이언트가 생각하는 가족의 모습을 조각으로 표현해 보도록 하는 것이다. 가족조각은 가족 구성원들이 공간적으로 스스로 위치하여 가족관계를 몸으로 표현하는 것으로, 문제를 가진 클라이언트에게 가족의 형태를 재배치시킴으로써 미처 깨닫지 못한 부분들을 이해할 수 있게 하는 개입방법이다.

예 가족 구성원 한 명에게 다른 구성원들을 배치하게 하여 표현된 가족 구성원의 위치, 몸짓(비언어적), 자세(신체적 방법)를 통해 가족 구성원과의 관계를 어느 정도 이해하고 있나 알아보고, 참여한 구성원들이 각자의 느낌을 이야기하거나 질문하도록 하여 가족관계에 대한 구성원들의 생각이나 느낌을 서로 이야기하고 수용하도록 한다.

② 역할극

역할극은 가족 구성원이 자기 자신이나 다른 사람의 생활을 단막극로 표현하는 것으로, 가족치료자가 한 가족 구성원에게 다른 구성원의 역할을 수행해 보도록 요청하여 다른 구성원의 역할을 대신함으로써 다른 사람의 입장을 이해할 수 있도록 돕는 기법이다. 가족조각기법을 적용할 경우 조각에 참여하는 가족 구성원의 동의가 반드시 필요하다.

예 아들이 아버지가 되고 아버지가 아들이 되어 역할극을 해 보는 것이다.

③ 가족그림 그리기

가족그림 그리기는 가족원에게 가족에 관하여 자신이 느끼는 대로 자유롭게 그림을 그리도록 하는 기법이다. 그림을 통해 가족 구성원들에 대하여 어떤 느낌인지 이해할 수 있고, 다른 구성원들이 서로에 대하여 어떻게 느끼는지와 가족관계에 어떤 문제가 있는지 등을 이해하는 데 도움이 된다.

④ 은유/비유

은유 기법은 치료자가 직접적으로 지시하거나 평가하기보다는 간접적이고 비유적인 표현을 사용하는 것으로, 클라이언트의 자아존중감이나 체면을 손상시키지 않기 때문에 덜 위협적이다. 즉, 주제나 생각을 다른 상황과 연결시켜 변화를 증진시키는 기법이다.

사티어는 변화를 증진시키기 위해 은유 기법를 자주 사용하였는데, 특히 클라이언트에게 특별한 의미를 전달하기 위해 사용하였다. 은유를 통해 치료자 자신이 의미하는 것과 실제 대상과의 사이에 일정한 공간이 생기는데 그 공간은 클라이언트가 자기 나름대로 해석할 수 있는 여유를 제공한다고 보았다. 그러므로 은유는 간접적 치료를 유도하는 하나의 보조치료 기법이라고 할 수 있다(전영주 외, 2012).

⑤ 모의가족

모의가족은 가족 구성원 간의 역기능적인 의사소통 방법을 수정하고, 바람직한 의사소통 방법을 배우기 위해 모의 형태로 연기하여 바람직한 역할 모색 및 가족이 되어 연습해 보는 기법이다.

⑥ 재정의

재정의는 재명명 기법이라고도 하며, 문제 행동에 새로운 의미를 부여하고 증상의 의미와 의도를 긍정정으로 재명명하여 가족의 생각을 바꾸게 하는 기법이다. 즉, 부정적 의미를 긍정적으로 바꾸기 위해 문제시되는 태도와 반응을 재구성하고 긍정적 의미를 부여하는 것이다.

예 등교 거부 문제를 가진 아이의 부모에게 “당신의 아이가 등교를 거부하는 것은 어머니의 외로움을 옆에서 지켜 주고 싶어서입니다.”라고 긍정적 의미를 부여하는 것이다(김용태, 2000).

(5) 해결 중심 가족치료 개입기법

해결 중심 가족치료에서는 가족 문제의 원인 규명에 초점을 두는 것이 아니라 문제해결에 초점을 두는 가족치료기법이다. 치료면담 전의 변화에 대한 질문은 다음과 같다.

① 예외질문

클라이언트가 어려움을 극복하거나 과거에 행복했던 경험, 실패 경험보다 성공했던 경험을 찾아내어 의도적으로 그 성공적인 경험을 확장하고 강화하는 기법이다. 상담자는 어떤 문제에도 예외는 있다는 것을 믿고 예외 발견 질문을 통해 문제가 일어나지 않는 상황을 찾아내도록 한다.

예 "매일 아침 남편과 다투었는데 수요일은 예외적으로 그러지 않았군요. 그때 평소와 다른 일이나 태도가 있었나요? 그날은 어떻게 다투지 않게 되었지요?"

② 기적질문

문제가 해결된 상황을 상상해 보고 원하는 것을 스스로 설명하게 하여 해결책을 구체적으로 명료화시키기 위한 개입기법이다. 이 질문은 문제와 떨어져서 기적을 상상함으로써 문제 중심에서 자기 문제를 인식하고, 해결책을 탐색하며, 클라이언트 스스로 가능성에 대한 희망을 갖도록 한다.

예 "기적이 일어나 문제가 해결되면 당신의 생활에 어떤 변화가 있을까요?"

③ 척도질문

척도질문은 1~10점까지의 척도 위에 클라이언트가 인식하는 문제의 심각성, 문제해결 우선 순위, 정서적 관계, 변화 정도, 관계 개선 변화에 대한 의지 등을 숫자로 표현하도록 해 보는 평가 질문 기법이다. 척도질문의 목적은 숫자를 사용하여 클라이언트가 현실적이며 구체적으로 생각을 정리하고, 점수의 근거를 구체적인 행동으로 제시하고 자신의 구체적 기대와 목표, 성장과 변화의 상태를 확인할 수 있도록 돕는 것이다.

예 "현재 당신의 스트레스 수준이 10점이라고 하고 스트레스가 완전히 해소된 상태를 0점이라고 한다면 지금 당신의 스트레스 상태는 몇 점인가요?"

④ 대처(극복)질문

대처(극복)질문은 클라이언트가 과거에 힘들고 어려운 상황에서 어떻게 대처(극복)해 왔는지에 관해 질문하는 기법이다. 클라이언트가 힘든 상황에서도 실시한 일들이 문제해결에 도움이 된 것을 칭찬하고 격려해 주어 클라이언트 자신이 어려움을 극복할 수 있는 능력을 갖고 있다는 사실을 확인하게 하고, 클라이언트가 자신의 노력과 의지, 자원을 발견하면서, 성공 경험과 강점을 발견하여 부정적인 자아상에서 벗어날 수 있게 하는 효과가 있다.

예 "어려운 상황 속에서도 더 나빠지지 않고 견뎌낼 수 있었던 것은 무엇 때문이라고 생각하십니까?"

⑤ 관계성 질문

관계성 질문은 클라이언트와 중요한 관계에 있는 사람들이 갖고 있는 생각이나 행동, 의견, 반응 등에 대해서 묻는 질문 기법이다. 이 질문은 다른 가족원의 입장이 되어서 자신의 행동을 보도록 하고, 가족관계 속에서 자기의 위치와 역할을 의식하며, 다른 사람의 입장에서 바라보게 함으로써 가족 간의 상호 영향과 변화 가능성을 파악할 수 있다.

예 "당신의 어머니는 이 상황에서 당신이 무엇을 해야 문제해결에 도움이 된다고 말씀하실까요?"

(6) 전략적 가족치료 개입기법

전략적 가족치료는 다른 이론보다는 기법 중심의 접근방법이다. 치료자들은 개별적 사례와 문제 맞춤형 개입을 하는 에릭슨(Erickson)의 이론에서 출발한 기법들을 사용하였다. 전략적 가족치료 모델의 독특하고 핵심적 기법은 역설적 개입에 속하는 여러 방법들인 증상 처방, 제지기법, 시련기법 등이다.

이외 밀란(Milan) 모델에서 개발된 긍정적 의미 부여, 순환적 질문하기, 재구성 등이 있다.

표 11-1 세 가지 전략적 모델의 치료자 역할과 치료기법 비교

	MRI의 상호작용모델	헤일리의 구조, 모델	밀란의 체계론적 모델
치료자 역할	지시적, 역설적	통제적, 능동적, 역설적	중립적, 치료동반자
치료기법	증상처방, 역설적 지시, 치료적 이중구속, 재정의	증상처방, 역설적 지시, 은유적 지시, 재정의, 고된 체험기법, 가장기법	긍정적 함축, 순환질문, 의식처방, 불변의 처방

출처: Goldenberg & Goldenberg(2003). 가족치료(김득성 외 역).

① 역설적 개입: 기존 치료의 상반된 방법 사용함, 통제와 조절

역설적 개입은 문제해결을 위해 시도되었던 기존의 방법과 전혀 상반된 방법을 사용하는 것이다. 상담자는 클라이언트에게 변하지 말라는 메시지와 변하라는 메시지가 가족에게 동시에 전달되는 상황을 만든다.

예 상담을 할 때마다 습관적으로 우는 클라이언트에게 울지 않도록 하기보다는 "오늘은 당신이 원하는 만큼 울어도 좋아요."라는 역설적 표현을 사용하여 부정적인 행동을 멈추도록 해 보는 기법이다.

② 증상 처방

증상 처방은 클라이언트가 증상 행동을 지속적으로 하도록 지시나 과제를 주며 격려하는 기법이다. 이는 클라이언트가 치료자의 지시를 거부하고 증상을 포기하든지, 혹은 지시대로 따르면서 증상이 본인의 통제와 조절 아래에 있게 되는 것을 선택하게 하여 증상을 없애는 결과를 얻게 된다.

예 우울증으로 고통을 겪는 사람에게 하루에 세 번씩 1시간 동안 우울하도록 노력하라고 이야기하고 그 가족은 그가 우울하도록 격려하라고 처방한다. 그 결과 우울 증상을 포기하게 되고 가족은 더 이상 그의 기분을 돌이키려고 비효과적인 노력을 하지 않고 죄책감을 느끼지 않게 된다.

③ 제지기법

가족 구성원에게 변화 속도를 천천히 진행하라고 경고하거나 또는 개선이 생길 때 퇴보에 대해 걱정하는 방법으로 변화시키는 기법이다. 이는 클라이언트가 변화에 저항할 것을 미리 예견하고 시작된 변화를 더욱 지속시키고 견고하게 할 목적으로 사용된다. 그 결과 가족들은 오히려 변화를 원하는 면으로 반응하게 되어 치료 효과를 가져오는 결과를 낳는다(Goldenberg & Goldenberg, 2003).

④ 시련기법(고된 체험기법)

시련기법은 증상이 나타날 때마다 증상보다 고된 체험을 하게 하여 증상을 포기하도록 직접적으로 지시하는 기법이다. 즉, 클라이언트가 증상을 포기하는 것보다 증상을 유지하는 것이 더 고통스럽다는 것을 알게 되면 증상을 포기할 수 있다는 전제를 가지고 있다는 점이다. 시련기법의 과제를 줄 때 문제를 명확히 규정하고 문제 증상을 제거하고자 하는 동기를 확인한 후 클라이언트에게 결과적으로 이득이 되지만 행동으로 실천하기 힘든 방법이면서 사회적 상황에서 구체적으로 실천 가능한 것을 선택하도록 한다.

예 운동, 다이어트, 독서, 청소, 정리정돈, 비싼 선물 등

⑤ 긍정적 의미 부여

긍정적 의미 부여는 헤일리의 전략적 가족치료의 재정의와 비슷하지만 밀란 학파 가족치료기법으로 분류된다. 가족 응집력을 향상시키고 치료에 대한 저항을 줄이기 위해 가족의

문제나 행동을 긍정적으로 재해석하는 것이다.

예 자녀의 출산 이후 소원해진 부부관계를 가족의 생계주기에 따른 정상적인 변화로 긍정적으로 재해석하는 것이다.

⑥ 순환적 질문하기

순환 질문기법은 클라이언트가 자신의 관계를 여러 관점에서 바라보도록 하는 것으로, 순환적 질문을 통해 문제를 둘러싼 파괴적이고 역기능적인 악순환의 고리를 파악할 수 있다. 순환적 질문은 가족관계에 관하여 혼돈된 생각을 명확하게 하며, 새로운 질문을 함으로써 가족들이 갖고 있는 견해의 차이점을 인식하도록 돕는 것이다. 즉, 문제 순환성을 깨닫도록 연속적으로 질문하는 기법이다.

⑦ 재구성

재정의, 재명명이라고도 하며 문제 상황에 대한 클라이언트의 관점을 변화시키기 위해 클라이언트가 부여하는 의미를 수정하는 의사소통 기법이다. 즉, 클라이언트가 문제를 다른 각도에서 보게 하여 이해하게 돕는 것이다.

예 아들의 과잉행동이 심각하다고 이야기하는 클라이언트에게 "아들이 활동적이네요."라고 이야기하여 부정적 문제에 긍정적 의미를 부여하는 것

3) 집단체계의 개입

(1) 집단촉진기술

집단과정을 용이하게 하는 촉진기술은 사회복지사가 집단과정에 영향을 미치려는 의도가 있을 때 사용한다. 집단과정 촉진기술은 집단 구성원 간의 이해를 증진하고 개방적 의사소통을 형성하며 신뢰감을 형성시키는 데 도움을 준다. 집단과정 촉진기술의 주된 내용은 다음과 같다(생각의 마을, 2020; 이영실 외, 2015; 황인옥, 2022).

① 집단 구성원의 참여 촉진하기

소외되거나 침묵하는 구성원을 집단 활동에 참여시켜 자신의 경험을 나누고 문제해결 방

법을 찾을 수 있도록 돕는다. 즉, 집단 참여자들이 적극적이고 자발적으로 모두 다 참여하지는 않는다. 집단 활동을 하면서 여러 가지 저항과 방어기제가 나타나게 된다.

예 침묵하는 구성원에게는 집단 내로 끌어들이기 위해 질문하거나 대답할 수 있는 기회를 자연스럽게 부여하는 것

② 집단 구성원에게 집중하기

집단 구성원의 말이나 상대방 행동에 대한 존중과 경청으로 반응한다.

③ 표현기술

집단 구성원들이 자신의 문제나 과업 등에 대한 느낌이나 생각을 자유롭게 표현할 수 있도록 원조하는 기술이다. 개방적 의사소통을 위해 사회복지사가 먼저 자기노출을 할 수 있다. 다만 사회복지사의 경험, 감정, 생각 등을 상세하게 집단 구성원에게 노출하는 것은 바람직하지 않다.

④ 반응기술

특정한 집단과정에 선택적으로 반응을 보여 다음에 이루어질 집단과정에 영향을 미치는 기술이다.

⑤ 집단 의사소통의 초점 유지하기(초점화)

집단과정의 특정 영역에 초점을 유지함으로써 집단의 흐름과 관련 없는 의사소통은 감소시키고 주제와 관련된 내용을 심층적으로 탐색하게 하는 기술이다.

예 토론 범위를 제한하여 집단 목표와 관련 없는 의사소통을 감소시키는 것

⑥ 집단과정 명확하게 하기

집단과정이 어떻게 이루어지고 있는지 또는 집단원과 상호작용의 역동을 인식하도록 돕는 기술이다.

⑦ 내용 명료화하기

집단 구성원이 의견을 분명하게 표현하도록 의사소통의 내용을 명확히 하는 기술이다. 집단 구성원이 전달하는 메시지 사이에 불일치가 있을 경우, 이를 확인하고 메시지를 명확히

해야 한다.

⑧ 집단 상호작용 지도

집단의 목적 달성을 위해 특정한 방향으로 집단을 이끌어 가는 기술이다.

(2) 자료수집과 사정기술

자료수집 및 사정기술은 집단 구성원 간 이루어지는 의사소통 유형에 어떤 영향을 미치는 것인가를 계획하고 집단 목적의 성취를 위해 어떤 기술을 사용할 것인지를 결정하는 데 유용한 기술이다. 자료수집 및 사정기술의 주된 내용은 다음과 같다(생각의 마을, 2020; 이영실 외, 2015; 황인옥, 2022).

① 확인 및 묘사하기

집단 구성원이 특정 상황을 파악하고 묘사할 수 있도록 원조하는 기술로, 구성원의 문제를 정확히 이해할 수 있도록 돕는다.

② 정보를 요청하고 질문하고 탐색하기

목적, 목표, 운영 방법에 대한 이해 정도 파악하기 위해 탐색 정보 제공을 요청하고 질문하고 탐색하는 기술로, 문제와 관심사를 명확히 하고 집단 구성원에게 추가적인 정보를 파악할 수 있다.

③ 요약하기 및 세분화하기

논의된 내용을 핵심적으로 묶어 내거나 복잡한 이슈를 다룰 때 작은 단위로 나누는 기술로, 집단이 직면하고 있는 문제나 관심사에 대해서 토론할 때 사용한다.

④ 언어적·비언어적 의사소통 통합하기

집단 구성원의 언어적 의사소통과 비언어적 의사소통을 통합하는 기술로, 집단 구성원들의 말이나 행동의 의미를 연결하고 숨겨진 생각과 느낌을 분명히 하는 것이다.

⑤ 정보 분석하기

자료 패턴, 자료 간의 차이를 발견하며, 평가에 필요한 자료를 수집하는 방법을 설정하는 것이 포함된다.

(3) 행동기술

행동기술은 집단의 목적과 과업을 성취하도록 원조할 때 사회복지사가 사용하는 기술이다. 집단의 목적을 이루기 위한 행동기술의 주된 내용은 다음과 같다(생각의 마을, 2020; 이영실 외, 2015; 황인옥 2022).

① 지지하기

집단 구성원 간 서로 관심사를 공유하고 자신의 의견과 감정을 표현하도록 격려하며, 집단 구성원의 장점을 알려 주고 그들의 요구에 반응함으로써 집단 구성원을 지지하는 기술이다. 즉, 핵심기술로 어려운 상황을 대처할 수 있게 한다.

② 재구성 및 재명명(재정의)

집단 구성원이 문제를 상황에 맞게 다른 관점에서 볼 수 있도록 도와주는 기술로서, 구성원이 문제 상황을 긍정적으로 인식하도록 재정의한다. 즉, 어떤 문제에 대해 클라이언트가 부여하는 의미를 수정해 줌으로써 클라이언트의 시각을 긍정적인 방향으로 변화시키려는 방법이다. 재구성은 과거의 같은 경험을 클라이언트가 다른 관점으로 보도록 도와주며, 보다 긍정적으로 이해하도록 돕는다. 재구성은 사회복지사가 클라이언트에게 새로운 관점을 제공하는 대신 클라이언트 스스로 여러 가지 다른 해석을 생각해 보도록 하는 것이다(남연희 외, 2023). 재구성 및 재명명의 기술은 중간 단계에서 사용하는 기술이다.

③ 집단 구성원들의 의사소통을 연결하기

집단 구성원 간 의사소통이 활발하게 일어날 수 있도록 돕는 기술이다. 사회복지사와의 의사소통보다 집단 구성원들 간 의사소통을 중시해야 한다.

④ 지시하기

집단 구성원이 집단 활동에 참여하도록 돕거나, 토론을 이끌어 가고, 정보를 공유할 때 집단 구성원의 활동을 지시하는 기술이다.

⑤ 조언, 제안, 교육

문제해결에 도움이 되는 일련의 행동이나 방법에 대해 조언하거나, 제안·추천하고 또는 새로운 방법을 교육하는 것이다.

⑥ 직면

집단 구성원들이 말과 행위, 사고, 감정 간의 불일치가 발생할 때 이를 알아차리고 극복할 수 있도록 원조하는 기술이다.

⑦ 모델링 역할극, 실연, 코칭

집단 구성원이 새로운 행동을 배워야 할 때 모델링이나 역할극을 실연하게 함으로써 새로운 행동에 대한 학습을 촉진하는 기술이다. 코칭은 과제수행 시 대인관계에서 반응하는 방법에 대해서 자세하게 알려 주고 시범을 보임으로써 교육하는 기술이다.

⑧ 자원 제공하기

집단 안팎에 존재하는 다양한 자원에 대해 구성원들에게 정보를 제공하거나 자원을 연결하는 기술이다.

⑨ 갈등해결

집단 구성원 간 혹은 집단 외부 환경과 갈등이 발생할 때 갈등을 해결하기 위해 집단 규칙, 협상, 중재 등을 통해 갈등을 해결하는 기술이다.

03 간접적 개입

간접적 개입은 클라이언트의 환경체계에 대한 접근을 의미한다. 즉, 클라이언트의 목적을 달성하기 위한 클라이언트의 외부체계 및 지역사회 외부 기관과의 접촉을 의미한다. 사회복지사는 클라이언트 환경체계에 대하여 주로 연계와 조정이라는 방법을 통해서 클라이언트와 합의한 목표에 대한 개입 혹은 욕구와 문제해결을 도모한다. 이때 적극 활용되는 환경체계를 자원이라고 한다. 자원은 문제해결을 위해 활용할 수 있거나 유용한 것을 의미한다.

일반적으로 자원은 공식적 자원과 비공식적 자원으로 구분할 수 있다. 그 기준은 자원의 체계성에 있다. 즉, 활용되는 자원이 체계성이 없으면 비공식적이라고 할 수 있다. 그 예로는 이웃, 친구, 가족 등이 해당된다. 체계성이 있으면 공식적 자원이라고 한다. 그 예로는 복지관, 후원기관, 행정복지센터 등 자원이 조직적 체계성을 가지고 있는 단체나 기관들이 이에 해당된다.

간접적 개입에 있어 클라이언트를 둘러싼 환경이나 개인의 문제가 있는 등 두 체계 간 상호작용에 문제가 있다면 클라이언트가 어려움을 겪게 되는데, 이런 경우 사회복지사는 클라이언트가 관계하고 있는 환경, 즉 사회적 연계, 소집단, 조직 또는 지역사회의 변화를 도모하도록 간접적으로 개입한다.

1) 간접적 개입 유형

개인 수준에서의 간접적 개입은 사회적 지지체계 개발, 서비스 조정에 관련된 활동, 프로그램 계획 및 개발, 클라이언트 옹호, 지역사회 내 기관 간의 협력, 환경 조정 등이 있다.

(1) 사회적 지지체계 개발

사회적 지지는 어떠한 사람의 사회적 체계, 즉 그 사람이 살고 있는 사회적 환경 또는 생태적 환경 내에서의 적극적인 상호작용을 말한다. 사회적 환경은 가족, 친구, 직장동료, 이웃을 포함하는 비공식적 체계와 사회복지사, 의사, 변호사 및 다른 분야 전문가들을 포함하는 공식적 체계로 구성되어 있다.

① 자연적 지지체계의 활성화

자연적 지지체계는 사회복지사가 기존의 체계들이 클라이언트의 욕구에 맞게 적절히 기능하도록 원조하는 것을 말한다. 이것은 산업화, 도시화, 핵가족화로 인해 감소하고 있는 클라이언트의 자연적 지지체계에 계획적으로 개입하여 이러한 지지체계의 지원을 활성화시키는 것이다. 자연적 지지체계의 대표적인 것은 친척, 이웃, 교회 조직, 동호회 등이 있다.

자연적 지지체계 활성화의 장점

친척, 이웃, 친구 등을 원조체계로 활용하는 것은 유대 관계를 바탕으로 클라이언트에게 실제적인 영향력을 줄 수 있고 클라이언트를 가까운 곳에서 지속적으로 모니터링함으로써 클라이언트가 위기 상황에 처할 때 즉각 신속하게 도울 수 있는 장점이 있다.

② 공식적 지지체계 활용

공식적 지지체계 활용 방법은 클라이언트의 욕구에 환경이 반응할 수 있도록 기존의 공식적 지지체계를 활용하는 것이다. 공식적 지지체계는 사회복지관, 병원, 요양시설, 아동보호전문기관, 가정폭력상담소, 청소년쉼터, 다양한 사회단체, 공공기관의 서비스와 프로그램이 포함된다.

예 YWCA 같은 조직의 사회적 교류 및 기술, 취미 교육을 위한 기회 제공, 홍수 피해자에게 적십자가 음식과 의료서비스를 제공하는 것

③ 자원봉사자 활용

민간기관이나 정부기관에서 자원봉사자를 개발하여 활용하는 것을 말한다. 사회복지사는 클라이언트의 욕구 충족을 위한 서비스 활동의 하나로서 자원봉사자를 지지체계로 활용할 수 있다.

(2) 서비스 조정 관련된 활동: 서비스 제공자와 함께 활동

다양한 문제를 가진 클라이언트에게 복합적인 서비스가 주어질 때 서비스의 중복과 누락을 방지하면서 서비스의 목적을 달성하기 위하여 적절한 시기와 방법으로 클라이언트를 원조할 수 있도록 조정하는 것을 말한다. 이런 경우 사회복지사는 클라이언트의 욕구와 기대, 목적에 따라 서비스를 조정할 필요가 있다(도광조, 2019). 조정에는 서비스 연결, 의뢰, 사례관리 등이 있다.

① 서비스 연결

복합적인 서비스를 제공하는 한 기관의 여러 전문가들이 특정한 클라이언트에게 관심을 가지고 서로 자원을 연계하는 것이다.

② 의뢰

의뢰는 서로 다른 기관의 전문가들이 연결되어 서비스를 제공하는 형태의 조정으로, 의뢰한 서비스가 제대로 전달되고 있는지 그 결과가 어떤지 평가하는 과정까지를 포함된다.

③ 사례관리

사례관리는 클라이언트의 문제와 욕구를 평가하여 클라이언트가 필요로 하는 서비스나 자원을 찾고, 이를 연결해 주고 조정·점검·평가하는 것이다.

예 발달장애 아동이 있는 가족의 경우 아동을 위한 재활 서비스, 의료 서비스, 소득 자원과 같은 다양한 서비스가 필요할 수 있는데, 서비스를 중복 및 누락하지 않고 효과적이고 효율적으로 제공하기 위해서 서비스 제공기관 간 소통하고 협력하는 것

(3) 프로그램 계획과 개발

클라이언트의 문제를 해결할 수 있는 서비스나 프로그램이 지역사회 내에서 존재하지 않을 때 사회복지사는 클라이언트의 욕구와 문제를 해결할 수 있는 프로그램이나 서비스 자원을 개발하고 활성화한다. 새로운 프로그램은 기관 내에서 계획할 수도 있고 지역사회 수준에서 계획해 볼 수도 있다.

새로운 자원을 개발하고 활성화하는 계획을 수립하는 데 필요한 세 가지 지침은 다음과 같다. 첫째, 좋은 관계를 개발하고 유지해야 한다. 둘째, 프로그램을 개발하는 목표와 계획을 명확히 해야 한다. 셋째, 프로그램에 활용할 수 있는 자원은 현실적으로 가능해야 한다(Johnson, 1998: 김혜영 외, 2022 재인용).

(4) 클라이언트 옹호

옹호(advocacy)란 클라이언트에게 제공되지 않은 자원과 서비스를 얻을 수 있도록 하고, 클라이언트에게 불리하게 영향을 미친 정책을 수정하도록 요구하며, 필요한 서비스나 자원을 제공받을 수 있도록 정책이나 법 등을 만들기 위해 클라이언트와 함께 또는 클라이언트를 대표해서 일하는 것을 말한다(예 장애인 이동권 보장을 위한 캠페인).

클라이언트들은 상대적으로 자신의 주장을 논리적으로 설명하고, 주장하는 데 미흡할 뿐

아니라 사회적 자원동원력 등이 약할 수 있기 때문에 사회복지사가 함께 노력할 필요가 있다(도광조, 2019).

옹호활동이 필요한 상황은 다음과 같다(Hepworth et al., 2002).

① 사회복지기관이나 직원이 급여자격이 있는 클라이언트에게 서비스나 혜택을 제공하지 않을 때
② 비인간적인 방법으로 서비스가 전달될 때
③ 클라이언트가 인종, 종교, 신념 때문에 차별을 받을 때
④ 서비스와 급여에 격차가 있어서 클라이언트에게 어려움이나 역기능이 발생할 때
⑤ 정부나 기관의 정책이 자원과 급여를 필요로 하는 사람들에게 부정적인 영향을 미칠 때
⑥ 클라이언트가 자신에게 유리하게 행동할 수 없을 때
⑦ 이용 가능한 자원이 없어 공통의 욕구를 가진 사람들이 많을 때
⑧ 위기 상황에 처한 클라이언트들이 서비스와 급여에 대한 절박한 욕구가 있을 때
⑨ 클라이언트가 시민으로서의 법적인 권리를 거부당했을 때
⑩ 기관의 절차나 시설이 클라이언트에게 부정적 영향을 미칠 때

옹호활동을 하는 데 있어서 사회복지사는 자신감을 가지고, 확고한 신념을 가질 필요가 있다. 클라이언트가 처해 있는 상황과 각종 정보를 제공하는 노력을 하고, 클라이언트 스스로 자신의 권리를 주장하는 데 동의할 수 있도록 해야 할 것이다(김혜영 외, 2022).

(5) 지역사회 내 기관과의 협력

클라이언트의 문제가 복잡하고 다양하기 때문에 한 기관이 클라이언트의 문제를 모두 해결할 수는 없다. 클라이언트의 욕구를 효과적으로 충족시켜 주기 위해서 지역사회 내 존재하는 다양한 조직이나 기관 간 협조가 필요하다. 따라서 기관에 정보를 교환하거나 협조체계를 구축하여 클라이언트의 욕구에 유연하게 대응해야 한다.

(6) 환경조작/환경조정

클라이언트의 사회적 기능을 강화하기 위해 환경의 변화를 가져오는 것이다. 클라이언트

의 대인관계를 포함한 생활환경의 개선을 위하여 사회 자원을 사용하기도 하고, 심리적 원조를 제공하여 사회환경에 있어 좋지 못한 요인들을 감소시키거나 제거하여 생활기능을 강화하기도 한다.

> **환경조정을 사용하는 상황**
>
> 아동 또는 청소년이 신체적으로 학대받고 방임될 때, 아동이 성학대를 받을 때, 여성이 신체적으로 학대를 받을 때, 고령의 부모가 학대받을 때, 특별한 보살핌이 필요한 특수한 욕구가 있을 때, 사고나 자연재해로 집을 잃었을 때 등

2) 간접적 개입에 있어 사회복지사의 역할

(1) 중개자

사회복지사는 클라이언트가 지역사회 자원을 찾아내어 활용할 수 있게 원조한다. 중개자로서의 사회복지사의 활동은 클라이언트에게 부족한 자원을 보충하거나 지지체계를 개발하는 것, 클라이언트를 다른 환경으로 이동시키는 것, 기관이나 시설의 환경을 개선하는 것, 새로운 자원을 개발하는 것 등이다.

(2) 옹호자

사회복지사는 클라이언트의 이익을 대변하는 역할을 하여 클라이언트를 대신하여 체계의 변화를 이끌어 낸다. 클라이언트가 자원과 서비스를 받을 권리를 유지하도록 돕는 활동을 한다. 예를 들면, 이주노동자의 임금체불 문제를 제기하고 해결하는 역할도 옹호자로서의 사회복지사의 역할에 해당된다.

(3) 중재자

사회복지사는 체계 사이의 갈등이나 의견을 조정하는 역할을 한다. 예를 들면, 학교폭력 피해아동의 부모와 학교 또는 가해아동의 부모처럼 이해관계가 다르거나 갈등을 빚는 체계가 타협할 수 있도록 중간에서 중재한다.

학습 정리

1. 가족 개입은 가족을 하나의 체계로 보고 접근하는 방법으로, 가족 구성원 전체를 대상으로 하여 부부 체계, 부모-자녀 체계, 형제자매 체계 등 하위체계를 포함한다. 시작 단계에서는 라포르 형성, 문제 표면화, 문제에 대한 합의 도출, 가족 구성원들의 상호 관련성 탐색 등의 과정이 필요하다. 주요 개입기법으로는 보웬 가족치료의 탈 삼각화와 가계도, 구조적 가족치료의 경계 만들기와 합류하기, 실연하기, 긴장 고조시키기, 과제 부여하기 등이 있다. 이러한 기법들은 가족의 역기능적 상호작용을 수정하고 건강한 가족으로 변화시키는 데 목적이 있다.

2. 집단 개입은 집단 구성원 간의 상호작용을 촉진하고, 개방적 의사소통과 신뢰감을 형성하는 것을 목표로 한다. 집단촉진기술에는 집단 구성원의 참여 촉진, 집중하기, 표현기술, 반응기술, 의사소통 초점 유지, 과정 명확화, 내용 명료화, 상호작용 지도 등이 포함된다. 또한, 자료수집과 사정기술, 행동기술(지지하기, 재구성 및 재명명, 의사소통 연결하기, 지시하기, 조언, 제안, 교육, 직면, 모델링 역할극, 실연, 코칭, 자원 제공, 갈등해결) 등을 통해 집단의 목표를 달성한다. 이러한 기술들은 집단 구성원 간의 이해와 협력을 증진시키고, 문제해결을 돕는 데 기여한다.

3. 간접적 개입은 클라이언트의 사회적 지지체계 개발, 서비스 조정, 프로그램 계획 및 개발, 클라이언트 옹호, 지역사회 내 기관 간의 협력, 환경 조정 등을 포함한다. 사회적 지지체계는 자연적 지지체계와 공식적 지지체계로 나뉘며, 자원봉사자 활용도 포함된다. 서비스 조정 활동으로는 서비스 연결, 의뢰, 사례 관리가 있으며, 프로그램 계획과 개발은 클라이언트의 문제해결을 위한 새로운 자원을 개발하고 활성화하는 데 중점을 둔다. 클라이언트 옹호는 자원과 서비스를 얻기 위해 클라이언트를 대변하는 활동을 포함하고, 지역사회 내 기관과의 협력은 다양한 조직과의 협조체계를 구축하여 클라이언트의 욕구를 충족시킨다. 환경 조정은 클라이언트의 사회적 기능을 강화하기 위해 생활환경을 개선하는 것이다.

chapter 12

종결과 평가

학습목표

1. 종결 단계의 과업을 이해한다.
2. 평가의 중요성과 유형을 이해한다.

종결 단계에서는 클라이언트가 이별과 상실에 직면하게 되면서 다양하고 복잡한 감정과 태도를 보인다. 그렇기 때문에 사회복지사는 이에 민감하게 반응하고 기술적으로 접근하는 것이 필요하다. 평가 단계는 개입과 실천의 목적과 목표가 달성되었는지 점검하고, 실행에 효과적이었던 전략과 방법들을 밝혀내는 과정이다. 평가는 클라이언트와 일반 대중에게 사회복지실천의 효과성과 효율성을 담보하는 점에서 중요하다.

01 종결

1) 종결 단계의 과업

종결은 일종의 사회복지사와 클라이언트 사이의 분리 경험이며, 그에 따르는 다양한 감정이 개입되어 있다. 이러한 감정은 성취한 성공의 정도, 사회복지사와 애착의 정도, 그리고 클라이언트의 과거 경험상 중요한 다른 사람과의 분리 경험, 종결의 유형에 따라 매우 다양하다.

종결 단계에서 사회복지사가 원조관계와 과정을 어떻게 마무리하는가는 대단히 중요하다. 왜냐하면, 클라이언트가 공식적 종결을 거친 후 원조과정에서 획득한 진전 상태를 유지하고 계속해서 성장해 가는 데 크게 영향을 미치기 때문이다. 클라이언트의 목표가 성공적으로 달성되었을 때에는 사회복지사나 클라이언트 모두 긍지와 만족감을 갖고 종결을 준비하게 된다. 그러나 클라이언트가 과도하게 사회복지사에게 의존하게 되었을 때, 종결에 따르는 만족도는 낮아지게 된다. 따라서 성공적 종결을 위해 사회복지사는 다음과 같은 과업을 가진다(양정남·최선령, 2011).

(1) 적절한 종결 시기를 결정하기

종결 시기를 결정하기 위해서 종결할 때가 되었는지 판단할 때 사회복지사는 다음과 같은 사항을 종합적으로 고려해야 한다.

- 개입 목표의 달성 정도
- 서비스 시간 내 제공 완료 여부
- 클라이언트의 문제 상황의 해결 정도
- 사회복지사와 기관의 투자 노력
- 이득 체감(더 이상의 만남이 큰 도움이 되지 않으리라는 것)에 대한 합의
- 클라이언트의 의존성, 클라이언트에 대한 새로운 서비스 적합성 여부(의뢰)

(2) 정서적 반응 다루기

사회복지사는 다음과 같은 클라이언트의 정서적 반응을 잘 다루어야 한다.

① 목적이 달성되지 않은 경우

목적이 달성되지 않은 경우 클라이언트가 사회복지사에 대한 실망, 분노, 버림받았다는 느낌을 갖지 않도록 그의 감정을 수용하면서 부정적 감정을 표현할 수 있게 해 주어야 한다.

② 사회복지사가 떠날 때의 정서적 반응 다루기

이전에 거부 당한 경험이 있는 클라이언트는 상처받기 쉽고 자존심이 약해진다. 사회복지사가 떠나도 변화를 위한 노력을 계속해 나가기를 바란다는 언급을 하고 지지와 격려를 제

공한다. 사회복지사는 클라이언트의 부정적·긍정적 모든 감정 표현을 허용하고, 다른 사회복지사에게 의뢰하는 것을 수용하도록 도와주어야 한다.

③ 효과 유지와 강화

획득된 성과를 유지하고 일반화하며, 계속 발전할 수 있도록 계획한다. 클라이언트로 하여금 문제해결의 기본 원칙을 파악하도록 돕는다. 또한 표적문제에 대해 문제해결의 원칙이 어떻게 적용되었는지 검토하고 일반화 방법 등에 대해 예측하고 연습한다. 그리고 사후관리(follow-up)로서, 종결 후 일정 기간(1~6개월 사이)이 지나서 클라이언트가 잘 적응하고 있는지, 변화의 유지 정도를 확인한다.

④ 서비스에 대한 평가

평가란 목표 성취 정도에 대한 서비스 평가를 제공하는 것으로, 사회복지 개입의 결과나 과정에 대해 조사기법을 활용하여 사정한다. 그리고 사회복지실천에서 개입활동이 효율적이고 효과적으로 결과에 작용하였는지 평가한다.

⑤ 의뢰

사례가 종결되었지만 클라이언트에게 새로운 서비스가 더 필요하거나 해결되지 않은 문제가 있는 경우에는 타 기관으로 의뢰한다. 의뢰과정은 신중히 다루어져야 하는데, 클라이언트가 의뢰를 '거부'로 받아들여 필요한 도움을 더 이상 받지 않으려고 할 수 있기 때문이다.

2) 종결의 유형

그렇다면 종결은 언제 해야 하는가? 종결은 다음과 같은 다섯 가지 유형에 의해서 이루어진다(Hepworth et al., 2010). ① 클라이언트에 의한 일방적인 조기종결, ② 시간적 구속요인에 의한 계획된 종결, ③ 시간제한적 개입 모델에 의한 계획된 종결, ④ 시간제한이 없는 개입 모델에서의 계획된 종결, ⑤ 사회복지사의 개인적 사정으로 말미암은 종결로 구분할 수 있다.

(1) 클라이언트에 의한 일방적인 조기종결: 계획되지 않은 종결

클라이언트가 갑자기 약속을 어기거나, 이런저런 이유로 올 수 없음을 핑계 대거나, 자신의 문제에 대하여 더 이상의 논의를 거부할 때 미숙한 상태의 종결이 이루어진다. 클라이언트에 의한 일방적 종결은 클라이언트가 불만이 있을 때 저항의 방법으로 사용하기도 한다. 이러한 경우, 종결 전에 클라이언트의 부정적 감정을 해소해야 한다. 만약 종결의 이유가 사회복지사에 대한 부정적 감정 때문이라면 사회복지사는 클라이언트의 부정적 감정에 관하여 논의하기를 원한다고 말하고 함께 다루어 나간다.

사회복지사는 클라이언트에게 종결의 중요함과 의미를 전달하고 신중히 생각할 것을 권한다. 그러나 결정은 클라이언트에게 맡기며, 언제든지 다시 오면 서비스가 제공될 수 있음을 알려 준다. 이때 사회복지사는 클라이언트의 자기결정권을 충분히 존중하면서 전문가로서의 의견을 제시할 의무를 다해야 한다.

(2) 기관의 기능과 관련된 시간의 제약에 의해 결정된 종결: 계획된 종결

기관이나 조직의 기능이 정해진 기간만 서비스를 제공할 때, 종결은 그에 따라 이루어져야 한다는 한계가 있다. 예를 들어, 학교 프로그램은 방학이 되면 종결이 되고, 병원 서비스는 환자가 퇴원하면 종결된다. 실습기간이 끝나 종결하는 것이라면, 실습생은 자신이 지도·감독받고 있는 학생이라는 것과 기관을 떠나는 시기에 대해 클라이언트에게 미리 알려야 한다. 미리 알리는 종결이므로 클라이언트는 종결에 대한 준비를 할 수 있고, 충분한 시간을 갖고 준비할 수 있다. 하지만 계획된 종결은 시간적 제한 때문에 충분한 서비스가 제공되지 못한다는 단점이 있다. 예를 들어, 개입이 필요한 기간이 3개월인 것과 3개월 후에 실습이 끝나기 때문에 3개월간만 서비스를 제공하는 것이 다르다. 애초에 문제를 해결하는 데에 시간이 부족할 수도 있다.

따라서 예정된 종결임에도 불구하고 클라이언트 입장에서는 서비스가 중단되었다고 생각할 수도 있고, 사회복지사는 남아 있는 문제를 해결하기 위해 다른 기관에 의뢰해야 하는 부담을 가질 수도 있다. 사회복지사는 클라이언트에게 기관의 한계를 설명하고 신뢰관계가 손상되지 않도록 주의하고 적절한 기관에 의뢰한다.

(3) 시간제한적인 개입 모델에 따른 종결: 계획된 종결

시간제한적 방식에 의한 계획된 종결은 처음부터 사회복지사와 클라이언트가 개입의 시간을 미리 정하고 시작하는 것이다. 시간제한은 미리 정해지기 때문에 개입을 결정할 때 시간 제한을 염두에 두고 계획을 세운다. 이는 개입 초부터 클라이언트와 합의된 것으로, 정서적 애착과 의존이 줄어들고 종결에 따른 상실감도 감소되는 특징이 있다.

시간제한은 실천 현장의 현실적 조건 때문에 사회복지사와 클라이언트 양쪽이 보다 열심히 개입에 임하게 되는 결과를 가져오기도 한다. 시간제한이 없는 서비스가 제공될 수 있다는 생각은 클라이언트의 의존심을 조장할 수 있다. 원조관계에 의존하고 싶어 하는 증상 때문에 독립적으로 생활에 대처할 수 없게 되거나 개입 현장 외부에서 잘 기능하지 못하는 것은 바람직하지 못하기 때문에 제한된 시간 내에 종결하는 것이다.

사회복지사는 클라이언트가 얻은 것을 분명히 하고, 지속적인 개입이 필요한 경우 또 다른 계획을 세운다. 과업 중심적인 접근에서 사회복지사는 마지막 직전의 면접에서 다음이 마지막임을 명확히 언급하여 공식적으로 종결을 알린다.

(4) 시간제한이 없는 개방형 모델에 따른 종결: 계획을 세워 나가는 종결

시간제한이 없는 개입 모델에서는 종결시점을 결정하는 것이 중요한 과제가 된다. 종결은 사회복지사의 욕구가 아니라 클라이언트의 욕구에 근거해서 이루어져야 한다. 종결시기를 정하는 것이 중요한 과업인데 이 시기는 클라이언트에게 서비스가 더 이상 필요하지 않거나 서비스를 제공하는 것이 현시점에서 더 이상 이득이 되지 않는다고 판단될 때 종결을 하는 것이 원칙이다.

서비스 기간을 6개월 이상 지속할 때, 클라이언트는 장기적 서비스에서 오는 의존성과 원조관계에서 얻는 만족을 중단하는 일에 익숙하지 않음으로 말미암아 변화에 대한 두려움을 표시하고 원조관계에 매달리려고 한다. 이러한 것은 변화에 대한 저항이라고 할 수 있으며, 충분하지 못한 치료적 개입에서 오는 산물이라고 볼 수 있다.

(5) 사회복지사의 개인적 사정으로 말미암은 종결

사회복지사가 이동이 있거나 전직을 하게 되는 때와 같은 개인 사정으로 인한 종결은 클라이언트와 사회복지사 모두에게 힘든 상황이다. 특히 이전에 중요한 다른 사람과의 관계에서 거부당한 적이 있는 클라이언트는 더욱 상처받기 쉽고, 배신감이 들거나 자존감이 저하되고, 자기가치감이 상실될 수 있다.

한편, 이러한 클라이언트의 감정적 반응에 대응하여 사회복지사도 죄책감에서 오는 과잉 보상을 하거나, 종결에 대한 이야기를 지연하거나, 지나친 변명이나 열정을 보이게 된다. 사회복지사의 이런 행동은 오히려 클라이언트에게 종결에 대한 부정적 감정을 표현하는 것으로, 해결하는 것을 더욱 어렵게 만드는 결과를 가져온다. 따라서 이러한 경우 사회복지사는 시간이 허락하는 한 클라이언트에게 감정 표현을 할 수 있는 시간을 갖도록 해 주고, 다른 사회복지사에게 의뢰되어 원조를 받을 수 있는 준비를 할 수 있게 도와주어야 한다.

3) 종결에 따른 사회복지사의 역할

종결 단계에서의 사회복지사 역할은 ① 종결 계획하기, ② 부정적인 정서적 반응의 해결, ③ 목표 달성의 평가, ④ 변화의 안정화, ⑤ 미래의 상황에서 클라이언트가 원조를 요청할 수 있도록 격려하기, ⑥ 의뢰하기 등이다(Hepworth et al., 2010).

(1) 종결 계획하기

사회복지사는 종결시기를 결정하고, 종결과정에서 클라이언트를 가장 효과적으로 도울 수 있도록 한다. 종결에 대하여 클라이언트와 함께 계획하고 논의하는 것은 클라이언트가 사회복지사에게 가지는 정서적 애착과 이에 따른 의존성을 감소시킨다. 또한 종결에 대한 두려움과 상실감을 통제할 수 있도록 하는 데 도움이 된다. 사회복지사는 최종 모임이 다가오는 후반부 모임에서 종결에 관해 이야기할 시간을 갖도록 한다. 특히 종결이 예상보다 빨리 이루어질 때는 더욱 그러하다.

(2) 부정적인 정서적 반응의 해결

클라이언트 대다수는 종결에서 긍정적 정서를 경험한다. 사회복지사와 클라이언트는 종결 시 성공과 진전, 치료적 경험에 대한 긍정적 감정, 성취에 대한 자부심 등을 경험한다. 그러나 때로 사회복지사와 클라이언트는 종결과정에서 공통으로 일종의 상실감을 경험한다. 특히 원조과정에서 사회복지사에게 과도하게 의존하게 된 클라이언트는 만족감을 표시하기보다는 오히려 상실감을 느낀다. 시간제한이 없는 개입 모델에서 이러한 부정적 반응이 더 많이 발생한다. 이는 사회복지사가 상당 기간 클라이언트의 삶에서 의미 있는 역할을 수행했으며, 이에 따라 형성된 의존성과 독립에 대한 두려움이 종결에 대한 부정적 반응을 형성하는 것이다.

클라이언트의 종결에 대한 부정적 감정 표현은 다음과 같은 다양한 유형 방식으로 나타난다(Hepworth & Larsen, 2002).

① 종결에 대한 부정(否定)
② 과거 문제의 재발 보고하기
③ 새로운 문제 가져오기
④ 사회복지사를 대체할 사람 구하기
⑤ 상실감이나 사회복지사에 대한 분노를 직접 표현하기
⑥ 분노의 간접 표현으로서 회피 행동(예 약속을 지키지 않는 행동)

(3) 목표 달성의 평가

종결 단계에서의 주요 과제 중 하나가 클라이언트 목표가 성취되었는지를 재확인하는 것이다. 사회복지사는 그동안 성취한 바를 정리해 주고, 클라이언트가 자신의 성장을 인식하도록 도와야 한다.

(4) 변화의 안정화

클라이언트가 원조과정에서 성취한 변화를 종결 이후 다른 환경의 일상적인 삶 속에서 계속해서 유지하도록 돕는다. 이것을 변화 노력의 일반화 혹은 안정화라고 한다. 토슬랜드와 리바스(Toseland & Rivas, 1995)는 원조과정에서의 변화를 유지하고 일반화하도록 돕는 7가지 방법을 다음과 같이 제시하였다(Kirst-Ashman & Hull, Jr., 1999).

① 클라이언트가 변화를 시도할 수 있는 적절한 상황을 선택하도록 돕는다.
② 클라이언트가 자신의 능력에 대하여 확신을 하도록 돕는다.
③ 새로운 행동을 습득하도록 도울 때는 다양한 상황과 환경을 활용하도록 한다. 그렇게 함으로써 클라이언트는 성공적으로 새롭게 배운 기술을 종결 후에도 자신 있게 성공적

으로 활용할 수 있다.

④ 인위적 상황보다는 자연적 상황에서 습득하도록 돕는다. 클라이언트가 자연스러운 상황에서 부딪힐 수 있는 상황을 경험하도록 도움으로써, 실제로 장애물을 대면하였을 때 이에 대하여 적절하게 대응할 수 있도록 해 준다.

⑤ 치료를 사후지도에까지 확장시킨다. 사후지도는 클라이언트에게 자신의 성장에 대한 다른 사람의 관심을 상기시키고, 자신의 성장을 유지하려는 노력을 강화시키는 역할을 한다.

⑥ 학교, 직장, 가정과 같은 다른 환경에서의 퇴보를 감소시킨다. 이를 위해 주변의 자원을 활용하도록 돕는다.

⑦ 문제해결 과정을 가르침으로써 장차 문제에 직면하여 실제로 문제해결기술을 향상시킬 수 있도록 돕는다.

(5) 미래의 상황에서 클라이언트가 원조를 요청할 수 있도록 격려하기

클라이언트가 종결 후에 현재의 변화를 잘 유지하고 문제행동의 재발을 방지하도록 하는 계획과 함께, 앞으로 언제든지 클라이언트의 상황에서 필요하면 기관에 찾아와서 원조를 요청할 수 있다는 것에 대해 논의한다. 이러한 노력은 클라이언트의 종결 시 의존성을 감소시키는 데 도움이 될 뿐만 아니라, 미래에 대해 희망을 품고 변화 노력을 지속해 나가는 데 지지적 효과가 있다.

(6) 의뢰하기

의뢰하기는 서비스가 종결된 이후에 클라이언트를 다른 기관이나 전문가에게 보내 추가적 서비스를 받게 하고자 할 때 행해진다. 의뢰할 때에는 다음과 같이 몇 가지 주의해야 할 사항이 있다(Hepworth et al., 2010).

① 새로운 서비스에 대한 불신, 걱정, 잘못된 개념에 대한 클라이언트의 감정을 끌어내 다루어 주고, 의뢰과정의 필요성을 강조하며 준비시키도록 한다.

② 사회복지사는 클라이언트와 함께 최선의 서비스가 무엇인지를 결정한다. 이를 위해 사

회복지사는 지역사회 내 다양한 자원에 대한 정보를 충분히 확보하여야 한다. 이렇게 확보된 적절한 자원에 대하여 클라이언트가 잘 판단할 수 있도록 도와야 한다.

③ 사회복지사는 의뢰 시 가장 도움이 될 만한 가능한 대안을 제시하되, 클라이언트의 자기결정권을 존중해야 한다.

④ 다른 기관의 서비스에 대한 헛된 약속이나 비현실적 보증을 하지 않도록 해야 한다.

⑤ 의뢰하는 다른 기관의 기능을 명확히 하되, 그 기관의 사회복지사 역할 등에 대해 미리 설명하여 클라이언트가 실망하는 일이 없도록 한다.

4) 사후관리

종결 후 1~6개월이 지났을 때 클라이언트의 변화를 평가하고 유지하기 위해 사후관리가 필요하다. 사후관리는 클라이언트와 사회복지사의 공식적 관계가 종료되고, 일정 기간이 지나서 클라이언트가 원조과정에서 획득한 변화를 유지하고 있는지를 확인하는 과정이다. 사후관리는 클라이언트가 종결 시와 같은 수준에서 잘 기능하고 있는지를 알아보기 위해서, 만약 클라이언트가 어려움을 겪고 있다면 필요한 도움을 제공하기 위해서 수행된다(양정남·최선령, 2011).

따라서 사후관리는 종결 시 클라이언트와 함께 계획할 수 있다. 또는 개입의 전 과정을 계획하는 단계에서 사후관리가 포함되도록 고려할 수도 있다. 사후관리는 처음 개입계획 단계에서부터 포함되도록 하는 것이 바람직하다. 이때 사회복지사는 클라이언트에게 사후관리의 목적이 클라이언트 변화의 진전 상황을 점검하는 것임을 확인시켜 줌으로써, 클라이언트에게 긍정적 기대감을 심어 주는 것이 좋다. 계획된 사후관리는 클라이언트에게 사회복지사의 지속적 관심을 받고 있다는 지지감을 부여함으로써, 종결 시의 개입 효과를 지속해서 유지하는 데 도움을 준다.

사후관리는 클라이언트의 종결 후 진전 상황을 점검하는 목적 이외에도 사회복지사에게 클라이언트의 진전을 확인함으로써, 자신의 개입에 대한 긍정적 확신을 얻는다는 이점도 있다. 사후관리 시 클라이언트 상황이 종결 시점과 비슷한 상황을 보일 수도 있고, 종결 이후 더 많이 향상되었을 수도 있다. 클라이언트에 따라서는 사후관리가 이전의 개입효과를 증진하는 촉진제 역할을 하기도 한다(박주현 외, 2014).

02 평가

1) 사회복지실천에서 평가의 중요성

사회복지실천에서의 평가는 실천에서 사용되는 중재 혹은 개입의 결과를 사정하기 위한 기술이다. 넓은 의미에서 사회복지실천에서 평가란 사회복지실천활동이 효과적이었는지, 효율적이었는지를 판단하는 것이다. 이상적으로 개입은 효과적이면서 효율적이어야 한다. 그렇지만 개입은 많은 시간과 노력, 자원이 바람직한 목표 달성을 위해 필요한 상황에서는 효율적이지 못할 수도 있다. 사회복지사는 언제나 목적과 목표를 분명히 하여 개입을 시작해야 한다. 개입의 목적과 목표를 분명히 하지 않고 나중에 그 개입이 성공적이었는가를 평가하는 것은 불가능하다. 좁은 의미에서 사회복지실천평가란 사회복지사의 개입 노력을 사정하는 것으로, 개인이나 가족, 집단, 지역사회를 대상으로 실시한 개입이 변화를 일으켰는지, 어느 정도의 변화가 생겼는지를 사정하는 것이다. 따라서 변화가 일어났는지 아닌지, 변화가 얼마나 일어났는지를 설명할 수 있는 측정도구나 측정절차를 선택하고 설계하는 것이 필요하다. 어떤 절차는 변화에 영향을 미친 상황의 요인이나 변수를 명백히 하는 데 도움이 된다.

평가는 문제해결 과정의 마지막 단계이다. 평가를 통해서 사회복지사와 클라이언트는 사회복지사가 의도한 대로 서비스 계획을 수행하고 있는지, 그 목적이 달성되고 있는지를 결정할 수 있다. 평가에 근거하여 사회복지사와 클라이언트는 다른 문제를 변화시키고, 목적을 바꿀 수 있으며, 서비스 계획을 바꾸거나 다른 방식으로 계획을 수행할 수 있다(배은숙 외, 2013).

사회복지실천에서 평가가 중요한 이유는 다음과 같다(이영실 외, 2015).

(1) 사회복지실천의 효과성 측정

평가의 일차적 목적은 목표를 달성했는지를 측정하는 것이다. 원래 계획한 대로 서비스를 제공해서 결과에 도달했는지, 즉 목표의 달성 여부를 비롯하여 사회복지실천이 얼마나 효과적이었는지를 측정한다.

(2) 사회복지실천의 효율성 측정

사회복지실천의 효율성 측정은 목표달성에 투여한 자원에 따라 성과를 비교하는 것이다. 동일한 비용으로 높은 효과를 내었을 때 효율성은 증가한다.

(3) 자원 사용에 대한 책임성 입증

사회복지기관은 지원금, 후원금품에 대한 의존도가 높으며, 이로 인해 자원을 필요한 곳과 사용 용도에 맞게 사용되었음을 입증할 책임을 가진다.

(4) 클라이언트에 대한 책임성 이행

사례의 진행 정도에 대해 사회복지사 자신뿐만 아니라 지역사회와 클라이언트에게 알려줄 책임을 이행할 수 있다.

(5) 실천과정에 대한 모니터

클라이언트는 어떻게 반응하고 있는지, 계획했던 변화가 일어나고 있는지 등 변화과정에 대한 모니터를 할 수 있다.

(6) 사회복지사의 능력 향상

사회복지사가 실천 내용에 대해 점검하고 평가함으로써 성찰할 기회를 갖고 새로운 활동에 반영한다. 이를 통해 특정 문제나 클라이언트에게 효과가 있는 개입방법을 적용하게 되어 효과적인 개입을 가능하게 하며 사회복지사의 능력을 향상시킬 수 있다.

2) 평가의 유형

(1) 성과평가(결과평가, outcome evaluation)

성과(결과)에 대한 평가는 설정했던 목표들이 얼마나 달성되었는가를 평가하는 것으로, 양적 차원과 질적 차원 모두를 포함한다. 원하는 변화가 사회복지실천활동을 통해 얼마나 달성되었는가를 검증하기 위해 개입효과 검증을 한다. 많이 사용하는 평가방법은 단일집단 사전-사후 비교방법, 통제집단과 실험집단 비교가 있다.

① 단일집단 사전-사후 비교방법

단일집단 사전-사후 비교방법은 사회복지실천현장에서 많이 사용된다. 개입하기 전 문제 수준을 측정하고, 개입 후 다시 같은 방법으로 문제의 정도를 측정하여 개입 전후 문제의 수준이 변화하였는지 측정하여 변화를 개입의 결과로 본다, 개입 후 문제 수준이 감소하였다면 개입이 문제를 감소시키는 데 영향을 미쳤다고 판단한다. 즉, 개입의 효과성이 증명된다.

② 통제집단과 실험집단 비교

개입을 한 집단(=실험집단)과 개입을 하지 않은 집단(=통제집단)을 비교하여 그 차이를 개입의 결과로 추정하는 것이다. 통제집단과 실험집단 비교방법은 사회복지현장에서 사전-사후 비교방법에 비해 별로 활용되지 않는다. 왜냐하면 개입이 필요한 집단에 의도적으로 개입을 하지 않는 것은 사회복지윤리와 충돌하기 때문이다. 또한 두 집단 간의 차이를 개입의 결과라고 판단하기 위해서는 개입 이외에 다른 것은 영향을 미치지 않아야 하는데, 실제로 개입 이외에 다른 요인이 영향을 미치지 않는 경우는 거의 없기 때문이다.

(2) 과정평가(process evaluation)

과정평가는 사회복지실천과정을 분석하기 위한 것으로, 성과평가에서 간과하기 쉬운 프로그램의 준비, 진행, 종결과정에서의 환경적이 요인과의 관련성을 프로그램의 과정에 따라 분석하는 기법이다. 사회복지실천개입이 클라이언트에게 도움이 되었는지, 클라이언트가 원조과정을 어떻게 인지했는지를 평가하는 것이다. 원조과정에서 도움이 되었거나 방해되었던 기술과 사건에 대해 클라이언트에게 피드백을 통해 개선점을 파악한다.

과정평가의 핵심은 긍정적인 변화를 유발할 수 있는 일반적인 요소를 찾아 실천에 통합하고 치료적 효과를 향상시키는 것이다. 평가 내용에는 사회복지사가 목표 달성을 위해 사용한 방법이나 기법에 대해 피드백하는 것도 포함한다.

(3) 사회복지사 평가

사회복지사 평가는 실무자 평가라고도 한다. 개입과정 동안 사회복지사의 행동이나 태도 등이 개입에 어떠한 영향을 주었는지를 알아보기 위해 클라이언트로부터 피드백을 받는 것이다. 클라이언트의 긍정적 피드백은 사회복지사로 하여금 자기 강점을 더 잘 파악하게 하고 그것을 미래에 자주 활용하게 된다. 부정적인 피드백은 때로 고통스럽지만 사회복지사의 주의산만, 반치료적 행위나 태도, 매너리즘을 알려 준다는 점에서 매우 도움이 된다.

(4) 형성평가(formative evaluation)

형성평가는 개입과정에 대한 평가이다. 활동의 진행과정에서 개입을 부분적으로 수정·개선·보완하는 데 필요한 정보를 얻기 위하여 주기적으로 진전 상황을 평가하는 활동이다. 사회복지사가 과정을 검토하도록 하고, 필요한 경우에 개입계획을 수정할 수 있도록 한다. 이러한 의미에서 형성평가는 실천과정의 점검이라고 할 수 있다.

(5) 총괄평가(summative evaluation)

총괄평가는 활동이 종결되었을 때, 그 활동의 결과로서 산출된 성과와 효율성에 대하여 종합적인 가치판단을 하는 평가이다. 사회복지실천에서 개입(프로그램)이 종결되었을 때 그것의 효과성, 즉 목적 달성 여부와 관련하여 그 요인을 분석하는 것을 말한다. 이러한 면에서 형성평가와 대조된다. 개입 목표를 얼마나 잘 성취했는지를 평가하는 것으로 개입방법의 성과나 효과, 효율성과 효과성을 평가한다. 총괄평가의 단계 및 고려해야 할 요소들은 기관의 사명, 프로그램의 목적 및 목표, 프로그램 목표 달성 여부의 결정방법, 평가자료의 활용방법 등이다.

(6) 클라이언트 만족도 평가

개입기간 동안 클라이언트가 받은 서비스 혹은 프로그램에 대해 클라이언트의 의견을 구하는 평가방법이다. 개입 결과에 대한 클라이언트의 주관적 인식을 파악할 수 있을 뿐, 개입의 효과성을 측정하는 것은 아니다. 서비스나 프로그램 등 개입에 적극적으로 참여했거나 좋은 인상을 받은 클라이언트는 점수를 높게 주는 경향이 있고 서비스에 만족하지 못했거나 소극적으로 참여한 클라이언트는 조사에 응하지 않을 가능성이 크기 때문에 만족도 결과가 긍정적인 방향으로 치우질 가능성이 있다는 점을 유의해야 한다.

3) 평가기법

(1) 단일사례설계

단일사례설계는 클라이언트의 특정 문제나 표적의 변화를 관찰하기 위하여 개입 전, 개입 과정 그리고 개입 후에 걸쳐 반복적으로 측정하여 사회복지실천개입의 효과성을 평가하는 기법이다. 단일사례연구는 둘 이상의 실험집단을 사용하는 연구와 달리, 한 사람의 개인, 하나의 집단, 하나의 가족, 하나의 기관 등 하나의 클라이언트를 집중적으로 평가하는 데 사용하여 효과성을 평가한다. 개입 초기의 자료로 기초선을 설정하고 이를 활용하여 후속적인 변화를 측정함으로써 개입의 효과성을 평가한다.

(2) 목표달성척도(Goal Attainment Scale: GAS)

목표달성척도는 클라이언트가 개별화된 목표에 도달한 정도를 측정하는 평가도구이다. 목표를 설정한 후, 그 목표를 얼마나 달성했는지 목표달성을 측정하는 데 사용된다. 표준화된 척도와는 달리 측정을 위한 내용이 미리 정해져 있지 않고 클라이언트 개인 목표에 따라 자유롭게 정할 수 있는 장점이 있는데 이는 개별화의 원리에 부합된다. 또한 클라이언트와 사회복지사의 목표가 의미하는 바를 명확히 이해할 수 있게 하며, 목표달성 정도를 수치로 표시할 수 있는 장점도 있다.

표 12-1 목표달성척도의 예

목표달성 수준	목표 1	목표 2	목표 3
-2점(전혀 성과 없음)			
-1점(기대 이하의 성과)			
0점(기대했던 수준)			
1점(기대 이상의 향상)			
2점(최고의 수준)			

(3) 과제성취척도(Task Achievement Scale: TAS)

과제성취척도는 과제중심모델에서 개발된 것으로, 사회복지사와 클라이언트가 합의된 과제의 성취 정도를 평가하는 기법이다. 과제중심모델에서는 클라이언트의 문제를 해결하여 개입의 목표를 달성하기 위해 과제를 설정하고 이를 수행하게 되는데 사회복지사와 클라이언트가 합의한 과제가 실제로 달성되었는지를 측정한다. 일반적으로 각 과제의 진척을 기록하기 위해 4점 척도를 이용한다(4점: 완전히 성취됨, 3점: 상당히 성취되었지만 행동이 아직 필요함, 2점: 부분적으로 성취되었지만 해야 할 일이 상당히 남았음, 1점: 최소로 성취되었거나 성취되지 않았음). 과제성취척도는 과제의 달성 정도를 평가하는 것이지 의도나 노력, 동기를 평가하는 것은 아니라는 점에 주의해야 한다.

표 12-2 과제성취척도의 예

과업(과제)	성취 수준	등급
가정방문 서비스	5일 안에 시비스 제공 예정	4
밑반찬 배달 서비스	퇴원일로부터 밑반찬 배달 확정	4
첫째 아들 부부와 접촉	진천 없음 - 연락을 받지 않음	0

학습 정리

1. 종결은 사회복지사와 클라이언트 사이의 공식적인 분리를 의미하며, 이는 클라이언트에게 다양한 정서적 반응을 유발할 수 있다. 종결 단계에서의 과업은 적절한 종결 시기 결정, 정서적 반응 다루기, 효과 유지와 강화, 서비스 평가, 의뢰 등의 과정으로 이루어진다. 클라이언트와 사회복지사는 개입 목표가 달성되었는지 평가하고, 클라이언트가 문제해결의 기본 원칙을 이해하여 획득된 성과를 유지하고 일반화할 수 있도록 돕는다. 종결의 유형으로는 클라이언트에 의한 일방적 종결, 시간적 구속 요인에 의한 계획된 종결, 시간제한적 개입 모델에 의한 종결, 시간제한이 없는 개입 모델에 의한 종결, 사회복지사의 개인적 사정으로 인한 종결 등이 있다.
2. 평가는 사회복지실천 활동의 효과성과 효율성을 측정하기 위한 과정으로, 개입의 목표가 달성되었는지, 개입이 얼마나 효과적이었는지, 자원이 적절하게 사용되었는지 등을 평가한다. 평가의 주요 목적은 실천의 효과성 및 효율성 측정, 자원 사용에 대한 책임성 입증, 클라이언트에 대한 책임성 이행, 실천 과정에 대한 모니터링, 사회복지사의 능력 향상 등이다. 평가의 유형으로는 성과평가, 과정평가, 사회복지사 평가, 형성평가, 총괄평가, 클라이언트 만족도 평가 등이 있다. 이러한 평가들은 사회복지사가 실천 활동을 개선하고, 클라이언트에게 보다 나은 서비스를 제공하는 데 중요한 역할을 한다.

chapter 13

사례관리

학습목표

1. 사례관리의 등장배경을 이해한다.
2. 사례관리의 개념과 구성요소를 이해한다.
3. 사례관리의 과정을 이해한다.
4. 사례관리자의 역할을 이해한다.

미국에서 1970년대 후반부터 사회복지실천 방법의 하나로 인정받기 시작한 사례관리(case management)는 한국에서 2000년대 이후부터 주요한 실천 방법으로 부각되기 시작하였다. 최근에는 민간과 공공의 다양한 영역에서 사회복지 서비스의 주요한 방법으로 인식되기 시작하였다(권진숙·박지영, 2015).

민간 영역의 경우 1990년대 지역사회복지 중심으로 사회복지의 방향이 전환되고, 재가서비스의 확장이 이루어지던 시기(정순둘, 2005)에 주로 지역 단위 종합사회복지관을 중심으로 사례관리가 도입되었다. 현재는 노인, 장애인 복지 영역뿐만 아니라 지역아동센터, 의료복지, 여성복지, 건강가정, 다문화가족지원센터와 같은 가족 관련 시설에서도 사례관리는 필수 사업이 되고 있다.

공공 영역에서는 2006년 주민생활 지원 기능의 전달체계 개편 과정에서 전국 3,000여 개에 이르는 읍·면·동에서 동일한 매뉴얼로 사례관리를 수행하기 시작하였다. 현재는 시·군·구의 희망복지지원단에서 민간과 공공 인력을 확대 배치하여 사례관리를 수행하고 있다(민소영, 2015).

01 사례관리의 등장 배경

1970년대 이후 복합적인 욕구를 가진 인구의 증가와 탈시설화의 영향, 기존 서비스의 단편성, 사회적 지원체계와 지원망의 중요성 등 사회복지를 둘러싼 사회경제적 상황이 변화되기 시작했다. 이러한 환경적 변화 속에서 중복적인 문제와 욕구를 가진 클라이언트에게 적절하게 서비스를 제공할 수 없는 지역사회 여건에 대한 반성과 대책으로 사례관리의 필요성이 부각되기 시작하였다.

그러나 또 다른 현실적 측면에서는 신자유주의 기조의 도래와 더불어 1990년대 중반부터 정착·확대된 사회복지기관 평가, 사회복지비용의 효율성을 도모하고자 하는 이른바 '맞춤형 복지', '통합적 서비스', '중복 서비스 방지' 등 사회복지 서비스에 대한 비용 통제적 기조의 반영, 그리고 사회복지사의 전문직 정체성을 도모할 수 있는 새로운 접근방법에 대한 갈증 등을 그 배경으로 볼 수도 있다(권현수, 2016).

사례관리의 등장 배경에 대하여 목슬레이(Moxley, 1989/2004)는 크게 다음의 여섯 가지로 요약하여 설명하고 있다. 첫째, 탈시설화의 영향, 둘째, 서비스 전달의 지방분권화, 셋째, 복합적 욕구를 가진 인구의 증가, 넷째, 기존 서비스의 단편성, 다섯째, 사회적 지원체계와 지지망의 중요성 인식, 여섯째, 대인 서비스의 효과성과 비용 억제에 대한 인식의 증가 등이다(최영대, 2014).

1) 탈시설화

탈시설화란 사례관리의 필요성이 강조된 가장 중요한 배경으로서 클라이언트가 가족 및 지역사회와 분리되어 대규모 수용시설이나 병원의 입원시설을 이용하던 시설보호의 방식에서 벗어나 다시 가족과 지역사회로 돌아오는 것을 말한다. 시설보호는 대규모 수용시설에서의 경우, 시설수용자들에게 그들의 가장 의미 있는 환경체계인 가족 및 지역사회와 격리시키는 결과를 초래하여 지역사회 환경과의 상호작용을 차단시켰으며, 점차 지역사회로의 복귀를 불가능하게 만드는 문제를 야기하였다. 그 결과, 각 시설·기관·단체의 한계를 넘어서는 패키지 서비스(package service) 형태의 서비스를 요구하게 되었다.

이 같은 상황에서 사례관리자는 각 조직의 경계를 넘어 다양한 서비스들이 동시에 이루어질 수 있는 장치를 제공함으로써 다양한 도움을 주게 된다. 동시에 이와 같은 통합적인 사례관리가 이루어지려면, 클라이언트의 욕구를 전체적이면서 체계적으로 사정하고, 이에 부응할 수 있는 사례관리자와 팀이 필요하다. 따라서 탈시설화된 클라이언트를 지역사회 내에서 지속적으로 보호 및 관리할 수 있는 방법으로 대두된 실천 모델이 바로 사례관리라 할 수 있다(권진숙·박지영, 2015).

이러한 탈시설화의 영향으로 지역사회에 기반을 둔 서비스의 중요성이 강조되었지만 서비스의 포괄성과 통합성의 부족으로 클라이언트의 욕구를 제대로 충족시키지 못하였다. 이러한 이유에서 그들의 욕구를 충족시킬 수 있는 포괄적이고 통합적인 서비스 제공의 필요성이 제기되었고, 어느 한 전문가나 기관이 일괄적으로 서비스를 연결·통합·조정할 수 있는 사례관리가 등장하게 되었다(이근홍, 2015).

2) 서비스 전달의 지방분권화 영향

사회복지 서비스가 중앙집권적인 서비스에서 지방분권적인 서비스로 전환되기 시작한 것은 비교적 최근의 일이다. 이러한 사회복지 서비스 전달의 지방분권화는 사회복지 서비스가 중앙집권적 서비스에서 지방분권적으로 전환되기 시작한다는 것을 의미한다.

미국의 경우 1975년 「사회보장법」의 개정으로 제20조에서 연방정부와 주정부, 지방자치단체 간의 책임 분담이 새롭게 설정되었고, 1980년대에는 신보수주의를 표방하는 레이건 행정부가 등장하면서 사회복지 서비스의 전달체계가 중앙정부에서 지방정부로 이전되는 획기적인 변화가 나타나면서 이러한 현상은 미국 외의 다른 복지 선진국에서도 일반적으로 나타나기 시작했다.

그러나 지방을 중심으로 전개된 서비스들은 서비스들 사이의 통합을 위한 제도적 장치와 서비스 제공기관들 간에 조정을 위한 장치를 거의 갖지 못한 채 이루어졌다. 그렇기 때문에 클라이언트와 가족의 입장에서는 분산되고 단편화된 지역사회 수준의 서비스를 이용하기가 어렵게 되어, 엄청난 부담으로 작용하였다.

따라서 사회복지 서비스의 지방분권화에 따른 부정적인 측면을 보완하기 위해, 각 기관들의 서비스를 조직화하고, 클라이언트의 욕구를 통합적으로 충족시킬 수 있는 서비스 전달체계, 즉 사례관리의 필요성이 요구되었다.

3) 복합적 욕구를 가진 인구의 증가

인구의 고령화와 더불어 외상·치매노인, 신체적·정신적 허약 노인, 장애인들이 증가함에 따라 타인으로부터 보살핌과 보호를 필요로 하였다. 이러한 일들은 전통적으로 주로 가족 구성원에 의해서 해결되어 왔다. 그러나 핵가족화와 여성들의 사회 참여 등으로 가족의 케어 기능이 급속하게 저하되면서 케어의 사회화 요청이 강해졌지만, 이러한 형태의 지속적인 케어 서비스에 대한 사회적 욕구의 증가가 적절한 서비스로 전환되는 사회적 지원체계는 미약한 실정이다. 이와 같이, 복합적이고 장기적인 욕구를 가진 이용자가 점점 증가하고 있음에도 불구하고 이들을 위한 사회적 자원의 동원 및 자원과의 연계와 조정이 부족하여 그들의 욕구를 제대로 충족시키는 데 한계가 있다. 따라서 이용자의 증가와 더불어 다양화·복합화·장기화되고 있는 욕구를 충족시키고, 그들이 지역사회 내에서 원만히 적응할 수 있도록 하기 위해 필요한 서비스를 개발하고 조직화, 체계화를 통한 효율적인 동원의 필요성이 제기됨에 따라 사례관리가 등장하게 되었다.

4) 클라이언트에게 통합적이고 체계적인 서비스 제공의 필요성

클라이언트 중 상당수는 복합적인 욕구로 인해 다른 기관의 책임으로 여겨지는 보호가 필요할 때, 그들과 조정이 용이하게 이루어지지 않아 실패하는 경우가 종종 있다. 클라이언트의 다양한 욕구가 하나의 통합된 체계 속에서 분명하게 취합되고, 성취되기 위해 각 정부조직이 협조적으로 활동하려고 할 때조차도 기존의 정해진 규정을 넘어선 운영을 해야 하는 것은 현실적으로 어려운 일이다. 이와 같이 각 체계 및 자원 간에 통합이 이루어지지 못했을 때, 서비스의 단편화가 발생하게 된다. 따라서 이러한 상황에서 사례관리자는 범주별 체계 속에서 클라이언트의 욕구가 차단되거나 방해받는 것을 막을 수 있도록 서비스 제공자들과 함께 연계하여 일하는 데 목적을 두고 노력해야 한다(권진숙·박지영, 2015).

이처럼 대인 서비스가 통합되지 못하고 서비스가 단편적으로 이루어지는 상황에서 클라이언트의 욕구는 충족되지 못하고, 문제해결은 형식화되거나 방치되기 쉬워진다. 그러므로 서비스 공급자들이 서비스의 단편성과 범주적인 분류에서 벗어나서 상호작용할 수 있도록 하는 사례관리의 필요성이 강력하게 대두되었다(최영대, 2014).

5) 사회적 지원체계와 지지망의 중요성에 대한 인식 증가

사회적 지원체계와 지원방식이 클라이언트의 건강이나 지역사회 생활 향상을 위해 중요한 영향을 미친다. 하지만 공적인 서비스와의 통합이나 연계·조정이 제대로 이루어지지 않았을 경우에는 역기능적인 결과를 초래할 수 있다.

따라서 사례관리자는 대인 서비스를 제공하는 공식적 전문가와 비공식적 지지를 제공하는 개인이나 집단 간에 우호적인 관계를 형성하도록 조정하는 데 중요한 역할을 담당한다. 공적으로 제공되는 서비스와 비공식적인 사회적 지원체계에 의해 제공되는 서비스에는 양적·질적 면에서 많은 차이가 존재한다는 것을 인식하면서도 공식적이고 전문적인 서비스와 비공식적인 사회적 지지체계와 사회적 지원망을 통합하고 조정하려는 사례관리가 필요하다.

6) 대인 서비스의 효과성 제고와 비용 억제에 대한 인식의 증가

대인 서비스에 있어서 비용을 억제해야 한다는 필요성에는 두 가지 의미가 포함되어 있다. 첫째, 결핍된 자원 내에서 서비스의 효과를 최대화하려는 측면이고, 둘째, 서비스의 전달에 소요되는 비용을 축소하려는 측면이다.

사실 사회적 서비스에 대해서는 어느 시대, 국가를 막론하고 자원의 부족 문제로 인한 서비스의 효과성에 대한 문제 제기가 항상 중요한 쟁점으로 부각되어 왔다. 특히 이러한 쟁점은 '복지국가 위기'라는 분위기 속에서 선진국을 중심으로 다시 나타나게 되었다. 이러한 노력은 대인 서비스가 지역사회에 기반을 두고 포괄적으로 제공되며, 클라이언트와 비공식 지원체계와의 연결을 촉진시키며, 클라이언트에게 서비스가 효과적, 효율적으로 제공되도록 하는 방향으로 대인 서비스의 전달 방식을 변화시키게 되었다. 그 결과, 대인 서비스의 비용을 절감하기 위한 노력은 비공식 지원체계에서 클라이언트를 적절히 보호할 수 있도록 하며, 서비스의 조정을 통하여 서비스의 비용 효과성을 증진시킬 수 있게 하는 지역사회에 기반을 둔 새로운 서비스 전달 방식인 사례관리가 등장하게 된 배경이 되었다(이근홍, 2015).

보호의 총체적 계획을 관리하고 지역사회 기관들로부터 서비스 구입을 인가하는 권한을 가진 사례관리자는 효과적인 서비스 전달을 최대화하려고 노력하는 동시에, 비용을 억제하려는 수단으로 사례관리를 활용해야 할 것이다. 실제로 비용 효과 문제, 즉 효율성 문제를 증명하려는 노력은 다양한 연구를 통해 이루어졌지만, 전반적인 연구 결과는 전통적인 서비스 제공을 위해 지출된 비용을 줄이는 것 외에는 성공적이지 못한 것으로 평가되고 있다(권진숙 외, 2012).

02 사례관리의 개념과 구성요소

1) 사례관리의 개념

사례관리의 개념에 대해서는 학자나 국가별로 그 정의하는 내용이 조금씩 다르다. 사례관리는 학자들에 따라 다양하게 정의되어 왔고, 비전문적 활동에서 전문적 활동에까지 또는 미시적 차원의 치료적 개입방법에서 거시적 차원의 자원 조정 방법에 이르기까지 구체적인 정의가 합의되지 않은 채 사회복지실천 영역에 적용되어 왔다. 즉, 사례관리 개념을 초창기에 소개한 연구들에서는 사례관리 개념이 가지는 무정형성을 제대로 다루지 않은 채, 서구의 선행 연구들을 기초로 개별 연구자들마다 다양한 방식으로 개념 정의를 시도하였다.

오코너(O'Connor, 1988)는 사례관리에 대한 용어 및 개념상의 혼란이 있는 이유를 사례관리 활동 수준의 다양성을 고려하지 않기 때문이라고 하면서, 체계 내에 다양한 수준의 서비스 제공자가 존재하며 이들은 각기 사례관리의 다양한 측면을 선택적으로 반영하고 있음을 지적하였다.

국내에서도 사례관리를 중심으로 한 다수의 연구들이 진행되고 있고 점차 많은 사회복지기관들이 이것을 프로그램이나 단위사업으로 채택하여 실시하고 있지만 아직도 사례관리의 정의는 합의에 이르지 못하고 있다. 이는 사례관리가 다양한 클라이언트 집단에 대하여 서비스를 제공하는 기관마다 제각기 다른 형태의 방법을 사용하고 있어 일관되거나 통일된 형태의 서비스 전달 방식으로 보기 어렵기 때문이다. 따라서 기존 관련 문헌에서의 여러 가지 사례관리에 관한 정의는 다양한 사례관리의 특성을 부분적으로 묘사하거나 혹은 잠정적 규정의 형태에서 만족하는 수준에 그치고 있다. 이런 점을 염두에 두고 사례관리의 정의를 살펴보면 다음과 같다.

먼저, 오혜경(1995)은 사례관리의 개념을 정형화된 개념이 아니라 발전 과정이나 역사 속에서 실천 기법과 실천 모델에 따라 다양하게 정의된다고 하였다. 서구학자들이 정의한 사례관리의 개념을 다양하게 소개하면서, 사례관리를 다음과 같이 정의하였다.

> "복합적이고 장기적이며 다양한 욕구를 가지고 있는 클라이언트를 대상으로 하여 개별적인 상황에 따른 원조 계획을 세워 클라이언트 자신의 자원뿐만 아니라 가족, 친구, 이웃 등의 비공식적 자원, 그리고 공식적 자원 등과 연계하여 대응케 함으로써 클라이언트의 복지 추구와 기능 강화, 서비스 효과성을 증진시키기 위해 여러 가지로 전문 분화된 공사의 제반 서비스를 적절하게 조정하는 서비스 체계로 설명할 수 있다."
>
> (오혜경, 1995)

구체적으로 살펴보면 주로 1980년대 논의된 서구의 사례관리 개념들을 소개하면서, 이러한 내용을 바탕으로 사례관리 개념을 사례관리 실천의 대상, 목적, 수단(방법) 중심으로 재정의하였다. 즉, 사례관리의 대상은 복합적이고 장기적이며 다양한 욕구를 가진 클라이언트이며, 사례관리의 목적은 클라이언트의 복지 추구와 기능 강화, 서비스 효과성을 증진시키는 것이며, 사례관리의 방법은 클라이언트의 개별 상황에 대한 개별적 원조 계획을 수립하고 클라이언트 자신의 자원과 비공식 자원의 연계를 통해 제반 서비스를 조정하는 것으로 정의하였다.

반면 장인협(1995)은 사례관리란 다중적인 문제를 가진 개별 클라이언트의 욕구에 초점을 두고, 기관의 목적보다는 소비자(클라이언트)의 목적에 기반을 둔다는 점을 강조하였다. 즉, 사례관리란 프로그램에 기반을 둔 서비스라기보다는 개별화된 서비스 계획에 기반을 둔 클라이언트 중심적인 실천이라는 것이다.

2000년대에 들어서면서 사례관리 개념은 연구자마다 조금씩 상이한 방식으로 정의되기 시작하였다. 정순둘(2005)은 이전 연구자들과 유사하게 서구 문헌에 등장하는 사례관리 개념을 소개하면서도, 이를 토대로 좀 더 포괄적인 방식으로 사례관리 개념을 정의하였다.

> "사례관리란 한 사람의 사례관리자가 복합적인 욕구를 가진 클라이언트에게 다양한 서비스 자원 또는 공급체계를 연계시켜 클라이언트가 사회생활상의 어려움을 극복할 수 있도록 돕는 사회복지실천의 한 방법이다. 이를 위해 사례관리자는 일련의 과정을 통해 직접적 서비스 제공 기능과 서비스 제공자들 간의 연계 활동 기능을 수행하게 된다." (정순둘, 2005)

즉, 사례관리의 대상은 복합적 욕구를 가진 클라이언트이고, 사례관리의 목적은 생활상의 어려움을 극복하도록 돕는 것이며, 이를 위해 직접 서비스 제공과 간접 서비스 제공이 통합적으로 이루어져야 함을 강조함으로써 사례관리를 사회복지실천의 한 방법으로 정의하였다.

권진숙과 박지영(2015)은 "사례관리란 생태체계적 관점을 기반으로 만성적이고 복합적인 문제를 가진 개인 및 가족과 함께 일하면서, 그들과 자원 제공자들의 기능을 향상시키고자 하는 것이며, 이를 통해 환경 속에서 자신에게 필요한 서비스와 자원을 스스로 획득하고 사회적 기능을 원활히 수행할 수 있도록 돕는 통합적 접근방법이라고 하였다. 이를 위해 사례관리자는 크게 두 가지 측면, 즉 임상 및 치료적 측면과 행정, 특히 조정 및 옹호 측면에 관심을 가져야 한다."고 하였다.

박미은 등(2011)은 『사례관리 실천 매뉴얼』에서 사례관리를 "복합적이고 만성적인 욕구가 있는 클라이언트 및 그 가족을 대상으로 그들의 사회적 기능 회복 및 삶의 질 향상을 위해 협력적 운영체계를 기반으로 체계적인 사정과 지역사회자원을 활용하여 지속적이고 효과적으로 사회복지 서비스를 제공하는 통합적인 실천 방법"이라고 하였다.

이상에서 살펴본 바와 같이 간접적 서비스 차원에서의 사례관리는 서비스 연계와 서비스 조정의 개념을 강조하여 사례관리를 정의하고 있다. 즉, 사례관리는 서비스 전달체계의 접근이 어려운 복합적·만성적 욕구를 지닌 클라이언트에게 서비스의 연계와 조정으로 클라이언트의 다양한 욕구를 충족시킬 서비스의 제공을 보장하고자 한다. 또한 직접적 서비스 차원에서의 사례관리는 클라이언트 및 가족과 사례관리자가 맺는 치료적이고 지속적인 원조관계가 기본 바탕이 되며, 이 관계를 중심으로 클라이언트의 문제해결 과정이 진행되고 사례관리자는 원조 관계의 유지와 발전을 위해 치료적이고 직접적인 서비스를 수행한다.

요컨대 다수의 학자들은 사례관리를 서비스 전달체계의 문제를 해결하는 방식으로 개념을 정의하는 경향이 있는데, 이러한 정의에는 다음의 두 가지 측면이 강조된다. 첫째, 사례관리는 사회복지실천의 측면에서 다양한 실천 방법 중 하나라는 것이다. 사례관리는 현장 사회복지사들이 클라이언트의 문제를 해결하기 위해 활용할 수 있는 다양한 실천 방법 중 최근 가장 널리 시도되고 있는 통합적 실천 방법으로 인식할 필요가 있다. 둘째, 서비스 전달의 측면에서 사례관리는 서비스의 지속성과 통합성을 강조하는 새로운 서비스 전달 방식이라는 것이다.

2) 사례관리의 구성요소와 주요 개념

일반적으로 사례관리를 구성하는 요소로는 사례관리의 대상자(클라이언트), 사례관리기관 또는 조직, 사회자원 및 사회적 관계망, 그리고 이들을 종합적으로 관리하는 사례관리자가 있다.

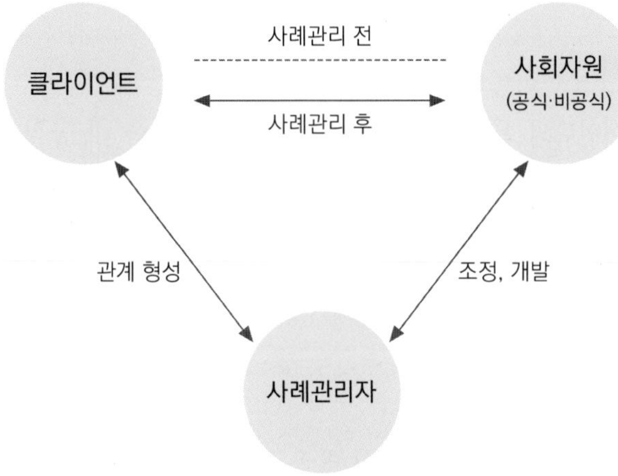

그림 13-1 사례관리의 구성 요소

출처: 이채식 외(2023). 사회복지 사례관리.

사례관리는 서비스와 자원을 이용하고 접근하는 데 있어 가능한 한 클라이언트 자신의 생활기술을 증진시키는 것을 강조한다. 사례관리에서 강조하는 주요 개념에 대해 살펴보면 다음과 같다.

(1) 상황 속의 인간(PIE)

사례관리는 체계이론에서 강조하는 '상황 속의 인간'의 개념을 소개하면서 주변 환경이 클라이언트의 문제에 어떠한 방식으로 작용하는가에 대한 중요성을 강조한다. 즉, 사례관리에서는 클라이언트가 환경과 상호작용을 원활하게 할 수 있도록 자원과 서비스를 연계·지원해야 한다.

(2) 사례관리의 대상자(클라이언트)

사례관리는 다른 어떠한 개념보다도 클라이언트에 대한 정확한 사정과정을 통해 서비스 계획의 수립과 서비스 제공과정을 강조한다. 지역사회 중심에서 클라이언트의 권익을 옹호하고 자원을 동원하는 개념을 강조하며, 단순히 환자의 개념에서 벗어나 소비자 중심의 당사자 개념을 유념할 필요가 있다.

(3) 서비스 전달체계

사례관리는 클라이언트의 욕구를 충족시키기 위해 지역사회 내 공식적 전달체계와 비공식적 전달체계의 통합적 접근을 통해 클라이언트의 기능을 최대한 향상시켜야 한다. 사회복지사는 효율적인 서비스 전달체계가 제 기능을 발휘할 수 있도록 잠재된 자원을 발굴하고 지지적인 자원으로 유도하는 능력을 키워야 한다.

(4) 통합적인 실천 서비스

사례관리는 클라이언트의 복잡하고 다양한 욕구에 대해 단편적인 서비스에서 벗어나 총체적이고 통합적인 실천 서비스를 제공할 수 있어야 한다. 특히 사례관리는 위기상황에 처해 있는 클라이언트에게 다양한 전략을 통해 장기적인 문제를 해결할 수 있게 해야 한다.

(5) 서비스 개별화

사례관리는 클라이언트의 개별화 원칙에 따라 신체적·정신적·사회적 상황에 맞는 욕구를 적절하게 개발하여 서비스 계획을 수립할 필요가 있다.

(6) 서비스 지속성

사례관리는 클라이언트에게 제공하는 서비스가 일회적이거나 단편적이지 않고 지속적이면서 연속적인 특성을 지녀야 한다고 강조한다.

(7) 서비스 접근성

사례관리는 클라이언트에게 제공하는 서비스가 좀 더 쉽게 접근할 수 있어야 한다고 강조한다. 클라이언트가 이용하는 서비스에 장애요소(심리적, 사회적, 경제적, 물리적 등)가 있는지 점검하고 접근성을 높이는 데 노력해야 한다.

3) 사례관리의 특징

사례관리의 특징은 다음과 같다.

① 사례관리는 클라이언트를 위한 지역사회복지실천의 노력과 직접적인 서비스 실천인 개별접근이 혼합되어 있는 실천이다.

② 사례관리가 기존의 전통적 개별사회사업과 다른 점은 기관의 서비스와 프로그램에 기초한 서비스 제공이라기보다 클라이언트의 욕구에 초점을 두고 기관의 범위를 넘어서 지역사회 차원에서 보다 적극적인 서비스 제공과 점검을 강조한다는 것이다.

③ 클라이언트를 위한 원조활동의 조정 절차는 기관 내의 많은 사회복지사들이 전문적인 팀워크를 기반으로 이루어진다. 그러므로 클라이언트에게 제공되는 서비스의 범위를 넓혀 준다.

④ 서비스와 자원을 접근하고 이용하는 데 있어서 가능한 한 사례관리는 클라이언트 자신의 생활기술을 증진시키기 위해 노력한다. 그뿐만 아니라 사례관리는 복지서비스 제공자들의 역량을 발전시키는 데에도 관심을 둔다.

⑤ 가능한 한 가장 효율적인 방법으로 서비스와 자원이 전달되도록 하고, 동시에 서비스의 효과성을 증진시키도록 한다.

03 사례관리의 과정

사례관리의 개입과정은 접수, 사정, 계획, 실행, 점검, 평가 및 재사정, 결과 평가로 나뉜다. 7가지 과정에 대해 살펴보면 다음과 같다(노혁, 2014).

1) 접수 단계

사례관리에서 접수 단계는 사회복지사가 클라이언트를 분류하는 첫 단계이다. 클라이언트가 발굴되는 유형은 크게 세 가지에 의해 결정된다. 첫째, 자발적인 참여에 의한 사례이다. 둘째, 가족, 친구, 친족 및 사회복지 관련 기관 등에 의한 의뢰 사례이다. 셋째, 사회복지 관련 기관 등의 아웃리치(out-reach) 사례이다. 사회복지사는 클라이언트가 자발적인 참여에 의해 발굴된 유형이 가장 적극적인 참여의지를 지닌다고 분석할 수 있지만, 클라이언트가 나타낼 수 있는 심리적인 안정을 통해 긴장감, 불안감 등이 제거된 편안한 상태에서 효과적인 접수 단계에 몰입할 수 있도록 지지적인 입장을 취해야 한다.

2) 사정 단계

사정 단계에서 사회복지사는 클라이언트의 심리사회적인 욕구에 초점을 두면서 클라이언트의 욕구, 자원 등을 파악하고 통합적인 접근을 통해 유기적인 상호작용을 할 수 있도록 해야 한다. 특히 사회복지사는 클라이언트의 문제 지향적인 접근을 탈피하여 욕구 지향적인 접근에 초점을 맞추고, 클라이언트 및 그 가족이 지니고 있는 자원, 강점, 역량 강화, 장애물 등을 구체적으로 파악하여 분석하는 다차원적인 사정을 해야 한다.

사회복지사가 이 사정 단계에서 분석하고 접근할 영역은 다음과 같다.

- 클라이언트의 욕구를 사정한다.
- 욕구에 대응하고 반응하는 클라이언트의 능력을 사정한다.
- 클라이언트를 둘러싼 사회적 지원체계를 사정한다.
- 공식적 지원체계에 대한 사정을 한다.
- 자원에 접근하는 데 있어 장애물이 무엇인가를 사정한다.

3) 계획 단계

사례관리의 계획 단계에서 사회복지사는 클라이언트가 지니고 있는 욕구와 동원 가능한 자원들을 연결하는 구체적인 계획을 수립하여야 한다. 즉, 계획 단계에서는 클라이언트의 욕구, 그 욕구를 충족시키는 목표 달성에 필요한 자원 및 서비스, 지지체계 등의 유기적인 합의를 도출하는 단계이다.

사회복지사가 계획 단계에서 분석하고 접근할 영역은 다음과 같다.

- 욕구 영역을 우선 순위화
- 클라이언트 목표의 명확화
- 목표 달성을 위해 클라이언트에게 필요한 서비스와 자원을 연결
- 목표에 따른 서비스 지원에 참여할 전문가와 사회적 지지망의 구성원들을 결정하고 역할과 행동을 구체화하는 전략 수립
- 각각의 목표와 관련한 시간 배분
- 일련의 활동 속에서 클라이언트의 삶 변화를 파악하고 기대되는 변화를 계획 속에 포함

4) 실행 단계

실행 단계는 사회복지사가 클라이언트의 욕구 충족을 위해 직접적인 개입과 간접적인 개입으로 크게 구분하여 접근한다.

(1) 직접적 개입

사례관리의 직접적 영역에서 사회복지사가 클라이언트의 역량 강화에 집중하는 개입 활

동이다. 사회복지실천 영역에서 사회복지사는 클라이언트의 강점 관점 차원에서 접근해야 하며 무력감과 불안감, 긴장감을 해소할 수 있도록 접근한다. 직접적인 개입은 클라이언트의 문제해결 능력, 상황대처 능력 등에 맞추어 클라이언트의 역량을 최대한 강화하는 기술을 사용해야 한다.

(2) 간접적 개입

사례관리 모델의 간접적 영역에서 사회복지사는 클라이언트의 서비스체계가 긍정적인 지지체계로 작동할 수 있도록 개입한다.

- 클라이언트 개인적 관점에서의 개입을 한다.
- 조직적 수준의 변화를 한다.
- 환경적 개입을 한다.
- 지역사회 역량 강화를 한다.
- 욕구 영역을 우선 순위화한다.
- 클라이언트 목표를 명확히 한다.

간접적 개입을 하는 사회복지사의 역할은 중개자, 연결자, 조정자, 옹호자 등의 역할을 수행하면서 클라이언트의 욕구에 반응하는 전략을 위해 노력해야 한다.

5) 점검 단계

점검(monitoring) 단계에서 사회복지사는 클라이언트의 서비스 계획이 적절하게 이루어지고 있는가를 검토한다. 즉, 사회복지사는 클라이언트에 대한 서비스 계획상의 변화와 성취 정도 등에 대해 점검하면서 '실질적 측면'과 '질적인 측면'으로 구분하여 점검한다. 점검 단계는 클라이언트에게서 확인된 욕구에 대하여 질적 및 양적 기준이 합치된 서비스가 어느 정도로 효과적으로 제공되는지에 대해 과정상의 피드백이 필요하다.

6) 평가 및 재사정 단계

평가 단계에서 사회복지사는 클라이언트의 서비스 계획, 각 구성요소, 활동 등이 초기의 목표에 맞게 제공되고 있는지를 측정하는 내용이 필요하다. 따라서 사회복지사는 서비스 내용과 개입 계획, 목표 달성 여부, 효과성 평가, 클라이언트의 만족도 등에 대한 평가를 해야 한다. 그 다음 사회복지사는 재사정 단계에서 평가 단계를 통해 도출된 클라이언트의 욕구에 따른 부적응성이 나타난 경우 재사정과정을 통해 재접근할 수 있는 내용상의 단계가 요구된다.

7) 종결 평가 단계

종결 평가 단계에서 사회복지사는 클라이언트의 사례관리 목표가 얼마나 달성되었는지를 점검해야 한다. 클라이언트의 일상생활 상태 및 제 기능상의 변화를 측정하고 당초 사례관리 이전의 단계와 이후의 단계상의 변화 내용도 포함해야 한다.

04 사례관리자의 역할

사례관리자는 다양한 서비스 공급 주체에 의한 사회자원을 클라이언트가 활용하여 욕구를 충족해 나갈 수 있도록 촉진하고, 조정하고, 연계시켜 나감으로써 클라이언트의 능력을 향상시키고 서비스 공급 주체들의 능력 또한 발전시키는 것이 사례관리자의 역할이다(Moxley, 1989/2004).

1) 사례관리자의 기본적 역할

구체적인 사례관리자의 역할은 다음과 같다(엄명용 외, 2020).

첫째, 사정자로서의 사례관리자는 클라이언트의 약점, 역기능, 질병, 결함, 증상 등과 같은 부정적인 요소보다는 강점, 능력, 성장과 발전의 가능성, 건전한 기능, 자원, 잠재력 등의 긍정적인 요소에 중점을 두고 그들의 욕구를 수집하고 분석하며 종합한다.

둘째, 계획자로서의 사례관리자는 클라이언트의 욕구를 충족시키기 위한 사례 계획, 치료, 서비스 통합, 기관의 협력 및 서비스 망을 설계한다.

셋째, 상담자로서의 사례관리자의 업무는 클라이언트에 대한 이해를 발전시키고 클라이언트가 스스로 지지망과 같은 자원을 개발하고 유지하는 방법을 알 필요가 있다는 사실을 가르치는 것이다.

넷째, 중개자로서의 사례관리자는 클라이언트가 필요로 하는 자원을 소정의 사회기관으로부터 제공받지 못하거나, 지식이나 능력이 부족하여 다른 유용한 자원을 활용하지 못할 경우에 다른 유용한 자원과 클라이언트를 연결시킨다.

다섯째, 조정자로서의 사례관리자는 클라이언트의 문제와 원조자들로부터 도움이 필요한 욕구를 사정하고, 원조를 수행하는 과정에서 클라이언트의 욕구와 자원과의 관계, 클라이언트와 원조자들 간의 관계에서 필요한 조정과 타협의 책임이 있다. 사례관리자는 계획을 수립하고 클라이언트가 원조자들과 효과적인 접촉을 할 수 있도록 돕는다. 필요하다면, 사례관리자는 갈등을 감소시키고 지지망의 효과성을 증진시키기 위해서 원조자들과 의사소통을 한다.

여섯째, 평가자로서의 사례관리자는 프로그램의 효과성, 효율성 및 비용-효과성을 검토하기 위하여 사례관리 과정 전반에 관한 정보와 자료를 수집하고 분석한다. 평가에서 사례관리자는 개별 클라이언트, 담당 사례, 서비스 계획, 서비스 전달체계, 서비스 활동 및 지원체계의 효과성을 분석한다.

일곱째, 옹호자로서의 사례관리자이다. 대체로 사례관리가 필요한 클라이언트들의 경우, 스스로 자신을 대변하고 옹호할 수 있는 능력이 부족한 경우가 많다. 또한 이들 클라이언트들에게 필요한 자원이 제대로 공급되지 않거나, 존재하지 않는 경우가 많다. 이때, 사례관리자는 클라이언트를 대변하여 그들의 욕구 사항을 찾아내어 표면화하고, 가능한 한 자원이 적절히 공급될 수 있도록 노력하는 등 클라이언트의 옹호자로서 활동한다.

2) 직접적·간접적 서비스 기능

사례관리자의 기능은 직접적 서비스 기능과 간접적 서비스 기능으로 구분되며, 각 기능별 사례관리자의 역할은 다음과 같다(이종복 외, 2007).

(1) 직접적 서비스 기능

사례관리자의 직접적 서비스 기능은 클라이언트의 역량을 강화하는 방법들을 제공하는 역할을 말한다. 즉, 클라이언트가 자신의 욕구를 충족시킬 수 있는 능력을 강화하도록 원조하여 사례관리의 효과성을 증진하는 것이다.

초기의 사례관리자의 역할은 직접적인 서비스 제공자가 아닌, 다양한 서비스 프로그램들 간의 조정적인 역할을 하는 것으로 시작되었다. 그러나 사례관리자가 클라이언트를 직접적으로 만나지 않고는 이들을 사정하고, 서비스를 연계시키는 일에 한계가 있다는 것을 알게 되었다. 따라서 클라이언트의 욕구에 맞는 서비스를 끝까지 책임지고 제공하는 역할까지 확대되었다(김통원 외, 1998).

사례관리자의 직접적 서비스 기능에 대해 목슬레이(1989/2004)는 실행자의 역할, 교사·지도자의 역할, 안내자·협력자의 역할, 진행자의 역할, 정보 제공자의 역할, 지지자의 역할 등을 제시하고 있으며, 각각의 역할은 사례관리자가 정한 방향과 클라이언트의 주체적 판단에 의해 변화된다고 하였다.

(2) 간접적 서비스 기능

목슬레이(1989/2004)는 사례관리자가 사용할 수 있는 간접적 서비스의 전략으로 중개, 연계, 조정, 권리 옹호, 사회적 지지망 구축, 기술적 지원과 자문 등의 여섯 가지 방법을 제시하면서 클라이언트에 대한 서비스 지원 계획을 바탕으로 이러한 전략이 활용될 수 있음을 강조하였다.

중개란 클라이언트를 지역의 기관과 자원에 연결함으로써 서비스 지원 계획을 실행하는 것이다. 사례관리자는 서비스 지원 계획에서 정해진 서비스 공급이 가능한 기관과 지역사회 자원을 선택·연결하는 중개를 한다. 이때 효과적으로 중개하기 위해서는 서비스의 이용 가능성, 적절성, 수용성, 접근성, 서비스 수급자의 자격 기준, 서비스의 질, 서비스 공급자의 역량, 서비스 공급자의 동기, 기관이 공급하는 서비스의 범위에 대한 지식 등 자원에 대한 상세한 정보 획득이 필요하다.

① 연계

연계란 클라이언트를 원조함에 있어서 장애 요소를 제거하고 문제해결을 위해 필요한 서비스와 연계시키기 위한 전략이며, 클라이언트의 중요한 정보와 함께 의뢰를 통해 이루어진다.

② 조정

조정은 클라이언트의 입장에서 서비스를 조정하는 것으로, 그 목적은 지지망의 구성원에 의한 서비스가 조화롭게 실행되도록 하는 것이다. 사례관리자는 서비스 조정 과정에서 정보교환과 모니터링, 능력 개발, 적응 촉진, 네트워킹의 기술을 사용하며, 조정자로서 사례관리자는 서비스 목표를 달성하기 위한 기구를 조직하고 유지함으로써 클라이언트에게 필요한 지지망 활동을 촉진한다.

③ 권리옹호

권리옹호는 사례관리자가 기관의 결정자보다는 약자의 입장에 있는 클라이언트의 욕구를 그 기관에 대행하는 역할을 수행하는 것을 말한다. 권리옹호 전략의 목표는 클라이언트의 원조를 거부하는 기관과 대결하여 협상하고 클라이언트를 원조할 수 있는 동기를 가지게 하는 것이다.

④ 사회적 지지망 구축

사회적 지지망 구축은 클라이언트를 지지하는 중요한 자원을 공급하는 서비스 지지망 내의 상호적 케어를 말한다. 가족, 친구, 이웃 등 비공식적 원조자로 구성되는 사회적 지지망을 구축하여 공식적인 휴먼서비스 공급체계에서 얻을 수 없거나 달성할 수 없는 자원을 공급할 수 있다.

⑤ 기술적 지원

기술적 지원과 같은 자문은 최후의 간접적 서비스 기능이다. 사례관리자는 클라이언트에 대한 서비스 공급을 개선하는 새로운 지식, 정보, 전망을 휴먼서비스 기관에 소개하는 등, 기술적 원조와 자문의 역할을 수행함으로써 기관이 클라이언트의 욕구에 대응하는 역량을 높일 수 있다.

3) 통합적 역할

사례관리자의 역할을 직접 서비스 역할과 간접 서비스 역할, 그리고 통합적 역할로 구분하여 제시하면 다음의 〈표 13-1〉과 같다. 사례관리자는 각각의 구분된 역할 속에서 다양한 기능을 수행하게 된다고 하였다.

표 13-1 사례관리자의 역할

역할 구분		
직접 서비스 역할	간접 서비스 역할	통합적 역할
• 이행자 • 교육자 • 안내자·협조자 • 진행자 • 정보 전문가 • 지원자	• 중개자 • 연계자 • 조정자 • 옹호자 • 협동자 • 협의자	• 상담가·교육자 • 조정자 • 옹호자

출처: 권진숙·박지영(2015). 사례관리의 이론과 실제.

학습 정리

1. 사례관리는 1970년대 이후 복합적인 욕구를 가진 인구의 증가와 탈시설화의 영향, 기존 서비스의 단편성 등 다양한 사회경제적 변화로 인해 등장했다. 탈시설화는 클라이언트가 대규모 시설에서 지역사회로 돌아오는 것을 의미하며, 이에 따라 다양한 서비스가 필요하게 되었다. 또한 서비스 전달의 지방분권화, 복합적 욕구를 가진 인구의 증가, 통합적 서비스 제공의 필요성, 사회적 지원체계의 중요성 인식 증가, 대인서비스의 효과성 제고와 비용 억제 등의 배경이 사례관리의 필요성을 부각시켰다.
2. 사례관리는 복합적이고 장기적인 욕구를 가진 클라이언트에게 개별적인 원조 계획을 세워 다양한 자원과 연계하여 지원하는 통합적 서비스 체계이다. 이는 클라이언트의 복지 추구와 기능 강화를 목적으로 하며, 클라이언트, 사례관리기관, 사회자원 및 사회적 관계망, 사례관리자로 구성된다. 주요 개념으로는 '상황 속의 인간', 클라이언트의 권익 옹호, 서비스 전달체계, 통합적 실천 서비스, 서비스 개별화, 서비스 지속성, 서비스 접근성 등이 포함된다.
3. 사례관리의 과정은 접수, 사정, 계획, 실행, 점검, 평가 및 재사정, 종결 평가의 7단계로 구성된다. 접수 단계에서는 클라이언트를 분류하고 지원한다. 사정 단계에서는 클라이언트의 욕구와 자원을 파악하여 통합적 접근을 한다. 계획 단계에서는 클라이언트의 욕구와 자원을 연결하는 구체적인 계획을 수립한다. 실행 단계에서는 직접적 및 간접적 개입을 통해 클라이언트를 지원한다. 점검 단계에서는 서비스 계획의 적절성을 검토하고 평가한다. 평가 및 재사정 단계에서는 초기 목표 달성 여부를 평가하고 필요한 경우 재사정을 통해 재접근한다. 종결 평가 단계에서는 사례관리 목표 달성 여부를 점검하고 클라이언트의 변화를 평가한다.
4. 사례관리자의 역할은 사정자, 계획자, 상담자, 중개자, 조정자, 평가자, 옹호자 등으로 구분된다. 사정자는 클라이언트의 욕구를 수집하고 분석하며, 계획자는 사례 계획을 수립한다. 상담자는 클라이언트의 자원 개발을 돕고, 중개자는 클라이언트와 자원을 연결한다. 조정자는 클라이언트와 자원 간의 관계를 조정하고, 평가자는 프로그램의 효과성과 효율성을 검토한다. 옹호자는 클라이언트를 대변하여 자원을 적절히 제공받을 수 있도록 지원한다. 이러한 역할을 통해 사례관리자는 클라이언트의 욕구를 충족시키고 자원의 효과적인 활용을 도모한다.

참고문헌

국내 서적

권진숙, 김상곤, 김성경, 김성천, 김혜성, 민소영, 박선영, 박지영, 백은령, 유명이, 유서구, 이기연, 조미숙, 조현순, 황성철(2012). 사례관리론. 학지사.

권진숙, 박지영(2015). 사례관리의 이론과 실제. 학지사.

권향임, 김상아, 신민정, 윤정혜, 이기량, 이남순, 이채식, 전영록(2015). 사회복지실천론. 창지사.

권현수(2016). 사례관리 개념에 대한 쟁점 고찰. 인문논총, 40, 83-109.

길귀숙, 강희숙, 오영훈, 오하나, 유진희, 제미자, 현영렬(2018). 사회복지실천론. 양서원.

__________________________________(2021). 사회복지실천론. 양서원.

김기태, 김수환, 김영호, 박지영(2019). 사회복지실천론. 공동체.

김성한(2017). 하만의 관례주의에 대한 비판적 검토와 그 대안. 철학연구, 56, 203-233.

김용태(2000). 가족치료이론. 학지사.

김태길(1989). 철학개론. 서울대학교출판부.

김통원, 김용득, 강종식, 김미옥, 김종범, 장정은, 이근희, 백형의(1998). 사회복지실천 사례관리. 지샘.

김현호, 어홍선, 이용환, 전대성, 현영렬(2013). 사회복지실천기술론. 정민사.

김혜영, 석말숙, 최정숙, 김성경(2022). 사회복지실천론. 공동체.

김효선, 김녹현, 이경희, 이우언, 조성욱, 최영자, 황동섭(2022). 사회복지실천론. 공동체.

남미애, 윤숙자(2021). 사회복지실천기술론. 학지사.

남연희, 박영국, 도기봉, 김연진(2021). 사회복지실천론. 지식공동체.

노혁(2014). 사회복지시천의 이해. 학지사.

도광조(2019). 사회복지실천론. 양서원.

______(2021). 사회복지실천기술론. 양서원.

민소영(2015). 한국 사례관리 전개 과정과 쟁점 고찰. 한국사회복지행정학, 17(1), 213-239.

박미은, 민은희, 손의성, 최규영(2011). 사례관리 실천 매뉴얼. 대전광역시사회복지사협회.

박주현, 박연옥, 김준환, 배은숙, 박서춘, 박서영(2014). 사회복지실천론. 창지사.

배은숙, 문혜숙, 김준환, 이금옥, 박주현(2013). 사회복지실천기술론. 창지사.

사회복지교육연구센터(2012). 사회복지실천론(사회복지사 1급 기본서). 나눔의 집.

생각의마을(2020). 에쎕 사회복지실천론. 공동체.

송유미, 송인욱, 이선자, 최형임(2023). 사회복지실천론. 공동체.

양옥경(2006). 정신보건과 사회복지. 나남.

양옥경, 김정진, 서미경, 김미옥, 김소희(2004). 사회복지실천론. 나남.

양정남, 최선령(2011). 사회복지실천론(3판). 양서원.

엄명용(2005). 사회복지실천기술론. 학지사.

엄명용, 김성천, 오혜경, 윤혜미(2000). 사회복지실천의 이해. 학지사.

엄명용, 김성천, 윤혜미(2020). 사회복지실천론의 이해. 학지사.

엄명용, 노충래, 김용석(2015). 사회복지실천 기술의 이해. 학지사.

오혜경(1995). 사회사업실천에서 사례관리모델: 사례관리과정중심. 사회과학연구, 11(1), 49-74.

이근홍(2015). 사례관리. 양서원.

이승연, 탁순자, 현영렬(2022). 사회복지실천론. 공동체.

이영실, 윤순이, 신준옥, 오현숙, 노길희, 조명희, 홍성희(2015). 사회복지실천기술론. 양서원.

이원숙(2008). 사회복지실천론. 학지사.

이종복, 이권일, 김화순, 오은경(2007). 사례관리의 이론과 실천. 창지사.

이종복, 전남련, 김덕일(2006). 사회복지실천론. 학현사.

이종복, 전남련, 나예원, 김경희, 강장미(2015). 사회복지실천론. 정민사.

이채식, 권신영, 김준환, 박주현, 오영훈, 전영록, 간순옥, 권명희(2023). 사회복지 사례관리. 어가.

임은희(2004). 사회복지실천론. 학지사.

______(2010). 사회복지실천론. 학지사.

장인협(1995). 지방화시대의 지역복지실천방법론: 케어·케이스 관리. 서울대학교출판부.

전영주, 정문자, 정혜정, 이선혜(2012). 가족치료의 이해. 학지사.

전재일, 이성희, 김연희(2015). 사회복지실천기술론. 공동체.

정순둘(2005). 사례관리실천의 이해. 학지사.

최명민(2022). 관계중심사회복지실천 관점모색: 개인과 사회의 통합적 사유를 중심으로. 한국사회복지학, 74(2), 239-263.

최영대(2014). 사례관리의 이론과 실제: 창동종합사회복지관 사례를 중심으로. 공동체.

최혜지, 김경미, 정순둘, 박선영, 장수미, 박형원, 배진형, 박화옥, 안준희(2013). 사회복지실천론. 학지사.

황인옥(2022). 사회복지실천 기술론. 지식공동체.

황철수(2007). 사회복지실천론. 양서원.

국외 서적

Auerswald, E. H. (1968). Interdisciplinary versus ecological approach. *Family Process, 7*(2), 202-215.

Beck, A. T. (1979). ***Cognitive therapy and the emotional disorders***. Meridian.

Biestek, F. P. (1957). ***The casework relationship***. Loyola University Press.

__________ (1973). ***Client self-determination in social casework***. University of Chicago Press.

Bogo, M. (2006). ***Social work practice: Concepts, processes, and interviewing***. Columbia University Press.

Bronfenbrenner, U. (1979). ***The ecology of human development: Experiments by nature and design***. Harvard University Press.

Brown, J. A. (1992). ***Handbook of social work practice***. Charles C Thomas Publisher.

Caplan, G. (1964). ***Principles of preventive psychiatry***. Basic Books.

Compton, B. R., & Galaway, B. (1989). ***Social work processes***(4th ed.). Brooks/Cole.

__________ (1994). ***Social work processes***(5th ed.). Brooks/Cole.

__________ (1999). ***Social Work Processes***(6th ed.). Brooks/cole.

Egan, G. (2003). 유능한 상담자[***The skilled helper: A problem-management and opportunity-development approach to helping***]. (제석봉, 유계식 역). 시그마프레스. (원저 출판 2001년)

Germain, C., & Gitterman, A. (1980). ***The life model of social work practice***. Columbia University Press.

Goldenberg, I., & Goldenberg, H. (2003). 가족치료[***Family therapy: An overview***]. (김득성, 윤경자, 전영자, 전영주, 조명희, 현은미 역). 시그마프레스. (원저 출판 1999년)

Gordon, W. E. (1969). Basic concepts for an integrative and generative conception of social work. In G. Hearn(Ed.), ***The general systems approach: Contributions towards an holistic conception of social work*** (pp. 5-11). Council on Social Work Education.

Hepworth, D. H., Rooney, R. H., & Larsen, J. (2002). ***Direct social work practice: Theory and skills***(6th ed.). Brooks/Cole.

Hepworth, D. H., Rooney, R. H., Rooney, G. D., Strom-Gottfried, K., & Lasen, J. A. (2010). ***Direct social work practice: Theory and skills***(8th ed.). Brooks/Cole.

Johnson, L. C. (1989). ***Social work practice: A generalist approach***(2nd ed.). Allyn & Bacon, Inc.

Kirst-Ashman, K. K., & Hull, Jr., G. H. (1999). ***Understanding generalist practice***(2nd ed.). Nelson-Hall Publishers.

Loewenberg, F. M., & Dolgoff, R. (1996). ***Ethical decisions for social work practice***. F. E. Peacock Publishers.

Maslow, A. H. (1943). A theory of human motivation. ***Psychological Review, 50***(4), 370-396. doi: 10.1037/h0054346

Moxley, D. P. (2004). **효과적인 복지서비스를 위한 케이스매니지먼트 실천론*[The practice of case management]***. (김만두 역). 홍익재. (원저 출판 1989년)

National Association of Social Workers (1981). Working statement on the purpose of social work. ***Social Work, 26***(1), 6.

O'Connor, G. G. (1988). Case management: System and practice. ***Social Casework, 69***(2), 97-106.

Putnam, R. D. (2000). ***Bowling alone: The collapse and revival of American community***. Simon & Schuster.

Rawls, J. (1971). ***A theory of justice***. Belknap Press of Harvard University Press.

Sheafor, B. W., & Horejsi, C. R. (2006). ***Techniques and guidelines for social work practice***. Allyn & Bacon.

________________ (2008). ***Technique and guidelines for social work practice***(8th ed.). Pearson Education, Inc.

Toseland, R. W., & Rivas, R. F. (1995). ***An introduction to group work practice***. Allyn & Bacon.

찾아보기

가계도 254, 258, 293
가정복지 92
가족 108
가족 개념의 다양성 107
가족 경계선 105
가족 규칙 105
가족그림 그리기 295
가족 상담 32
가족 상호작용 294
가족의 안정성 12
가족조각 266, 295
가족체계 104, 108
가족 하위체계 105
가족 항상성 104
가치 18, 45, 49
간접적 개입 304
간접적 서비스 기능 343
간접질문 203
감정 이입 35, 147
감정 자각 181
강점 관점 84
강점 발견 251
개방체계와 폐쇄체계 107, 126
개방형 질문 198, 203
개별사회사업 77
개별화 31, 152, 251
개인 또는 가족 사정도구 258
개인의 복지 12
개인주의 27
개인체계의 개입 285
개입 280
거시적 수준 33
거시체계 133
격려 285
결합적 접근방법 122
결합전환 211
경계 106, 126
경계 만들기 293
경쟁 132
경제성의 원칙 283
경청 184, 188
경청의 걸림돌 194
경청의 방해요인 192
경청의 장애 극복 196
경험적 가족치료 개입기법 295
계약 273
계약 단계 277
계약서에 포함할 내용 276
계획가 96
계획 단계 339
공감 147
공공기관과 민간기관 90
공공 영역 87
공생 131
공식적 지지체계 306
과업집단 110
과정(process) 138
과정기록 217
과정 중심성 30
과정평가 322

과제 부여하기 294
과제성취척도 325
과제 중심 모델 84
과학적 기반 34
관계성 질문 298
교사 282
교육자 95
교육집단 112
교정사회복지사 93
교정사회사업 92
구두계약 275
구조적 가족치료 개입기법 293
구체성 204
권력 28
권리옹호 344
권위와 권한 151
규칙성 127
균형 128
긍정적 의미 부여 299
긍정적 재해석 168
기능주의 80
기록 213
기본욕구 17
기본 이론 119
기술 23
기술적 지원 344
기적질문 297
긴장 고조 294

나-전달법 180
내용 명료화 301
넓은 의미의 사회복지실천 현장 89
노인복지 92
녹음 및 녹화기록 217
눈 접촉 145

다양한 실천 영역 92
단계전환 211
단일사례설계 324
단일화 모델 83, 138
단일화 접근방법 123
대변자 96
대상 중심성 30
대응 혹은 직면 151
대처 132
대처(극복)질문 297
대칭적 관계 109
도덕적 불확실성 43
도전 287
동기화 230
동료 검토 55
따뜻함 151

로웬버그와 돌고프의 일반결정 모형 60
롤즈(Rawls)의 『정의론(*A theory of justice*)』 14
리머의 모형 56

매슬로우(Maslow)의 욕구계층 이론 12
메모기록 214
면접 172, 175, 207
면접기록 174, 211
면접기술 183
면접시간 174
면접장소 222
면접전환 209
명료화 212
모델링 288
모의가족 296
목소리 146
목표 16, 31
목표 달성의 평가 317

목표달성척도 324
무력감 340
무의식 79
문제(problem) 137
문제를 성장의 기회로 재정의하기 168
문제성 침묵 212
문제에 대한 질문 257
문제의 지속기간 256
문제 인식 체계 136
문제중심기록 215
문제해결기술 289
문제해결 능력 246
문제해결 모델 137
문제 형성(문제 규정, 문제 정의) 253
미시적 수준 32
미시체계 13, 133
민주주의 27

바꾸어 말하기 212
박애 사상 26
반대 유형에 직면하기 169
반영 211
반영의 깊이 186
반영적 생각 185
발달과업 255
배분적 정의 47
변화매개 체계 135
변화에 대한 저항 다루기 167
변화의 안정화 317
보건복지부 91
보완적 관계 109
보웬 가족치료 개입기법 292
부적절한 경청 태도 193
부적절한 비언어적 행동 194
부정적 감정을 정확히 표현하기 182
부정적인 정서적 반응의 해결 316
브론펜브레너(Bronfenbrenner)의 생태학적 체계이론 12
비밀보장 161
비심판적 태도 157
비언어적 관심 기울이기 144
비언어적 의사소통 178
비자발적 클라이언트 228

사고의 전개 과정 250
사람(person) 137
사례관리 307, 327, 332, 335, 337
사례관리의 개입과정 338
사례관리의 대상자(클라이언트) 336
사례관리자 341
사정 248, 254
사정 단계 338
사성변섭 176
사회과학 119
사회기술 훈련 290
사회도 266
사회문제 18
사회 발전 27
사회 복귀 76, 93
사회복지 28
사회복지사의 기관에 대한 윤리기준 70
사회복지사의 기본적 윤리기준 67
사회복지사의 동료에 대한 윤리기준 69
사회복지사의 사회에 대한 윤리기준 70
사회복지사의 역할 93
사회복지사의 클라이언트에 대한 윤리기준 68
사회복지사 자격제도 88
사회복지사 평가 323
사회복지사협회 윤리강령 66
사회복지실천 11, 12, 24, 118
사회복지실천관계 151

사회복지실천의 3요소 18
사회복지실천의 관점 121
사회복지실천 현장의 분류 90
사회복지윤리 22, 50
사회복지윤리위원회 70
사회복지인력 88
사회복지전담공무원 92
사회복지전문요원 87
사회복지 전문 인력 89
사회복지전문직 39
사회적 공정성과 평등 14
사회적 관계망 262
사회적 발전 30
사회적 약자의 보호 30
사회적 지지망 구축 344
사회적 지지체계 개발 305
사회적 책임 29
사회적 통합 30
사회진화론 27
사회화집단 114
사후관리 319
상호교류 132
상호부조 26
상호성 249
상호의존 128, 132
상황 속의 인간(PIE) 336
생태도 261
생태체계 모델 84
생태체계이론 130
생태학이론 129
생활력도표 264
생활 모델 83, 138
생활시설과 이용시설 91
생활주기표 265
서면계약 274
서비스 개별화 337
서비스 연결 306
서비스 전달의 지방분권화 329
서비스 전달체계 336
서비스 접근성 337
서비스 지속성 337
성과평가 321
성장집단 113
소시오그램 266
수용 156
수용과 기대 148
수용 능력 132
수평적 탐색과 수직적 탐색 250
순환적 인과성 105
순환적 질문하기 300
스트레스 131
스트레스 관리(이완 훈련) 291
시련기법 299
시연 289
신체접촉 146
실연하기 294
실천 관점 120
실천 모델 120
실천 이론 120
실행 단계 339
심리사회적 사정 255

아동복지 92
안전상태 127
암묵적 계약 275
양가감정 229
언어적 의사소통 177
여성복지 92
역량 강화 모델 84
역설적 개입 298

역전이 165
역할 교환 289
역할극 295
연계 344
연구 및 조사하기 98
연구자 96
예술적 기반 35
예외질문 296
옹호자 94, 282, 309
외체계 133
요약 198
요약기록 215
요약하기 212
욕구 발견과 문제 정의 250
위계 127
위기 개입 15
윤리강령 65
윤리적 딜레마 63
윤리적 상대주의 42
윤리적 의사결정 52
윤리적 절대주의 41
윤리학 40
은유/비유 295
의도적 감정 표현 153
의뢰 307
의뢰하기 318
의료사회복지 92
의료사회복지사 93
의사소통 177
의사소통기술 285
이야기체기록 215
이중초점 249
이해 147
인도주의 26
인보관 73
인지적 사정 255
인지 행동적 접근 15
일반체계 모델 84
일반체계이론 125
일반화 285

자기결정의 한계 160
자기노출 150
자기주장 훈련 290
자료수집 239, 241
자료수집과 사정기술 302
자료수집과 평가기술 116
자립 지원 15
자선조직협회 72
자아실현 150
자연적 전환 210
자연적 지지체계 305
자원에 관한 질문 258
자조집단 110
장소(place) 138
장애인복지 92
재구성 300
재구조화 287
재명명 286
재보증 285
재정의 296
저항 166
적응 130
적절한 종결 시기를 결정하기 312
적합성 132
전략적 가족치료 개입기법 298
전략적 전환 210
전문가 체계 136
전문성 30
전문적 구체성 147

전문직 74
전문화 131
전이 164
전이와 역전이 다루기 169
점검 단계 340
접수 223, 233
접수 단계 338
정보수집면접 176
정보 제공 287
정서적 반응 다루기 312
정신보건사회복지 92
정신보건사회복지사 92
정신보건 전문 인력 88
정신역동적 사정 254
제지기법 299
조력자 94
조력자/조정자 282
조셉의 모형 58
조언 287
조정 344
조정자 95
존경심 또는 보살핌 146
좁은 의미의 사회복지실천 현장 89
종결 311
종결 계획하기 316
종결 평가 단계 341
종교적 윤리 26
종합사회복지관 92
중간체계 133
중개자 93, 282, 309
중범위 수준 32
중복적 접근방법 122
중재자 94, 282, 309
증상 처방 299
지속성 249
지식 20
지식 기반 250
지역사회조직 31, 78
지지집단 112
직면 286
직면하기 212
직접 서비스 제공하기 97
직접성 148
직접적 서비스 기능 343
진단주의 78
진솔성과 일치성 148
질문 198
질문할 때의 오류 199
집단 109
집단과 공동체 13
집단과정 촉진기술 116
집단사회사업 78
집단체계의 개입 300
집단촉진기술 300
집단촉진자 96

창시자 95
척도질문 297
철학 40
체계 126
체계 개발하기 98
체계론적 사정 254
체계와 연결하기 97
체계 유지 및 강화하기 98
초점화 286
총괄평가 323
최소기본기록 215
치료적 면접 177
치료집단 110
치료(치유) 집단 113

침묵 다루기 212
칭찬 104, 285

케이스워크 31
콩그레스의 모형 58
클라이언트가 질문에 대답하지 않을 때 200
클라이언트 감정에 대한 이해 181
클라이언트 만족도 평가 323
클라이언트에 대한 질문 257
클라이언트 옹호 307
클라이언트의 불신 163
클라이언트의 자기결정 159
클라이언트 체계 135

타임아웃 288
탈삼각화 293
탈시설화 328
토큰 강화 288
통제된 정서적 관여 155
통제적 전환 210
통합적 역할 345
통합적인 실천 서비스 336
통합적 접근 36, 121

판단 251
팔다리 145
퍼트넘(Putnam)의 사회적 자본 이론 13
펄만의 문제해결 모델 83
평가 320
평가 및 재사정 단계 341
폐쇄성 질문 202
폐쇄형 질문 198
표적 체계 135
표정 145
프로그램 계획과 개발 307
프로이트(Sigmund Freud) 79
핀커스와 미나한의 4체계 모델 83

학교사회복지 92
학교사회복지사 88, 93
한계 251
한국의 초기 사회복지실천 85
합류하기 294
항상성 127
해결 중심 가족치료 개입기법 296
해석 198
행동계약 289
행동기술 116, 303
행동을 변화시키기 위한 기술 288
행동적 사정 254
행동 조성 288
행동 체계 135
행정기관과 서비스 기관 90
헌신과 책무 149
협상가 95
형성평가 323
호혜성 132
환경 속의 인간 124
환경조작/환경조정 308
환기법 286
환류 106
활동가 95
활동 공간 131
훈련가 97
희생양 109

1차 현장과 2차 현장 90
4체계 모델 134
6체계 모델 83, 136

저자 소개

이미숙

고려대학교 문학박사 수료(사회복지학 전공)
충북보건과학대학교 사회복지과 교수
충북사회복지공동모금회 배분위원

장우심

대구가톨릭대학교 사회복지학박사(노인복지 전공)
유원대학교 사회복지학부 교수
한국청소년상담학회 충남·대전지회장

김준환

고려대학교 문학박사(사회복지학 전공)
충청대학교 사회복지과 교수
충북사회복지사협회 회장

서재욱

고려대학교 문학박사(사회복지학 전공)
한국교원대학교 융합교육연구소 연구교수
청주복지재단 연구위원

김용미
호서대학교 사회복지학박사(사회복지학 전공)
호서대학교 사회복지과 외래교수
화목한노인복지센터(요양원) 대표

명정희
충북대학교 문학박사 수료(아동복지학 전공)
충북보건과학대학교 사회복지과 외래교수
충청북도청소년상담복지센터 상담원

박혜진
충북대학교 행정학박사 수료(사회복지학 전공)
대원대학교 교양학부 겸임교수
소나무지역아동센터 & 소나무도서관 대표

심의보
고려대학교 문학박사(사회복지학 전공)
충청대학교 명예교수
충북사회복지협의회 회장

사회복지실천론

첫째판 발행 | 2024년 8월 29일

지 은 이 이미숙, 장우심, 김준환, 서재욱,
김용미, 명정희, 박혜진, 심의보
펴 낸 이 어진용
책임편집 태선옥
디 자 인 이지혜
펴 낸 곳 어가
10449 경기도 고양시 일산동구 장백로 20, 102동 202호(백석동, 동문굿모닝힐1차)
전화 031) 901-4222, 6318
팩스 031) 901-6319
이메일 uhga@uhga.co.kr
홈페이지 www.uhga.co.kr
등 록 2016년 7월 4일·제2016-000133호

ISBN 979-11-7075-113-7 (93330)
정가 22,000원